KB134734

MYSQL을 더 빠르게,
성능 최적화 선택과 집중

:: 표지 설명

이 책의 표지 그림은 새는 "관머리 오색조(crested barbet[Trachyphonus vaillantii])"라고 부릅니다. 다채로운 깃털을 가지고 있으며 주로 과일 위주의 먹이만 먹어서 흔히 "과일 샐러드"로 알려져 있습니다. 주로 남부 아프리카의 숲, 외곽 정원, 과수원, 강가를 따라 발견되며 이주하지 않습니다.

성체인 관머리 오색조의 색상은 쉽게 식별할 수 있습니다. 빨간 머리와 노란 머리, 크고 튼튼한 옅은 녹황색 부리, 뺨에 회흑색 점을 가지고 있습니다. 망토, 날개, 꼬리, 두꺼운 가슴 띠는 검정색이며 흰색 초승달 모양이나 점이 있습니다. 관머리 오색조의 허리는 노란색이며 위쪽 꼬리 덮깃은 빨간색입니다. 밑면에는 노란색과 빨간색이 더 많고 다리와 발은 회색입니다.

관머리 오색조는 몇 분 동안 지속될 수 있는 날카로운 북소리와 같은 노래를 가진 매우 발성적인 새입니다. 그들은 특히 번식기에 텃세가 있고 공격적입니다. 작고 투박한 비행이지만 강하며 둥지에 접근하는 다른 새, 포유류와 파충류를 괴롭히고 공격하는 것으로 알려져 있습니다. 그들은 일부일처제이며 일반적으로 쌍으로 보입니다. 둘은 함께 협력하여 썩은 나무에 공동 둥지를 파고 조건이 맞으면 일년 내내 번식합니다.

작은 곤충과 달팽이를 잡아먹기 때문에 주거 지역에서는 관머리 오색조를 환영하지만 농촌 지역에서는 농작물에 심각한 피해를 끼칩니다. 관머리 오색조는 이 피해 방지와 애완동물 거래로 인해 포획되지만, 아직 멸종 위기에 있지는 않습니다. 오라일리의 표지에 나오는 동물들 중 많은 종들이 멸종 위기에 처해 있습니다. 그들은 모두 세상에 중요한 존재입니다.

표지 삽화는 영문 백과사전의 흑백 판화를 기반으로 캐런 몽고메리가 그린 것입니다.

Efficient
MySQL
Performance

대니얼 니히터 지음 | 이정해 옮김

MYSQL을 더 빠르게,
성능 최적화 선택과 집중

쿼리 응답 시간을 줄이는 가장 최적의 방법과 기술들

O'REILLY® 프리렉

:: 지은이·옮긴이 소개

지은이 **대니얼 니히터** Daniel Nichter

대니얼 니히터(Daniel Nichter)는 15년 이상의 MySQL 경력을 가진 DBA입니다. 그는 2004년 데이터 센터에서 일하면서 MySQL 성능 최적화를 시작했습니다. 얼마 지나지 않아 그는 MySQL에 대한 정보와 도구를 공유하려고 hackmysql.com을 만들었습니다. 대니얼은 Percona에서 8년을 재직하는 동안 여러 가지 도구를 발표한 것으로 가장 잘 알려졌으며, 그중 몇 가지는 사실상 표준으로 남아 가장 큰 기술 회사에서 사용되고 있습니다. 그는 또한 MySQL 커뮤니티 어워드 수상자이며, 컨퍼런스 연사, 광범위한 오픈소스 기여자이기도 합니다. 대니얼은 현재 수천 대의 MySQL 서버를 보유한 핀테크 회사인 스퀘어(Square)에서 DBA와 소프트웨어 엔지니어로 일하고 있습니다.

옮긴이 **이정해**

컴퓨터 공학과를 전공하고 졸업했습니다. 카카오 엔터프라이즈에서 DBA 업무를 하고 있습니다. 오픈소스 DBMS에 관심이 많으며 DBMS뿐만 아니라 여러 기술을 공부하는 것을 좋아합니다. 신기술에 대해 관심을 가지고 현재 트렌드에 뒤쳐지지 않으려 노력하고 있습니다. 최근에 해보지 않은 여러 기술을 습득하느라 머리가 많이 무겁지만 재미있게 하고 있습니다.

오픈소스의 활성화로 데이터베이스 사용자들도 자연스럽게 오픈소스를 찾게 되었습니다. MySQL은 오래전부터 오픈소스 DB로 널리 사용되었으며, 사용자 규모가 크고 다양한 레퍼런스도 지원되어 상용 DB와 비교해도 크게 뒤지지 않는 성장을 이루었습니다. 특히 MySQL 8 버전에서의 변화는 여러 측면에서 큰 발전을 이루었다고 생각합니다.

오픈소스의 이점은 비용 효율성과 사용자의 능력에 따라 커스터마이즈 할 수 있는 유연성에 있지만, 동시에 단점으로 작용할 수 있습니다. 상용 DB와 비교했을 때, 관리 기능, 다양한 함수, 그리고 지원되는 튜닝 기법에서 제약이 존재하며, 이러한 자동화 부분을 수동으로 관리해야 하는 불편함도 있습니다. MySQL을 최적의 성능으로 운영하기 위해서는 더 큰 노력이 필요합니다.

이 책은 이러한 고민을 고려해 쉽고 빠르게 MySQL 운영 및 튜닝에 대한 효과적인 방법을 제시합니다. 다른 기술 책들과 달리 어려운 용어나 깊은 내용으로 시작하지 않고 일반 프로그래머, 신입 DB 관리자들도 현실적으로 쉽게 접근할 수 있는 내용으로 구성되어 있습니다. 예제는 최대한 이해하기 쉽게 작성되어 있으며, MySQL 튜닝에 필요한 중요한 내용만을 강조하고 있습니다. 이 책은 MySQL에 대한 접근과 튜닝을 더 친근하게 만들어주며, MySQL을 어렵게 생각하고 튜닝에 겁을 먹는 독자들에게 큰 도움이 될 것입니다. 이 책은 기본을 충실하면서도 실무에서 큰 효과를 얻을 수 있는 핵심 가이드로서 누구에게나 유용할 것입니다.

— 강성욱 Nowcom(Senior DBOps Engineer)

이 책은 원문 저자의 표현대로 기본 MySQL 지식과 고급 MySQL 성능 지식 사이의 격차를 해소하기 위한 책으로 MySQL을 관리하는 DBA와 MySQL을 사용하는 개발자에게도 효율적이고 효과적인 MySQL 성능 향상을 위한 가장 좋은 모범 사례와 기술을 학습하고 적용하는 것을 목표로 하고 있습니다.

MySQL 데이터베이스에 대한 기본 지식이나 성능에 관한 기본 지식보다는 Efficient MySQL Performance(효율적인 MySQL 성능)이라는 원래 제목처럼 효율적인 성능 향상을 목표로 하고 있으며, 저자의 17년에 걸친 MySQL 경력과 Percona 등에서의 근무 경험을 바탕으로 성능 개선에 대한 노하우와 사례를 공유하고 있습니다.

다른 MySQL 서적과의 차별점으로 기술적인 내용을 전달하는 것이 아니라, 명확한 목표에 도달하기 위해 가장 효율적인 방법인 쿼리 응답 시간(query response time) 개선에 목표를 두고 책은 이야기를 시작하고 마무리합니다.

목표가 명확한 만큼 그 목표에 도달하기 위한 가장 효율적인 방법과 노하우를 독자에게 전달하기 위한 저자의 노력과 마음이 느껴지며, MySQL을 관리하는 DBA나 MySQL 사용하는 모두에게 매우 유용한 책이라고 생각합니다.

— 정현호, 핀다(DBA)

MySQL은 전 세계에서 가장 널리 사용되는 관계형 데이터베이스 중 하나입니다. 그렇기에 초급 내용을 다루는 책은 한국에서도 제법 쉽게 찾아 볼 수 있지만, MySQL 성능을 다루는 책은 많지 않습니다. 역자인 이정해 님께서도 MySQL 성능에 관련된 리서치를 하면서 이 책을 보고 관심을 두게 되셨으니깐요. 이 책은 국내에서 많이 부족한 MySQL 성능에 실질적으로 필요한 부분들을 많이 다루고 있습니다. MySQL에 대한 기본 학습을 마치고 중급 사용자나 관리자로 나아가려는 분들에게 큰 도움이 될 것으로 생각합니다. MySQL 성능 향상을 목표로 하는 독자들에게 많은 가치를 제공할 것입니다.

— 송현호 카카오엔터프라이즈(DBA)

데이터베이스 성능 최적화를 원하지만, 방법을 잘 모르는 DBA와 다양한 DB 사용자에게 좋은 가이드북이라고 생각됩니다. 기본적인 용어나 사전 지식이 없어도 접근하기 쉽게 정리되어 있어 누구나 거부감 없이 활용할 수 있을 것입니다.

저자는 실제 경험과 최적화 적용 시 어느 정도의 개선이 있을지 수치화한 실제 사례를 제시합니다. 또한 공식적으로 제공하는 부분 외에도 다양한 오픈소스와 관련된 정보를 제공하여 현실적인 조언을 다수 포함하고 있습니다. 이 책은 성능 최적화를 원하는 누구에게나 유용하게 실무에서 실제로 적용할 수 있는 정보를 제공할 것입니다.

— 류호영 카카오엔터프라이즈(DBA)

현재 MySQL은 상용 및 오픈소스 DBMS를 통틀어 가장 뜨거운 인기를 누리고 있습니다. 이전에는 경량 웹 게시물 저장용의 DBMS였다면, 지금은 은행 업무와 같이 안정성과 처리 성능이 매우 중요한 분야에서도 사용될 정도로 성장했습니다. 실제로 인터넷 은행 중 하나는 특정 업무를 MySQL로 마이그레이션하여 그 성능을 입증했으며, MySQL은 경량, 혹은 안정적이지 못한 오픈 소스 DBMS가 아니라 가장 기본적으로 알아야 하는 DBMS가 되어 가고 있습니다.

MySQL은 확장성 면에서 광범위하게 사용됩니다. 다른 듯하면서도 같은 DBMS인 MariaDB와 Percona XtraDB, Vitess 그리고 오케스트레이션 도구인 쿠버네티스 등에서도 사용되고 있습니다. Amazon Web Service, Google Cloud, Microsoft Azure, Naver Cloud, NHN Cloud와 같은 퍼블릭 클라우드 등에서도 기본적인 DBMS로 자리잡고 있습니다.

MySQL을 공부하고자 한다면 오라클보다 더 쉽게 접근할 수 있으며 기본서도 서점에서 쉽게 구할 수 있습니다. 서점에서는 다양한 MySQL 관련 책들을 쉽게 찾아볼 볼 수 있으며, 이러한 책들은 친절하게 잘 설명되어 있습니다. 인터넷에도 다양한 기술 블로그와 자료를 통해 MySQL에 관한 많은 지식을 습득할 수 있으며, MySQL 관련 장애 처리 방법도 쉽게 알아볼 수 있습니다. 그만큼 전세계적으로 많이 사용되는 DBMS라 할 수 있습니다. 하지만 오라클에 비해 성능과 관련된 MySQL 책은 거의 보이지 않습니다. 아마 저자가 언급한 MySQL 성능 최적화(MySQL High Performance)가 그나마 가장 인기 있는 책이라 할 수 있습니다. 있다 하더라도 영문 서적이 대다수라 보기가 어려울 수도 있습니다.MySQL 8.0은 기존의 MySQL 5.7과 비교하여 아키텍처가 크게 바뀌었으며 사용이 더 편리해졌습니다. 상용 DBMS 못지 않게 많은 기능이 추가되었으며, 개발자 편의성에 많은 개선이 이루어졌습니다. 대용량 처리와 NoSQL기능을 지원하며, Active-Active(다중 마스터) 클러스터 기능도 제공하여 이젠 상용 DBMS 못지 않게 여러 기능과 편의성을 제공하고 있습니다. 또한 유료이긴 하지만 엔지니어를 통한 기술지원 또한 가능합니다.

그러나 유료 지원없이 DBMS의 성능을 튜닝하기란 여간 어려운 일이 아닙니다. 모델링 분석부터 스키마 및 테이블 분석, 인덱스 및 SQL 튜닝까지 모든 부분을 손봐야 할 수도 있습니다. 그래서 DBMS의 성능 관련 컨설팅 비용이 비싼 이유가 여기에 있습니다.

하지만 이런 비싼 컨설팅 비용을 들여서 받을 만한 기업이 많지 않은 현실을 고려할 때, 스타트업 기업들이 이러한 서비스를 받는 것은 참으로 어렵습니다. 부디 이 책을 통해 성능이 저하되어 가고 있는 DB에 쉽게 적용할 수 있는 튜닝 방법을 적용하여 고비용을 들이지 않고도 만족할 만한 성능을 가져갈 수 있으면 좋겠습니다. 또한 저자가 좋은 블로그 글과 기술 문서들을 많이 제공하고 있으니, 가능하면 하나도 빠짐없이 읽어서 자신의 기술로 활용하면 좋겠습니다. 부디 이 책이 여러분의 DBMS 성능을 개선하는 데 좋은 가이드가 되었으면 좋겠습니다.

감사합니다.

— 이정해

기본 내용을 다루는 MySQL 도서와 성능을 다루는 전문가를 위한 MySQL 도서 사이에는 간극이 존재합니다. 전자에 관한 책은 여러 권이지만, 후자에 관한 책은 실비아 보트로스(Silvia Botros)와 제레미 틴리(Jeremy Tinley)가 저술한 《High Performance MySQL, 4th Edition(O'Reilly)》 한 권뿐입니다. 이 책은 그 사이의 간극을 메우는 첫 번째 책입니다.

이 간극은 MySQL이 복잡하기 때문에 존재하며, 그 복잡성을 다루지 않고서는 성능을 설명하기가 어렵기 때문입니다. 이는 알고 있지만, 언급하기 꺼려하는 문제입니다. 그러나 MySQL을 사용하는(관리하는 업무가 아닌) 엔지니어는 놀랄만한 성능을 달성하고자 MySQL 전문가가 될 필요는 없습니다. 이 책은 간극을 메우는 데에 매우 효율적입니다.

효율적인 MySQL 성능이란, MySQL 성능에 직접적인 영향을 미치는 모범 사례와 기술에만 집중하여 학습하고 적용하는 것을 의미합니다. 집중은 MySQL 복잡성의 범위를 크게 좁히고 성능의 광범위하고 복잡한 영역을 더 간단하고 빠른 방향으로 안내합니다. 효율적인 MySQL 성능으로의 여정은 1장의 첫 문장인 "성능은 쿼리 응답 시간입니다."로 시작하며, 우리는 인덱스, 데이터, 접근 패턴 등으로 빠르게 진행해 나갑니다. 난이도를 1부터 5까지로 나누었을 때, 1은 누구에게나 소개할 수 있는 입문서를, 5는 심층 분석 수준의 전문용임을 의미한다면, 이 책은 3에서 4사이 정도의 난이도를 가집니다. 즉 깊이는 있지만 초보자나 입문자 용과는 거리가 멉니다.

저는 여러분이 관계형 데이터베이스(MySQL 또는 다른 베이터베이스)에 관한 기본 지식과 경험이 있는 숙련된 엔지니어라고 가정하므로 SQL이나 데이터베이스 기초는 설명하지 않습니다. 또한 MySQL을 사용하는 하나 이상의 애플리케이션을 담당하는 숙련된 프로그래머라고 가정하고 있으며 애플리케이션의 세부 사항을 이미 알고 있다고 생각합니다. 그리고 컴퓨터에 익숙하다고 가정하므로 하드웨어, 소프트웨어, 네트워크 등에 대한 내용도 자유롭게 다루고 있습니다.

이 책은 MySQL을 관리하는 것이 아니라 사용하는 엔지니어를 위해 MySQL 성능에 초점을 두고 있으며 MySQL 구성에 대한 몇 가지 참조는 필요할 때 언급하지만, 설명하지는 않습니다. MySQL 구성에 대한 도움이 필요한 경우 근무하는 곳의 DBA에게 문의하세요. DBA가 없다면 저렴한 계약 옵션을 제공하는 훌륭한 컨설턴트가 많습니다. 이러한 컨설턴트를 고용하는 것도 좋은 방법입니다. MySQL 매뉴얼(oreil.ly/Y1W2r)을 읽으며 스스로 학습할 수도 있습니다. MySQL 매뉴얼은 훌륭하고 전문가들이 항상 사용하고 있으므로 좋은 친구가 될 수 있습니다.

_ 대니얼 니히터

이 책을 검토한 MySQL 전문가인 바딤 카첸코Vadim Tkachenko, 프레데릭 드캠프Frédéric Descamps 및 페르난도 이파르Fernando Ipar에게 감사드립니다. 이 책의 일부를 검토한 MySQL 전문가인 마르코스 알베Marcos Albe, 장 프랑수아 가녜Jean-François Gagné 및 케니 그리프Kenny Gryp에게 감사드립니다. 지난 몇 년간 저를 돕고, 가르치고, 기회를 제공한 다른 많은 MySQL 전문가인 피터 자이틀레프Peter Zaitsev, 배론 슈와츠Baron Schwartz, Ryan Lowe, 빌 카윈Bill Karwin, 에밀리 슬로콤Emily Slocombe, 모건 토커Morgan Tocker, 쉴로미 노아크Shlomi Noach, 제러미 콜Jeremy Cole, 라우리나스 비베이니스Laurynas Biveinis, 마크 캘라한Mark Callaghan, 도마스 미투자스Domas Mituzas, 로날드 브래드포드Ronald Bradford, 이브 트뤼도Yves Trudeau, 스베타 스미르노바Sveta Smirnova, 알렉세이 코피토프Alexey Kopytov, 제이 파이프스Jay Pipes, 스튜어트 스미스Stewart Smith, 알렉산더 쿠즈민스키Aleksandr Kuzminsky, 알렉산더 루빈Alexander Rubin, 로만 비나르Roman Vynar, 그리고 다시 바딤 카첸코Vadim Tkachenko에게 감사드립니다.

오라일리O'Reilly와 저의 편집자들 코빈 콜린스Corbin Collins, 캐서린 토저Katherine Tozer, 앤디 관Andy Kwan, 그리고 뒤에서 지원해주신 모든 분께 감사드립니다.
그리고 이 책을 쓰는 데 수많은 시간이 소요되는 동안 저를 지원해 준 아내 '문(Moon)'에게도 감사합니다.

예제 코드 사용과 단축 URL 사용

이 책의 예제나 연습 등의 보충 자료는 다음 주소에서 내려받을 수 있습니다.
https://github.com/efficient-mysql-performance

이 책에서 저자가 언급한 좋은 블로그 글과 기술 문서들을 오레일리 단축 링크로 본문에서 제공되고 있습니다. 문장 가독성을 위해 https://을 제거하고 oreil.ly/xxxxx와 같은 단축 URL 주소만 기재하였습니다.

1장 쿼리 응답 시간

EFFICIENT MYSQL
PERFORMANCE

2장 인덱스와 인덱싱

EFFICIENT MYSQL
PERFORMANCE

3장 데이터

EFFICIENT MYSQL
PERFORMANCE

4장 접근 패턴

EFFICIENT MYSQL
PERFORMANCE

5장 샤딩

EFFICIENT MYSQL
PERFORMANCE

6장 서버 메트릭

EFFICIENT MYSQL
PERFORMANCE

7장 복제 지연

EFFICIENT MYSQL
PERFORMANCE

8장 트랜잭션

EFFICIENT MYSQL
PERFORMANCE

15

9장 다른 문제들

EFFICIENT MYSQL
PERFORMANCE

10장 클라우드 MySQL

EFFICIENT MYSQL
PERFORMANCE

1장 쿼리 응답 시간

EFFICIENT MYSQL
PERFORMANCE

"성능은 곧 쿼리 응답 시간입니다."

이 책의 목적은 MySQL 성능을 현저하게 개선하는 것이며, 다양한 측면에서 그 방안을 탐구하고자 합니다. MySQL 성능 향상은 직접적으로 영향을 미치는 모범 사례와 기술에 집중함으로써 가능합니다. DBA와 전문가에게나 중요한 세부 사항이나 내부의 심층 정보까지는 불필요합니다. 여러분은 MySQL을 관리하는 입장이 아니라 사용하는 입장이며, 최소한의 노력으로 최대한의 성과가 필요한 (시간이 금인) 전문가라고 생각합니다. 이는 게으른 것이 아니라 효율적인 것입니다. 이 책은 직접적인 요점을 제시하여 마침내 놀라운 수준의 MySQL 성능 향상을 달성할 수 있을 것입니다.

MySQL 성능은 관련 주제가 복잡하고 다방면에 걸쳐 있지만, 전문가만이 뛰어난 성능을 발휘할 수 있는 것이 아닙니다. 저는 이 책에서 필수 요소에 집중하여 MySQL 복잡성의 범위를 좁혔습니다. 먼저 MySQL 성능 요소 중 쿼리 응답 시간에서 시작하겠습니다.

쿼리 응답 시간$_{query\ response\ time}$은 MySQL이 쿼리를 실행하는 데 소요되는 시간입니다. 같은 의미로 '응답 시간', '쿼리 시간', '실행 시간', '쿼리 지연 시간$_{query\ latency}$*'이라고도 합니다. 소요 시간$_{timing}$은 MySQL이 쿼리를 받았을 때 시작되고 결과 세트를 클라이언트에 전송한 시점까지의 경과 시간을 의미합니다. 쿼리 응답 시간은 여러 단계(쿼리 수행 중 단계)와 대기(락 대기$_{lock\ wait}$, 입출력 대기 등)로 구성되지만, 완벽한 상세 명세는 가능하지도 않고 필요하지도 않습니다. 대부분의 주요 문제는 여타 시스템과 마찬가지로 기본적인 장애 처리와 분석으로 드러납니다.

---

* 지연 시간은 시스템에 내재된 자체 지연 시간입니다. 쿼리 응답 시간은 MySQL에 내재된 지연이 아니며 네트워크, 스토리지 등 다양한 대기 시간으로 구성됩니다.
역주: laytency - 각각의 시스템 혹은 장비에 내재된 자체 지연 시간, delay - 각각의 시스템 지연 시간이 모아진 지연 시간.

이번 장은 기초에 해당합니다. 여기서는 다음 7가지 주제로 쿼리 응답 시간을 자세히 설명하고 다음 장에서 쿼리 응답 시간을 개선하는 방법을 배웁니다.

1. 동기 부여와 재미를 주는 일화 소개
2. 쿼리 응답 시간이 MySQL 성능에서 핵심 지표(North Star)인 이유
3. 쿼리 메트릭을 의미 있는 보고서인 쿼리 보고로 변환하는 방법
4. 쿼리 메트릭과 기타 정보를 통해 쿼리 실행을 이해(쿼리 분석)
5. 쿼리 응답 시간의 개선 과정을 이해(쿼리 최적화)
6. 쿼리 최적화를 위한 일반적인 과정
7. MySQL을 단순히 더 빠르게 할 수 없는 이유(쿼리 최적화가 필요한 이유)

1-1 거짓 성능에 관한 실화

2004년도에 저는 오후 2시부터 자정까지 데이터 센터에서 야간 교대 근무를 했습니다. 이 일은 두 가지 이유로 제게 훌륭한 직업적 경험을 느끼게 했습니다. 첫째, 오후 5시 이후 데이터 센터의 직원은 공개되지 않은 수의 고객과 웹 사이트를 위해 서비스 중인 수천 대의 물리적 서버를 모니터링하고 관리하는 소수의 엔지니어뿐이였습니다. 엔지니어에겐 꿈 같은 일입니다. 둘째, 그곳엔 항상 해결해야 할 문제가 있는 MySQL 서버가 수도 없이 들어차 있었고, 이는 엔지니어들에게는 여러 가지 상황을 경험하거나 배울 수 있는 소중한 기회입니다. 그러나 당시에는 MySQL에 관한 책이나 블로그, 도구가 거의 없었습니다.* 결과적으로 MySQL 성능 문제를 해결하기 위한 최신 기술은 고객에게 더 많은 램RAM을 판매하는 것뿐이였습니다. 영업 및 관리 측면에서는 항상 효과가 있었지만 MySQL 측면에서는 결과가 늘 좋지만은 않았습니다.

어느 날 밤 저는 고객에게 더 많은 램을 판매하는 대신 MySQL 성능 문제의 근본 원인을 찾아 해결하고자 기술적인 심층 분석을 수행하기로 마음먹었습니다. 해당 고객의 데이터베이스는(성공한 비즈니

---

*   같은 해 O'Reilly는 'High Performance MySQL' 초판을 출간했습니다.

스가 그렇듯) 대량의 데이터로 인해 게시판 속도가 느려진 상황이었습니다. 이것은 거의 20년이 지난 오늘날에도 여전히 흔한 문제입니다. 저는 중요한 인덱스가 없는 단일 쿼리를 발견했고 쿼리를 제대로 인덱싱하자 성능이 획기적으로 향상되며 웹 사이트가 살아났습니다. 고객은 추가 비용을 지출할 필요가 없어지게 된 것입니다.

모든 성능 문제에 대한 해결 방법이 그리 간단하지도 멋지지도 않습니다. 그러나 20년 동안의 다양한 경험을 통해 MySQL 성능 문제는 이 책의 모범 사례와 기술로 꽤 많이 해결할 수 있다는 것을 배웠습니다.

1-2 핵심 지표(North Star)

저는 MySQL DBA이자 소프트웨어 엔지니어이기 때문에 후자로서 MySQL을 다룬다는 것이 어떤 의미인지 알고 있습니다. 특히 성능 문제에 있어서 소프트웨어 엔지니어인 우리는 MySQL이 아무 문제없이 잘 작동하기를 바랄 뿐입니다. 기능을 배포하고 시스템 과열을 통제하는 사이에 누가 MySQL 성능에 시간을 할애할 수 있을까요? MySQL의 성능이 저하되거나 더 나빠질 때 갑작스럽게 벌어진 성능 저하 현상이라 여러 가지를 고려해야 해서 해결 방법을 파악하기 어려울 수 있습니다. 어디서부터 시작해야 할까요?

더 많은 램, 더 빠른 CPU, 더 높은 스토리지의 IOPS_{input/output operations per second}가 필요할까요? 아니면 최근 코드 변경으로 인한 문제일까요? DBA가 데이터베이스에 뭔가를 하고 있나요? 이른바 '시끄러운 이웃_{noisy neighbor}'* 문제일까요? 신규로 등록한 앱이 평판이 좋아서 사용자가 몰린 것이 원인일까요?

만약 MySQL 전문가가 아닌 응용 프로그램 엔지니어라면 이 문제가 크게 느껴질 수 있습니다. 쿼리 응답 시간은 실제 해결책으로 이어지는 다음과 같은 강력한 특성이 있으므로 가장 먼저 살펴봐야 합니다.

의미있는 것

쿼리 응답 시간은 누구나 진정으로 관심을 가지는 유일한 메트릭입니다. 솔직히 데이터베이스가 빠

---

* 여기서 시끄러운 이웃이란, 멀티테넌시(multitenancy) 환경에서 한 쪽 테넌트에서 다른 테넌트에 영향을 줄만큼 과도하게 자원을 점유해서 사용하는 것을 의미합니다.

를 때는 아무도 그것을 살펴보거나 이의를 제기하지 않습니다. 왜 그럴까요? 쿼리 응답 시간이 우리가 경험하는 유일한 메트릭이기 때문입니다. 쿼리를 실행하는 데 7.5초가 걸리면 우리는 7.5초의 조급함을 경험합니다. 같은 쿼리가 백만 개의 행을 조회할 수는 있지만, 조회된 백만 개의 행을 우리가 경험하지는 않습니다. 우리에게는 시간이 의미가 있습니다.

실행 가능한 것

이 책에 담긴 내용을 통해 여러분이 쿼리 응답 시간을 개선하고 모두가 만족할 수 있도록 할 수 있는 것이 많습니다. 코드를 담당하고 있고 쿼리 응답 시간을 직접 확인할 수 있다면 쿼리를 변경할 수 있습니다. 코드를 담당하고 있지 않거나 접근 권한이 없을 때도 쿼리 응답 시간을 간접적으로 최적화*할 수 있습니다.

결국 여러분은 MySQL 성능에서 핵심 지표인 쿼리 응답 시간 향상에 집중해야 합니다. 하드웨어 문제로 돌리면 안 됩니다. MySQL이 시작되면 먼저 쿼리 메트릭으로 MySQL이 수행하는 작업을 확인한 다음 느린 쿼리를 분석하고 최적화하여 응답 시간을 단축해야 합니다. 이렇게 함으로써 성능이 개선될 수 있습니다.

1-3 쿼리 보고

쿼리 메트릭$_{query\ metrics}$은 응답 시간, 잠금 시간, 조회된 행 등 쿼리 실행에 관하여 중요한 통찰력을 제공합니다. 그러나 쿼리 메트릭은 다른 메트릭과 마찬가지로 엔지니어에게 의미 있는 방식으로 수집, 집계, 보고해야 하는 원시 값$_{raw\ values}$입니다. 이 절에서는 쿼리 메트릭 도구가 쿼리 메트릭을 쿼리 보고서로 어떻게 변환하는지 설명합니다. 그러나 쿼리 보고는 1장 4절 「쿼리 분석」에서 논의하겠지만 목적을 달성하기 위한 수단일 뿐입니다.

쿼리 분석은 실제 수행할 작업입니다. 쿼리 실행을 이해하기 위한 목적으로 보고된 쿼리 메트릭과 기타 정보를 분석하게 됩니다. MySQL 성능을 높이려면 쿼리를 최적화해야 하며, 쿼리를 최적화하려면 쿼리 실행 방식을 이해해야 합니다. 그리고 이를 이해하려면 쿼리 보고서와 메타데이터$_{matadata}$** 등 관련 정보를 사용하여 분석해야 합니다.

---

*   1장 5절 「쿼리 응답 시간 개선」은 직간접적으로 쿼리 최적화를 다룹니다.

**   제약 조건, 테이블 관계, 데이터 타입, 열, 테이블 등에 대한 데이터입니다.

하지만 먼저 쿼리 보고를 이해해야 하는 것이 중요합니다. 쿼리 보고는 쿼리 실행에 대해 중요한 통찰력을 제공하는 쿼리 메트릭의 모음을 나타내기 때문입니다. 따라서 다음 3가지를 이해해야지만 1장 4절 「쿼리 분석」을 읽을 수 있습니다.

- **소스**: 쿼리 메트릭은 2개의 소스에서 비롯되며 MySQL 배포 및 버전에 따라 다릅니다.
- **집계**: 쿼리 메트릭값은 정규화된 SQL 문법을 기준으로 그룹화되고 집계됩니다.
- **보고**: 쿼리 보고서는 고급 프로파일과 쿼리에 특화된 보고서로 구성됩니다.

:: 참고하세요

이 책에서는 MySQL의 쿼리 메트릭에 대한 설정과 구성을 따로 설명하지 않습니다. 이런 사항들은 이미 알고 있다고 가정합니다. 만약 그렇지 않다면 DBA에 문의하거나 컨설턴트를 고용하거나 아니면 MySQL 매뉴얼을 읽고 학습해야 합니다.

소스

쿼리 메트릭은 **슬로 쿼리 로그**slow query log(oreil.ly/Glss3)나 **성능 스키마**performance schema(oreil.ly/FNXRq)에서 비롯됩니다. 이름에서 알 수 있듯이 슬로 쿼리 로그는 디스크에 있는 로그 파일이고, 성능 스키마는 `performance_schema`와 같은 이름의 데이터베이스입니다. 디스크의 로그 파일과 데이터베이스의 테이블은 본질적으로 완전히 다르지만, 둘 다 쿼리 메트릭을 제공합니다. 주요 차이점은 얼마나 많은 메트릭을 제공하는지입니다. 둘 다 쿼리 응답 시간을 제외하고 3~20개 이상의 메트릭을 제공합니다.

:: 참고하세요

슬로 쿼리 로그(slow query log)란 이름에는 역사가 있습니다. 전부터 MySQL은 N초 이상 실행되는 쿼리들만 기록했고, 이때 N초의 최솟값은 1이었습니다. 구버전의 MySQL은 900ms(0.9초)로 수행되는 쿼리는 기록하지 않았는데 그 이유는 '빨랐기' 때문입니다. 슬로 쿼리 로그는 이름 그대로입니다. 오늘날엔 최솟값이 0이며 이렇게 설정하면 MySQL은 실행되는 모든 쿼리를 기록합니다. 이름에 약간의 오해가 있을 수 있지만 이제 이유를 이해하셨을 겁니다.

여러 상황을 고려해 봐도 성능 스키마는 현재 모든 버전과 배포 버전에 포함되어 있으므로 쿼리 메트릭을 제공하는 가장 좋은 소스입니다. 성능 스키마는 로컬과 클라우드에서 작동하며, 1장 4절의 "쿼리 메트릭"에서 다루는 9가지 메트릭을 모두 제공하고 가장 일관성이 있습니다. 또한 성능 스키마는 MySQL을 심층 분석할 수 있는 풍부한 여타 데이터를 포함하므로 그 유용성은 쿼리 메트릭 차원을 훨씬 능가합니다. 슬로 쿼리 로그도 좋은 소스이자, 다음처럼 매우 다양합니다.

MySQL

MySQL 8.0.14에서 슬로 쿼리 로그는 시스템 변수 `log_slow_extra`(oreil.ly/ibfRK)를 활성화하면 1장 4절의 "쿼리 메트릭"에 있는 9가지 메트릭 가운데 6개를 제공합니다. 그중에서 `Rows_affected`, `Select_scan`, `Select_full_join`는 누락되어 있습니다. 이것만으로도 좋은 소스지만 가능하면 성능 스키마를 사용하는 것이 좋습니다.

MySQL 5.7을 포함한 MySQL 8.0.14 이전 버전에서 슬로 쿼리 로그는 `Query_time`, `Lock_time`, `Rows_sent`, `Rows_examined`와 같은 4가지 메트릭만을 제공합니다. 이 4가지 메트릭만으로 쿼리를 분석할 수는 있지만, 분석의 질은 낮을 수밖에 없습니다. 따라서 MySQL 8.0.14 이전 버전의 슬로 쿼리 로그를 사용하기보다는 대신 성능 스키마를 사용하세요.

Percona 서버

Percona 서버(oreil.ly/ILyh2)는 시스템 변수 `log_slow_inquency`를 구성하면 슬로 쿼리 로그에 훨씬 더 많은 메트릭을 제공합니다. 9개의 메트릭은 모두 1장 4절의 "쿼리 메트릭"에 설명되어 있습니다. 또한 시스템 변수 `log_slow_rate_limit`가 구성되면 쿼리 샘플링(쿼리 백분율 로깅)을 지원하므로 사용량이 많은 서버에 유용합니다. 이러한 기능 때문에 Percona 서버의 슬로 쿼리 로그는 훌륭한 소스로서 역할을 합니다. 자세한 내용은 Percona 서버 매뉴얼의 "슬로 쿼리 로그(oreil.ly/5JQ06)"를 참고하세요.

MariaDB 서버

MariaDB 서버(oreil.ly/oeGJO) 10.x는 Percona 서버의 슬로 쿼리 로그 향상 기능을 사용하지만 2가지 주목할 만한 차이점이 있습니다. 시스템 변수 `log_slow_verbosity`가 MariaDB에서는 다르게 구성되고, `Rows_affected` 메트릭을 제공하지 않는다는 점입니다. 이 외에는 마찬가지로 동일하고 훌륭한 소스입니다. 자세한 내용은 MariaDB 온라인 문서의 "슬로 쿼리 로그 확장 통계(oreil.ly/oOVe7)"를 참고하면 됩니다.

슬로 쿼리 로그는 기본으로 비활성화되어 있지만 MySQL을 다시 시작할 필요 없이 바로 활성화할 수 있습니다. 성능 스키마는 기본으로 활성화되어야 하지만 일부 클라우드 제공자는 비활성화를 기본으로 설정하기도 합니다. 슬로 쿼리 로그와는 달리 성능 스키마를 활성화하려면 MySQL을 다시 시작해야 합니다.

반드시 최상의 쿼리 메트릭 소스를 사용하고 이들이 적절하게 구성되어 있는지 확인해야 하며, 경우

에 따라 사내 DBA 혹은 외부 컨설턴트에게 도움을 받고, 이게 어렵다면 MySQL 설명서를 읽어보아
야 합니다.

:: 주의하세요

슬로 쿼리 로그는 long_query_time(oreil.ly/NUMuA)을 0으로 설정하면 모든 쿼리를 기록할 수 있지
만 주의해야 합니다. 사용량이 많은 서버에서는 디스크 입출력이 증가하고 상당한 양의 디스크 공간을
사용할 수 있습니다.

집계

쿼리 메트릭은 쿼리별로 그룹화되고 집계됩니다. '쿼리' 메트릭이라고 불리기 때문에 당연한 것처럼
들리지만, 몇몇 쿼리 메트릭 도구는 사용자 이름, 호스트 이름, 데이터베이스 등으로 그룹화할 수 있
습니다. 이를 대체할 수 있는 그룹화는 매우 드물고 다른 유형의 쿼리 분석을 산출하므로 이 책에서
는 이를 다루지 않습니다. 쿼리 응답 시간은 MySQL 성능에서 핵심 지표이므로 쿼리별로 쿼리 메트
릭을 그룹화하는 것이 응답 시간이 가장 느린 쿼리를 확인하는 최선의 방법입니다. 이는 쿼리 보고와
분석의 기초를 구성하는 틀이 됩니다.

그런데 여기에는 한 가지 사소한 문제가 있습니다. 쿼리를 어떻게 하면 고유하게 식별하여 쿼리가 속
한 그룹을 결정하느냐입니다. 예를 들어, 시스템 메트릭(CPU, 메모리, 스토리지 등)은 호스트 이름이 고
유하고 의미가 있으므로 호스트 이름별로 그룹화됩니다. 그러나 쿼리에는 호스트 이름처럼 고유하
게 식별되는 속성이 없습니다. 이를 해결하는 방법은 정규화된 SQL 문을 SHA-256 해시로 변환하는
것입니다. 예제 1-1은 SQL 문을 정규화하는 방법을 보여 줍니다.

예제1-1 SQL 문 정규화

```
SELECT col FROM tbl WHERE id=1        ❶
SELECT `col` FROM `tbl` WHERE `id` = ?        ❷
f49d50dfab1c364e622d1e1ff54bb12df436be5d44c464a4e25a1ebb80fc2f13        ❸
```

---

❶ SQL 문 ― 샘플

❷ 다이제스트 텍스트 ― 정규화된 SQL 문

❸ 다이제스트 해시 ― SHA-256으로 변환된 다이제스트 텍스트

MySQL은 SQL 문을 정규화*하여 다이제스트$_{digest}$ 텍스트를 생성한 다음, 이에 대해 SHA-256 해시를 계산하여 다이제스트 해시를 생성합니다. 다이제스트 텍스트가 고유하므로 다이제스트 해시도 고유합니다(해시 충돌에도 불구하고).

:: 참고하세요

MySQL 매뉴얼은 다이제스트 텍스트나 다이제스트 해시를 가리킬 때 '다이제스트'란 용어를 모호하게 사용합니다. 다이제스트 해시는 다이제스트 텍스트에서 계산되므로 모호성은 기술적인 오류가 아니라 언어에 기인합니다. 기술적인 구분이 중요하지 않다면 다이제스트 텍스트나 다이제스트 해시를 가리킬 때 '다이제스트'를 사용합니다.

쿼리 메트릭의 맥락에서 용어에 중요한 변화가 있습니다. '쿼리'라는 용어는 '다이제스트 텍스트'와 동의어로 변경됩니다. 용어의 변화는 초점의 변화, 즉 쿼리별로 메트릭을 그룹화하는 것과 보조를 맞춘 것입니다. 쿼리별로 그룹화하려면 쿼리가 고유해야 하며 이는 다이제스트에만 해당합니다.

SQL 문은 '쿼리 샘플(또는 줄여서 '샘플')'이라고도 하며, 보고될 수도 있고 그렇지 않을 수도 있습니다. 대부분의 쿼리 메트릭 도구는 보안 때문에(실제 값을 포함하고 있기 때문에) 샘플을 폐기하고 다이제스트 텍스트와 해시만 보고합니다. EXPLAIN 명령어(oreil.ly/YSnio)를 사용하면 쿼리 실행을 이해하는 데 필요한 메타데이터를 생성할 수 있으므로 쿼리 분석에 샘플이 필요합니다. 일부 쿼리 메트릭 도구는 샘플을 EXPLAIN한 다음 폐기하고 EXPLAIN 계획(EXPLAIN의 결과)을 보고합니다. 샘플만 보고하는 도구들도 있지만 EXPLAIN 명령에 SQL을 복사와 붙여 넣기하면 되므로 여전히 편리합니다. 만약 이러한 기능이 없으면 소스에서 SQL 샘플을 수동으로 추출하거나 필요할 때 수동으로 SQL 샘플을 작성해야 합니다.

용어에 관한 2가지 설명을 더 하고 나서 좀 더 흥미로운 내용으로 넘어가겠습니다. 첫째, 용어는 표 1-1에서 보는 바와 같이 쿼리 메트릭 도구에 따라 크게 다릅니다.

표 1-1 공식 용어와 대체 용어

공식(MySQL)	대체
SQL 문	쿼리
샘플	쿼리
다이제스트 텍스트	클래스, 패밀리, 핑거프린트(지문), 쿼리
다이제스트 해시	클래스 ID, 쿼리 ID, 시그니처(사인)

---

* 정규화의 전체 과정을 다 이해할 필요는 없습니다. 정규화는 모든 값을 ?로 바꾸고 여러 공백을 단일 공백으로 축소한다는 것만 알아도 충분합니다.

둘째, Percona(percona.com)에서 유래한 다른 용어는 '쿼리 추상화_{query abstract}'입니다. SQL 명령과 테이블 목록으로 고도로 추상화된 SQL 문입니다. 예제 1-2는 `SELECT col FROM tbl WHERE id = 1` 문을 추상화한 쿼리입니다.

예제 1-2 쿼리 추상화

```
SELECT tbl
```

쿼리 추상화는 고유하지 않지만 간결해서 유용합니다. 대개 개발자들은 쿼리 추상화만 보고도 그것이 나타내는 전체 쿼리를 알 수 있습니다.*

> "간결함은 지혜의 본질이다."
> — **윌리엄 셰익스피어**

여러분이 보는 대부분의 쿼리는 여러분이 작성한 것이 아니므로 SQL 문이 정규화된다는 것을 이해하는 것이 중요합니다. 대부분은 다이제스트 텍스트가 SQL 문과 매우 유사하므로 문제가 되지 않습니다. 그러나 정규화 과정은 또 다른 중요한 점을 제시합니다. 다른 구문으로 같은 논리의 쿼리를 동적으로 생성하면 안 됩니다. 그렇지 않으면 다른 다이제스트로 정규화되고 다른 쿼리로 보고됩니다. 예를 들어, 다음은 사용자 입력에 따라 **WHERE** 절을 변경하는 프로그래밍 기반으로 생성되는 쿼리입니다.

```
SELECT name FROM captains WHERE last_name = 'Picard'
SELECT name FROM captains WHERE last_name = 'Picard' AND first_name = 'Jean-Luc'
```

이 2개의 쿼리는 논리적으로 사용자와 애플리케이션에서는 같을 수 있지만, 서로 다른 다이제스트로 정규화되므로 보고 측면에서는 서로 다른 쿼리입니다. 제가 알기로는 어떤 쿼리 메트릭 도구도 이 쿼리들을 결합할 수 없습니다. 그리고 모든 조건, 특히 **WHERE** 절은 쿼리 실행과 최적화에 영향을 미치므로 별도로 이 쿼리들을 보고하는 것이 기술적으로 옳습니다.

쿼리 정규화에서 한 가지 알아야 할 점은 값이 제거되므로 다음 두 쿼리는 같은 다이제스트로 정규화된다는 사실입니다. 이처럼 다이제스트는 두 쿼리가 같으므로 두 쿼리의 메트릭이 그룹화되고 집

---

* 　역주: 쿼리가 작성된 형태, 조인 순서나 방법, 그리고 작성된 주석만 보더라도 이게 일반 쿼리인지, 배치 쿼리인지, 대용량을 처리하는 쿼리인지를 알 수 있습니다.

계되어 하나의 쿼리로 보고됩니다.

SQL 문

SELECT `name` FROM star_ships WHERE class IN ('galaxy')

SELECT `name` FROM star_ships WHERE class IN ('galaxy', 'intrepid')

다이제스트 텍스트

SELECT `name` FROM `star_ships` WHERE `class` IN (...)

용어와 정규화에 관하여 충분하게 다루었습니다. 이제 쿼리 보고를 알아봅시다.

보고

하나의 애플리케이션이 수백 개의 쿼리를 가질 수 있으므로 보고_{reporting}는 도전이자 기술이라고 할 수 있습니다. 각 쿼리에는 많은 메트릭이 있으며 각 메트릭에는 최소, 최대, 평균, 백분위수 등 여러 통곗값이 있습니다. 또한 각 쿼리에는 샘플, EXPLAIN 계획, 테이블 구조 등의 메타데이터가 있습니다. 이 모든 데이터를 저장하고 처리하고 나타내는 것은 어렵습니다. 거의 모든 쿼리 메트릭 도구는 **쿼리 프로파일**과 **쿼리 보고서**라는 2가지 수준의 계층 구조로 데이터를 제공합니다. 이러한 용어는 쿼리 메트릭 도구에 따라 다르지만 실제로 용어를 보면 쉽게 파악할 수 있습니다.

쿼리 프로파일

쿼리 프로파일_{query profile}에 느린 쿼리가 표시됩니다. 쿼리 보고를 위해 최상단에 구성된 것으로, 일반적으로 쿼리 메트릭 도구에 처음 표시되는 항목입니다. 쿼리 다이제스트와 함께 메트릭의 제한된 하위 세트를 제공하므로 프로파일이라고 부릅니다.

느림_{slow}은 쿼리가 정렬되는 쿼리 메트릭의 집계치인 정렬 메트릭과 관련됩니다. 정렬 메트릭이 쿼리 시간(또는 다른 시간)이 아니더라도 첫 번째로 정렬된 쿼리를 가장 느린 쿼리라고 합니다. 만약 정렬 메트릭이 평균적으로 전송된 행 수라면, 첫 번째로 정렬된 쿼리가 여전히 가장 느린 쿼리라고 부릅니다. 어떤 쿼리 메트릭이든 정렬 메트릭이 될 수 있지만, 일반적으로 쿼리 시간이 기본 정렬 메트릭입니다. 쿼리 실행 시간을 줄이면 MySQL이 더 많은 작업을 수행하거나 다른 작업을 더 빨리 수행할 수 있는 시간을 확보할 수 있습니다. 쿼리 시간을 기준으로 쿼리를 정렬하면 가장 느리고 시간이 오래 걸리는 쿼리부터 확인할 수 있습니다.

쿼리 시간이 어떻게 집계되는지는 일반적으로 알기 어렵습니다. 가장 일반적인 집계치는 다음과 같습니다.

쿼리 총시간

쿼리 총시간$_{total\ query\ time}$은 실행 시간(쿼리당)의 총합입니다. 이 값은 MySQL이 실행하는 데 가장 많은 시간을 소비하는 쿼리가 어느 것인지에 대한 중요한 질문에 답하므로 가장 일반적인 집계치입니다. 쿼리 메트릭 도구는 MySQL이 각 쿼리를 실행하는 데 소요되는 모든 시간을 합산합니다. 총시간이 가장 긴 쿼리는 가장 느리고 시간이 오래 걸리는 쿼리입니다. 이것이 왜 중요한지를 보여 주는 예가 있습니다. 쿼리 A는 응답 시간이 1초이고 10번 실행되지만, 쿼리 B는 응답 시간이 0.1초이고 1,000번 실행된다고 가정해 보겠습니다. 쿼리 A는 응답 시간이 훨씬 느리지만, 쿼리 B가 10배 더 많은 시간이 소요됩니다. 총 10초 대 총 100초입니다. 쿼리 총시간으로 정렬된 쿼리 프로파일에서 B가 가장 느린 쿼리입니다. 이는 쿼리 B를 최적화함으로써 MySQL의 시간을 가장 많이 확보할 수 있기 때문에 중요합니다.

실행 시간 비율

실행 시간 비율$_{percentage\ execution\ time}$은 쿼리 총시간(쿼리당)을 실행 총시간(모든 쿼리)으로 나눈 값입니다. 예를 들어 쿼리 C의 쿼리 총시간이 321ms이고, 쿼리 D의 쿼리 총시간이 100ms이면 실행 총시간은 421ms입니다. 개별적으로 쿼리 C는 실행 총시간의 '(321ms / 421ms) × 100 = 76.2%'이고 쿼리 D는 실행 총시간의 '(100ms / 421ms) × 100 = 23.8%'입니다. 즉, MySQL은 쿼리를 실행하는 데 총 421ms가 소요되었으며, 그중 76.2%는 쿼리 C를 실행하는 데 할애했습니다. 실행 시간 비율로 정렬된 프로파일에서 C가 가장 느린 쿼리입니다. 실행 시간 비율은 일부 쿼리 메트릭 도구에서만 사용합니다.

쿼리 부하

쿼리 부하$_{query\ load}$는 쿼리 총시간(쿼리당)을 클럭 타임으로 나눈 것으로, 클럭 타임$_{clock\ time}$은 시간 범위에 대한 전체 초 수입니다. 시간 범위가 5분이면 클럭 시간은 300초입니다. 예를 들어, 쿼리 E의 쿼리 총시간이 250.2초이면 부하는 250.2s / 300s = 0.83입니다. 또한 쿼리 F의 쿼리 총시간이 500.1초이면 부하는 500.1s / 300s = 1.67입니다. 쿼리 부하별로 정렬된 프로파일에서 쿼리 F는 부하가 가장 크므로 가장 느린 쿼리입니다.

부하는 시간과 관련이 있지만 동시에 실행되는 쿼리의 다중 인스턴스와 같은 동시성$_{concurrency}$을 미묘하게 나타내기도 합니다. 쿼리 부하가 평균적으로 1.0보다 작으면 쿼리가 동시에 실행되지 않습니다. 쿼리 부하가 1.0보다 크면 쿼리 동시성을 나타냅니다. 예를 들어, 쿼리 부하가 3.5라는 것은 "언제든지 조회하면 실행 중인 쿼리의 인스턴스가 3.5개* 정도 있다"라는 의미입니다. 쿼리 부하가 높을수록 쿼리가 동일하거나 가까운 행에 접근할 때 경합할 가능성이 커집니다. 10보다 큰 쿼리 부하는 매우 느린 쿼리일 가능성이 크지만 예외 상황이 있을 수 있습니다. 이 글을 쓰면서 저는 5,962개의 부하가 걸린 쿼리를 보고 있습니다. 그것이 어떻게 가능할까요? 3장 2절의 "데이터 접근"에서 답을 알려드리겠습니다.

정렬 메트릭이 '보낸 행$_{rows\ sent}$'과 같은 비시간적 쿼리 메트릭을 사용하면 진단하려는 내용에 따라 다른 집계치(평균, 최대 등)가 의미 있을 수 있습니다. 이것은 쿼리 총시간보다 훨씬 덜 일반적이지만, 때로는 최적화할 만한 가치가 있는 흥미 있는 쿼리라는 것을 알려줍니다.

쿼리 보고서

쿼리 보고서$_{query\ report}$는 하나의 쿼리에 대해 알아야 할 모든 것을 보여 줍니다. 이것은 쿼리 보고를 구성하는 두 번째 단계입니다. 일반적으로 쿼리 프로파일에서 느린 쿼리를 선택하는 것으로 시작합니다. 또한 모든 쿼리 메트릭과 메타데이터도 제공합니다. 쿼리 프로파일은 그것을 살펴만 봐도 어떤 정보를 제공하는지 알 수 있지만(어떤 쿼리가 가장 느린지), 쿼리 보고서는 쿼리 분석에 사용되는 많은 정보로 구성되어 있습니다. 따라서 쿼리 실행을 이해하는 데 도움이 되므로 정보는 많을수록 좋습니다.

쿼리 보고서는 쿼리 메트릭 도구에 따라 크게 달라집니다. 가장 기본적인 최소 보고서에는 소스에서 비롯된 모든 쿼리 메트릭과 최소, 최대, 평균, 백분위수 등 해당 메트릭의 기본 통곗값이 포함됩니다. 전체 보고서에는 쿼리 샘플, EXPLAIN 계획, 테이블 구조 등의 메타데이터가 포함됩니다.** 일부 쿼리 메트릭 도구는 메트릭 그래프, 히스토그램 (분포), 이상 감지, 시간 이동 비교(현재 대 지난 주), 개발자 노트, SQL 주석(키-값 추출) 등의 추가 정보를 제공합니다.

쿼리 분석에는 보고서의 쿼리 메트릭만 있으면 됩니다. 메타데이터는 수동으로 수집할 수 있습니다. 만약 사용하는 쿼리 메트릭 도구가 쿼리 메트릭만 보고한다면 최소한 EXPLAIN 계획과 테이블 구조를 수동으로 수집하는 것부터 시작해야 합니다.

이렇게 쿼리 보고서가 있다면 쿼리 분석을 수행할 준비가 된 것입니다.

---

*   실제로는 0.5개의 쿼리 인스턴스는 있을 수 없으므로 쿼리의 인스턴스가 3개 또는 4개입니다.

** 샘플은 실제 값을 포함하므로 보안 목적으로 비활성화될 수 있습니다.

1-4 쿼리 분석

쿼리 분석query analysis의 목표는 느린 응답 시간을 해결하려는 것이 아니라 '쿼리 실행'을 이해하려는 것입니다. 느린 응답 시간을 해결하는 행위는 쿼리 분석 후 쿼리 최적화 과정에서 이루어집니다. 먼저 변경하려는 내용, 즉 쿼리 실행을 이해해야 합니다.

쿼리 실행은 서론에서 본론을 거쳐 결론으로 이어지는 하나의 이야기와 같습니다. 그 이야기를 이해하려면 세 부분 모두를 읽어야만 합니다. MySQL에서 쿼리가 어떻게 실행되는지 이해하면 쿼리를 최적화하는 방법을 이해할 수 있습니다. 분석을 통해 쿼리 실행을 이해하고서 쿼리 최적화 단계를 거쳐 조치를 취하게 됩니다.

:: 기억하세요

저는 많은 엔지니어들이 쿼리를 분석하는 데 도움을 주는 과정에서, 주로 겪었던 어려움은 메트릭을 이해하려는 것이 아니라 분석에 매달리려는 것이었습니다. 숫자를 면밀히 들여다보며 어떤 깨달음을 얻기를 기다리는 것입니다. 그런데 숫자에 갇히면 안 됩니다. 모든 메트릭과 메타데이터를 주의 깊게 검토하여 전체 상황을 파악한 다음, 응답 시간을 개선하기 위한 목표로 쿼리 최적화에 집중해야 합니다.

이 절에서는 효율적이면서 통찰력을 얻는 쿼리 분석에 대해 주요 방향을 설명합니다. 때로는 느린 응답 시간의 원인이 너무 명확해서 분석이 하나의 이야기보다는 트윗처럼 간단하게 읽힐 때가 있습니다. 그러나 분석이 어렵거나 난해할 때는 여기서 제시하는 분석 방향을 알고 있으면 그 원인을 찾고 해결책을 결정하는 데 도움이 됩니다.

쿼리 메트릭

1장 3절의 "소스"에서 살펴본 것처럼 쿼리 메트릭은 소스와 MySQL 배포 및 버전에 따라 다릅니다. 모든 쿼리 메트릭이 쿼리 실행을 이해하는 데 도움이 되므로 중요하지만, 여기서 설명하는 9가지 메트릭은 어떤 쿼리 분석에서든 상당히 중요합니다.

성능 스키마performance schema는 9가지 필수 쿼리 메트릭을 모두 제공합니다.

쿼리 시간

쿼리 시간$_{query\ time}$은 알고 있듯이 가장 중요한 메트릭입니다. 그러나 어쩌면 여러분이 알지 못할 수도 있지만, 쿼리 시간에는 또 다른 메트릭인 잠금 시간$_{lock\ time}$이 포함된다는 사실입니다. 잠금 시간은 쿼리 시간에 내재된 시간이므로 쿼리 시간이 잠금 시간을 포함한다는 것은 당연합니다. 의외인 점은 쿼리 시간과 잠금 시간이 유일하게 시간에 기반을 둔 쿼리 메트릭이지만 한 가지 예외적인 상황이 있다는 사실입니다. Percona 서버의 슬로 쿼리 로그에는 InnoDB의 읽기 시간, 로우 락 대기 시간$_{row\ lock\ wait\ time}$, 대기열 대기 시간$_{queue\ wait\ time}$을 나타내는 메트릭이 있습니다. 잠금 시간은 의미가 있지만, 아쉽게도 슬로 쿼리 로그에서만 정확하다는 기술적인 문제가 있습니다. 이 부분은 나중에 더 알아보겠습니다.

성능 스키마를 사용하면 전부는 아니지만 쿼리 실행의 많은 부분을 알 수 있습니다. 이는 이 책의 주제와 범위를 벗어나지만, 더 자세하게 알고 싶다면, 성능 스키마를 깊이 파고들어 보는 것도 좋은 방법입니다. MySQL의 매뉴얼에서는 성능 스키마로 수집되는 이벤트를 "시간이 소요되는 측정 정보를 수집할 수 있도록 구비된, 서버가 수행하는 모든 작업"으로 정의하며, 방대한 수의 이벤트를 계측하며 다음과 같은 계층 구조로 구성됩니다.

트랜잭션(transaction)
    └── 명령문(statement)
        └── 단계(stages)
            └── 대기(waits)

모든 쿼리가 트랜잭션 안에서 수행되므로 '트랜잭션'은 최상위 이벤트입니다(8장 「트랜잭션」 참고). '명령문'은 쿼리 메트릭이 적용되는 쿼리입니다. '단계'는 명령문 실행 과정 내의 단계로, 명령문 구문 분석, 테이블 열기, 파일 정렬 수행과 같은 과정을 포함합니다. '대기'는 시간이 걸리는 이벤트입니다. 예제 1-3은 단일 **UPDATE** 문 실행 과정에서의 단계를 보여 줍니다.

예제 1-3 단일 UPDATE 문의 단계(MySQL 8.0.22 기준)

```
+-------------------------------+---------------------------------+-----------+
| stage                         | source:line                     | time (ms) |
+-------------------------------+---------------------------------+-----------+
| stage/sql/starting            | init_net_server_extension.cc:101 |    0.109 |
| stage/sql/Executing hook on trx | rpl_handler.cc:1120           |    0.001 |
| stage/sql/starting            | rpl_handler.cc:1122             |    0.008 |
| stage/sql/checking permissions | sql_authorization.cc:2200      |    0.004 |
| stage/sql/Opening tables      | sql_base.cc:5745                |    0.102 |
| stage/sql/init                | sql_select.cc:703               |    0.007 |
| stage/sql/System lock         | lock.cc:332                     |    0.072 |
| stage/sql/updating            | sql_update.cc:781               | 10722.618 |
| stage/sql/end                 | sql_select.cc:736               |    0.003 |
| stage/sql/query end           | sql_parse.cc:4474               |    0.002 |
| stage/sql/waiting handler commit | handler.cc:1591              |    0.034 |
| stage/sql/closing tables      | sql_parse.cc:4525               |    0.015 |
| stage/sql/freeing items       | sql_parse.cc:5007               |    0.061 |
| stage/sql/logging slow query  | log.cc:1640                     |    0.094 |
| stage/sql/cleaning up         | sql_parse.cc:2192               |    0.002 |
+-------------------------------+---------------------------------+-----------+
```

UPDATE 문은 15단계로 실행됩니다. 실제 출력은 더 복잡하지만 가독성을 높이기 위해 간추렸습니다. 실제 UPDATE 문은 8단계(**stage/sql/updating**)에서 실행됩니다.

성능 스키마 이벤트(트랜잭션, 명령문, 단계, 대기)는 쿼리 실행과 관련된 세부 사항입니다. 쿼리 메트릭은 명령문에 적용됩니다. 여러분이 쿼리를 더 깊이 파고들어야 할 때는 성능 스키마를 참조하세요. 그러나 우리는 이 책에서 효율성을 추구하므로 성능 스키마에 너무 집착할 필요는 없습니다. 쿼리 시간이면 충분합니다.

잠금 시간

잠금 시간$_{lock\,time}$은 쿼리를 실행하는 동안 잠금을 획득하여 사용한 시간입니다. 이상적으로 잠금 시간은 쿼리 시간의 극히 일부이어야 하지만, 값은 상대적입니다(이 절의 '상댓값' 참고). 예를 들어 제가 관리하는 극도로 최적화된 데이터베이스에서 잠금 시간은 가장 느린 쿼리를 대상으로 했을 때 쿼리 시간의 40~50% 정도를 차지합니다. 끔찍하게 들리지만, 그렇지 않습니다. 가장 느린 쿼리는 최대 쿼리 시간이 160μs*이고 최대 잠금 시간은 80μs이며 데이터베이스는 20,000QPS** 이상의 쿼리를 실행합니다.

비록 값이 상대적이지만, MySQL은 대기가 아니라 작업에 대부분의 시간을 사용해야 하므로 잠금 시간이 쿼리 시간의 50% 이상이면 문제라고 할 수 있습니다. 이론적으로 완벽한 쿼리 실행은 대기 시간이 0이지만, 시스템에 내재된 공유 리소스, 동시성, 지연 시간으로 인해 불가능합니다. 그래도 우리는 꿈은 꿀 수 있습니다.

MySQL 스토리지 엔진과 데이터 잠금

잠금 시간과 잠금을 자세히 설명하기 전에 몇 가지 배경 지식을 명확히 하겠습니다.

MySQL에는 많은 스토리지 엔진이 있으며 해당 엔진마다 역사가 있지만 그것으로 여러분을 지루하게 하지는 않겠습니다. 기본 스토리지 엔진은 InnoDB입니다. 다른 스토리지 엔진으로는 MyISAM, MEMORY, TempTable(oreil.ly/Ubz65), MariaDB에 포함된 Aria(oreil.ly/VVAjG), Percona 서버와 MariaDB에 포함된 MyRocks(myrocks.io)가 있으며, Percona 서버와 대부분의 MySQL 배포판이 가지고 있는 XtraDB(oreil.ly/jrGlq) 등이 있습니다. (재미있는 사실은 성능 스키마는 스토리지 엔진이 구현한다는 것입니다.) 이 책에서는 달리 언급하지 않는 한 InnoDB 스토리지 엔진을 가리킵니다.

InnoDB 스토리지 엔진에서 잠금에는 테이블 락$_{table lock}$과 로우 락$_{row lock}$이 있습니다. 서버(MySQL)는 테이블과 테이블 락을 관리합니다. 스토리지 엔진(기본적으로 InnoDB)으로 테이블이 생성되지만, 스토리지 엔진에 구애받지 않습니다. 즉, 테이블을 현재 스토리지 엔진에서 다른 스토리지 엔진으로 변환할 수 있습니다. 로우 레벨 락$_{row-level lock}$(행 수준 잠금)은 이 잠금이 지원되는 스토리지 엔진이 관리합니다. 그러나 MyISAM은 로우 레벨 락을 지원하지 않으므로 테이블 락으로 데이터 접근을 관리합니다. InnoDB는 로우 레벨 락을 지원하므로 로우 락으로 데이터 접근을 관리합니다. InnoDB는 기본 스토리지 엔진이므로 달리 언급하지 않는 한 로우 레벨 락을 의미합니다.

∷ 참고하세요

InnoDB에는 인텐션 락$_{intention lock}$(의도 잠금, oreil.ly/XYLnq)이라는 테이블 락도 있지만 여기에선 중요한 내용이 아닙니다.

---

* 마이크로초(microsecond, μs): 백만 분의 1초

** 초당 쿼리 수(queries per second): 초당 처리할 수 있는 쿼리 수

서버에서 관리하는 메타데이터 락_{metadata lock}이 있는데 스키마, 테이블, 저장 프로그램(stored programs) 등의 접근을 제어합니다. 테이블 락과 로우 락은 테이블 데이터에 대한 접근을 제어하지만, 메타데이터 락은 테이블 구조(열, 인덱스 등)에 대한 접근을 제어하여 쿼리가 테이블에 접근하는 동안 변경되는 것을 방지합니다. 모든 쿼리는 접근하는 모든 테이블을 대상으로 메타데이터 락을 획득합니다. 메타데이터 락은 쿼리가 아니라 트랜잭션이 끝날 때 해제됩니다.

:: **기억하세요**

특별히 언급하지 않는 한 InnoDB와 로우 레벨 락을 말합니다.

앞서 아쉽다고 언급했던 기술적인 문제를 기억하나요? 여기서 알아보겠습니다. 성능 스키마의 잠금 시간에는 로우 락 대기가 포함되지 않고 테이블과 메타데이터 락 대기만을 포함합니다. 로우 락 대기는 잠금 시간에서 가장 중요한 부분인데 성능 스키마의 잠금 시간을 거의 사용하지 않게 됩니다. 대조적으로 슬로 쿼리 로그의 잠금 시간에는 메타데이터, 테이블과 행과 같은 모든 락 대기가 포함됩니다. 두 소스(성능 스키마와 슬로 쿼리 로그)의 잠금 시간은 락 대기의 유형을 나타내지 않습니다. 성능 스키마에서는 확실히 메타데이터 락 대기입니다. 슬로 쿼리 로그에서는 로우 락 대기일 수 있지만 메타데이터 락 대기도 가능합니다.

:: **주의하세요**

성능 스키마의 잠금 시간에는 로우 락 대기가 포함되지 않습니다.

테이블의 데이터를 변경하거나 작성하기 전에 행을 잠가야 하므로 잠금은 주로 쓰기(`INSERT`, `UPDATE`, `DELETE`, `REPLACE`)에 사용됩니다. 쓰기에 대한 응답 시간은 부분적으로 잠금 시간에 따라 달라집니다. 로우 락을 획득하는 데 필요한 시간은 동시성_{concurrency}에 따라 다릅니다. 즉, 얼마나 많은 쿼리가 같은(또는 근처의) 행에 동시에 접근하는지에 따라 다릅니다. 행에 대한 동시성이 0이면(한 번에 하나의 쿼리만 접근한다면) 잠금 시간이 거의 없습니다. 그러나 매우 자주 접근하는 행이라면 잠금 시간이 응답 시간에서 상당 부분을 차지할 수 있습니다. 동시성은 여러 데이터 접근 패턴 중 하나입니다(4장 「접근 패턴」 참고).

읽기(**SELECT**)에는 **비잠금 읽기**_{nonlocking reads}와 **잠금 읽기**_{locking reads}(oreil.ly/WcyD3)가 있습니다. **SELECT**…**FOR UPDATE**와 **SELECT**…**FOR SHARE** 같이 2가지 잠금 읽기만 있어서 구별하기 쉽습니다. 둘 중 하나가 아니면 **SELECT**가 비잠금 상태이며 이는 일반적인 경우입니다.

SELECT…**FOR UPDATE**와 **SELECT**…**FOR SHARE**가 유일한 잠금 읽기지만, 선택적 **SELECT**를 사용한 쓰기를 잊으면 안 됩니다. 다음 SQL 문에서 **SELECT**는 테이블 **s**의 공유 로우 락_{shared row lock}을 획득합니다.

- INSERT…SELECT FROM s
- REPLACE…SELECT FROM s
- UPDATE…WHERE…(SELECT FROM s)
- CREATE TABLE…SELECT FROM s

엄밀히 말해서 이러한 SQL 문은 읽기가 아니라 쓰기지만, 선택적 **SELECT**는 테이블 **s**의 공유 로우 락을 획득합니다. 자세한 내용은 MySQL 매뉴얼의 "InnoDB에서 다른 SQL 문에 의해 설정된 잠금 (oreil.ly/SJXcq)"을 참조합니다.

잠금 읽기, 특히 **SELECT**…**FOR UPDATE**는 확장이 어렵고 문제를 일으키는 경향이 있으며, 일반적으로 같은 결과를 얻을 수 있는 비잠금 해결책이 있기 때문에 피해야 합니다. 잠금 시간과 관련하여 잠금 읽기는 쓰기와 같지만 동시성에 따라 달라지기도 합니다. **SELECT**…**FOR SHARE** 문을 사용할 때는 주의해야 하는데, 공유 잠금은 다른 공유 잠금과 호환되지만 배타적 잠금_{exclusive locks}과 호환되지 않습니다. 즉, 공유 잠금은 동일한(또는 근처) 행에 대한 쓰기를 차단합니다.

비잠금 읽기_{nonlocking read}는 로우 락을 획득하지 못하더라도 메타데이터 락과 테이블 락을 획득하므로 잠금 시간은 0이 아닙니다. 그러나 이 2가지를 획득하는 것은 1ms 미만으로 매우 빨라야 합니다. 예를 들어, 제가 관리하는 어떤 데이터베이스는 34,000QPS 이상의 쿼리를 실행하지만 가장 느린 쿼리는 전체 테이블을 스캔하는 비잠금 **SELECT**로 실행할 때마다 600만 행을 읽고, 매우 높은 동시성(168 쿼리 부하)을 나타냅니다. 이러한 큰 값에도 불구하고 최대 잠금 시간은 220μs이고 평균 잠금 시간은 80μs입니다.

비잠금 읽기는 비차단_{non-blocking}*을 의미하지 않습니다. **SELECT** 쿼리는 접근하는 모든 테이블에서 공유 메타데이터 락_{shared metadata lock}을 획득해야 합니다. 잠금과 마찬가지로 공유 메타데이터 락은 다른 공유 메타데이터 락과 호환되지만 하나의 배타 메타데이터 락은 다른 모든 메타데이터 릭을 차단합

---

* 비차단은 A 작업이나 B 작업이 서로 요청할 때마다 제어권을 넘겨주는 방식을 의미합니다.

니다. **ALTER TABLE**은 배타 메타데이터 락을 획득하는 일반적인 작업입니다.

ALTER TABLE…**ALGORITHM=INPLACE, LOCK=NONE** 또는 pt-online-schema-change (oreil.ly/EzcrU),
ghost(oreil.ly/TeHjG)와 같은 타사 온라인 스키마 변경 도구를 사용해도 이전 테이블 구조를 새 테이블 구조로 교체하려면 배타 메타데이터 락을 획득해야 합니다. 테이블 교체는 매우 빠르지만 배타 메타데이터 락이 유지되는 동안 모든 테이블 접근이 차단되므로 MySQL에 부하가 많을 때는 중단 현상이 눈에 띄게 발생할 수 있습니다. 이 문제는 특히 **SELECT** 문의 잠금 시간에 일시적으로 나타납니다.

∷ 주의하세요

SELECT는 메타데이터 락 대기를 차단할 수 있습니다.

잠금은 MySQL에서 가장 복잡하고 미묘한 부분일 수 있습니다. 장애 상황으로 빠지는 것을 피하는 5가지 주요 사항이 있지만 이 설명은 뒤로 미루겠습니다. 다음의 몇 가지 내용을 숙지하는 것만으로도 MySQL을 다루는 기술이 비약적으로 향상됩니다.

- **innodb_lock_wait_timeout**(oreil.ly/HlWwX) 시스템 변수가 각각의 로우 락에 적용되므로 잠금 시간은 이보다 상당히 클 수 있습니다.
- 잠금과 트랜잭션 격리 수준은 서로 관련되어 있습니다.
- InnoDB는 쓰지 않는 행을 포함하여 접근하는 모든 행을 잠급니다.
- 잠금은 트랜잭션 커밋이나 롤백할 때 해제되며 때로는 쿼리 실행 중에도 해제됩니다.
- InnoDB에는 record, gap, next-key 등 다양한 유형의 잠금이 있습니다.

이러한 내용은 8장 1절 「로우 락」에서 자세히 설명합니다. 지금은 잠금 시간이 포함된 쿼리 시간을 시각화하는 방법을 알아보겠습니다. 그림 1-1은 쿼리 실행 중에 획득하고 해제되는 잠금을 보여 줍니다.

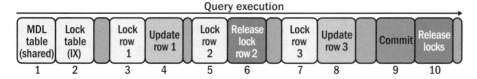

그림 1-1 쿼리가 실행 중일 때 잠금 시간

레이블 1부터 10은 잠금과 관련하여 이벤트와 세부 정보를 표시합니다.

1. 테이블에서 공유 메타데이터 락 획득
2. 의도 배타적(intenstion exclusive: IX) 테이블 락 획득
3. 행 1 락 획득
4. 행 1 갱신(쓰기)
5. 행 2 락 획득
6. 행 2 락 해제
7. 행 3 락 획득
8. 행 3 갱신(쓰기)
9. 커밋 트랜잭션
10. 모든 락 해제

여기에서 2가지 흥미로운 점이 있습니다.

- 성능 스키마의 잠금 시간에는 레이블 1과 2만 포함됩니다. 슬로 쿼리 로그에는 레이블 1, 2, 3, 5와 7이 포함됩니다.
- 행 2는 잠겨 있다가(레이블 5) 트랜잭션이 커밋되기 전에(레이블 9) 갱신(쓰기) 없이 잠금이 해제됩니다(레이블 6). 이런 일이 발생할 수 있지만 항상 그런 것은 아니며 쿼리와 트랜잭션 격리 수준에 따라 다릅니다.

잠금 시간과 잠금에 관해 많은 정보를 알려드렸습니다. 이제 여러분은 쿼리 분석에서 잠금 시간을 이해할 준비가 되었습니다.

조회된 행

조회된 행$_{rows\ examined}$은 MySQL이 쿼리 조건 절에 일치하는 행을 찾으려고 접근한 행의 수를 나타냅니다. 이것은 쿼리와 인덱스의 선택도*를 나타냅니다. 쿼리와 인덱스의 선택도가 높을수록 MySQL이 일치하지 않는 행을 조회하는 데 낭비하는 시간이 줄어듭니다. 이것은 INSERT…SELECT 문이 아닌 한 INSERT를 제외하고 읽기와 쓰기에 적용됩니다.

조회된 행을 이해하고자 2가지 예를 살펴보겠습니다. 다음 예제에서 테이블 t1과 3개의 행을 사용하겠습니다.

---

* 선택도(selectivity)는 데이터 세트에서 특정 값을 얼마나 잘 골라낼 수 있는지에 대한 지표를 의미합니다.

```
CREATE TABLE `t1`(
  `id` int NOT NULL,
  `c` char(1) NOT NULL,
  PRIMARY Key(`id`)
) ENGINE=InnoDB;
```

```
+----+---+
| id | c |
+----+---+
|  1 | a |
|  2 | b |
|  3 | c |
+----+---+
```

열$_{column}$ id는 프라이머리 키$_{primary\,key}$이고 열 c는 인덱스가 생성되지 않습니다. 쿼리 SELECT c FROM t1 WHERE c = 'b'는 하나의 행과 일치하지만 열 c에 유니크 인덱스$_{unique\,index}$가 없으므로 3개의 행을 조회합니다. 따라서 MySQL은 WHERE 절에 일치하는 행이 몇 개인지 알 수 없습니다. 사람은 위의 테이블을 보고 하나의 행만 일치한다는 것을 바로 알 수 있지만, MySQL은 사람이 아니므로 인덱스를 사용합니다.

이에 반해 쿼리 SELECT c FROM t1 WHERE id = 2는 id 열(프라이머리 키)에 유니크 인덱스가 있고 테이블 조건이 전체를 포함하는(선택도가 제일 높은) 인덱스를 사용하므로 일치하는 하나의 행만 찾아냅니다. 이제 MySQL은 하나의 행만 일치한다는 것을 알았으므로 이 행만 조회합니다. 2장에서는 인덱스와 인덱싱을 다루는데, 테이블 조건 등 많은 내용을 다룹니다.

두 번째 예제에서는 테이블 t2와 7개의 행을 사용하겠습니다.

```
CREATE TABLE `t2`(
  `id` int NOT NULL,
  `c` char(1) NOT NULL,
  `d` varchar(8) DEFAULT NULL,
  PRIMARY KEY(`id`),
```

```
    KEY `c`(`c`)
) ENGINE=InnoDB;
```

```
+----+------+--------+
| id | c    | d      |
+----+------+--------+
|  1 | a    | apple  |
|  2 | a    | ant    |
|  3 | a    | acorn  |
|  4 | a    | apron  |
|  5 | b    | banana |
|  6 | b    | bike   |
|  7 | c    | car    |
+----+------+--------+
```

열 **ID**는 앞의 예제에 있던 프라이머리 키와 같습니다. 열 **c**에는 비고유$_{nonunique}$ 인덱스가 있고 열 **d**는 인덱싱되지 않았습니다.

그럼 다음과 같은 쿼리는 얼마나 많은 행을 조회할까요?

```
SELECT d FROM t2 WHERE c = 'a' AND d = 'acorn'
```

답은 4개입니다. MySQL은 열 **c**의 비고유 인덱스를 사용하여 조건 **c = 'a'**와 일치하는 행을 찾는데, 그 결과 4개의 행과 일치합니다. 그리고 다른 조건인 **d = 'acorn'**와 일치하는 행을 찾으려고 MySQL은 4개의 행을 각각 조회합니다. 결과적으로 쿼리는 4개의 행을 조회하지만 하나의 행만 일치하고 그 값을 반환합니다.

쿼리가 예상보다 많은 행을 조회하는 경우가 드문 일이 아닙니다. 그 원인은 일반적으로 쿼리나 인덱스(또는 둘 다)의 선택도 때문이지만, 때로는 테이블이 예상보다 커져서 조회할 행이 많기 때문입니다. 3장에서는 이런 내용을 더 자세히 살펴봅니다.

조회된 행은 이야기의 절반만 알려줍니다. 나머지 절반은 보낸 행입니다.

보낸 행

보낸 행$_{rows\,sent}$은 클라이언트에 반환된 행의 수(결과 세트 크기)를 나타냅니다. 보낸 행을 조회된 행과 비교하면 의미가 더해집니다.

보낸 행 = 조회된 행

이상적인 경우는 보낸 행과 조회된 행이 같고, 특히 전체 행의 백분율로 계산했을 때 상대적으로 값이 작고, 허용할 수 있는 쿼리 응답 시간일 때입니다. 예를 들어, 백만 개의 행이 있는 테이블에서 1,000개 행의 비율은 0.1%입니다. 응답 시간이 허용 가능하면 이상적인 경우입니다. 그러나 10,000개 행만 있는 테이블의 1,000개 행은 응답 시간이 허용되더라도 비율 10%는 문제의 소지가 있습니다. 비율과 관계없이 보낸 행과 조회된 행이 같고 값이 의심스러울 정도로 높으면 쿼리가 테이블 스캔을 유발한다는 것을 의미합니다. 이는 일반적으로 성능 면에서 매우 안 좋은 상황임을 암시합니다. 2장 2절의 "테이블 접근 방법"에서 그 이유를 설명합니다.

보낸 행 < 조회된 행

조회된 행보다 보낸 행이 작다는 것은 쿼리나 인덱스의 선택도가 좋지 않다는 신뢰할 만한 신호입니다. 이 차이가 극심하면 왜 응답 시간이 느린지 설명할 수 있습니다. 예를 들어, 1,000개의 행이 전송되고 100,000개의 행이 조회되는 것은 큰 값은 아니지만, 99%의 행이 일치하지 않았다는 것을 의미입니다. 즉, 이 쿼리로 인해 MySQL은 많은 시간을 낭비하고 있다는 것입니다. 느린 응답 시간이 허용될 때도 인덱스를 사용하면 낭비되는 시간을 크게 줄일 수 있습니다.

보낸 행 > 조회된 행

조회된 행보다 보낸 행이 큰 것이 가능하지만 드문 경우입니다. 이것은 MySQL이 쿼리를 최적화할 수 있을 때와 같은 특별한 조건에서 발생합니다. 예를 들어, 앞선 예제의 테이블에서 `SELECT COUNT(id) FROM t2`는 `COUNT(id)` 값에 대해 1개 행을 보내지만 0개 행을 조회합니다.

보낸 행 자체는 거의 문제가 되지 않습니다. 최신 네트워크는 빠르고 MySQL 프로토콜은 효율적입니다. MySQL에서 배포 및 버전의 슬로 쿼리 로그에 '보낸 바이트$_{bytes\,sents}$' 메트릭이 있으면* 다음 2가지 방법으로 사용할 수 있습니다.

1. 최소, 최대, 평균값은 결과 세트 크기를 바이트 단위로 나타냅니다. 이것은 일반적으로 작지만 쿼리가 BLOB이나 JSON 열을 반환할 때는 커질 수 있습니다.

---

* 성능 스키마는 이 쿼리 메트릭을 제공하지 않습니다.

2. 보낸 바이트 전체를 네트워크 처리량(Mbps나 Gbps)으로 변환하여 쿼리의 네트워크 사용률(network utilization)을 표시할 수 있는데 이 역시 일반적으로 매우 작습니다.

영향받은 행

영향받은 행$_{rows\ affected}$은 삽입, 갱신, 삭제된 행의 수를 나타냅니다. 엔지니어는 해당하는 행에만 영향을 미치도록 주의해야 합니다. 해당하지 않는 행이 변경되면 심각한 버그가 발생합니다. 이러한 관점에서 볼 때 영향받은 행의 값은 항상 정확합니다. 그러나 의도한 행보다 더 많은 행이 영향을 받았다는 것은 새로운 쿼리가 만들어졌거나 기존 쿼리가 수정되었다는 것을 의미하기도 합니다.

영향받은 행을 확인하는 또 다른 방법은 대량 작업의 배치 크기$_{batch\ size}$ 입니다. 대량 **INSERT**나 **UPDATE, DELETE**는 복제 지연, 변경 목록 길이$_{history\ list\ length}$*, 잠금 시간, 전반적인 성능 저하와 같은 여러 문제를 야기합니다. 그런데 "배치 크기는 얼마나 커야 합니까?"라는 일반적인 질문에도 마찬가지로 보편적인 정답은 없습니다. 대신 MySQL과 애플리케이션이 쿼리 응답 시간에 영향을 미치지 않고 유지할 수 있는 배치 크기와 비율을 결정해야 합니다. **DELETE**에 중점을 두지만 **INSERT**와 **UPDATE**에도 적용할 수 있는 방법을 3장 3절의 "배치 크기"에서 설명합니다.

셀렉트 스캔

셀렉트 스캔$_{select\ scan}$은 첫 번째로 접근한 테이블에서 수행한 전체 테이블 스캔 횟수를 나타냅니다.**
이는 쿼리가 인덱스를 사용하지 않는다는 것을 의미하므로 일반적으로 성능에 좋지 않습니다. 인덱스와 인덱싱을 다루는 2장 이후에는 테이블 스캔을 수정하기 위해 인덱스를 추가하는 것이 쉬워져야 합니다. 셀렉트 스캔이 0이 아니면 쿼리 최적화를 강력하게 권장합니다.

쿼리가 테이블 스캔을 유발할 때는 가끔 있지만 항상 그런 것은 아닙니다. 그 이유를 확인하려면 테이블 스캔을 유발하는 샘플 쿼리와 그렇지 않은 샘플 쿼리 양쪽의 EXPLAIN 계획이 필요합니다. 한 가지 가능한 이유는 MySQL이 인덱스의 고윳값 수인 카디널리티$_{cardinality}$와 테이블의 전체 행 수, 기타 비용을 고려해 쿼리가 조회할 행 수를 추정하기 때문입니다. 추정치가 완벽하지 않고 때때로 MySQL이 잘못 추정해 테이블 스캔이나 차선의 실행 계획으로 이어지기도 하지만 이런 상황은 매우 드뭅니다.

셀렉트 스캔은 모두 0이거나 모두 1(이진값)일 가능성이 큽니다. 0이면 정말 좋은 상황이며, 0이 아니

---

* 변경된 데이터를 이전 데이터로 되돌릴 수 있도록 보관하는 길이, 즉 undo log를 의미합니다.

** 쿼리가 2개 이상의 테이블에 접근할 때는 셀렉트 풀 조인 메트릭이 적용됩니다.

면 쿼리를 최적화해야 합니다.

셀렉트 풀 조인

셀렉트 풀 조인_{select full join}은 조인된 테이블을 대상으로 전체 테이블을 스캔한 수를 나타냅니다. 이것은 셀렉트 스캔과 유사하지만 더 나쁩니다. 잠시 후 그 이유를 설명하겠습니다. 셀렉트 풀 조인은 항상 0이어야 합니다. 그렇지 않으면 쿼리 최적화를 해야 합니다.

여러 테이블이 있는 쿼리를 EXPLAIN으로 확인(oreil.ly/sRswS)하면, MySQL은 테이블 조인 순서를 위쪽(첫 번째 테이블)에서 아래쪽(마지막 테이블)으로 출력합니다. 셀렉트 스캔은 첫 번째 테이블에만 적용됩니다. 셀렉트 풀 조인은 두 번째와 후속_{subsequent} 테이블에만 적용됩니다.

테이블 조인 순서는 쿼리가 아니라 MySQ이 결정합니다.* 예제 1-4는 SELECT…FROM t1, t2, t3 문의 EXPLAIN 계획을 보여 줍니다. MySQL은 쿼리에서 암시적인 3개의 테이블 조인과 다른 조인 순서를 결정합니다.

예제 1-4 조인된 3개의 테이블에 대한 EXPLAIN 계획

```
*************************** 1. row ***************************
           id: 1
  select_type: SIMPLE
        table: t3
   partitions: NULL
         type: ALL         ❶
possible_keys: NULL
          key: NULL
      key_len: NULL
          ref: NULL
         rows: 3           ❹
     filtered: 100.00
        Extra: NULL
*************************** 2. row ***************************
```

---

* STRAIGHT_JOIN이 필요하지 않다면 가능한 한 사용하지 않는 것이 좋습니다. MySQL 쿼리 최적화기가 조인 순서를 선택하도록 하여 최상의 쿼리 실행 계획을 만들 수 있도록 합니다. 보통 DBMS의 최적화기가 정확히 실행 계획을 만들므로 버그나 잘못되었음을 증명할 수 없다면 신뢰해도 좋습니다.

```
              id: 1
     select_type: SIMPLE
           table: t1
      partitions: NULL
            type: range          ❷
   possible_keys: PRIMARY
             key: PRIMARY        ❷
         key_len: 4
             ref: NULL
            rows: 2              ❺
        filtered: 100.00
           Extra: Using where
*********************** 3. row ***************************
              id: 1
     select_type: SIMPLE
           table: t2
      partitions: NULL
            type: ALL            ❸
   possible_keys: NULL
             key: NULL
         key_len: NULL
             ref: NULL
            rows: 7
        filtered: 100.00
           Extra: NULL
```

MySQL은 먼저 테이블 **t3**을 읽은 다음, 테이블 **t1**을 조인하고 그다음 테이블 **t2**를 조인합니다. 이처럼 조인 순서는 쿼리(**FROM t1, t2, t3**)와 다르므로 **EXPLAIN**으로 확인해 봐야 합니다.

:: 기억하세요

조인 순서를 보려면 항상 쿼리를 EXPLAIN하여 확인합니다.

셀렉트 스캔은 조인 순서의 첫 번째 테이블이고 테이블 스캔을 일으키므로 테이블 **t3**에 적용됩니다(❶). 만약 셀렉트 풀 조인이 테이블 스캔을 유발한다면, 이는 테이블 **t1**에 적용되지만 이 경우는 그렇지 않습니다. MySQL은 프라이머리 키(❷)에서 범위 스캔$_{range\ scan}$을 사용하여 테이블을 조인합니다. MySQL이 풀 테이블 스캔(❸)을 사용하여 테이블 **t2**에 조인하므로 셀렉트 풀 조인은 테이블 **t2**에 적용됩니다.

MySQL이 조인 시 전체 테이블을 스캔하므로 **t2**의 테이블 스캔을 풀 조인이라고 합니다. 쿼리 실행 중에 테이블에서 발생하는 풀 조인의 수가 이전 테이블 행의 곱과 같아서 셀렉트 풀 조인은 셀렉트 스캔보다 더 나쁩니다. MySQL은 테이블 **t3**에서 3개의 행(❹)과 테이블 **t1**에서 2개의 행(❺)을 추정합니다. 따라서 쿼리 실행 중에 테이블 **t2**에서 3 × 2 = 6개의 풀 조인이 수행됩니다. 그러나 셀렉트 풀 조인 메트릭값은 1이 됩니다. 쿼리 실행 중이 아니라 실행 계획에서 풀 조인을 계산하기 때문입니다. 하나의 풀 조인이라도 실제 수행되는 조인의 수는 너무 많아서 하나라도 충분합니다.

:: 참고하세요

MySQL 8.0.18부터 해시 조인 최적화(oreil.ly/zf7Rs)는 특정 조인의 성능을 향상시키지만 풀 조인을 피하는 것이 최선의 방법입니다. 해시 조인에 대한 간략한 개요는 2장 5절 「테이블 조인 알고리즘」을 참고하세요.

디스크에 생성된 임시 테이블

디스크에 생성된 임시 테이블$_{created\ tmp\ disk\ tables}$은 디스크에 생성된 임시 테이블의 수를 나타냅니다. 쿼리가 메모리에 임시 테이블을 만드는 것은 정상입니다. 그러나 메모리에 임시 테이블이 너무 커지면 MySQL은 임시 테이블을 디스크에 씁니다. 디스크 접근 속도가 메모리보다 자릿수가 다를 정도로 훨씬 느리므로 응답 시간에 영향을 미칩니다.

그러나 디스크에 임시 테이블을 만드는 일은 MySQL이 피하려고 하므로 일반적인 문제는 아닙니다. 과도하게 사용되는 디스크의 임시 테이블은 쿼리 최적화가 필요함을 나타내거나, 어쩌면 시스템 변수인 `tmp_table_size`(oreil.ly/8exZw)가 너무 작음을 나타냅니다.

항상 쿼리를 먼저 최적화하세요. 시스템 변수는 최후의 수단으로 변경해야 합니다. 특히 메모리 할당에 영향을 미치는 변수는 조심해서 변경해야 합니다.

자세한 내용은 MySQL 매뉴얼의 "내부 임시 테이블 사용하기(oreil.ly/CeCSv)"를 참고하세요.

쿼리 카운트

쿼리 카운트$_{query\,count}$는 쿼리 실행 횟수를 나타냅니다. 이 값이 매우 낮고 쿼리가 느리지 않는 한 기준이 없고 임의적입니다. '낮고 느림'인 경우 이상한 조합으로 조사해야 합니다. 이 글을 작성하면서 예제로 완벽한 쿼리 프로파일을 보고 있습니다. 가장 느린 쿼리는 한 번 실행되었지만 실행 시간의 44%를 차지했습니다. 다른 메트릭은 다음과 같습니다.

- 응답 시간: 16초
- 잠금 시간: 110μs
- 조회된 행: 132,000
- 보낸 행: 13

이 결과는 일반적인 쿼리가 아닙니다. 엔지니어가 쿼리를 수동으로 실행한 것처럼 보이지만, 다이제스트 텍스트를 보면 프로그래밍 방식으로 생성되었음을 알 수 있습니다. 이 쿼리 뒤에 숨겨진 이야기는 무엇일까요? 이것을 알아보려면 애플리케이션 개발자에게 문의해야 합니다.

메타데이터와 애플리케이션

쿼리 메트릭보다 쿼리 분석에 더 많이 사용하는 것이 있습니다. 바로 메타데이터$_{matadata}$입니다. 실제로 EXPLAIN 계획과 각 테이블의 구조, 이 2가지 메타데이터가 없으면 쿼리 분석을 완료할 수 없습니다. 일부 쿼리 메트릭 도구는 자동으로 메타데이터를 수집하여 쿼리 보고서에 표시합니다. 만약 여러분의 도구가 그렇게 하지 않더라도 메타데이터는 쉽게 수집할 수 있습니다. EXPLAIN(oreil.ly/AZvGt)과 **SHOW CREATE TABLE**(oreil.ly/Wwp8f)은 각각 EXPLAIN 계획과 테이블 구조를 보여 줍니다. 메타데이터는 일반적으로 쿼리 분석과 쿼리 최적화, MySQL 성능 개선에 참고하는 필수 데이터입니다. EXPLAIN은 MySQL 명령문 가운데 중요한 도구입니다. 이 명령문은 2장 2절의 "EXPLAIN: 쿼리 실행 계획"에서 설명하고 이 책 전체에서 광범위하게 사용합니다.

그런데 쿼리 메트릭과 메타데이터보다 쿼리 분석에 더 많이 활용하는 것이 있습니다. 바로 애플리케이션$_{application}$입니다. 쿼리 메트릭과 메타데이터는 모든 쿼리 분석에 필수적이지만, 쿼리가 어떤 용도로 사용되는지 알 때 비로소 이야기가 완성됩니다. 즉, 애플리케이션이 쿼리를 실행하는 이유는 무엇일까요? 이것을 알면 4장의 핵심인 애플리케이션의 변경 사항을 평가할 수 있습니다. 엔지니어들이 쿼리를 훨씬 간결하게 하거나 완전히 제거해도 된다는 사실을 인식하는 상황을 저는 여러 차례 경험했습니다.

쿼리 메트릭과 메타데이터, 애플리케이션으로 이야기를 완성하면 바람직합니다. 그런데 때로는 MySQL과 애플리케이션 외부 문제가 이야기에 영향을 미치기도 하며, 일반적으로 부정적인 영향입니다. 9장 6절 「시끄러운 이웃들」은 전형적인 사례입니다. 응답 시간이 느려서 철저하게 쿼리 분석을 했음에도 그 이유를 알 수 없다면 외부 문제로 봐야 합니다. 그렇다고 성급하게 결론을 내리지 않아야 합니다. 외부 문제는 예외로 봐야 하며 문제 분석의 기준이 되어서는 절대로 안 됩니다.

상댓값

각 쿼리 메트릭에서 객관적으로 긍정적으로 보는 유일한 값은 '0'입니다. 속담에 따르면 일을 하는 가장 빠른 방법은 그것을 하지 않는 것이기 때문입니다. 0이 아닌 값은 항상 쿼리와 애플리케이션에서 상대적입니다. 예를 들어, 일반적으로 보낸 행이 1,000개여도 괜찮지만 쿼리가 한 행만 반환해야 할 때는 끔찍할 수 있습니다. 상댓값relative values은 메트릭과 메타데이터, 애플리케이션과 같은 전체 이야기를 고려할 때 비로소 의미가 있습니다.

상댓값이 전체 이야기에서 상대적이고 유의미하다는 것을 보여 주는 하나의 실화가 있습니다. 저는 수년에 걸쳐 점점 느려지는 애플리케이션을 인계받았습니다. 고객들이 사용하지 않는 내부 애플리케이션이어서 사용할 수 없을 정도로 느려지기 전까지는 작업에서 우선 순위가 아니었습니다. 쿼리 프로파일에서 가장 느린 쿼리는 풀 테이블 스캔이 아니라 10,000개 이상의 행을 조회하고 반환하는 것이었습니다. 값에 집착하는 대신 소스 코드를 분석하였고, 그 결과 쿼리를 실행하는 함수가 필요한 행을 사용하지 않고 전체 행의 수만 계산하고 있다는 것을 발견했습니다. 수천 개의 행에 불필요하게 접근해 반환하고, 그것이 데이터베이스 크기가 커질수록 행 수도 늘어 시간이 지남에 따라 속도가 느려졌습니다. 전체 이야기와 함께 쿼리 최적화가 필요한 부분은 분명하면서 간단했습니다. 쿼리는 바로 `SELECT COUNT (*)`입니다.

평균, 백분위수, 최대

쿼리 응답 시간을 단일 값인 것처럼 말하지만 그렇지 않습니다. 1장 3절의 "집계"에서 쿼리가 쿼리 메트릭을 그룹화하고 집계한다는 것을 다루었습니다. 결과적으로 쿼리 메트릭은 최소, 최대, 평균, 백분위수와 같은 단일 통계치로 출력됩니다. 보통 이러한 보편적인 통계에 익숙하지만 쿼리 응답 시간과 관련하여 다음 사항이 여러분을 당황하게 할 겁니다.

- 평균은 지나치게 낙관적입니다.
- 백분위수는 어디까지나 추정입니다.
- 최대는 최상의 표현입니다.

평균

평균$_{average}$에 속으면 안 됩니다. 쿼리 수가 적을 때는 매우 크거나 작은 몇 개의 값이 평균 응답 시간(또는 메트릭값)을 왜곡할 수 있습니다. 또한 값의 분포를 모르면 평균이 나타내는 값의 백분율을 알 수 없습니다. 예를 들어, 평균값이 전체 응답 시간의 중앙값과 같으면 평균은 값의 하위 50%를 나타내며, 평균은 이들보다 더 나은(빠른) 응답 시간입니다. 이 경우 평균은 지나치게 낙관적입니다. 여러분이 최악의 절반을 무시하면 대부분의 값이 낙관적으로 보입니다. 평균은 쿼리가 일반적으로 마이크로초, 밀리초 또는 초 단위로 실행되는지를 한눈에 알려줍니다. 그 이상은 의미를 두지 않아도 됩니다.

백분위수

백분위수$_{percentile}$는 평균이 갖는 문제를 보완합니다. 백분위수를 간단히 설명하면 P95(Percentile 95)는 샘플의 95%가 이보다 작거나 같은 값입니다.* 예를 들어, P95가 100ms와 같으면 값의 95%가 100ms보다 작거나 같으며, 값의 5%가 100ms보다 큽니다. 결과적으로 P95는 값의 95%를 나타내며, 객관적인 면에서 평균보다 대표성을 띕니다. 백분위수를 사용하는 또 다른 이유는 무시되는 값의 작은 비율을 특잇값으로 간주하기 때문입니다. 예를 들어, 네트워크 지터**와 플루크***로 인해 적은 비율의 쿼리 실행이 평소보다 오래 걸릴 수 있습니다. MySQL의 결함이 아니므로 이러한 실행 시간은 특잇값으로 무시합니다.

백분위수는 표준 관행이지만 추정이기도 합니다. 앞에서 언급한 것처럼 특잇값이 있을 수 있지만 추정에 그치지 말고 검증하는 게 좋습니다. 상위 N%가 특잇값이 아닌 것으로 검증되기 전까지는 정상이 아니므로 관심을 가져야 하는 값입니다. "원인이 뭘까요?" 이 질문에 대답하기 어렵고 바로 이러한 점 때문에 백분위수가 표준 관행이 됩니다. 깊이 파고들어 답을 찾기보다 상위 N% 값을 무시하는 것이 더 쉽기 때문입니다.

---

* 백분위수에 관한 전체 설명은 HackMySQL(hackmysql.com/p95)을 참고하세요.

** 고주파 디지털 신호에서 파동의 일부 양상이 일탈하거나 변위되는 것을 의미합니다.

*** 네트워크 케이블 이상 여부를 의미합니다.

가장 바람직한 백분위수는 P999(99.9%)입니다. 왜냐하면 0.1%의 값을 무시하는 것이 특잇값이라고 추정하는 것과 특잇값이 실제로 존재한다는 현실 사이에서 허용할 수 있는 절충점이기 때문입니다.*

최대

최대$_{maximum}$ 쿼리 시간은 백분위수가 갖는 문제를 보완하므로 어떤 값도 버리지 마세요. 최댓값은 평균과 같은 낙관이나 통계적 환영이 아닙니다. 세계 어딘가에서 일부 애플리케이션 사용자는 최대 쿼리 응답 시간을 경험하였거나 몇 초 후에 절망하고 떠났습니다. 그 이유를 알려고 한다면 답을 찾을 수 있습니다. 상위 N%의 값들을 설명하는 것은 어렵습니다. 값들이 많고, 그로 인해 다양한 답이 가능해집니다. 하지만 최댓값은 값과 답이 하나라 쉽게 설명할 수 있습니다. 쿼리 메트릭 도구는 최대 응답 시간을 가진 쿼리를 샘플로 사용할 때가 많습니다. 해당 샘플을 사용해 문제를 재현하거나(이 경우 분석을 계속 진행) 문제를 재현하지 못하거나(이 경우 무시할 수 있는 특잇값임을 검증) 하는 일을 하게 됩니다.

여기 제가 경험한 이야기가 있습니다. 멀쩡한 애플리케이션이 가끔씩 매우 느리게 응답했습니다. 최소, 평균, P99 쿼리 시간은 모두 밀리초였지만 최대 쿼리 시간은 초 단위였습니다. 최대를 무시하는 대신 정상적인 실행 시간과 최대 실행 시간의 쿼리 샘플을 수집했습니다. 차이점은 `WHERE` 절에 있는 `IN` 목록의 크기였습니다. 정상적인 쿼리 시간은 수백 개의 값, 최대 쿼리 시간은 수천 개의 값이었습니다. 더 많은 값을 꺼내 오면 실행하는 데 시간이 더 오래 걸리지만, 수천 개의 값이 있어도 밀리초에 대해 몇 초는 정상이 아닙니다. `EXPLAIN`을 통해 정상적인 쿼리 시간은 인덱스를 사용했지만 최대 쿼리 시간은 풀 테이블 스캔을 유발한다는 답을 얻었습니다. MySQL은 쿼리 실행 계획을 전환할 수 있으며(2장 4절의 "이것은 함정이다! – MySQL이 다른 인덱스를 선택할 때" 참고), 실행 계획을 전환하면 MySQL의 성능을 개선할 수 있다는 것을 의미합니다. 그렇다면 애플리케이션은 어떻게 개선할 수 있을까요? 간단히 말해 이 쿼리는 부정 행위 탐지를 목적으로 데이터를 검색하는 데 사용되었으며, 때때로 한 번에 수천 개의 행을 검색하여 MySQL이 쿼리 실행 계획을 변경하게 됩니다. 일반적으로 쿼리는 문제가 없었지만 최대 응답 시간을 자세히 살펴보면서 MySQL 문제뿐만 아니라, 대규모 조회를 더 효율적으로 처리하는 기회가 되어 애플리케이션과 사용자 경험을 개선할 수 있었습니다.

평균과 백분위수, 최대는 유용하며 이들이 나타내는 것과 나타내지 못하는 것을 알고 있으면 됩니다. 다음으로 최솟값과 최댓값 사이의 값 분포를 고려해야 합니다. 운이 좋으면 쿼리 보고서에 히스토그

---

* P95와 P99, P999 등은 일반적입니다. MySQL 중앙값(P50), 최댓값(P100)과 함께 사용되는 다른 백분위수를 본 적이 없습니다.

램이 포함되어 있지만 기대하지는 마세요. 임의의 시간 범위를 대상으로 히스토그램을 계산하는 과정은 어려워서 쿼리 메트릭 도구는 이를 거의 수행하지 않습니다. 기본 통계(최소, 최대, 평균, 백분위수)는 쿼리가 안정적인지 판단하기에 충분할 정도로 분포 경향이 비슷합니다. 즉, 메트릭은 모든 실행에서 대체로 같습니다(6장 2절 「정상과 안정」 참고). 쿼리가 불안정한 경우 분석이 복잡해집니다. 쿼리가 불안정하게 실행되는 원인은 MySQL 외부에 있을 가능성이 높아서 찾기가 더 어렵지만, 쿼리가 안정적인 경우에는 분석과 이해, 최적화가 쉬우므로 찾아야 합니다.

1-5 쿼리 응답 시간 개선

쿼리 응답 시간을 개선하는 행위는 **쿼리 최적화**query optimization라 불리는 과정입니다. 저는 그것을 적절한 기대치를 세우는 여정이라고 부릅니다. 쿼리 최적화에는 시간과 노력이 필요하며 최종 목적지는 더 빠른 쿼리 응답 시간입니다. 시간과 노력을 낭비하지 않고 효율적으로 여정을 보내기 위해서는 직접 쿼리 최적화와 간접 쿼리 최적화라는 두 내용을 알아야 합니다.

직접 쿼리 최적화

직접 쿼리 최적화는 쿼리와 인덱스를 변경하는 것입니다. 이러한 변경으로도 성능 문제가 상당히 해결되므로 직접 쿼리 최적화에서 여정을 시작하겠습니다. 그런데 이러한 변경 작업은 매우 효과적이라 여정은 종종 직접 쿼리 최적화에서 끝나기도 합니다.

조금은 단순할지 모르지만 쿼리를 자동차로 생각해 보겠습니다. 정비사는 자동차가 고장 났을 때 수리할 수 있는 도구가 있습니다. 어떤 도구(예: 렌치)는 일반용이고 일부 도구(예: 이중 오버헤드 캠 잠금 장치)는 전문용입니다. 정비사가 후드를 열고 문제를 파악하면 문제를 해결하는 데 어떤 도구가 필요한지 알게 됩니다. 마찬가지로 엔지니어는 쿼리가 느리게 실행될 때 쿼리를 수정할 수 있는 도구가 있습니다. 일반 도구로는 쿼리 분석, EXPLAIN(oreil.ly/oB3q9), 인덱스가 있고 전문 도구로는 쿼리별 최적화가 있습니다.

MySQL 매뉴얼의 "SELECT 문 최적화하기(oreil.ly/dqEWw)"에서 몇 가지만 예를 들면 다음과 같습니다.

- 범위 최적화

- 인덱스 머지$_{\text{Index Merge}}$ 최적화

- 해쉬 조인$_{\text{Hash Join}}$ 최적화

- 인덱스 컨디션 푸시다운$_{\text{Index Condition Pushdown}}$ 최적화

- 다중 범위 읽기$_{\text{Multi-Range Read}}$ 최적화

- Constant-Folding 최적화

- IS NULL 최적화

- ORDER BY 최적화

- GROUP BY 최적화

- DISTINCT 최적화

- LIMIT 쿼리 최적화

이들 내용은 MySQL 매뉴얼의 "최적화"(oreil.ly/03htc)에서 자세히 설명하고 있으며 정기적으로 갱신되므로 이 책에서는 쿼리별 최적화에 관해서는 설명하지 않습니다. 또한 쿼리별 최적화는 MySQL의 배포 및 버전에 따라 다릅니다. 대신 2장에서 인덱스와 인덱싱을 알아봅니다. 느린 쿼리를 수정할 때 어떤 쿼리별 최적화를 사용할지와 그 방법을 알기 위한 기초에 해당합니다. 2장이 끝나면 숙련된 정비사가 전문용(이중 오버헤드 캠 잠금 장치) 도구를 사용할 수 있는 것처럼 "인덱스 컨디션 푸시다운 최적화(oreil.ly/5CEbX)"와 같은 전문 도구도 사용할 수 있게 됩니다.

저는 엔지니어와 자주 대화를 나누는데, 그때 보면 엔지니어는 열심히 분석하여 적용한 쿼리 최적화가 문제를 해결하지 못할 때 당황하면서도 약간 불만스러워하기도 합니다. 직접 쿼리 최적화가 필요 조건이지만 충분 조건은 아닙니다. 최적화된 쿼리는 다양한 상황에서 문제가 되거나 문제의 소지가 있습니다. 여러분이 쿼리를 더이상 최적화할 수 없을 때(또는 소스 코드에 접근할 수 없어서 최적화할 수 없을 때)는 쿼리 주변을 최적화해야 하며, 이는 두 번째 여정인 간접 쿼리 최적화로 이어집니다.

간접 쿼리 최적화

간접 쿼리 최적화는 데이터와 접근 패턴을 변경하는 것입니다. 쿼리 변경 대신 쿼리가 접근하는 대상과 방법(각각의 데이터와 접근 패턴)을 변경합니다. 쿼리, 데이터, 접근 패턴은 성능과 관련하여 뗄 수 없는 관계이므로 이러한 변경은 쿼리를 간접적으로 최적화해 줍니다. 하나의 변경 사항은 다른 것에 영향을 미치고 이는 쉽게 검증됩니다.

느린 쿼리가 있다고 가정해 보겠습니다. 이 검증에서는 데이터 크기와 접근 패턴이 중요하지 않으므

로 기대하는 것을 상상해 보세요. 저는 쿼리 응답 시간을 거의 0에 가깝게* 줄일 수 있습니다. 간접 쿼리 최적화는 TRUNCATE TABLE입니다. 데이터가 없으면 MySQL은 거의 0에 가까운 시간에 모든 쿼리를 실행할 수 있습니다. 이것은 편법cheating이긴 하지만 데이터 크기를 줄이면 쿼리 응답 시간이 개선된다는 점을 보여 줍니다.

자동차 비유로 다시 살펴보겠습니다. 간접 쿼리 최적화는 자동차의 주요 설계 요소를 변경하는 것과 유사합니다. 예를 들어, 무게는 연비의 한 요소입니다. 무게를 줄이면 연비가 좋아집니다.** 엔지니어는 마법처럼 부품의 무게를 줄일 수 없으므로 무게를 줄이는 것은 간단한 변경이 아닙니다. 대신 강철에서 알루미늄으로 전환하는 것처럼 상당한 변경을 해야 하는데 이는 다른 설계 요소에 영향을 미칠 수 있습니다. 결과적으로 이러한 변경에는 더 많은 노력이 필요합니다.

간접 쿼리 최적화가 여정에서 두 번째인 이유는 더 많은 노력이 필요하기 때문입니다. 직접 쿼리 최적화로 문제가 해결되면 간접 쿼리 최적화는 하지 않는 게 바람직합니다. 만약 그렇지 않고 더이상 쿼리를 최적화할 수 없다고 확신한다면 데이터와 접근 패턴을 변경해야 할 시점이며 이에 대해서는 3장과 4장에서 다루겠습니다.

1-6 언제 쿼리를 최적화해야 할까?

느린 쿼리를 수정해도 또 느린 쿼리가 그 자리를 대신하죠. 느린 쿼리가 늘 있게 마련입니다. 느린 쿼리를 수정하려고 시간을 투자하는 게 항상 효율적인 건 아니기에 매번 쿼리를 최적화해서는 안 됩니다. 대신 쿼리 응답 시간이 허용될 만한 시간인지 판단해 보고 그렇지 않다면 쿼리를 계속 최적화합니다. 만약 허용될 만한 시간이라면 최적화 여정은 끝난 것입니다. 앞에서도 언급했지만 데이터베이스가 빠르면 아무도 그것에 관심을 기울이거나 이의를 제기하지 않기 때문입니다.

DBA 관점에서는 매주 쿼리 메트릭을 검토하여 필요하다면 가장 느린 쿼리를 최적화하고 싶지만, 소프트웨어 엔지니어 관점에서는 실용적이지 않게 보일 뿐만 아니라 그런 일이 일어나지 않는다는 것도 알고 있습니다. 대신 쿼리를 최적화해야 하는 3가지 상황이 있습니다.

---

*   0에 가까운 시간이 1μs라고 가정해 보겠습니다. 컴퓨터에는 긴 시간이지만 사람은 감지할 수 없습니다.

**   데이터는 중량과 유사하므로 TRUNCATE TABLE이 데이터를 모두 삭제시켜 성능을 극적으로 높입니다. 아무런 데이터가 없기 때문 입니다. 그러나 테이블에 데이터가 없다는 것은 아무런 의미가 없을뿐더러 이 최적화를 프로덕션에서는 사용하지 마세요.

성능이 고객에게 영향을 미칠 때

성능이 고객에게 영향을 미칠 때 쿼리를 최적화하는 것은 엔지니어의 의무입니다. 엔지니어라면 누구나 동의할 것입니다. 오히려 엔지니어들은 성능 향상에 열을 올립니다. 일부는 이것이 사전 예방이 아닌 사후 대응이므로 좋지 않은 방법이라고 말할 수도 있지만, 저의 경험상 애플리케이션이 너무 느리거나 적정 대기 시간을 넘겼다고 고객이 신고할 때까지 엔지니어(심지어 DBA)는 쿼리 메트릭을 확인하지 않습니다. 쿼리 메트릭이 항상 켜져 있고 준비되어 있는 한, 엔지니어는 고객만큼이나 더 나은 성능에 대한 욕구가 있으므로 이때가 쿼리를 최적화할 좋은 기회입니다.

코드 변경 전후

대부분의 엔지니어는 코드 변경 전후에 쿼리 최적화에 우선 순위를 두는 것에 반대하지 않지만, 저의 경험에 따르면 그렇지 않은 경우도 많습니다. 피했으면 하는 패턴은 겉보기에 무해한 것처럼 보이는 변경 사항이 코드에 적용되고 검증까지 마쳐 프로덕션에 배포하면 더 나빠지기 시작한다는 것입니다. 그 원인은 일반적으로 밀접하게 관련된 쿼리와 접근 패턴의 변경 때문입니다. 2장부터 그 이유를 설명하기 시작하여 3~4장에서 완성합니다. 지금 요점은 코드 변경 전후에 쿼리 메트릭을 검토하면 여러분은 이상적인 엔지니어에 속합니다.

한 달에 한 번

코드와 쿼리가 변경되지 않더라도 데이터와 접근 패턴이라는 적어도 2가지 요소가 변경됩니다. 여러분은 애플리케이션이 크게 성공하고 사용자가 우상향으로 늘어 더 많은 데이터를 저장하기를 바랄 것입니다. 쿼리 응답 시간은 데이터와 접근 패턴이 변경됨에 따라 달라지지만, 다행히도 이러한 변화는 대개 몇 주나 몇 달 정도 걸립니다. 예를 들어, 수백만 명의 기존 사용자에 매일 수천 명의 새로운 사용자가 추가되는 초고속으로 성장하는 애플리케이션도 MySQL은 쿼리 응답 시간이 안정적으로 유지되도록 확장하는 데 정말 탁월합니다. 하지만 어떤 것도 영원히 지속되지는 않습니다. 좋은 쿼리가 나쁜 쿼리가 되는 시점이 늘 있습니다. 이러한 내용은 3~4장 이후에 살펴보기로 하고 지금 요점은 한 달에 한 번 쿼리 메트릭을 검토하면 여러분은 이상적인 엔지니어에서 전설로 부상할 수 있습니다.

1-7 MySQL을 더 빠르게

쿼리나 애플리케이션을 변경하지 않고 MySQL을 훨씬 더 빠르게 만드는 마법이나 비밀은 없습니다.

이제 또 다른 경험담을 소개하겠습니다.

개발자 팀은 유명 인사가 자신의 애플리케이션을 언급할 것이라는 사실을 알게 되었습니다. 팀은 엄청난 양의 트래픽을 예상해서 MySQL과 애플리케이션이 살아남을 수 있도록 미리 계획을 세웠습니다.

팀의 엔지니어가 저에게 MySQL 처리량(QPS)을 높이는 데 협조를 요청했습니다. 저는 "얼마나 높여야 하나요?"라고 물었고 엔지니어는 "100배까지"라고 말했습니다. 저는 "1년의 시간과 애플리케이션을 재설계할 의향이 있나요?"라고 물었고 엔지니어는 "아니요, 하루밖에 여유가 없습니다."라고 답했습니다.

엔지니어의 생각은 충분히 이해합니다. 더 많은 CPU 코어와 램, IOPS 등 하드웨어를 대폭 업그레이드하면 MySQL이 처리할 수 있는 양은 얼마나 될까요? 이 책이 앞으로 다룰 여러 가지 요인에 따라 달라지므로 간단하게 단답형으로 대답하기 어렵습니다. 그러나 한 가지는 확실합니다. 시간에는 분명 제한이 있다는 것입니다.

1초는 더도 덜도 말고 딱 1,000ms입니다. 만약 쿼리를 실행하는 데 100ms가 걸린다면 최악의 처리량은 CPU 코어당 10QPS입니다(1,000ms / 100ms/query = 10QPS). 실제 처리량은 더 높을 수 있으며 잠시 후에 더 자세히 설명하겠습니다. 아무런 변경 없이 쿼리 수행만으로 더 큰 처리량을 내기에는 간단히 말해 시간이 부족합니다.

MySQL이 동일한 시간 내에 더 많은 작업을 수행하도록 하려면 다음 3가지 옵션이 있습니다.

- 시간의 본질을 바꾸기
- 응답 시간 단축
- 부하량 증가

첫 번째 옵션은 이 책의 범위를 벗어나므로 나머지로 넘어가겠습니다.

응답 시간을 줄이면 MySQL이 더 많은 작업을 수행하는 데 필요한 시간이 확보됩니다. MySQL이 1초 중 999ms를 사용 중이면 다른 작업을 수행할 수 있는 1ms가 남습니다. 여유 시간이 충분하지 않다면 현재 작업에 드는 시간을 줄여야 합니다. 이를 수행하는 최선의 방법은 직접 쿼리 최적화입니다. 만약 안 된다면 간접 쿼리 최적화입니다. 그리고 마지막으로는 고사양의 하드웨어를 구매하는 방법입니다.

부하$_{load}$(동시에 수행되는 쿼리들) 증가는 쿼리나 애플리케이션 변경이 필요 없으므로 먼저 생각이 미치는 경향이 있습니다. 즉, 한 번에 더 많은 쿼리를 동시에 실행하면 MySQL은 더 많은 CPU 코어를 사용하여 응답합니다. 이것은 CPU 코어 1개가 쿼리 1개를 실행하는 스레드를 실행하기 때문에 가능합니다. 최악은 MySQL이 N개의 CPU 코어를 사용하여 N개의 쿼리를 동시에 실행할 때입니다. 그러나 응답 시간은 CPU 시간이 아니므로 최악은 사실상 존재하지 않습니다. 응답 시간 중 일부는 CPU가 사용한 시간이고 나머지는 CPU를 사용하지 않습니다(off-CPU*)(http://oreil.ly/drw2d). 예를 들어 응답 시간은 10ms의 CPU 시간과 90ms의 디스크 입출력 대기 시간일 수 있습니다. 따라서 실행하는 데 100ms가 걸리는 쿼리에 대한 최악의 처리량은 CPU 코어당 10QPS지만, 최악의 경우가 실제로 존재하지 않으므로 실제 처리량은 더 높아야 합니다. MySQL을 더 세게 밀어붙이면 좋은 성능이 나옵니다. 그러나 우리가 예상하듯 MySQL을 너무 세게 밀어붙이면 시스템의 용량에 한계가 있으므로 작동을 멈춥니다. MySQL은 대부분의 최신 하드웨어를 한계까지 쉽게 밀어붙일 수 있지만 4장 2절 「한계에 도달하면 성능이 불안정해진다」를 읽을 때까지 그런 시도는 하지 마세요.

* off-CPU는 I/O, 잠금(lock), 타이머, 페이징/스왑 등 대기 시간을 의미합니다.

결론적으로 MySQL은 간단하게 빨라지지 않습니다. MySQL의 속도를 높이려면 직접 및 간접 쿼리 최적화라는 여정을 시작해야만 합니다.

요점 정리

이 장에서는 쿼리 시간을 설명했으며 주요 사항은 다음과 같습니다. 다음 장에서는 쿼리 시간을 개선하는 방법을 배울 수 있습니다.

- 성능은 쿼리 응답 시간, 즉 MySQL이 쿼리를 실행하는 데 걸리는 시간입니다.
- 쿼리 응답 시간은 의미 있고 실행 가능하므로 MySQL 성능에서 핵심 지표(북극성)입니다.
- 쿼리 메트릭은 슬로 쿼리 로그나 성능 스키마에서 비롯됩니다.
- 성능 스키마는 쿼리 메트릭 중 최상의 소스입니다.
- 쿼리 메트릭은 다이제스트(SQL문 정규화)에 의해 그룹화되고 집계됩니다.
- 쿼리 프로파일은 느린 쿼리를 보여 주며 느리다는 것은 정렬 메트릭과 관련됩니다.
- 쿼리 보고서는 하나의 쿼리를 대상으로 사용할 수 있는 모든 정보를 보여 주며 쿼리 분석에 사용합니다.
- 쿼리 분석의 목표는 느린 응답 시간을 해결하는 것이 아니라 쿼리 실행을 이해하려는 것입니다.
- 쿼리 분석에는 쿼리 메트릭(보고된 대로), 메타데이터(EXPLAIN 계획, 테이블 구조 등), 애플리케이션 지식을 사용합니다.
- 쿼리 시간, 잠금 시간, 조회된 행, 보낸 행, 영향받은 행, 셀렉트 스캔, 셀렉트 풀 조인, 디스크의 임시 테이블, 쿼리 카운트와 같은 9가지 쿼리 메트릭은 모든 쿼리 분석에서 매우 중요합니다.

- 쿼리 응답 시간을 향상(쿼리 최적화)시키려면 직접 및 간접 쿼리 최적화라는 두 내용을 알아야 합니다.
  - 직접 쿼리 최적화는 쿼리와 인덱스를 변경하는 것입니다.
  - 간접 쿼리 최적화는 데이터와 접근 패턴을 변경하는 것입니다.
- 최소한 3가지 상황(성능이 고객에게 영향을 미칠 때, 코드 변경 전후, 한 달에 한 번)에서 쿼리 프로파일을 검토하고 느린 쿼리를 최적화합니다.
- MySQL의 속도를 높이려면 응답 시간을 줄이거나(더 많은 작업을 수행할 수 있는 여유 시간) 부하를 늘려야 합니다 (MySQL이 더 열심히 일하도록 밀어붙이기).

다음 장에서는 MySQL 인덱스와 인덱싱, 즉 직접 쿼리 최적화에 대해 설명합니다.

연습: 느린 쿼리 식별

이 연습의 목표는 슬로 쿼리 로그에서 쿼리 프로필과 쿼리 보고서를 생성하는 명령 줄 도구인 pt-query-digest(oreil.ly/KU0hj)를 사용하여 느린 쿼리를 식별하는 것입니다.

문제를 일으키지 않을 것이라는 확신이 없으면 프로덕션을 사용하지 말고 개발 또는 준비_{staging} MySQL 인스턴스를 사용해야 합니다. 슬로 쿼리 로그는 기본적으로 안전하지만 사용량이 많은 서버에서 활성화하면 디스크 I/O가 증가할 수 있습니다.

MySQL을 관리하는 DBA가 있다면 슬로 쿼리 로그를 활성화하고 구성하도록 요청합니다. 또는 MySQL 매뉴얼에서 "슬로 쿼리 로그(oreil.ly/Hz0Sz)"를 읽음으로써 설정하는 방법을 배울 수 있습니다(MySQL을 구성하려면 SUPER 권한이 있는 MySQL 사용자 계정이 필요합니다). 클라우드에서 MySQL을 사용하는 경우 클라우드 공급자의 설명서를 읽고 슬로 쿼리 로그를 활성화하고 접근하는 방법을 알아봅니다.

MySQL 구성은 다양하지만 슬로 쿼리 로그를 구성하고 활성화하는 가장 간단한 방법은 다음과 같습니다.

```
SET GLOBAL long_query_time=0;
SET GLOBAL slow_query_log=ON;
SELECT @@GLOBAL.slow_query_log_file;
+----------------------------+
| @@GLOBAL.slow_query_log_file |
```

```
+-------------------------------+
¦ /usr/local/var/mysql/slow.log ¦
+-------------------------------+
```

첫 번째 명령문 **SET GLOBAL long_query_time=0;**에서 0은 MySQL이 모든 쿼리를 기록하도록 합니다. 참고로 사용량이 많은 서버에서 이 쿼리는 디스크 I/O를 높이고 기가바이트의 디스크 공간을 사용할 수 있으므로 주의해야 합니다. 필요한 경우 0.0001(100μs) 또는 0.001(1ms)처럼 약간 더 큰 값을 사용합니다.

:: 참고하세요

Percona 서버와 MariaDB 서버는 슬로 쿼리 로그 샘플링을 지원합니다. 시스템 변수 `log_slow_rate_limit`를 설정하여 N번째 쿼리마다 기록합니다. 예를 들어, `log_slow_rate_limit = 100`은 모든 쿼리의 1%에 해당하는 100번째 쿼리마다 기록합니다. 시간이 지남에 따라 `long_query_time = 0`과 결합될 때 대표적인 샘플이 생성됩니다. 이 기능을 사용할 때는 쿼리 메트릭 도구가 샘플링을 설명하는지 확인해야 합니다. 그렇지 않으면 보고서 값 아래에 있게 됩니다. pt-query-digest가 샘플링을 설명합니다.

마지막 쿼리인 **SELECT @GLOBAL.slow_query_log_file;**은 pt-query-digest에서 첫 번째 명령 줄 인수로 필요한 느린 쿼리 로그 파일 이름을 출력합니다. 다른 파일에 기록하려면 이 변수를 동적으로 변경하면 됩니다.

둘째, 슬로 쿼리 로그 파일 이름을 첫 번째 명령 줄 인수로 사용하여 pt-query-digest를 실행합니다. 도구가 많은 내용을 출력할 겁니다. 하지만 지금은 출력의 상단부에 있는 **Profile**을 살펴보겠습니다.

```
# Profile
# Rank Query ID                           Response time    Calls
# ==== ================================== ================ =====
#    1 0x95FD3A847023D37C95AADD230F4EB56A 1000.0000 53.8%    452 SELECT tbl
#    2 0xBB15BFCE4C9727175081E1858C60FD0B  500.0000 26.9%     10 SELECT foo bar
#    3 0x66112E536C54CE7170E215C4BFED008C   50.0000  2.7%      5 INSERT tbl
# MISC 0xMISC                              310.0000 16.7%    220 <2 ITEMS>
```

앞의 출력은 슬로 쿼리 로그에서 가장 느린 쿼리를 나열하는 텍스트 기반 테이블입니다. 이 예에서 **SELECT tbl**(쿼리 요약)은 전체 실행 시간의 53.8%를 차지하는 가장 느린 쿼리입니다. (기본적으로 pt-query-digest는 백분율 실행 시간을 기준으로 쿼리를 정렬합니다.) 쿼리 프로필 아래에는 각 쿼리에 대한 쿼리 보고서가 출력됩니다.

pt-query-digest의 출력을 탐색해 보세요. 매뉴얼을 출력해서 문서로 보고, 이 도구는 많이 사용하기 때문에 인터넷에서 많은 정보가 검색될 겁니다. 또한 Grafana(grafana.com)를 사용하여 쿼리 메트릭을 보고하는 종합적인 데이터베이스 모니터링 솔루션인 Percona Monitoring and Management(oreil.ly/rZSx2)를 검토해 봅니다. 두 도구 모두 무료이고 오픈소스이며 Percona(percona.com)에서 지원합니다.

느린 쿼리를 검토하면 효율적으로 성능을 향상시키기 위해 필요한 최적화할 쿼리를 정확히 알 수 있습니다. 이번 연습은 여러분이 전문가처럼 MySQL 성능에 관한 절차에 착수했다는 것에 의미가 있습니다. 쿼리 응답 시간이 성능이기 때문에 쿼리에 중점을 두며 시작했습니다.

2장 인덱스와 인덱싱

EFFICIENT MYSQL
PERFORMANCE

MySQL의 성능은 여러 요인이 결정하지만 인덱스 없이는 성능을 달성할 수 없으므로 인덱스는 특별한 존재라고 하겠습니다. 쿼리, 스키마, 데이터 등의 다른 요소를 제거하더라도 성능을 달성할 수 있지만, 인덱스를 제거하면 (억지 기법인) 하드웨어의 속도와 용량에 한정되는 상황으로 성능이 매우 제한됩니다.

만약 이 책의 제목이 "Brute Force MySQL Performance(억지 기법으로 MySQL 성능 올리기)"였다면, 2장의 제목은 "인덱스와 인덱싱"이 아니라 "좀더 고성능의 하드웨어를 구매하라"가 되었을 것입니다. 저는 불과 며칠 전에 고사양의 하드웨어를 구입해 클라우드에서 성능을 높이던 개발팀과 미팅을 가졌습니다. 팀은 엄청난 비용을 쓰고 있었기에 "꼭 이렇게 해야만 성능을 높일 수 있나요?"라고 저에게 질문할 수밖에 없었습니다.

MySQL은 하드웨어와 최적화, 인덱스를 활용하여 필요한 데이터에 접근할 때 성능을 발휘합니다. MySQL은 하드웨어에서 실행되므로 당연히 고사양의 하드웨어가 더 높은 MySQL 성능을 발휘하도록 합니다. 그러나 MySQL의 성능에서 하드웨어가 차지하는 영향력은 작습니다. 그 이유는 잠시 후에 설명하겠습니다.

최적화Optimizations는 MySQL 측면에서 하드웨어를 효율적으로 활용하게 해주는 다양한 기술과 알고리즘, 데이터 구조를 의미합니다. 최적화는 하드웨어의 성능에 초점을 맞추는 것이며 초점에 따른 효과는 전구와 레이저 사이의 차이와 같습니다. 결과적으로 최적화가 하드웨어보다 MySQL 성능에 더 많은 영향력을 미치게 됩니다. 데이터베이스가 작으면 하드웨어와 최적화로도 충분합니다. 그러나 데이터 규모가 증가하면서 하드웨어와 최적화라는 조합의 이점은 줄어듭니다. 이때 인덱스가 없으면 성능이 심각하게 제한됩니다.

이러한 맥락을 그림으로 설명하기 위해 다음과 같이 하드웨어와 최적화, 인덱스를 활용하여 데이터를 들어올리는 지렛대로서 MySQL을 생각해 봅시다.

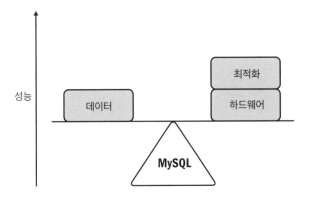

그림 2-1 인덱스 없는 MySQL 성능

그림 2-1처럼 인덱스가 없으면 MySQL은 상대적으로 작은 규모의 데이터만 들어올릴 수 있는 성능으로 제한됩니다. 그러나 균형 잡힌 지렛대에 인덱스를 추가하면 그림 2-2처럼 MySQL은 대량의 데이터도 월등한 성능으로 처리합니다.

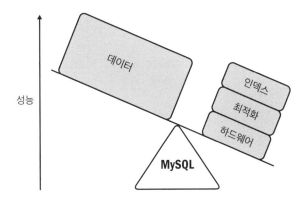

그림 2-2 인덱스를 사용한 MySQL 성능

인덱스는 최고이자 최상의 영향력을 미치기에 대량의 데이터에서는 인덱스가 필수적입니다. 다시 말해서 MySQL 성능에는 적절한 인덱스와 인덱싱이 필요하며, 이번 장에서는 두 가지에 대해 자세히 설명하고자 합니다.

몇 년 전에 저는 대량의 데이터를 저장하는 애플리케이션을 설계하고 구현했었습니다. 애초에는 가장 큰 테이블이 100만 행을 넘지 않을 것으로 추정했지만, 데이터 저장 코드에는 10억 개의 행까지 허용하는 버그가 있었습니다. 그런데도 수년 동안 아무도 버그를 알아채지 못했습니다. 그 이유는 바로 좋은 인덱스 덕분에 응답 시간이 늘상 좋았기 때문입니다.

:: 참고하세요

MySQL은 보통 테이블당 하나의 인덱스만 사용한다고 하지만 꼭 그렇지는 않습니다. 예를 들어 인덱스 병합 최적화(index merge optimization)에서는 2개의 인덱스를 사용할 수 있습니다. 그러나 이 책에서는 하나의 쿼리, 하나의 테이블, 하나의 인덱스와 같이 일반적인 경우로 한정하겠습니다.

이 장에서는 5개의 절에 걸쳐 MySQL 인덱스와 인덱싱을 설명합니다.

1. 하드웨어나 MySQL 튜닝에만 관심을 두어서는 안 되는 이유를 다룹니다. 하드웨어와 MySQL 튜닝이 MySQL 성능을 향상하기 위한 효율적인 해결책이 아닌 이유를 완벽히 이해할 수 있습니다.
2. MySQL 인덱스가 무엇이고 어떻게 작동하는지를 시각적으로 소개합니다.
3. MySQL 관점에서 어떻게 인덱스를 생성해야 최대의 효과를 발휘할 수 있을지 생각해 봅니다.
4. 인덱스가 효과를 발휘하지 못하는 일반적인 이유를 다룹니다.
5. MySQL 테이블 조인 알고리즘에 대해 간략하게 설명합니다. 효과적인 테이블 조인은 적절한 인덱스에 의존하게 되는데 그 이유를 알아봅니다.

2-1 성능 향상과 관련 없는 딴짓

'레드헤링Red herring'은 목표로부터 주의를 딴 데로 돌리는 상황을 나타내는 영어 관용구입니다. MySQL 성능을 향상하기 위한 방법을 찾을 때 일반적으로 두 가지 레드헤링이 등장하는데 다음 중 하나를 선택하게 됩니다. 바로 고사양의 **하드웨어를 구매하는 것**과 **MySQL 튜닝**입니다.

더 좋고 빠른 하드웨어!

MySQL 성능이 만족스럽지 않을 때 성능 향상에 도움이 되는지 확인하기 위해 더 좋고 빠른 하드웨어를 사용하는, 즉 스케일업scale up부터 시작하지 마세요. 스케일업이 당장은 도움이 되겠지만, 여러분은 아무것도 배우지 못합니다. 고사양의 하드웨어에서 컴퓨터 실행이 고속이란 것쯤은 누구나 알고 있습니다. 여러분은 성능 저하의 실제 원인과 그에 대한 해결책을 배워야만 합니다. 결국 고사양의 하드웨어 구매는 성능 향상과 관련 없는 레드헤링, 즉 엉뚱한 짓이라 하겠습니다.

그러나 합리적인 두 가지 예외 상황이 있습니다. 첫째, 하드웨어 성능 부족으로 명백하게 느린 거라면 적절한 성능의 하드웨어로 스케일업해야 합니다. 예를 들어, 500GB의 데이터에 1GB의 메모리를 사용하는 경우는 분명 잘못입니다. 32GB나 64GB의 메모리로 업그레이드하는 것이 좋습니다. 이와는 대조적으로 384GB의 메모리로 업그레이드하는 것은 분명 도움은 되지만 합리적이지는 않습니다. 둘째, 애플리케이션의 사용량이 급증(사용자, 사용량, 데이터의 엄청난 증가)하고 있으며, 하드웨어 스케일 업이 애플리케이션 실행에 있어 안정성을 담보하기 위한 임시 방편이라면 이 방법도 시행합니다. 애플리케이션을 안정적으로 실행하는 일은 무엇보다 중요합니다.

이러한 예외 상황이 아니라면 MySQL 성능을 향상시킬 목적으로 취하는 하드웨어 확장은 최후의 선택입니다. 전문가들은 제일 먼저 쿼리와 데이터, 접근 패턴, 애플리케이션을 최적화해야 한다는 데 동의합니다. 이러한 최적화가 충분한 성능을 발휘하지 못할 때 비로소 하드웨어 확장을 수행하게 됩니다. 다음과 같은 이유가 있습니다.

앞서 말했듯이 여러분은 스케일업을 하면 아무것도 배우지 못하며, 고사양의 하드웨어 구매로 문제를 대강 뭉개는 데 익숙해질 것입니다. 여러분은 동굴에 살던 원시인이 아니라 엔지니어입니다. 대강 덮고 넘어갈 것이 아니라 학습하고 이해하면서 문제를 해결해야 합니다. 물론, 배우고 이해하는 과정이 상대적으로 더 어렵고 시간도 많이 필요하겠지만, 그것이 더 효과적이고 지속 가능합니다. 설명하자면 이렇습니다.

하드웨어 확장은 지속 가능한 접근 방식이 아닙니다. 물리적인 하드웨어 업그레이드는 간단하지 않습니다. 일부 업그레이드는 비교적 신속하고 쉽지만 (이 책의 범위 밖) 여러 요소에 따라 달라집니다. 어쨌든 하드웨어를 자주 교체하는 것은 우리 자신이나 하드웨어 엔지니어를 미치게 만들 수 있다고 해도 과언이 아닙니다. 우리와 엔지니어는 기계가 아니기에 미친 상황을 반복해 겪어낼 수 없습니다. 게다가 기업의 구매 과정은 길고 복잡해서 수년간 동일한 하드웨어를 사용할 때가 많습니다.

결국에 클라우드가 하드웨어 확장이 쉽다는 측면에서 매력으로 다가오게 됩니다. 클라우드에서는 몇 분만에 CPU 코어와 램, 스토리지의 용량을 늘리거나 줄일 수 있습니다. 그러나 이러한 용이성은 물리적인 하드웨어보다 더 커다란 비용을 지불하게 만듭니다. 클라우드 비용은 기하급수적으로 증가할 수 있습니다. 예를 들어, 아마존 RDS는 인스턴스 크기가 2배 증가하면 하드웨어와 비용도 2배 증가합니다. 기하급수적으로 증가하는 비용은 지속하기 어려운 상황을 맞닥뜨리게 합니다.

일반적으로 MySQL은 해당 하드웨어의 모든 성능을 충분히 활용하게 해줍니다(4장에서 일부 설명합니다). 그렇다면 진짜 질문은 "애플리케이션이 MySQL을 완전히 활용할 수 있는가?"입니다. 추정에 근거해 답한다면 "그렇다"지만, 장담할 수는 없습니다. 고사양 하드웨어는 MySQL에 도움이 되지만 애플리케이션이 MySQL을 사용하는 방법은 변경되지 않습니다. 예를 들어, 애플리케이션이 테이블 스캔을 발생시키는 경우 메모리를 늘려도 성능이 향상되지 않을 수 있습니다. 하드웨어 확장이 애플리케이션 워크로드*와 함께 확장될 때만 성능 향상에 효과적입니다. 모든 워크로드가 확장되는 것도 아닙니다.

그런데 워크로드를 성공적으로 확장하여 초고속 가용 하드웨어에서 MySQL을 완벽하게 활용한다고 가정해 봅시다. 애플리케이션 데이터가 계속 쌓이고 워크로드가 계속 증가함에 따라 어떤 일이 발생할까요? 이 상황은 불교 속담을 떠올리게 합니다

<blockquote>"산 정상에 오르면, 계속 올라가라."</blockquote>

여러분이 이런 상황을 곱씹어 보기 바라지만 이 속담은 애플리케이션 문제 해결에 별 도움이 되지 않는 딜레마가 있습니다. 달리 갈 곳 없는 정상에 선 상황에서 우리의 유일한 옵션은 쿼리, 데이터, 접근 패턴, 애플리케이션을 최적화하는 작업을 수행하는 것이어야 합니다.

MySQL 튜닝

텔레비전 시리즈 '스타트렉Star Trek'에서 엔지니어들은 우주선을 개조해 엔진과 무기, 방패, 센서, 트랜스포터, 트랙터 빔 등 모든 장비의 성능을 높일 수 있었습니다. MySQL의 경우 이러한 수정이 불가능하므로 우주선보다 운영하기가 더 어렵다고 하겠습니다. 그렇지만 그런 어려움에도 불구하고 엔지니어들의 노력을 막지는 못했습니다.

먼저, 세 가지 용어를 명확히 하겠습니다.

튜닝

튜닝tuning은 연구개발(R&D)을 목적으로 MySQL 시스템 변수를 조정하는 행위로 구체적인 목표와 기준이 있는 실험실 수준의 작업입니다. 일반적으로 벤치마킹에서는 시스템 변수를 조정하여 성능에 미치는 영향을 측정합니다. 유명 MySQL 전문가 바딤 트카첸코Vadim Tkachenko의 블로그 게시물 'MySQL의 도전: 10만 개의 접속'(oreil.ly/CGvrU)이 튜닝의 극단적인 예입니다. 튜닝은 R&D이기 때

---

* 　워크로드(Workload)는 쿼리, 데이터, 접근 패턴의 조합입니다.

문에 일반적으로 적용할 수 있는 결과는 아닐 것입니다. 오히려 그 목표는 특히 현재 한계와 관련하여 MySQL에 대한 우리의 집단 지식과 이해를 확장하는 것입니다. 결국 튜닝은 향후 MySQL 개발과 모범 사례에 긍정적인 영향을 미칩니다.

구성

구성_{configuring}은 시스템 변수를 하드웨어와 환경에 적합한 값으로 설정하는 행위입니다. 목표는 변경해야 하는 몇 가지 기본값을 가장 적합한 값으로 구성하는 것입니다. MySQL 구성은 일반적으로 MySQL 인스턴스가 프로비저닝*되거나 하드웨어가 변경될 때 수행됩니다. 단위가 달라질 정도로 데이터 규모가 대량으로 증가했을 때, 예를 들어 10GB에서 100GB로 증가하는 경우 재구성을 해야 합니다. 구성은 MySQL이 일반적으로 실행되는 방식에 영향을 미칩니다.

최적화

최적화_{optimizing}는 워크로드를 줄이거나 효율성을 높여 MySQL 성능을 향상시키는 행위입니다. 애플리케이션은 사용량이 증가하는 경향이 있으므로 보통 성능 향상을 선택합니다. 그래서 목표는 기존 하드웨어로 더 빠른 응답 시간과 더 많은 용량을 제공하는 것입니다. 최적화는 MySQL과 애플리케이션의 성능에 영향을 미칩니다.

이 용어들은 MySQL 문헌, 동영상, 컨퍼런스 등에서 접하곤 합니다. 그런데 용어 자체보다 해당 설명이 더 중요합니다. 예를 들어, '최적화'라는 용어가 나오는 블로그 글을 읽을 때에 이 책에서 튜닝을 설명하는 내용과 같다면 여기서 정의한 것처럼 '튜닝'이라고 생각하세요.

엔지니어는 튜닝과 구성, 최적화 작업을 모두 수행하므로 용어 구분이 중요하지만, 이 가운데 최적화 작업만이 여러분의 시간 측면에서 효율성을 높이는 방법입니다.

MySQL 튜닝은 다음과 같은 두 가지 이유로 성능 측면에서 레드헤링입니다. 첫째, 그것은 통제된 실험실에서 이루어지는 실험처럼 수행되지 않을 때가 많아 결과가 의심될 수 있습니다. 전체적으로 MySQL 성능은 복잡하므로 실험은 신중하게 통제하게 됩니다. 둘째, MySQL은 이미 고도로 최적화되었으므로 튜닝의 결과는 기대보다 성능에 큰 영향을 미치지 않습니다. MySQL을 튜닝하는 작업은 서구 속담의 순무에서 피를 짜내는 것에 비유될 만큼 정말 어려운 일입니다.

다음으로 애플리케이션이 더 높은 성능을 필요로 할 때 우리는 처리량과 동시성을 50% 정도 향상시

---

* 프로비저닝(provisioning)은 사용자의 요구에 맞게 시스템 자원을 할당, 배치, 배포해 두었다가 필요할 때 즉시 사용할 수 있도록 미리 준비해 두는 것을 말합니다.

키는 MySQL의 독창적인 재구성(매개변수 수정이나 기타 방법)을 적용하여 시간을 절약하기를 기대합니다. 하지만 안타깝게도 MySQL 8.0에서는 `innodb_dedicated_server`(oreil.ly/niPGL) 매개변수를 활성화하여 자동으로 서버를 구성합니다. MySQL 5.7은 이 책이 출간될 때쯤에는 단종End-of-Life 될 것입니다. 우리는 계속해서 미래의 변화에 맞춰 대비해야 합니다.

결론적으로 튜닝은 레드헤링이고 구성은 MySQL 8.0에서 자동으로 이루어지므로 우리는 최적화만 수행하면 됩니다. 그래서 이 책은 최적화를 다루고 있습니다.

2-2 MySQL 인덱스: 시각적 소개

인덱스는 성능에서 핵심이며, 1장 5절의 "직접 쿼리 최적화"에서 설명했듯이 쿼리와 인덱스를 변경하는 방법으로 다양한 성능 문제가 해결됩니다. 쿼리 최적화를 수행하려면 MySQL 인덱스에 대해 잘 알고 있어야 합니다. 이번 절에서 다양한 그림으로 자세히 설명하겠습니다.

이 절은 비교적 길지만 그만큼 배울 것이 많다는 것이며 MySQL 쿼리 최적화에서 서론에 해당합니다. 또한 이 절은 쿼리 최적화의 보물 상자를 여는 열쇠로 비유됩니다. 자세히 읽어 보았으면 합니다. 다음 9개 절은 InnoDB 테이블의 표준 인덱스(테이블 생성 때 정의하는 `PRIMARY KEY`나 `[UNIQUE] INDEX`)에만 적용됩니다. MySQL에서는 표준 인덱스가 성능의 근간입니다. 물론 다른 특별한 인덱스 유형도 지원하지만 이 책에서는 다루지 않습니다.

MySQL 인덱스를 자세히 다루기 전에, InnoDB 테이블부터 알아봄으로써 인덱스뿐만 아니라 대부분의 MySQL 성능에 대해 여러분이 이해하는 방식을 전환해 보도록 하겠습니다.

InnoDB 테이블은 인덱스다

예제 2-1은 `elem`(elements의 약자) 테이블과 여기에 10개의 행이 있는 구조입니다. 이 장의 모든 예제는 한 경우를 제외하고 `elem` 테이블을 참조하므로 잠시 시간을 할애해 설명하겠습니다.

예제 2-1 elem 테이블

```
CREATE TABLE `elem` (
  `id` int unsigned NOT NULL,
  `a` char(2) NOT NULL,
```

```
  `b` char(2) NOT NULL,
  `c` char(2) NOT NULL,
  PRIMARY KEY (`id`),
  KEY `idx_a_b` (`a`,`b`)
) ENGINE=InnoDB;
```

```
+----+------+------+------+
| id | a    | b    | c    |
+----+------+------+------+
| 1  | Ag   | B    | C    |
| 2  | Au   | Be   | Co   |
| 3  | Al   | Br   | Cr   |
| 4  | Ar   | Br   | Cd   |
| 5  | Ar   | Br   | C    |
| 6  | Ag   | B    | Co   |
| 7  | At   | Bi   | Ce   |
| 8  | Al   | B    | C    |
| 9  | Al   | B    | Cd   |
| 10 | Ar   | B    | Cd   |
+----+------+------+------+
```

elem 테이블에는 프라이머리 키를 가진 id 열과 a, b 열로 구성된 비고유 세컨더리 인덱스_{secondary} index, 이렇게 두 가지 인덱스가 있습니다. id 열의 값은 차례로 단순 증가하는 정수입니다. a, b, c 열의 값은 각 열의 이름으로 시작하는 원자 기호입니다. 예를 들어 a 열에는 "Ag(은)", b 열에는 "B(붕소)" 등의 값이 있습니다. 행의 값은 의미가 없는 무작위이며, 예제에 사용하는 단순 테이블일 뿐입니다.

그림 2-3은 elem 테이블의 일반적인 보기입니다. 간결하게 처음 4개 행만 표시했습니다.

id	a	b	c
1	Ag	B	C
2	Au	Be	Co
3	Al	Br	Cr
4	Ar	Br	Cd

그림 2-3 elem 테이블의 시각 모델

`elem` 테이블은 특별할 게 없이 간단해서 쉽게 확인해 볼 수 있는 구조라 할 수 있습니다. 하지만 테이블이 아니라 인덱스라고 하면 어떨까요? 여기서 "F(불소)"를 제거해 봅니다. 그림 2-4는 InnoDB 테이블로서 `elem` 테이블의 실제 구조를 보여 줍니다.

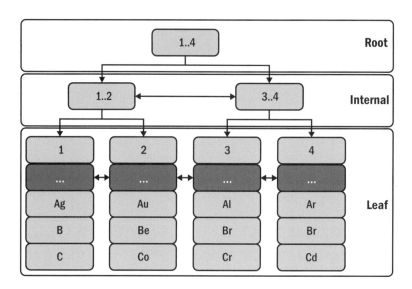

그림 2-4 elem 테이블의 InnoDB B-트리 인덱스

InnoDB 테이블은 프라이머리 키로 구성된 B-트리_{B-tree} 인덱스입니다. 행은 인덱스 구조에서 리프 노드_{leef nodes}에 저장된 인덱스 레코드가 됩니다. 각 인덱스 레코드에는 로우 락, 트랜잭션 격리 등에 사용되는 메타데이터('…'으로 표시)가 포함되어 있습니다.

그림 2-4는 `elem` 테이블의 B-트리 인덱스를 매우 간단하게 보여 줍니다. 맨 아래 리프 노드에 있는 4개의 인덱스 레코드는 처음 4개 행에 해당합니다. 프라이머리 키의 열값(1, 2, 3, 4)은 각 인덱스 레코드의 맨 위에 표시됩니다. 다른 열값("Ag", "B", "C" 등)은 각 인덱스 레코드의 메타데이터 아래에 표시

됩니다.

여러분은 MySQL 성능에 대해 이해하고 기대치를 달성하려고 InnoDB B-트리 인덱스에 대한 기술적인 내용까지 자세히 알 필요는 없습니다. 다음 두 가지만이 중요합니다.

- 프라이머리 키 조회(lookup)는 매우 빠르고 효율적입니다.
- 프라이머리 키는 MySQL 성능에서 핵심적인 역할을 합니다.

첫 번째는 B-트리 인덱스가 본질적으로 빠르고 효율적이라서 많은 데이터베이스 서버가 이를 채택하고 있다는 것입니다. 두 번째는 이후 절에서 더 분명해집니다.

인덱스 등 데이터베이스 내부의 재미있는 세계에 대해 알아보려면 알렉스 페트로프_{Alex Petrov}의 《데이터베이스의 내부(oreil.ly/TDsCc)》를 읽어보기를 권합니다. B-트리 인덱스의 구현 등 InnoDB 내부에 대해 알고 싶으면 MySQL 전문가인 제레미 콜_{Jeremy Cole}의 웹 사이트(https://oreil.ly/9sH9m)를 방문하세요.

:: 참고하세요

InnoDB 프라이머리 키는 클러스터(clustered) 인덱스입니다. MySQL 매뉴얼에서는 프라이머리 키를 클러스터 인덱스로 부르기도 합니다.

테이블이 곧 인덱스이므로 인덱스는 최고이자 최상의 영향력을 미칩니다. 프라이머리 키는 성능에 있어 핵심적인 역할을 합니다. 특히 세컨더리 인덱스에는 프라이머리 키값이 포함되어 있으므로 더욱 그렇습니다. 그림 2-5는 a, b 열의 세컨더리 인덱스를 보여 줍니다.

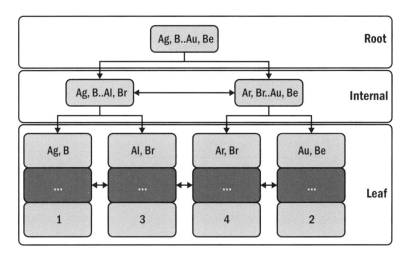

그림 2-5 a, b 열의 세컨더리 인덱스

세컨더리 인덱스도 B-트리 인덱스지만 리프 노드는 프라이머리 키값을 저장합니다. MySQL이 행을 찾으려고 세컨더리 인덱스를 사용하면 전체 행을 읽기 위해 프라이머리 키를 이용하여 두 번째 조회를 수행합니다. 이 두 가지를 종합하여 `SELECT * FROM elem WHERE a='Au' AND b='Be':` 쿼리에 대한 세컨더리 인덱스의 조회 상황을 살펴보겠습니다.

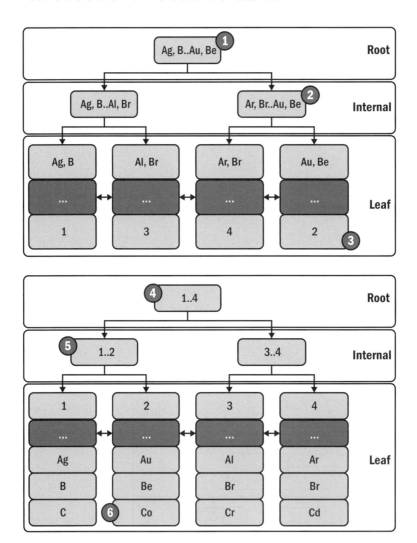

그림 2-6 "Au, Be" 값에 대한 세컨더리 인덱스 조회

그림 2-6은 상단의 세컨더리 인덱스(**a**, **b** 열)와 하단의 프라이머리 키(**id** 열)를 보여 줍니다. 6개의 원 번호는 세컨더리 인덱스를 사용하여 "Au, Be" 값에 대한 조회 상황을 보여 줍니다.

❶ 인덱스 조회는 루트 노드에서 시작합니다. 값 "Au, Be"에 대해 내부(internal) 노드에서 오른쪽으로 분기합니다.

❷ 내부 노드에서 "Au, Be" 값에 대한 리프 노드에서 오른쪽으로 분기합니다.

❸ 세컨더리 인덱스값 "Au, Be"에 대한 리프 노드는 프라이머리 키값 2를 가지고 있습니다.

❹ 프라이머리 키는 루트 노드에서 검색을 시작합니다. 값 2의 내부 노드는 왼쪽으로 분기합니다.

❺ 내부 노드에서 값 2의 리프 노드는 오른쪽으로 분기합니다.

❻ 프라이머리 키값 2의 리프 노드는 "Au, Be"와 일치하는 전체 행을 가지고 있습니다.

:: 참고하세요

테이블은 프라이머리 키를 오직 하나만 가질 수 있습니다. 다른 인덱스는 모두 세컨더리 인덱스입니다.

이 절은 짧지만 적절한 그림과 설명을 통해 인덱스와 관련 내용들을 이해하는 근간을 제공하므로 중요합니다. 예를 들어, 1장 4절의 "잠금 시간"을 다시 생각해 보면 행이 실제로는 프라이머리 키의 리프 노드이므로 새로운 관점에서 해석할 수 있습니다. InnoDB 테이블이 프라이머리 키임을 아는 것은 천동설이 아닌 지동설이 태양계의 올바른 모델이라는 것을 아는 것에 비유될 정도입니다. MySQL의 세계에서 모든 것은 프라이머리 키를 중심으로 돌아갑니다.

테이블 접근 방법

인덱스를 사용하여 행을 조회하는 방법은 세 가지 테이블 접근 방법 중 하나입니다. MySQL에서 테이블은 곧 인덱스이므로(뒤에 테이블이 인덱 스인 이유를 설명합니다) 인덱스 조회가 가장 적합하면서 일반적인 데이블 접근 방법입니다. 그러나 때로는 쿼리에 따라 인덱스 조회가 불가능할 때도 있으며, 이 때는 **인덱스 스캔**index scan 또는 **테이블 스캔**table scan 같은 접근 방법이 유일합니다. 성능을 발휘하기 위해서는 인덱스 조회가 필요하므로 MySQL이 쿼리에 대해 어떤 접근 방법을 사용하는지 아는 것은 필수적입니다. 인덱스 스캔과 테이블 스캔은 피해야 합니다. 이번 절의 "EXPLAIN: 쿼리 실행 계획"에서는 테이블 접근 방법을 어떻게 분석하는지 안내합니다. 그러나 먼저 각각의 방법을 명확히 하고 시각화해 보겠습니다.

인덱스 조회

인덱스 조회에서는 인덱스의 정렬된 구조와 접근 알고리즘을 활용하여 특정 행이나 행 범위를 찾습니다. 대량의 데이터를 대상으로 한 빠르고 효율적인 접근, 이것이 바로 인덱스가 도입된 목적이므로 가장 빠르면서 효과적인 접근 방법입니다. 따라서 인덱스 조회는 직접 쿼리 최적화의 본질입니다. 성능을 발휘하려면 실질적으로 모든 쿼리에서 모든 테이블을 대상으로 인덱스 조회를 사용해야 합니다. 이번 절에서 다루는 "WHERE"와 같이 인덱스 조회에는 여러 가지 접근 유형이 있습니다.

이전 절의 그림 2-6은 세컨더리 인덱스를 사용하는 인덱스 조회를 보여 줍니다.

인덱스 스캔

인덱스 조회가 불가능할 때 MySQL은 전체 데이터 순차 찾기 같은 억지 기법으로 행을 찾아야 합니다. 즉, 모든 행을 읽고 일치하지 않는 행을 필터링합니다. MySQL은 프라이머리 키로 모든 행을 읽기 전에 세컨더리 인덱스로 행 읽기를 시도합니다. 이를 **인덱스 스캔**index scan이라고 합니다.

인덱스 스캔에는 두 가지 유형이 있습니다. 첫 번째는 **풀 인덱스 스캔**full index scan으로서 MySQL은 인덱스 순서대로 모든 행을 읽습니다. 모든 행을 읽는 것은 일반적으로 성능에 매우 불리하지만 인덱스 순서가 ORDER BY 쿼리와 일치할 때 행 정렬을 피할 수 있습니다.

그림 2-7은 SELECT * FROM elem FORCE INDEX (a) ORDER BY a, b에 대한 풀 인덱스 스캔을 보여 줍니다. elem 테이블이 작아서 MySQL이 세컨더리 인덱스를 스캔하고 행을 순서대로 가져오는 것보다 프라이머리 키를 스캔하고 행을 정렬하는 것이 더 효율적이므로 FORCE INDEX 절이 필요합니다(때로는 나쁜 쿼리가 좋은 경우가 됩니다).

그림 2-7에는 행 접근 순서를 나타내는 8개의 원번호가 있습니다.

❶ SI(Secondary index : 세컨더리 인덱스)의 첫 번째 값인 "Ag, B" 읽기

❷ PK(Primary Key : 프라이머리 키)에서 해당 행 찾기

❸ SI의 두 번째 값인 "Al, Br" 읽기

❹ PK에서 해당 행 찾기

❺ SI의 세 번째 값인 "Ar, Br" 읽기

❻ PK에서 해당 행 찾기

❼ SI의 네 번째 값인 "Au, Be" 읽기

❽ PK에서 해당 행 찾기

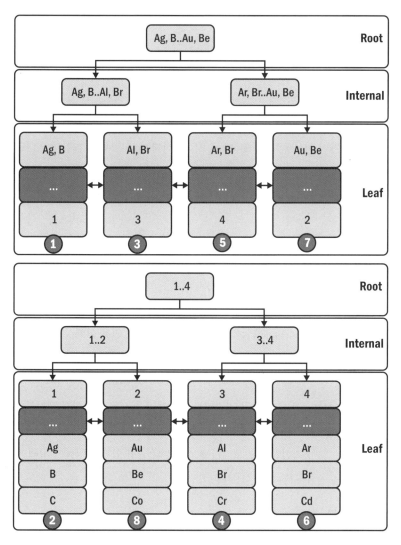

그림 2-7 세컨더리 인덱스에서 풀 인덱스 스캔

그림 2-7에는 미묘하지만 중요한 세부 사항이 있습니다. 세컨더리 인덱스를 순서대로 스캔하는 것은 순차$_{sequential}$ 읽기일 수 있지만, 프라이머리 키 조회는 거의 무작위 읽기입니다. 인덱스 순서로 행에 접근한다고 해서 순차 읽기가 보장되는 것은 아니며 무작위$_{random}$ 읽기가 발생할 가능성이 높습니다.

:: 참고하세요

순차 접근(읽기와 쓰기)은 무작위 접근보다 빠릅니다.

인덱스 스캔의 두 번째 유형은 **인덱스 전용 스캔**$_{index-only\ scan}$입니다. MySQL은 인덱스에서 열값(전체 행이 아님)을 읽습니다. 이를 위해서는 커버링 인덱스가 필요하며, 이는 2장 2절의 "커버링 인덱스" 절에서 다룹니다. 전체 행을 읽기 위해서 프라이머리 키 조회를 해야 하는 상황이 아니므로 풀 인덱스 스캔보다 빠르게 됩니다. 또한, 세컨더리 인덱스에서 열값만 읽기에 커버링 인덱스가 필요합니다.

유일한 대안이 풀 테이블 스캔이 아닌 이상 인덱스 스캔으로 최적화하지 마세요. 다른 대안이 있다면 인덱스 스캔을 피하세요.

테이블 스캔

풀 테이블 스캔$_{full\ table\ scan}$은 프라이머리 키 순서로 모든 행을 읽습니다. MySQL이 인덱스 조회나 인덱스 스캔을 수행할 수 없을 때 테이블 스캔이 유일한 옵션입니다. 이것은 일반적으로 성능 면에서 매우 불리하지만 MySQL은 인덱스 사용에 능숙하고 여러 가지 인덱스 기반 최적화를 제공하므로 쉽게 수정할 수 있습니다. 기본적으로 `WHERE`, `GROUP BY` 또는 `ORDER BY` 절이 있는 모든 쿼리는 인덱스 스캔일지라도 인덱스를 사용할 수 있습니다. 이러한 절들은 열을 사용하고 열을 인덱싱할 수 있기 때문입니다. 결과적으로 수정할 수 없는 테이블 스캔은 거의 없습니다.

그림 2-8은 모든 행을 프라이머리 키 순서로 읽는 풀 테이블 스캔을 보여 줍니다. 행 접근 순서를 보여 주는 원번호가 4개 있습니다. `elem` 테이블은 작고 여기에는 4개 행만 표시했지만 실제 테이블에서는 수천 또는 수백만 개의 행을 MySQL이 힘겹게 다닌다고 상상해 봅시다.

일반적으로 테이블 스캔을 피하는 것이 최선입니다. 그러나 완전하면서 균형 있게 설명하기 위해 테이블 스캔을 허용하거나 더 나은 경우 두 가지를 들겠습니다.

- 테이블이 작고 접근 빈도가 낮을 때
- 테이블 선택도가 매우 낮을 때(2장 4절의 "최고의 선택도" 참고)

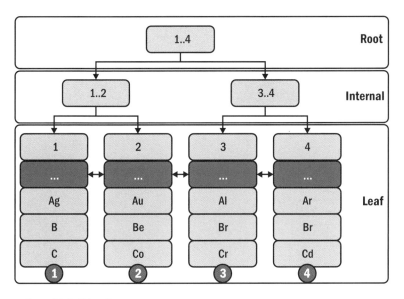

그림 2-8 풀 테이블 스캔

테이블 스캔을 당연하게 여기면 안 됩니다. 일반적으로 성능에 굉장히 나쁩니다. 매우 드문 경우로 2장 4절의 "이것은 함정이다! — MySQL이 다른 인덱스를 선택할 때"에서 설명한 것처럼 MySQL은 인덱스 조회를 할 수 있을 때에 테이블 스캔을 잘못 선택하기도 합니다.

맨 왼쪽 접두사(leftmost prefix) 요구사항

인덱스를 사용하려면 쿼리는 인덱스의 **맨 왼쪽 접두사**_{leftmost prefix}, 즉 인덱스 정의에서 지정한 맨 왼쪽 인덱스 열로 시작하는 하나 이상의 인덱스 열을 반드시 사용해야 합니다. 기본적인 인덱스 구조는 인덱스 열 순서에 따라 정렬되므로 맨 왼쪽 접두사가 필요하며 그 순서로만 탐색(검색)할 수 있습니다.

> **:: 참고하세요**
> 인덱스 정의를 보려면 `SHOW CREATE TABLE`(oreil.ly/cwQZy) 또는 `SHOW INDEX`(oreil.ly/5wBhH) 명령문를 사용하세요.

그림 2-9는 열 **a**, **b**, **c**에 대한 인덱스를 보여 주고, 맨 왼쪽 접두사 열 **a**, 열 **a**, **b**, 열 **a**, **b**, **c** 각각을 사

용하는 where 절을 보여 줍니다.

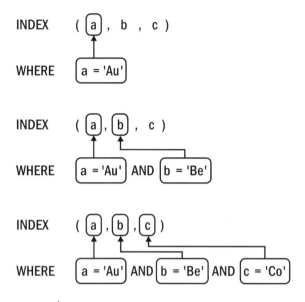

그림 2-9 3열 인덱스의 맨 왼쪽 접두사

그림 2-9의 맨 위 **WHERE** 절은 인덱스의 맨 왼쪽 열인 **a**를 사용합니다. 중간 **WHERE** 절은 인덱스의 맨 왼쪽 접두사를 함께 구성하는 **a**와 **b** 열을 사용합니다. 그리고 맨 아래 **WHERE** 절은 전체 인덱스(3개 열 모두)를 사용합니다. 인덱스의 열 전체를 사용하는 것이 이상적이지만 필수는 아니며 맨 왼쪽 접두 사만 필요합니다. 다음 절의 많은 예제에서 설명하는 것처럼 인덱스 열은 다른 SQL 절에서 사용할 수 있습니다.

∷ 기억하세요

인덱스를 사용하려면 쿼리가 인덱스의 맨 왼쪽 접두사를 사용해야 합니다.

맨 왼쪽 접두사에 대한 요구사항은 두 가지 논리적인 결과를 가져옵니다.

첫째, 인덱스 **(a, b)**와 **(b, a)**는 서로 다릅니다. 같은 열을 인덱싱하고 있지만 순서가 달라서 맨 왼쪽 접두사가 다릅니다. 그러나 두 열을 모두 사용하는 쿼리(예: **WHERE a = 'Au' AND b = 'Be'**)는 두 인덱스 중 하나를 사용할 수 있지만, 성능 측면에서 인덱스가 동일하다는 의미는 아닙니다. MySQL

은 많은 요인을 계산하고서 더 나은 것을 선택합니다.

둘째, MySQL은 인덱스 (a)와 (a, b) 대신 (a, b, c)를 사용할 가능성이 큽니다. (a)와 (a, b) 2개는 (a, b, c)의 맨 왼쪽 접두사이기 때문입니다. 이때 인덱스 (a)와 (a, b)는 중복되어 삭제될 수 있습니다. 중복 인덱스를 찾아 확인하려면 'pt-duplicate-key-checker(oreil.ly/EqtfV)'를 사용합니다.

모든 세컨더리 인덱스의 끝(맨 오른쪽)에는 프라이머리 키가 숨겨져 있습니다. elem 테이블(예제 2-1)에서 세컨더리 인덱스는 사실상 (a, b, id)지만 **맨 오른쪽**rightmost id는 숨겨져 있습니다. MySQL은 세컨더리 인덱스에 추가된 프라이머리 키를 표시하지 않으므로 이 내용을 알고 있어야 합니다.

:: 참고하세요

프라이머리 키는 모든 세컨더리 인덱스에 추가됩니다. 예를 들어 (S, P)에서 S는 세컨더리 인덱스 열이고 P는 프라이머리 키 열입니다.

MySQL 언어에서는 문자상으로 추가하지 않더라도 "프라이머리 키는 세컨더리 인덱스에 추가됩니다"라고 해석합니다. 인덱스 (a, b, id)를 생성하여 문자 그대로 프라이머리 키를 추가할 수 있지만 그렇게 하지 마세요. "특정 위치에 추가됨"은 실제로는 그림 2-5에 표시된 것처럼 세컨더리 인덱스의 리프 노드에 프라이머리 키값이 포함되었음을 의미합니다. 이는 모든 세컨더리 인덱스의 크기를 증가시키므로 중요합니다. 즉, 프라이머리 키값은 세컨더리 인덱스에 중복됩니다. 인덱스가 클수록 더 많은 메모리가 필요한데, 이는 인덱스가 작을수록 메모리를 더 적게 사용한다는 의미이기도 합니다. 프라이머리 키의 크기를 작게 유지하고 세컨더리 인덱스 수를 적절하게 유지해야 합니다. 얼마 전 직장 동료들이 397GB 데이터(프라이머리 키)에 693GB 세컨더리 인덱스를 사용하고 있는 데이터베이스 팀을 지원하고 있었습니다.

맨 왼쪽 접두사 요구사항은 축복이자 제약입니다. 이 제약은 세컨더리 인덱스를 추가하여 비교적 쉽게 해결할 수 있지만 2장 4절의 "과도하고 중복되며 사용되지 않음"을 읽을 때까지 잠시 자제하기 바랍니다. 테이블 조인은 제약을 감안할 때 특히 어려운 과제지만 이 절의 마지막 절인 "테이블 조인"에서 다루겠습니다. 맨 왼쪽 접두사 요구사항은 축복으로 보았으면 합니다. 인덱싱과 관련된 쿼리 최적화는 간단하지 않지만, 맨 왼쪽 접두사 요구사항은 쿼리 최적화 여정에서 간단하면서도 친숙한 출발점입니다.

EXPLAIN: 쿼리 실행 계획

EXPLAIN(oreil.ly/M99Gp) 명령은 MySQL이 쿼리를 실행하는 방법을 설명하는 **쿼리 실행 계획**_{a query execution plan} 또는 **EXPLAIN 계획**_{explain plan}을 보여 줍니다. 쿼리 실행 계획에는 테이블 조인 순서, 테이블 접근 방법, 인덱스 사용 등 중요한 정보가 포함되어 있습니다.

EXPLAIN 출력은 방대하고 다양하며 또한 쿼리에 전적으로 종속되어 있습니다. 쿼리에서 단일 문자를 변경하면 해당 EXPLAIN 계획이 크게 변경될 수 있습니다. 예를 들어, `WHERE id = 1`과 `WHERE id > 1`은 상당히 다른 EXPLAIN 계획을 보여 줍니다. 또한 쿼리는 더 복잡해지는 추세인데, 그에 따라 EXPLAIN은 계속해서 진보하고 있습니다. 전문가라도 MySQL 매뉴얼의 "실행 계획 출력 형식(oreil.ly/IMCOJ)"을 읽어야 추세와 진보에 보조를 맞출 수 있습니다. 그나마 다행스럽게도 기본 형식은 수십 년 동안 그대로 유지되고 있습니다.

이후 5개 하위 절에서는 MySQL이 인덱스를 사용할 수 있는 개별 쿼리 사례들을 설명하면서 인덱스 사용에 대해 다룹니다. `MIN( )`과 `MAX( )`처럼 특별한 경우도 있지만 다음 5가지는 인덱스 사용을 설명하기에 적절한 예입니다.

- 일치하는 행 찾기: WHERE
- 그룹 행: GROUP BY
- 행 정렬: ORDER BY
- 행 읽기 회피: 커버링 인덱스(covering indexes)
- 테이블 조인: 테이블 조인(join tables)

먼저 예제 2-2에 표시된 EXPLAIN 출력 필드의 의미를 검토하고, 이어서 5가지 예들을 설명하도록 하겠습니다.

예제 2-2 EXPLAIN 출력(기존 형식)

```
EXPLAIN SELECT * FROM elem WHERE id = 1\G
```

```
*************************** 1. row ***************************
         id: 1
  select_type: SIMPLE
        table: elem
```

```
  partitions: NULL
         type: const
possible_keys: PRIMARY
          key: PRIMARY
      key_len: 4
          ref: const
         rows: 1
     filtered: 100.00
        Extra: NULL
```

여기서는 `id`, `select_type`, `partitions`, `key_len`, `filtered` 필드를 중요하게 다루고 있지는 않지만 출력 내용에 익숙해지도록 이러한 필드를 포함했습니다. 나머지 7개 필드는 쿼리 실행 계획을 구성하는 정보를 다양하게 제공합니다.

table 필드

`table` 필드는 테이블 이름(또는 별칭)이나 참조된 서브 쿼리입니다. 테이블은 쿼리에 보여지는 순서가 아니라 MySQL이 결정한 조인 순서로 나열됩니다. 맨 위가 첫 번째 테이블이고 맨 아래가 마지막 테이블입니다.

type 필드

`type` 필드는 테이블 접근 방법이나 인덱스 조회의 접근 유형입니다. 2장 2절의 "테이블 접근 방법"을 참고하세요. **ALL**은 풀 테이블 스캔을 의미하고, `index`는 인덱스 스캔을 의미합니다. `const`, `ref`, `range` 등 다른 값은 인덱스 조회의 접근 유형입니다.

possible_keys 필드

`possible_keys` 필드는 쿼리가 맨 왼쪽 접두사를 사용하므로 MySQL이 사용할 수 있는 인덱스를 나열합니다. 인덱스가 이 필드에 나열되지 않으면 맨 왼쪽 접두사에 대한 요구사항이 충족되지 않습니다.

key 필드

`key` 필드는 MySQL이 사용할 인덱스의 이름이거나 인덱스를 사용할 수 없을 때에는 **NULL**입니다.

MySQL은 많은 요소를 기반으로 최상의 인덱스를 선택하며, 그중 일부는 Extra 필드에 표시됩니다. MySQL이 쿼리를 실행할 때 이 인덱스를 사용하는 것이 안전하지만(EXPLAIN은 쿼리를 실행하지 않음), 2장 4절의 "이것은 함정이다! ─ MySQL이 다른 인덱스를 선택할 때"를 참고하세요.

ref 필드

ref 필드는 인덱스(key 필드)에서 행을 조회하는 데 사용되는 값의 소스를 나열합니다. 단일 테이블 쿼리나 조인의 첫 번째 테이블에서 ref는 종종 하나 이상의 인덱스 열에 대한 상수 조건을 나타내는 const입니다. 상수 조건은 리터럴값과 같습니다(= 또는 <=>[Null-safe equal*]). 예를 들어, a = 'Au'는 하나의 값과 같은 상수 조건입니다.

여러 테이블을 조인하는 쿼리에서 ref는 조인 순서상 이전 테이블의 열 참조입니다. MySQL은 인덱스로 현재 테이블(table 필드)을 조인하여 선행 테이블의 ref 열값과 일치하는 행을 찾습니다. 이는 잠시 후 테이블 조인 절에서 실제로 보여 주며 설명합니다.

rows 필드

rows 필드는 MySQL이 일치하는 행을 찾기 위해 조회할 예상 행의 수입니다. MySQL은 인덱스 통계를 사용하여 행을 추정하므로 실제 값(1장 4절의 "조회된 행" 참고)과는 근사하지만 같지는 않을 것입니다.

Extra 필드

Extra 필드는 쿼리 실행 계획에 대한 부가 정보를 제공합니다. 이 필드는 MySQL이 적용할 수 있는 쿼리 최적화를 나타내므로 중요합니다.

∷ 참고하세요

이 책의 모든 EXPLAIN 출력은 기존 형식인 표(EXPLAIN query;)나 목록(EXPLAIN query\G)을 따릅니다. 다른 형식으로는 JSON(EXPLAIN FORMAT=JSON query) 그리고 MySQL 8.0.16부터 지원하는 트리(EXPLAIN FORMAT=TREE query)가 있습니다. JSON과 트리 형식은 기존 형식과 완전히 다르지만 형식에 관계없이 쿼리 실행 계획을 제공합니다.

테이블과 인덱스, 데이터, 쿼리와 같이 컨텍스트가 없는 필드에서 많은 정보를 수집할 것으로 기대하

---

* 역주: Null-safe equal은 Null 비교 연산이 들어올 시 비곳값에 따라 Null값을 0이나 1로 변환시켜 줍니다. 예를 들어 비곳값이 Null 이외에 다른 값이면 0을 반환하고 Null과 Null이 비교될 시 1을 반환합니다. 이것은 Null값에 대해 문제를 일으키는 로직에 대해 방어적으로 대비하여 사용할 수 있습니다.

기는 힘듭니다. 다음 절에서 나오는 모든 그림은 **elem** 테이블(예제 2-1)의 인덱스 2개와 행 10개를 참조합니다.

WHERE

MySQL은 인덱스를 사용하여 **WHERE** 절의 테이블 조건과 일치하는 행을 찾을 수 있습니다. 인덱스 사용의 경우 주로 테이블 조건, 인덱스, 맨 왼쪽 접두사에 대한 요구사항 같은 여러 요소에 따라 달라지기에 MySQL이 인덱스를 사용할 수도 있고 사용하지 않을 수도 있다고 하겠습니다(앞 절에서 "맨 왼쪽 접두사 요구사항" 참고). (인덱스 통계와 최적화기 비용 같은 다른 요소도 있지만 이 책의 범위에서 벗어납니다.)
테이블 조건_{table condition}은 열과 해당 열값(있는 경우)으로 이루어지며, 이 조건과 일치하는 행을 찾거나, 이 조건에 따라 행을 그룹화하고, 집계하고, 또는 정렬하기 위해 사용합니다. (저는 모호하지 않으면 간결하게 '조건'이라고 합니다.) **WHERE** 절에서 테이블 조건은 '술어_{predicates}'라고도 합니다.
그림 2-10은 프라이머리 키인 **id** 열과 단일 조건(**id = 1**)이 있는 **WHERE** 절을 보여 줍니다.

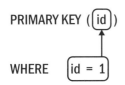

그림 2-10 WHERE: 프라이머리 키 조회

그림에서 굵은 선의 사각형은 MySQL이 테이블 조건과 인덱스 열('인덱스 부분'이라고도 함)을 사용할 수 있음을 나타냅니다. 전자(테이블 조건)가 후자(인덱스 열)의 맨 왼쪽 접두사이기 때문입니다. 화살표는 테이블 조건에서 출발해 사용하는 인덱스 열을 가리킵니다. 나중에 MySQL이 테이블 조건과 인덱스 열을 사용할 수 없는 예를 살펴보겠습니다.
그림 2-10에서 MySQL은 프라이머리 키인 **id** 열을 사용하여 **id = 1**인 조건과 일치하는 행을 찾을 수 있습니다. 예제 2-3은 전체 쿼리에 대한 EXPLAIN 계획입니다.

예제 2-3 프라이머리 키 조회를 위한 EXPLAIN 계획

```
EXPLAIN SELECT * FROM elem WHERE id = 1\G
```

```
*************************** 1. row ***************************
```

```
            id: 1
    select_type: SIMPLE
          table: elem
     partitions: NULL
           type: const
  possible_keys: PRIMARY
            key: PRIMARY
        key_len: 4
            ref: const
           rows: 1
       filtered: 100.00
          Extra: NULL
```

예제 2-3에서 **key: PRIMARY**는 MySQL이 인덱스 조회로 프라이머리 키를 사용할 것임을 확인해 줍니다. 이에 따라 접근 유형(**type** 필드)은 **ALL**(테이블 스캔) 또는 **index**(인덱스 스캔)가 아니라, 간단한 프라이머리 키 조회로 예상됩니다. 세컨더리 인덱스는 MySQL이 이 쿼리에서 사용할 수 없으므로 **possible_keys** 필드에 나열되지 않습니다. 즉, **id** 열은 **a**, **b** 열에 있는 세컨더리 인덱스의 맨 왼쪽 접두사가 아닙니다.

const 접근 유형은 프라이머리 키나 **유니크 세컨더리 인덱스**unique second index의 모든 인덱스 열에 상수 조건(**ref: const**)이 있을 때만 발생하는 특별한 경우입니다. 결과는 **상수 행**constant row 입니다. 상수를 소개하기에는 너무 부담스러운 내용이지만 여기까지 설명했으니 계속 다뤄 보겠습니다. 테이블 데이터(예제 2-1)와 **id** 열이 프라이머리 키라는 사실을 감안할 때, **id = 1**로 식별되는 행은 상수로 처리할 수 있는데, 쿼리가 실행될 때 **id = 1**은 오직 하나의 행(또는 행이 없음)만 일치하기 때문입니다. MySQL은 한 행을 읽고 그 값을 상수로 취급합니다. 이 경우 응답 시간이 매우 좋습니다. 다시 말해서, **const** 접근 유형은 매우 빠릅니다.

Extra: NULL에서 실제 쿼리는 이러한 예보다 더 복잡하므로 **NULL**로 나오는 경우는 다소 드뭅니다. 그러나 여기서 **Extra: NULL**은 MySQL이 행과 일치할 필요가 없음을 의미합니다. 왜 그럴까요? 상수 행은 오직 하나의 행(또는 행이 없음)과만 일치할 수 있기 때문입니다. 그러나 일치하는 행들이 있는 경우가 일반적이므로 그림 2-11과 예제 2-4의 EXPLAIN 계획처럼 테이블 조건을 **id > 3 AND id < 6 AND c = 'Cd'**로 변경하여 좀 더 현실적인 예를 살펴보겠습니다.

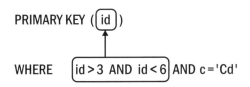

PRIMARY KEY (id)

WHERE   id > 3 AND id < 6 AND c = 'Cd'

그림 2-11 WHERE: 프라이머리 키를 사용한 범위 접근

예제 2-4 프라이머리 키를 사용하여 범위 접근을 하는 EXPLAIN 계획

```
EXPLAIN SELECT * FROM elem WHERE id > 3 AND id < 6 AND c = 'Cd'\G
```

```
*********************** 1. row ************************
           id: 1
  select_type: SIMPLE
        table: elem
   partitions: NULL
>        type: range
possible_keys: PRIMARY
          key: PRIMARY
      key_len: 4
>         ref: NULL
>        rows: 2
     filtered: 10.00
>       Extra: Using where
```

:: 참고하세요

EXPLAIN 계획이 변경되었음을 강조하기 위해 변경된 관련 필드 앞에 > 문자를 추가해 여러분의 이해를 도왔습니다. 이러한 표시는 실제 EXPLAIN의 출력 요소가 아닙니다.

테이블 조건을 `id > 3 AND id < 6 AND c = 'Cd'`로 변경하면 EXPLAIN 계획이 예제 2-3에서 예제 2-4로 변경되며, 이와 같은 쿼리는 단일 테이블 쿼리로서 더 사실적입니다. 쿼리는 여전히 프라이머리 키(**key: PRIMARY**)를 사용하지만, 접근 유형은 **범위 스캔**(**type: range**)으로 바뀝니다. 즉, 인덱스를 사용하여 값 범위 사이의 행을 읽습니다. 이때 MySQL은 프라이머리 키를 사용하여 `id` 열값이

3~6 사이인 행을 읽습니다. `id` 열의 조건이 상수가 아니므로 `ref` 필드는 `NULL`입니다(이는 단일 테이블 쿼리이므로 참조할 선행 테이블이 없습니다). 조건 `c = 'Cd'`는 상수지만 인덱스 조회(범위 스캔)에 사용되지 않으므로 `ref`가 적용되지 않습니다. MySQL은 범위의 2개 행(`rows: 2`)을 조회할 것으로 추정합니다. 이 자명한 예제에서는 맞지만 `rows`는 추정치라는 것을 기억하세요.

예제 2-4의 실행 결과에서 `Extra` 필드의 "Using where"는 예상대로 일반적인 내용입니다. 이는 MySQL이 `WHERE` 조건을 사용하여 일치하는 행을 찾는다는 의미입니다. 각 행 읽기에 대해 모든 `WHERE` 조건이 참이면 행이 일치합니다. `id` 열의 조건이 범위를 정의하므로 MySQL이 범위의 행을 일치시키는 데 사용할 것은 실제로 `c` 열의 조건뿐입니다. 예제 2-1을 다시 살펴보면 한 행이 모든 `WHERE` 조건과 일치합니다.

```
+----+------+------+------+
| id | a    | b    | c    |
+----+------+------+------+
| 4  | Ar   | Br   | Cd   |
+----+------+------+------+
```

`id = 5`인 행이 범위 내에 있으므로 MySQL은 행을 조회하지만 `c` 열값("Cd")이 `WHERE` 결과 일치하지 않으므로 MySQL은 행을 반환하지 않습니다.

다른 쿼리 실행 계획을 설명하기 위해 그림 2-12와 같이 세컨더리 인덱스의 맨 왼쪽 접두사와 예제 2-5의 해당 EXPLAIN 계획을 모두 사용하겠습니다.

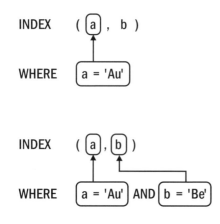

그림 2-12 WHERE: 세컨더리 인덱스 조회

```
EXPLAIN SELECT * FROM elem WHERE a = 'Au'\G
```

```
*************************** 1. row ***************************
           id: 1
  select_type: SIMPLE
        table: elem
   partitions: NULL
>        type: ref
possible_keys: idx_a_b
>         key: idx_a_b
      key_len: 3
          ref: const
         rows: 1
     filtered: 100.00
        Extra: NULL
```

```
EXPLAIN SELECT * FROM elem WHERE a = 'Au' AND b = 'Be'\G
```

```
*************************** 1. row ***************************
           id: 1
  select_type: SIMPLE
        table: elem
   partitions: NULL
>        type: ref
possible_keys: idx_a_b
>         key: idx_a_b
      key_len: 6
          ref: const,const
         rows: 1
     filtered: 100.00
        Extra: NULL
```

예제 2-5의 각 EXPLAIN 계획에 대해 `key: idx_a_b`는 조건이 맨 왼쪽 접두사에 대한 요구사항을 충족하므로 MySQL이 세컨더리 인덱스를 사용함을 확인해 줍니다. 첫 번째 `WHERE` 절은 첫 번째 인덱스 부분인 `a` 열만 사용합니다. 두 번째 `WHERE` 절은 `a`와 `b` 열의 두 인덱스 부분을 사용합니다. `b` 열만 사용하면 맨 왼쪽 접두사에 대한 요구사항을 충족하지 못하며 잠시 후 이를 확인해 보겠습니다.

이 EXPLAIN 계획에서는 `ref` 접근 유형이 새롭고 중요합니다. 간단히 말해서 `ref` 접근 유형은 인덱스의 맨 왼쪽 접두사(`key` 필드)에 대한 동등(= 또는 <=>) 조회입니다. 다른 인덱스 조회와 마찬가지로 `ref` 접근은 조회할 예상 행의 수(`rows` 필드)가 적절하다면 매우 빠릅니다.

조건이 상수지만 인덱스(`key: idx_a_b`)가 비고유라 조회가 하나 이상의 행과 일치할 수 있기 때문에 `const` 접근 유형은 불가능합니다. 그리고 MySQL은 각 `WHERE` 절이 하나의 행(`rows: 1`)만 조회할 것으로 추정하지만 쿼리가 실행될 때 변경될 수 있습니다. 즉, 하나 이상의 행이 더 나올 수도 있습니다.

인덱싱되지 않은 열에 대해서 조건이 없지만 MySQL은 인덱스만 사용하여 일치하는 행을 찾을 수 있으므로 `Extra: NULL`이 다시 나옵니다. 그래서 인덱스 하나를 추가해 보겠습니다. 그림 2-13은 `a`와 `c` 열에 대한 조건이 있는 `WHERE` 절을 보여 주며 예제 2-6은 해당 EXPLAIN 계획입니다.

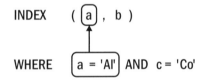

그림 2-13 WHERE: 인덱스 조회와 인덱싱되지 않은 열

예제 2-6 인덱스 조회와 인덱싱되지 않은 열에 대한 EXPLAIN 계획

```
EXPLAIN SELECT * FROM elem WHERE a = 'Al' AND c = 'Co'\G
```

```
*************************** 1. row ***************************
          id: 1
 select_type: SIMPLE
       table: elem
  partitions: NULL
        type: ref
```

```
 possible_keys: idx_a_b
           key: idx_a_b
       key_len: 3
           ref: const
>         rows: 3
      filtered: 10.00
>        Extra: Using where
```

인덱스가 c 열을 포함하지 않기 때문에 그림 2-13에서는 조건 c = 'Co' 주위에 굵은 선의 사각형이 없습니다. MySQL은 여전히 세컨더리 인덱스(key: idx_a_b)를 사용하지만 c 열의 조건은 MySQL이 인덱스만 사용하여 행을 일치시키는 것을 방지합니다. 대신 MySQL은 인덱스를 사용하여 a 열의 조건에 대한 행을 조회하고 읽은 다음, c 열의 조건과 일치하는 행을 찾습니다(Extra: Using where).

예제 2-1을 다시 살펴보면 0행이 WHERE 절의 조건과 일치하지만 EXPLAIN 계획에서는 row: 3을 보고하고 있습니다. 왜 그럴까요? a 열에 대한 인덱스 조회의 경우 a = 'Al'이 '참'인 3개 행(id 행값 3, 8, 9)에서 일치합니다. 그러나 이러한 행 가운데 어느 것도 조건 c = 'Co'에 대해 일치하지 않습니다. 쿼리는 3개 행을 조회하지만 0개의 행과 일치합니다.

:: 기억하세요
EXPLAIN에서 출력되는 rows는 모든 테이블 조건과 일치하는 행 수가 아니라 쿼리를 실행할 때 MySQL이 조회할 행 수로 추정한 값입니다.

인덱스와 WHERE, EXPLAIN에 대한 마지막 예제로서 그림 2-14와 예제 2-7과 같이 맨 왼쪽 접두사에 대한 요구사항이 충족되지 않도록 해보겠습니다.

INDEX   (a , b)

WHERE   b = 'Be'

그림 2-14 맨 왼쪽 접두사가 없는 WHERE

```
EXPLAIN SELECT * FROM elem WHERE b = 'Be'\G
```

```
*************************** 1. row ***************************
            id: 1
   select_type: SIMPLE
         table: elem
    partitions: NULL
>          type: ALL
 possible_keys: NULL
>           key: NULL
       key_len: NULL
           ref: NULL
          rows: 10
      filtered: 10.00
         Extra: Using where
```

그림 2-14에서 굵은 점선의 사각형과 실행 결과의 '>' 표시는 맨 왼쪽 접두사에 대한 요구사항이 충족되지 않아서 MySQL이 테이블 조건과 인덱스 열을 사용할 수 없음을 나타냅니다.

그림 2-14에서는 **a** 열에 조건이 없으므로 **b** 열에 대한 조건에 인덱스를 사용할 수 없습니다. EXPLAIN 계획(예제 2-7)은 **possible_keys: NULL**과 **key: NULL**을 확인해 줍니다. 인덱스가 없으면 MySQL은 풀 테이블 스캔(**type: ALL**)을 수행해야 합니다. 마찬가지로, **rows: 10**은 전체 행 수를 반영하고 **Extra: Using where**는 MySQL이 **b = 'Be'** 조건을 사용해 일치하지 않는 행은 필터링한다는 것을 나타냅니다.

예제 2-7은 최악의 EXPLAIN 계획의 예입니다. **type: ALL, possible_keys: NULL** 또는 **key: NULL**이 표시되면 쿼리를 멈추고 분석해야 한다는 의미입니다.

이러한 예제들은 간단하지만 인덱스와 **WHERE** 절과 관련하여 **EXPLAIN**에 대한 기본 사항을 알려줍니다. 실제 쿼리에서는 더 많은 인덱스와 **WHERE** 조건이 있지만 이들에 대한 기본 사항이 변경되지는 않습니다.

GROUP BY

MySQL은 값이 인덱스 순서에 따라 암묵적으로 그룹화되므로 GROUP BY를 최적화하기 위해 인덱스를 사용할 수 있습니다. 예제 2-8에서 보듯 세컨더리 인덱스 idx_a_b(a, b 열에 있음)에 대해 a 열값은 5개의 개별 그룹이 있습니다.

예제 2-8 a 열값의 개별 그룹들

```
SELECT a, b FROM elem ORDER BY a, b;
```

```
+------+------+
¦ a    ¦ b    ¦
+------+------+
¦ Ag   ¦ B    ¦ -- Ag group
¦ Ag   ¦ B    ¦

¦ Al   ¦ B    ¦ -- Al group
¦ Al   ¦ B    ¦
¦ Al   ¦ Br   ¦

¦ Ar   ¦ B    ¦ -- Ar group
¦ Ar   ¦ Br   ¦
¦ Ar   ¦ Br   ¦

¦ At   ¦ Bi   ¦ -- At group

¦ Au   ¦ Be   ¦ -- Au group
+------+------+
```

예제 2-8의 개별 그룹을 빈 줄로 구분하고 각 그룹의 첫 번째 행에 주석을 달았습니다. GROUP BY a 쿼리는 a 열이 맨 왼쪽 접두사이고 인덱스가 a 열값으로 암묵적으로 그룹화되므로 인덱스 idx_a_b를 사용할 수 있습니다. 예제 2-9는 가장 간단한 유형의 GROUP BY를 최적화하기 위한 대표적인 EXPLAIN 계획입니다.

예제 2-9 GROUP BY a에 대한 EXPLAIN 계획

```
EXPLAIN SELECT a, COUNT(*) FROM elem GROUP BY a\G
```

```
*************************** 1. row ***************************
           id: 1
  select_type: SIMPLE
        table: elem
   partitions: NULL
>        type: index
possible_keys: idx_a_b
          key: idx_a_b
      key_len: 6
          ref: NULL
         rows: 10
     filtered: 100.00
>       Extra: Using index
```

Key: idx_a_b는 MySQL이 인덱스를 사용하여 **GROUP BY**를 최적화하는지 확인해 줍니다. 인덱스가 정렬되었으므로 MySQL은 **a** 열의 새 값이 새로운 그룹인 것을 확인해 줍니다. 예를 들면, 마지막 "Ag" 값을 읽은 후 인덱스 순서는 "Ag" 값을 더 읽지 않도록 확인해 주므로 "Ag" 그룹이 완료됩니다. **Extra** 필드의 "Using index"는 MySQL이 인덱스에서 오직 **a** 열의 값만 읽고 프라이머리 키에서 전체 행을 읽지 않음을 나타냅니다. 이런 최적화는 잠시 후 "커버링 인덱스" 절에서 다룹니다.

이 쿼리는 인덱스를 사용하지만 인덱스 조회에는 사용하지 않습니다. 즉, **type: index**는 인덱스 스캔을 나타냅니다. 그리고 행을 필터링하는 **WHERE** 절이 없으므로 MySQL은 모든 행을 읽습니다. **WHERE** 절을 추가하면 MySQL은 여전히 **GROUP BY**를 위해 인덱스를 사용할 수 있지만 맨 왼쪽 접두사에 대한 요구사항은 여전히 적용됩니다. 이때 쿼리는 맨 왼쪽 인덱스 부분(**a** 열)을 사용하므로 **WHERE** 조건이 맨 왼쪽 접두사에 대한 요구사항을 충족하려면 **a**나 **b** 열에 있어야 합니다. 먼저 그림 2-15와 예제 2-10과 같이 **a** 열에 **WHERE** 조건을 추가해 보겠습니다.

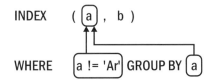

그림 2-15 동일한 인덱스 열의 GROUP BY와 WHERE

예제 2-10 동일한 인덱스 열의 GROUP BY와 WHERE에 대한 EXPLAIN 계획

```
EXPLAIN SELECT a, COUNT(a) FROM elem WHERE a != 'Ar' GROUP BY a\G
```

```
*************************** 1. row ***************************
            id: 1
   select_type: SIMPLE
         table: elem
    partitions: NULL
>        type: range
 possible_keys: idx_a_b
           key: idx_a_b
       key_len: 3
           ref: NULL
          rows: 7
      filtered: 100.00
>        Extra: Using where; Using index
```

Extra 필드의 "Using where"는 **WHERE a != 'Ar'**을 나타냅니다. 흥미로운 점은 **type: range**로 바뀌었다는 것입니다. '같지 않음$_{not-equal}$' 연산자(**!=** 혹은 **<>**) 때문에 범위 접근 유형이 작동합니다. 그림 2-16과 같이 **WHERE a < 'Ar' AND a > 'Ar'**로 생각할 수 있습니다.

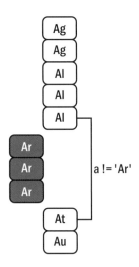

그림 2-16 동일하지 않은 범위

WHERE 절의 **b** 열에 대한 조건은 다른 SQL 절에 있더라도 조건이 맨 왼쪽 접두사에 대한 요구사항을 충족하므로 인덱스를 여전히 사용할 수 있습니다. 그림 2-17은 이를 보여 주고 예제 2-11은 EXPLAIN 계획을 보여 줍니다.

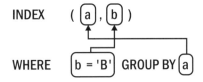

그림 2-17 다른 인덱스 열의 GROUP BY와 WHERE

예제 2-11 다른 인덱스 열의 GROUP BY와 WHERE에 대한 EXPLAIN 계획

```
EXPLAIN SELECT a, b FROM elem WHERE b = 'B' GROUP BY a\G
```

```
*************************** 1. row ***************************
          id: 1
 select_type: SIMPLE
       table: elem
```

```
    partitions: NULL
           type: range
  possible_keys: idx_a_b
            key: idx_a_b
        key_len: 6
            ref: NULL
           rows: 6
       filtered: 100.00
>          Extra: Using where; Using index for group-by
```

예제 2-11의 쿼리에는 **WHERE** 절의 **b** 열에 대한 동일 조건과 **SELECT** 절에서 **a**와 **b** 열 선택이라는 두 가지 중요한 세부 정보가 있습니다.

이러한 세부 정보 때문에 **Extra** 필드에 표시된 특별한 "Using index for group-by" 최적화가 활성화됩니다. 예를 들어, '같음$_{equal}$(=)'이 '같지 않음$_{not-equal}$(!=)'으로 변경되면 쿼리 최적화가 손실됩니다. 이러한 쿼리 최적화의 경우 세부 정보가 중요합니다. 자세한 내용을 학습해 적용하려면 MySQL 매뉴얼의 "Group by 최적화(oreil.ly/ZknLf)"를 참고하세요.

마지막 **GROUP BY** 예제인 그림 2-18과 예제 2-12를 보면 여러분이 놀랄 수도 있습니다.

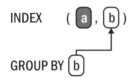

그림 2-18 맨 왼쪽 접두사가 없는 GROUP BY

예제 2-12 맨 왼쪽 접두사가 없는 GROUP BY에 대한 EXPLAIN 계획

```
EXPLAIN SELECT b, COUNT(*) FROM elem GROUP BY b\G
```

```
*********************** 1. row ***********************
            id: 1
   select_type: SIMPLE
         table: elem
```

```
      partitions: NULL
>            type: index
  possible_keys: idx_a_b
            key: idx_a_b
        key_len: 6
            ref: NULL
           rows: 10
       filtered: 100.00
>          Extra: Using index; Using temporary
```

`key: idx_a_b`를 보면 MySQL은 쿼리가 a 열에 조건이 없음에도 인덱스를 사용한다는 것을 기억하세요. 맨 왼쪽 접두사에 대한 요구사항은 어떻게 된 것일까요? MySQL이 a 열의 인덱스(`type:` `index`)를 스캔하고 있으므로 충족됩니다. a = a와 같이 항상 참인 a 열 조건을 상상해 볼 수 있습니다.

그림 2-18에서 MySQL은 GROUP BY c에 대해 a 열에서 계속 인덱스 스캔을 할까요? 하지 않습니다. 풀 테이블 스캔을 합니다. 인덱스에 b 열값은 있지만 c 열값은 없기 때문입니다.

Extra 필드의 "Using temporary"는 맨 왼쪽 접두사 조건이라는 엄격한 세트를 가지지 않은 것에 대한 부작용입니다. MySQL은 인덱스에서 a 열값을 읽을 때 임시 테이블(메모리)에서 b 열값을 수집합니다. a 열의 모든 값을 읽은 후에는 COUNT(*)에 의해 그룹화되고 집계된 임시 테이블에 대해 테이블 스캔을 합니다.

인덱스 및 쿼리 최적화와 관련하여 GROUP BY에 대해 배울 것이 더 있지만, 이러한 예제들로도 기본적인 사항은 제시합니다. GROUP BY 절은 WHERE 절보다 더 간단한 경향이 있습니다. 문제는 GROUP BY에 SQL 절이 추가되었을 경우입니다. 이 쿼리를 최적화하기 위해 인덱스를 생성하는데, MySQL도 쿼리 실행 계획을 수립하면서 동일한 문제가 생깁니다. 그래서 가능한 경우인데도 GROUP BY를 최적화하지 않을 수 있습니다. MySQL은 항상 최상의 쿼리 실행 계획을 선택한다고 하지만, 다른 쿼리 실행 계획을 실험해 보고 싶다면 MySQL 매뉴얼의 "인덱스 힌트(oreil.ly/mbBof)"를 읽어보세요.

ORDER BY

MySQL은 ORDER BY를 최적화하기 위해 정렬된 인덱스_{ordered index}를 사용할 수 있습니다. 이렇게 최적화하면 순서대로 행에 접근하기 때문에 시간이 조금 더 걸리는 행 정렬을 피할 수 있습니다. 이런 최적화가 없다면, MySQL은 일치하는 모든 행을 읽고, 정렬한 다음, 정렬된 결과 세트를 반환할 것입니다. MySQL은 행을 정렬할 때 EXPLAIN 계획의 **Extra** 필드에 "Using filesort"를 출력합니다. 파일 정렬$_{filesort}$이란 행 정렬$_{sort rows}$을 의미합니다. 파일 정렬은 오래된(지금은 오해의 소지가 있는) 용어지만 여전히 MySQL 언어에서 널리 사용되고 있습니다.

파일 정렬은 느리다는 평판이 있으므로 엔지니어에게는 당혹스러운 일입니다. 행 정렬은 추가 작업이므로 그로 인해 응답 시간이 향상되지는 않습니다. 대체로 행 정렬이 느린 응답 시간의 근본 원인은 아닙니다. 이 절의 마지막 부분에서는 MySQL 8.0.18부터 새로 추가된 **EXPLAIN ANALYZE**를 사용하여 파일 정렬의 실시간 패널티$_{penalty}$를 확인해 봅니다(참고로 행 정렬은 매우 빠릅니다). 하지만 먼저 인덱스를 사용하여 **ORDER BY**를 최적화하는 방법을 살펴보겠습니다.

인덱스를 사용하여 **ORDER BY**를 최적화하는 방법은 세 가지가 있습니다. 첫 번째이자 가장 간단한 방법은 **ORDER BY** 절에 인덱스의 맨 왼쪽 접두사를 사용하는 것입니다. **elem** 테이블이라면 다음처럼 사용할 수 있습니다.

- ORDER BY id
- ORDER BY a
- ORDER BY a, b

두 번째 방법은 인덱스 상수로 맨 왼쪽 부분을 유지하고 다음에 인덱스 열을 기준으로 정렬하는 것입니다. 예를 들어, 예제 2-13의 해당 EXPLAIN 계획과 함께 그림 2-19와 같이 **a** 열을 상수로 유지하고 **b** 열을 기준으로 정렬합니다.

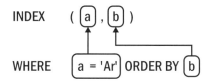

그림 2-19 다른 인덱스 열들의 ORDER BY와 WHERE

예제 2-13 다른 인덱스 열들의 ORDER BY와 WHERE에 대한 EXPLAIN 계획

```
EXPLAIN SELECT a, b FROM elem WHERE a = 'Ar' ORDER BY b\G
```

```
*********************** 1. row ***************************
             id: 1
    select_type: SIMPLE
          table: elem
     partitions: NULL
           type: ref
  possible_keys: idx_a_b
            key: idx_a_b
        key_len: 3
            ref: const
           rows: 3
       filtered: 100.00
          Extra: Using index
```

WHERE a = 'Ar' ORDER BY b는 첫 번째 인덱스 부분(a 열)의 WHERE 조건이 상수이므로 인덱스 (a, b)를 사용할 수 있습니다. 따라서 MySQL은 인덱스에서 a = 'Ar'로 이동하고 거기에서 b 열값을 순서대로 읽습니다. 예제 2-14는 결과 세트로, 특별한 게 없이 a 열은 상수(값 "Ar")이고 b 열은 정렬되었음을 보여 줍니다.

예제 2-14 WHERE a = 'Ar' ORDER BY b의 결과 세트

```
+------+------+
| a    | b    |
+------+------+
| Ar   | B    |
| Ar   | Br   |
| Ar   | Br   |
+------+------+
```

elem 테이블에 열 a, b, c에 대한 인덱스가 있을 때 WHERE a = 'Au' AND b = 'Be' ORDER BY c 와 같은 쿼리는 인덱스를 사용할 수 있습니다. a와 b 열의 조건이 인덱스의 맨 왼쪽 부분을 차지하기 때문입니다.

세 번째 방법은 두 번째 방법의 특별한 경우입니다. 이를 설명하는 그림을 보기 전에 예제 2-15의 쿼리가 파일 정렬을 일으키지 않는 이유(**Extra** 필드에 "Using filesort"가 보고되지 않는 이유)를 여러분이 직접 알아낼 수 있는지 확인해 보세요.

예제 2-15 ORDER BY ID에 대한 EXPLAIN 계획

EXPLAIN SELECT * FROM elem WHERE a = 'Al' AND b = 'B' ORDER BY id\G

```
*************************** 1. row ***************************
           id: 1
  select_type: SIMPLE
        table: elem
   partitions: NULL
         type: ref
possible_keys: idx_a_b
          key: idx_a_b
      key_len: 16
          ref: const,const
         rows: 2
     filtered: 100.00
>       Extra: Using index condition
```

WHERE 조건이 맨 왼쪽 접두사이므로 쿼리가 **idx_a_b** 인덱스를 사용하는 것은 이해할 수 있지만, 왜 **ORDER BY id**가 파일 정렬을 일으키지 않을까요? 그림 2-20에 그 답이 있습니다.

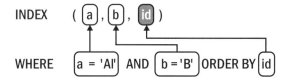

그림 2-20 세컨더리 인덱스에 추가된 프라이머리 키를 사용하여 ORDER BY

2장 2절의 "맨 왼쪽 접두사 요구사항"에는 "모든 세컨더리 인덱스의 끝(맨 오른쪽)에는 프라이머리 키가 숨겨져 있습니다."로 시작하는 단락이 있습니다. 그림 2-20에서 **id** 인덱스 열 주위의 어두운 사각형이 세컨더리 인덱스에 추가된 '숨겨진' 프라이머리 키를 나타냅니다.

ORDER BY 최적화는 **elem**처럼 작은 테이블에서는 유용하지 않아 보이지만, 실전 테이블에서는 매우 유용할 수 있으므로 기억할 가치가 있습니다.

숨겨진 프라이머리 키를 사용하여 **ORDER BY**가 파일 정렬을 회피할 수 있는지 검증하기 위해, 그림 2-21처럼 최적화를 무효화하는 **b** 열의 조건을 제거하고 예제 2-16처럼 EXPLAIN 계획을 확인해 보겠습니다.

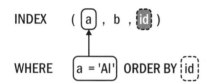

그림 2-21 맨 왼쪽 접두사가 없는 ORDER BY

예제 2-16 맨 왼쪽 접두사 없는 ORDER BY에 대한 EXPLAIN 계획

EXPLAIN SELECT * FROM elem WHERE a = 'Al' ORDER BY id\G

```
*************************** 1. row ***************************
           id: 1
  select_type: SIMPLE
        table: elem
   partitions: NULL
         type: ref
possible_keys: idx_a_b
          key: idx_a_b
      key_len: 8
          ref: const
         rows: 3
     filtered: 100.00
>       Extra: Using index condition; Using filesort
```

---

b 열의 조건을 제거하면 MySQL이 `ORDER BY`를 최적화하기 위해 숨겨진 프라이머리 키를 사용할 수 있도록 하는 세컨더리 인덱스에 더 이상 맨 왼쪽 접두사가 없습니다. 따라서 이 특별한 쿼리는 `Extra` 필드에 "using filesort"가 나옵니다.

새로운 최적화는 **인덱스 컨디션 푸시다운**_{index condition pushdown}이라고 하는 "Using index condition"입니다. 인덱스 컨디션 푸시다운은 스토리지 엔진이 인덱스를 사용하여 `WHERE` 조건과 일치하는 행을 찾는다는 의미입니다. 일반적으로 스토리지 엔진은 행을 읽고 쓰기만 하며 MySQL은 일치하는 행을 찾는 로직을 처리합니다. 이것은 문제의 명확한 분리(소프트웨어 설계의 장점)이지만 행이 일치하지 않으면 비효율적입니다. MySQL과 스토리지 엔진 모두 일치하지 않는 행을 읽느라 시간을 낭비하기 때문입니다.

예제 2-16의 쿼리에서 인덱스 컨디션 푸시다운은 스토리지 엔진(InnoDB)이 `a = 'A1'` 조건과 일치하는 행을 찾기 위해 `idx_a_b` 인덱스를 사용함을 의미합니다. 인덱스 컨디션 푸시다운은 응답 시간을 개선하는 데 도움이 되지만, MySQL이 가능한 경우 자동으로 사용하므로 최적화하려고 노력하지 않아도 됩니다. 자세한 내용은 MySQL 매뉴얼의 "인덱스 컨디션 푸시다운 최적화(oreil.ly/L3Nzm)"를 참고하세요.

모든 `ORDER BY` 최적화에 영향을 미치는 중요한 세부 사항이 있습니다. 인덱스 정렬은 기본적으로 오름차순이고 `ORDER BY col`(=`ORDER BY col ASC`)은 오름차순을 의미합니다. `ORDER BY` 최적화는 `ASC`(오름차순)든지 `DESC`(내림차순)든지 모든 열에 대해 한 방향으로만 작동합니다. 결과적으로 `ORDER BY a, b DESC`에서 a 열은 b `DESC`와 달리 암시적 `ASC` 정렬이므로 해당 정렬은 작동하지 않습니다.

> **:: 참고하세요**
> MySQL 8.0은 내림차순 인덱스(oreil.ly/FDTsN)를 지원합니다.

파일 정렬의 실시간 패널티는 무엇일까요? MySQL 8.0.18 이전에는 측정되거나 보고되지도 않았습니다. 그러나 MySQL 8.0.18부터 **EXPLAIN ANALYZE**(oreil.ly/DFPiF)가 패널티를 측정하여 보고합니다. 예제 2-17에서만 다른 테이블을 사용해 보겠습니다.

예제 2-17 Sysbench 테이블 sbtest

```
CREATE TABLE `sbtest1` (
  `id` int NOT NULL AUTO_INCREMENT,
```

```
  `k` int NOT NULL DEFAULT '0',
  `c` char(120) NOT NULL DEFAULT '',
  `pad` char(60) NOT NULL DEFAULT '',
  PRIMARY KEY (`id`),
  KEY `k_1` (`k`)
) ENGINE=InnoDB;
```

이것은 표준 **sysbench** 테이블(oreil.ly/XAYX2)*로 백만 행이 만들어졌습니다. 이제 대량의 결과 세트가 예상되고 ORDER BY가 있는 무작위이자 무의미한 쿼리를 사용해 보겠습니다.

```
SELECT c FROM sbtest1 WHERE k < 450000 ORDER BY id;
```

```
68439 rows in set (1.15 sec)
```

이 쿼리는 68,000개가 조금 넘는 행을 정렬하고 반환하는 데 1.15초가 걸립니다. 하지만 나쁜 쿼리는 아닙니다. EXPLAIN 계획을 확인해 보겠습니다.

```
EXPLAIN SELECT c FROM sbtest1 WHERE k < 450000 ORDER BY id\G
```

```
*************************** 1. row ***************************
           id: 1
  select_type: SIMPLE
        table: sbtest1
   partitions: NULL
         type: range
possible_keys: k_1
          key: k_1
      key_len: 4
          ref: NULL
```

---

* 역주: Sysbench 테이블은 RDBMS의 성능을 테스트하는 툴로 MySQL, PorsgreSQL DBMS를 지원합니다.

```
             rows: 133168
         filtered: 100.00
            Extra: Using index condition; Using MRR; Using filesort
```

EXPLAIN 계획에서 새롭게 보이는 정보는 "다중 범위 읽기 최적화(oreil.ly/QX1wJ)"를 의미하는 `Extra` 필드의 "Using MRR"입니다. 나머지는 이 장에서 이미 다룬 정보들입니다.

파일 정렬을 사용하면 이 쿼리가 느려질까요? `EXPLAIN ANALYZE`는 비록 수수께끼처럼 보이지만 다음과 같은 답을 냅니다.

```
EXPLAIN ANALYZE SELECT c FROM sbtest1 WHERE k < 450000 ORDER BY id\G
```

```
*************************** 1. row ***************************
1 -> Sort: sbtest1.id (cost=83975.47 rows=133168)
2    (actual time=1221.170..1229.306 rows=68439 loops=1)
3    -> Index range scan on sbtest1 using k_1, with index condition: (k<450000)
4        (cost=83975.47 rows=133168) (actual time=40.916..1174.981 rows=68439)
```

`EXPLAIN ANALYZE`의 실제 출력은 더 길지만 가독성과 참고 사항만을 위해 몇 줄은 생략했고 번호를 추가했습니다. `EXPLAIN ANALYZE` 출력은 내용이 많아서 이해하려면 연습이 필요합니다. 지금은 출력 내용이 순차적으로 읽히지 않을 테니 바로 요점부터 보겠습니다.

넷째 줄에서 **1174.981**(밀리초, ms)은 인덱스 범위 스캔(셋째 줄)에 1.17s(반올림)가 소요되었음을 의미합니다. 둘째 줄에서 **1221.170..1229.306**은 파일 정렬(첫 줄)이 1,221ms 후에 시작되어 1,229ms 후에 종료되었음을 의미하며, 이는 파일 정렬에 8ms가 걸렸다는 것을 의미합니다. 총 실행 시간은 1.23s로 이중 95%가 행을 읽는 데 1% 미만이 행을 정렬하는 데 소요되었습니다. 나머지 4%(약 49ms)는 준비, 통계, 로깅, 정리 등의 다른 단계에 소요됩니다.

첫 줄에서 파일 정렬은 이 쿼리를 느리게 만들지 않습니다. 그래서 앞서 질문의 대답은 "아니요"입니다. 문제는 데이터 접근에서 68,439개의 행은 작은 결과 세트가 아니라는 것입니다. 초당 수십억 개의 작업을 수행하는 CPU가 68,439개의 값을 정렬하는 것은 사실상 제로 작업(부하가 거의 없는)에 가깝습니다. 그러나 68,439개의 행을 읽는 작업은 인덱스를 순회하고 트랜잭션을 관리해야 하는 관계형 데이터베이스에서는 상당한 부하입니다. 이와 같은 쿼리를 최적화하려면 3장 2절의 "데이터 접근"

절을 참고하세요.

마지막으로 해결해야 할 질문은 "왜 파일 정렬이 느리다는 평판이 있는가?"입니다. MySQL은 데이터 정렬이 **sort_buffer_size**(oreil.ly/x5mbN)를 초과할 때 디스크의 임시 파일을 사용하게 되고 하드 드라이브는 메모리보다 수십 배 느립니다. 이것은 회전하는 디스크가 일반적이었던 수십 년 전에 특히 그랬습니다. 그러나 오늘날에는 SSD가 표준이며 이 스토리지는 일반적으로 매우 빠릅니다. 파일 정렬은 높은 처리량(QPS)의 쿼리에 문제가 될 수 있으므로 **EXPLAIN ANALYZE**를 사용하여 측정하고 확인해야 합니다.

:: **주의하세요**

EXPLAIN ANALYZE는 쿼리를 실행합니다. 안전하게 하려면 원본이 아닌 읽기 전용 복제본에서 **EXPLAIN ANALYZE**를 사용하세요. 꼭 주의해서 사용해야 합니다!

이제 **elem** 테이블(예제 2-1)로 돌아가서 MySQL이 커버링 인덱스를 사용하는 경우를 살펴보겠습니다.

커버링 인덱스

커버링 인덱스covering index에는 쿼리가 참조하는 모든 열이 포함됩니다. 그림 2-22는 **SELECT** 문의 커버링 인덱스를 보여 줍니다.

그림 2-22 커버링 인덱스

a와 **b** 열의 **WHERE** 조건은 늘 그렇듯 해당 인덱스 열을 가리키지만, 이러한 인덱스 열은 **SELECT** 절의 해당 열을 다시 가리키기도 하여 인덱스에서 이러한 열값을 읽었음을 나타냅니다.

일반적으로 MySQL은 프라이머리 키에서 전체 행을 읽습니다. 그러나 커버링 인덱스를 사용하면 MySQL은 인덱스에서 열값만 읽을 수 있습니다. 이는 프라이머리 키 조회를 피할 수 있어서 세컨더리 인덱스에 가장 유용합니다.

MySQL은 자동으로 커버링 인덱스 최적화를 사용하며 **EXPLAIN**은 이를 **Extra** 필드에 "Using index"로 보고합니다. "Using index for group-by"는 2장 2절의 "GROUP BY" 절에서 설명한 것처럼 **GROUP BY**, **DISTINCT**에만 있는 유사한 최적화입니다. 그러나 "Using index condition"과 "Using index for skip scan"은 완전히 다르며 관련이 없는 최적화입니다.

인덱스 스캔(**type: index**)과 커버링 인덱스(**Extra: Using index**)는 인덱스 전용 스캔입니다. 2장 2절의 "GROUP BY" 절에 있는 예제 2-9와 2-12가 그렇습니다.

커버링 인덱스는 매력적이지만 실제 쿼리에서는 인덱스 하나가 맡기에는 너무 많은 열과 조건, 절이 있어서 실용적이지 않습니다. 커버링 인덱스를 만드는 데 시간을 낭비하지 마세요. 열 개수가 적은 간단한 쿼리를 설계하거나 분석할 때 커버링 인덱스가 작동하는지 확인해 보는 것으로 충분합니다. 커버링 인덱스에 성능을 기대하는 사람은 아무도 없습니다.

테이블 조인

MySQL은 테이블 조인에 인덱스를 사용하며, 사용법은 다른 것에 인덱스를 사용하는 것과 기본적으로 같습니다. 주요 차이라면 각 테이블의 조인 조건에 사용되는 소스값입니다. 시각화해 보면 좀더 명확하게 이해되는데, 먼저 조인에 사용할 두 번째 테이블이 있어야겠죠. 예제 2-18은 **elem_names** 테이블의 구조와 여기에 포함된 14개 행을 보여 줍니다.

예제 2-18 elem_names 테이블

```
CREATE TABLE `elem_names` (
  `symbol` char(2) NOT NULL,
  `name` varchar(16) DEFAULT NULL,
  PRIMARY KEY (`symbol`)
) ENGINE=InnoDB;
```

```
+--------+-----------+
| symbol | name      |
+--------+-----------+
| Ag     | Silver    |
| Al     | Aluminum  |
```

```
| Ar     | Argon     |
| At     | Astatine  |
| Au     | Gold      |
| B      | Boron     |
| Be     | Beryllium |
| Bi     | Bismuth   |
| Br     | Bromine   |
| C      | Carbon    |
| Cd     | Cadmium   |
| Ce     | Cerium    |
| Co     | Cobalt    |
| Cr     | Chromium  |
+--------+-----------+
```

elem_names 테이블에는 인덱스가 하나 있으며, 프라이머리 키가 있는 symbol 열입니다. symbol 열
값은 elem 테이블의 a, b, c 열값과 일치합니다. 따라서 이러한 열 사이에 elem과 elem_names 테이
블을 조인할 수 있습니다.

그림 2-23은 elem과 elem_names 테이블을 조인하는 SELECT 문과 각 테이블의 조건, 인덱스를 시각
적으로 보여 줍니다.

이전 그림들에서는 테이블이 하나뿐이므로 인덱스 하나와 SQL 절이 한 쌍이었습니다. 그러나 그림
2-23에는 각각 주석 처리된 /* elem */과 /* elem_names */라는 테이블 이름과 오른쪽 화살표 모
양의 암영 영역으로 구분된 두 쌍(테이블당 하나씩)이 있습니다. EXPLAIN과 마찬가지로 이 그림은 조
인 순서대로 위에서 아래로 테이블을 나열합니다. 조인 순서에서 테이블 elem(상단)은 첫 번째 테이
블이고 테이블 elem_names(하단)는 두 번째 테이블입니다.

```
SELECT
  name
FROM
      elem
  JOIN elem_names ON (elem.a = elem_names.symbol)
WHERE
  a IN ( 'Ag', 'Au', 'At' )
```

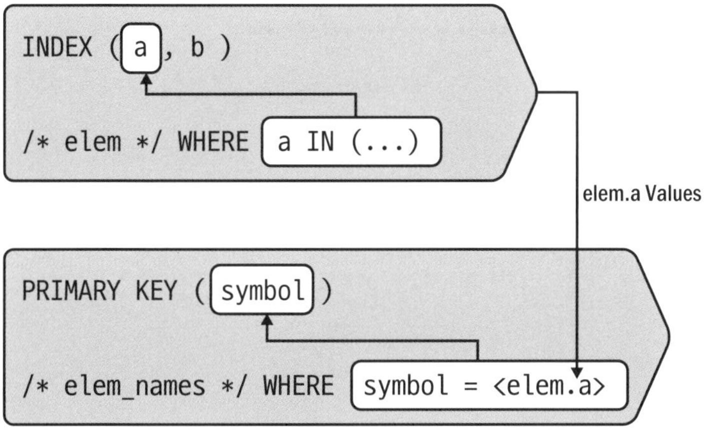

그림 2-23 프라이머리 키 조회 시 테이블 조인

elem 테이블의 인덱스 사용은 새롭거나 특별해 보이지는 않습니다. MySQL은 a IN(...) 조건에 인덱스를 사용합니다. 지금까지는 이해할 만합니다.

선행 테이블에 조인된 elem_names 테이블에 대한 인덱스 사용의 경우 두 가지 사소한 차이를 보입니다만, 이것을 제외하면 기본적으로 같습니다. 첫째, WHERE 절은 JOIN...ON 절을 재작성한 것이며 이에 관해서는 나중에 자세히 설명합니다. 둘째, symbol 열의 조건값은 선행 테이블인 elem에서 가져옵니다. 이를 나타내기 위해 화살표는 선행 테이블에서 출발해 꺾쇠괄호 안의 열 참조에 해당하는 <elem.a>를 가리킵니다. 테이블을 조인할 때 MySQL은 symbol 열의 조인 조건에 대해 elem 테이블의 일치하는 행에서 가져온 열값을 사용하여 elem_names 테이블의 행을 조회합니다. MySQL 언어로는 "symbol 열은 elem 테이블의 a 열과 같습니다"라고 말합니다. 선행 테이블의 값이 주어지면 새롭거나 특별할 것 없이 symbol 열에 대해 프라이머리 키 조회를 합니다. 일치하는 행이 나오면 선행 테이블에서 조인된 행이 반환됩니다.

예제 2-19는 그림 2-23의 SELECT 문에 대한 EXPLAIN 계획을 보여 줍니다.

```
EXPLAIN SELECT name
        FROM elem JOIN elem_names ON (elem.a = elem_names.symbol)
        WHERE a IN ('Ag', 'Au', 'At')\G
```

```
*************************** 1. row ***************************
           id: 1
  select_type: SIMPLE
        table: elem
   partitions: NULL
         type: range
possible_keys: idx_a_b
          key: idx_a_b
      key_len: 3
          ref: NULL
         rows: 4
     filtered: 100.00
        Extra: Using where; Using index
*************************** 2. row ***************************
           id: 1
  select_type: SIMPLE
        table: elem_names
   partitions: NULL
>        type: eq_ref
possible_keys: PRIMARY
          key: PRIMARY
      key_len: 2
>         ref: test.elem.a
         rows: 1
     filtered: 100.00
        Extra: NULL
```

테이블 기준으로 예제 2-19의 EXPLAIN 계획에서는 새로운 것이 없지만, 조인의 경우 두 번째 테이블인 elem_names에서 2개의 새로운 세부 정보가 있습니다. 첫 번째는 접근 유형 eq_ref는 프라이머리 키나 유니크 not-null 세컨더리 인덱스를 사용하는 단일 행 조회를 의미합니다. 여기서 not-null은 모든 세컨더리 인덱스 열이 NOT NULL로 정의됨을 의미합니다. eq_ref 접근 유형에 관한 자세한 내용은 다음 단락에서 다루겠습니다.

두 번째는 ref: test.elem.a로 "참조 열 elem.a"로 읽습니다. (데이터베이스 이름이 test이므로, test 데이터베이스 안의 테이블을 조회할 때는 test. 접두사로 시작합니다.) elem_names 테이블을 조인하기 위해 elem.a 참조 열값을 사용하여 조인된 symbol 열의 프라이머리 키(key: PRIMARY)로 행을 조회합니다. 이것이 JOIN 조건인 ON(elem.a = elem_names.symbol)에 해당합니다.

:: 기억하세요

테이블별로 조인이 인덱스 사용법을 변경하지 않습니다. 주요 차이는 조인 조건의 값이 선행 테이블에서 온다는 것입니다.

MySQL은 어떤 접근 방법(이 절에서 다룬 "테이블 접근 방법")이든 사용하여 테이블을 조인할 수 있지만 eq_ref 접근 유형을 사용하는 인덱스 조회가 가장 좋으며 빠릅니다. 이유는 한 행만 일치하기 때문입니다. eq_ref 접근 유형에는 '프라이머리 키나 유니크 not-null 세컨더리 인덱스unique not-null secondary index'와 '모든 인덱스 열의 동일 조건'이라는 두 가지 요구사항이 있습니다. 이러한 요구사항을 종합하면 eq_ref 조회가 최대 하나의 행과 일치하도록 보장합니다. 두 요구사항이 모두 충족되지 않으면, MySQL은 기본적으로 동일하지만 임의의 행 수와 일치하는 ref 인덱스 조회를 사용하게 됩니다.

그림 2-23으로 돌아가서 JOIN...ON 절을 elem_names 테이블에 대한 WHERE 절로 재작성하는 것을 어떻게 알았을까요? EXPLAIN을 실행한 후 SHOW WARNINGS 명령을 실행하면, MySQL은 쿼리를 재작성하는 방법을 출력합니다. 다음은 SHOW WARNINGS 명령에 대해 요약된 출력 내용입니다.

```
/* select #1 */
select
    `test`.`elem_names`.`name` AS `name`
from
        `test`.`elem`
```

```
    join `test`.`elem_names`
where
        ((`test`.`elem_names`.`symbol` = `test`.`elem`.`a`)
    and (`test`.`elem`.`a` in ('Ag','Au','At')))
```

이제 그림 2-23의 /* elem_names */ WHERE symbol = <elem.a>가 맞다는 것을 알 수 있습니다. 때로는 MySQL이 선택한 테이블 조인 순서와 인덱스를 이해하려거나 MySQL이 쿼리를 재작성하는 방법을 보기 위해서는 EXPLAIN을 실행한 후에 SHOW WARNINGS 명령을 실행해 보세요.

:: 참고하세요

SHOW WARNINGS 명령으로 표시된 재작성된 SQL 문은 유효하지 않습니다. MySQL이 SQL 문을 해석하고 재작성하는 방법을 보여 주기 위한 것일 뿐입니다. 이 SQL 문을 실행하지 마세요.

MySQL은 쿼리에 작성되는 테이블 순서가 아니라 가능한 한 최상의 순서로 테이블을 조인하므로 테이블 조인 순서가 중요합니다. 테이블 조인 순서를 보려면 EXPLAIN을 사용해야 합니다.

EXPLAIN은 조인 순서에 따라 위(첫 번째 테이블)에서 아래(마지막 테이블)로 테이블을 출력합니다. 기본 조인 알고리즘인 중첩 반복 조인_{nested-loop join}은 조인 순서를 따릅니다. 2장 5절 「테이블 조인 알고리즘」에서 조인 알고리즘에 관해 간략히 설명합니다.

쿼리를 조금만 변경해도 테이블 조인 순서나 쿼리 실행 계획이 크게 달라질 수 있으므로 테이블 조인 순서를 추측하거나 추정해서는 안 됩니다. 그림 2-24의 SELECT 문은 그림 2-23의 SELECT 문과 한 가지 작은 차이를 제외하고 거의 같습니다. 한번 찾아보세요.

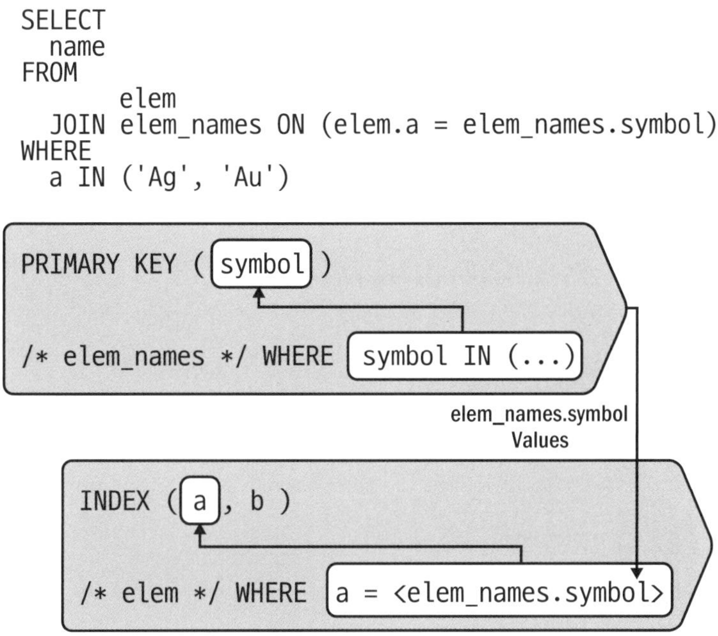

```
SELECT
    name
FROM
        elem
    JOIN elem_names ON (elem.a = elem_names.symbol)
WHERE
    a IN ('Ag', 'Au')
```

그림 2-24 세컨더리 인덱스 조회 시 테이블 조인

작은 차이라는 게 여러분에게 힌트가 되었을까요? 예제 2-20과 같이 작은 차이로 인해 상당히 다른 쿼리 실행 계획이 만들어집니다.

예제 2-20 세컨더리 인덱스 조회 시 테이블 조인에 대한 EXPLAIN 계획

```
EXPLAIN SELECT name
        FROM elem JOIN elem_names ON (elem.a = elem_names.symbol)
        WHERE a IN ('Ag', 'Au')\G
```

```
*********************** 1. row ***********************
            id: 1
   select_type: SIMPLE
         table: elem_names
    partitions: NULL
          type: range
 possible_keys: PRIMARY
```

```
          key: PRIMARY
      key_len: 2
          ref: NULL
         rows: 2
     filtered: 100.00
        Extra: Using where
*********************** 2. row ***************************
           id: 1
  select_type: SIMPLE
        table: elem
   partitions: NULL
         type: ref
possible_keys: idx_a_b
          key: idx_a_b
      key_len: 3
          ref: test.elem_names.symbol
         rows: 2
     filtered: 100.00
        Extra: Using index
```

그림 2-23과 2-24의 **SELECT** 문은 문법상 같지만 실행 계획(예제 2-19와 2-20)은 상당히 다릅니다. 무엇이 바뀌었을까요? 그림 2-24의 **IN( )** 목록에서 "At"라는 단일 값이 제거됐습니다. 이는 겉보기에 문제가 없어 보이는 변경이 어떻게 MySQL 쿼리 실행 계획에서 무언가를 유발할 수 있는지 보여 주는 좋은 예입니다. 완전히 새롭고 다른 EXPLAIN 계획입니다. 예제 2-20에서 테이블별로 살펴보겠습니다.

첫 번째 테이블은 **elem_names**로, **elem JOIN elem_names**으로 작성된 쿼리와는 다릅니다. MySQL은 쿼리에 나열된 **JOIN** 절* 순서가 아니라, 내부적으로 테이블 조인 순서를 결정합니다. **type**과 **key** 필드는 프라이머리 키에 대한 범위 스캔을 나타내지만, 값은 어디에서 올까요? **ref** 필드가 **NULL**이고 이 테이블에는 **WHERE** 조건이 없습니다. MySQL은 쿼리를 재작성해야 합니다. 다음

---

* STRAIGHT _JOIN을 사용하지 않았다면 사용하지 마세요. MySQL 쿼리 최적화기가 최상의 쿼리 실행 계획을 위한 조인 순서를 선택하도록 하세요.

은 **SHOW WARNINGS** 명령에 대해 요약된 출력 내용입니다.

```
/* select #1 */
select
  `test`.`elem_names`.`name` AS `name`
from
  `test`.`elem` join `test`.`elem_names`
where
      ((`test`.`elem`.`a` = `test`.`elem_names`.`symbol`)

  and (`test`.`elem_names`.`symbol` in ('Ag','Au')))
```

마지막 줄을 보면 MySQL은 원래 쿼리에 작성된 **elem.a** 대신 **elem_names.symbols**에 대한 값으로 **IN( )** 목록을 사용하도록 쿼리를 재작성합니다. 이제 **elem_names.symbols** 테이블의 인덱스 사용은 "Ag"와 "Au"의 두 값을 조회하기 위한 범위 스캔임을 알 수(혹은 상상해 볼 수) 있습니다. MySQL이 두 번째 **elem** 테이블을 조인하는 데 사용할 2개의 행만 일치시키면 되기 때문에 프라이머리 키를 사용하여 매우 빠른 인덱스 조회를 할 수 있습니다.

두 번째 테이블은 **elem**이고 EXPLAIN 계획은 눈에 익숙합니다. **idx_a_b** 인덱스로 **a** 열의 조건과 일치하는 인덱스 값(**Extra: Using index**이므로 행이 아님)을 조회합니다. 해당 조건값은 **ref: test.elem_names.symbol**에 표시된 대로 선행 테이블의 일치하는 행에서 가져옵니다.

:: 기억하세요

MySQL은 쿼리에서 테이블이 작성된 순서가 아니라 가능한 한 최상의 순서로 테이블을 조인합니다.

MySQL이 조인 순서를 변경하고 쿼리를 다시 작성할 수 있지만, 조인에 대한 인덱스 사용은 앞에서 예를 들고 설명한 바와 같이 기본적으로 테이블별로 같습니다. **EXPLAIN**과 **SHOW WARNINGS**를 사용하시고, 위에서 아래로 실행 계획을 테이블별로 검토하세요.

MySQL은 인덱스 없이 테이블 조인을 할 수 있습니다. 이것을 **풀 조인**_full join_이라고 하며 쿼리가 수행할 수 있는 최악의 작업입니다. 단일 테이블 쿼리에 대한 테이블 스캔도 나쁘지만, 조인된 테이블에 대한 테이블 스캔은 한 번 발생하는 것이 아니라 선행 테이블에 일치하는 모든 행에 대해 발생하므로 풀 조인이 더 나쁩니다. 예제 2-21은 두 번째 테이블에 대한 풀 조인을 나타냅니다.

예제 2-21 풀 조인을 위한 EXPLAIN 계획

```
EXPLAIN SELECT name
        FROM elem STRAIGHT_JOIN elem_names IGNORE INDEX (PRIMARY)
           ON (elem.a = elem_names.symbol)\G
```

```
*************************** 1. row ***************************
           id: 1
  select_type: SIMPLE
        table: elem
   partitions: NULL
         type: index
possible_keys: idx_a_b
          key: idx_a_b
      key_len: 6
          ref: NULL
         rows: 10
     filtered: 100.00
        Extra: Using index
*************************** 2. row ***************************
           id: 1
  select_type: SIMPLE
        table: elem_names
   partitions: NULL
         type: ALL
possible_keys: NULL
          key: NULL
      key_len: NULL
          ref: NULL
         rows: 14
```

```
    filtered: 7.14

       Extra: Using where; Using join buffer (hash join)
```

일반적으로 MySQL은 이 쿼리 실행 계획을 선택하지 않으므로 `STRAIGHT_JOIN`과 `IGNORE INDEX(PRIMARY)`로 강제 실행했습니다. 첫 번째 테이블(`elem`)에 대한 인덱스 전용 스캔은 10개의 행을 모두 가져옵니다.* 각 행에 대해 MySQL은 일치하는 행을 찾기 위해 풀 테이블 스캔(`type: ALL`)을 수행하여 두 번째 테이블(`elem_names`)을 조인합니다. 이것은 조인된 테이블(조인 순서의 첫 번째 테이블이 아님)이므로 테이블 스캔은 풀 조인 횟수로 세어지게 됩니다. 풀 조인은 선행 테이블의 각 행에 대해 조회가 발생하므로 쿼리가 수행할 수 있는 최악의 단일 작업입니다. `elem_names` 테이블에 대해서는 10번의 풀 테이블 스캔입니다. 조인된 테이블에서 `type: ALL`이 표시될 때마다 하는 모든 작업을 중지하고 그것부터 수정하세요. 1장 4절의 "셀렉트 풀 조인"에 풀 조인에 대한 쿼리 메트릭이 있습니다.

`Extra` 필드의 "Using join buffer (hash join)"은 MySQL 8.0.18에 새롭게 도입된 해시 조인 알고리즘을 나타냅니다. 이번 장의 끝에서 테이블 조인 알고리즘(그리고 다른 조인 알고리즘)에 관해 간략하게 설명하겠습니다. 짧게 설명하자면 해시 조인은 메모리 내 해싯값 테이블을 만들고 반복되는~repeated~ 테이블 스캔을 수행하는 대신 이 해시 테이블을 사용해 행을 조회합니다. 해시 조인으로 인해 성능이 비약적으로 향상되었습니다. 그렇지만 가능한 한 풀 조인은 피하는 것이 최선입니다.

> **∷ 참고하세요**
> MySQL 8.0 이전에는 예제 2-21의 쿼리가 다른 조인 알고리즘인 '블록 중첩 반복(block nested-loop)'을 사용하므로 `Extra` 필드에 "Using join buffer"를 보고합니다. 2장 5절 「테이블 조인 알고리즘」에 이 조인 알고리즘을 간략하게 설명합니다.

언뜻 보기에 테이블 조인이 완전히 다른 유형의 인덱스 사용으로 보이지만 그렇지 않습니다. 조인에는 더 많은 테이블과 인덱스가 포함되지만 테이블별로 인덱스 사용과 요구사항은 같습니다. 맨 왼쪽 접두사에 대한 요구사항도 같습니다. 주요 차이라면 조인된 테이블의 경우 조인 조건값이 선행 테이블에서 온다는 것입니다.

여러분은 앞서 "WHERE" 절에 있는 첫 번째 예제 이후로 많은 내용을 배웠습니다. 지금까지 인덱

---

* 엄밀히 말하면 `elem` 테이블에 대한 인덱스 전용 스캔은 전체 행이 필요하지 않고 a 열값만 필요하므로 행이 아닌 10개의 값을 가져옵니다.

스, 쿼리, EXPLAIN 계획 예제들을 살펴보며 MySQL 인덱스에 대한 기술적인 세부 사항과 메커니즘을 다루었습니다. 이런 내용은 다음 절인 직접 쿼리 최적화의 기초가 됩니다.

2-3 인덱싱: MySQL처럼 생각하는 방법

인덱스와 인덱싱은 다른 주제입니다. 이전 절에서는 **WHERE**, **GROUP BY**, **ORDER BY**, 커버링 인덱스, 테이블 조인에 관여하는 InnoDB 테이블의 표준 B-트리 인덱스를 소개했습니다. 이 절에서는 성능에 최대의 영향력을 발휘하는 **인덱싱**indexing을 소개합니다. 단순히 모든 열을 인덱싱해서는 탁월한 성능을 발휘할 수는 없습니다. 그렇게 쉬웠다면 DBA는 없었을 것입니다. 쿼리를 실행할 때 MySQL이 가장 적은 수의 행에 접근할 수 있도록 열을 인덱싱하는 것이 최선입니다. 비유하자면 모래사장에서 바늘을 찾을 위치를 MySQL에 정확히 알려주는 인덱스에 있습니다.

저의 경험에 비추어 보자면 엔지니어들이 인덱싱에 어려움을 겪는 이유는 자신이 쿼리에 대해 생각하는 방식을 MySQL이 쿼리에 대해 생각하는 방식과 혼동하기 때문입니다. 엔지니어로서 우리는 애플리케이션 맥락에서 쿼리를 생각합니다. 특히 애플리케이션의 어느 부분에서 쿼리를 실행하는지와 그 이유(비즈니스 논리), 적절한 결과 세트 등을 생각합니다. 그러나 MySQL은 그 어떤 것도 알지 못하거나 신경 쓰지 않습니다. MySQL은 인덱스와 테이블 조건이라는 훨씬 더 작고 단순한 맥락에서 쿼리를 생각합니다. 내부적으로는 훨씬 더 복잡하지만 MySQL은 그 복잡성을 잘도 숨기고 있습니다. MySQL이 인덱스와 테이블 조건이라는 맥락에서 쿼리를 생각한다는 것을 어떻게 알 수 있을까요? 바로 **EXPLAIN**입니다. 그렇다면 **EXPLAIN**이 보고하는 주요 정보는 무엇일까요? 테이블(조인 순서), 테이블 접근 방법, 인덱스와 해당 인덱스가 있는 테이블의 접근과 관련된 Extra 정보가 그것입니다. 인간이 MySQL처럼 생각한다면 알고리즘과 휴리스틱heuristics 같은 결정론적 기계가 되므로 인덱싱이 훨씬 더 쉬워집니다. 그러나 인간의 사고는 불필요한 사항들로 얽혀 있습니다. 마음을 비우고 기계처럼 생각할 준비를 해보세요. 다음 4개 하위 절에서는 간단한 4단계 프로세스를 설명합니다.

쿼리 알기

MySQL처럼 생각하는 첫 번째 단계는 최적화하려는 쿼리의 기본 정보를 파악하는 것입니다. 각 테이블에서 다음 메타데이터를 수집하는 것으로 시작합니다.

- SHOW CREATE TABLE(테이블 생성 정보 보기 명령어)
- SHOW TABLE STATUS(테이블 상태 정보 보기 명령어)
- SHOW INDEXES(인덱스 정보 보기 명령어)

쿼리가 이미 프로덕션에서 실행 중이라면 쿼리 보고서를 보고 메트릭과 현재 값에 익숙해져야 합니다.

이후 다음 질문에 답변해 보세요.

쿼리

- 쿼리는 몇 개의 행에 접근해야 합니까?
- 쿼리는 몇 개의 행을 반환해야 합니까?
- 어떤 열이 선택(반환)됩니까?
- GROUP BY, ORDER BY, LIMIT 절(있는 경우)은 무엇입니까?
- 하위 쿼리(subqueries)가 있습니까? (있다면 각 쿼리에 대해 이 과정을 반복합니다)

테이블 접근(테이블마다)

- 테이블 조건은 무엇입니까?
- 쿼리는 어떤 인덱스를 사용해야 합니까?
- 쿼리가 사용할 수 있는 다른 인덱스는 무엇입니까?
- 각 인덱스의 카디널리티는 무엇입니까?
- 테이블의 크기(데이터 크기와 행 수)는 얼마입니까?

이러한 질문은 MySQL이 수행하는 일이 쿼리 구문 분석이므로 쿼리를 머릿속으로 그려 보면 구문 분석하는 데 도움이 됩니다. 이는 복잡한 쿼리를 테이블, 테이블 조건, 인덱스, SQL 절과 같은 간단한 용어로 파악하는 데 특히 유용합니다.

이 정보들은 쿼리 응답 시간을 나타내는 전체 퍼즐을 맞추는 데 도움이 됩니다. 응답 시간을 개선하려면 일부 퍼즐을 변경해야 합니다. 하지만 그러기 전에 다음 단계는 EXPLAIN의 지원을 받아 현재 퍼즐을 조립하는 것입니다.

EXPLAIN으로 이해하기

두 번째 단계는 **EXPLAIN**에서 보고한 현재 쿼리 실행 계획을 이해하는 것입니다. MySQL이 선택한 인덱스, 즉 **EXPLAIN** 출력의 **key** 필드부터 시작하여 인덱스와 관련된 각 테이블과 해당 조건을 고려합니다. 테이블 조건을 확인하여 이 인덱스의 맨 왼쪽 접두사에 대한 요구사항이 어떻게 충족되는지 확인합니다. **possible_keys** 필드에 다른 인덱스가 나열되었으면, 항상 맨 왼쪽 접두사에 대한 요구사항을 염두에 두고 MySQL이 해당 인덱스를 사용하여 행에 접근하는 방법을 생각합니다. **Extra** 필드에 정보가 있으면(일반적으로 그렇습니다) MySQL 매뉴얼의 "EXPLAIN 출력(oreil.ly/GDF0g)"을 참고하여 의미를 파악합니다.

:: 기억하세요

항상 쿼리를 EXPLAIN하세요. EXPLAIN 없이는 직접 쿼리 최적화가 불가능하므로 습관화하세요.

쿼리와 응답 시간은 하나의 퍼즐이고, 여러분은 실행 계획, 테이블 조건, 테이블 구조, 테이블 크기, 인덱스 카디널리티, 쿼리 메트릭과 같은 퍼즐 조각을 모두 가지고 있습니다. MySQL이 설명하는 대로 쿼리가 작동하는 것을 여러분이 볼 수 있을 때까지, 즉 위에서 얘기한 퍼즐이 완성될 때까지 퍼즐 조각을 계속 맞추어 나갑니다. 쿼리 실행 계획에는 항상 이유가 있습니다.[*] 때때로 MySQL은 매우 영리해서 일반적으로 **Extra** 필드에서 언급되는, 뻔하지 않은 쿼리 최적화를 사용하기도 합니다. 이러한 상황이 **SELECT** 문에서 발생하는 경우 MySQL 매뉴얼의 "SELECT 문 최적화(oreil.ly/Bl4Ja)"를 참고하세요.

만약 막히면 다음 3가지로 지원 수준을 높여 보세요.

1. MySQL 8.0.16에서 EXPLAIN FORMAT=TREE는 트리 형태의 출력으로 더욱 정확하고 서술적으로 쿼리 실행 계획을 출력합니다. 기존 형식과 전혀 다른 출력이므로 해석 방법을 배워야 하지만 그만큼 노력할 가치가 있습니다.

2. 옵티마이저 트레이싱(Optimizer Tiracing, oreil.ly/Ump3C)을 사용하여 비용, 고려 사항, 이유 등 상세한 쿼리 실행 계획을 보고하도록 합니다. 이것은 경험과 MySQL 지식이 필요한 고급 기능이므로 시간이 촉박하다면 세 번째 옵션으로 넘어가세요.

3. DBA에게 문의하거나 해당 전문가에게 의뢰하세요.

---

[*] 매우 드물게 발생하는 쿼리 옵티마이저의 버그는 제외합니다.

쿼리 최적화

세 번째 단계는 직접 쿼리 최적화로 쿼리, 인덱스 또는 둘 모두를 변경합니다. 이 단계에서는 다양한 재미를 느낄 수 있습니다. 이러한 변경은 프로덕션이 아닌 개발이나 준비_{staging} 단계에서 이루어지므로 아직 위험하지 않습니다. 데이터 크기와 배포판은 MySQL이 인덱스를 선택하는 방식에 영향을 미치므로 개발이나 준비 환경에 프로덕션을 대표하는 데이터가 있는지 확인합니다.

처음에 쿼리를 실행하면 올바른 행을 가져오므로 쿼리를 수정할 수 없을 것처럼 보이고 쿼리가 올바르게 작성되었다고 봅니다. 그런데 그 쿼리가 맞는 걸까요? 답은 항상 그렇진 않습니다. 다른 방법으로도 얼마든지 똑같은 결과 세트를 얻을 수 있습니다. 쿼리에는 결과(정확히는 결과 세트)와 해당 결과를 얻는 방법이 있습니다. 이 둘은 밀접하게 관련되어 있지만 별개입니다. 쿼리를 어떻게 수정할지 고민하면서 이러한 사실을 아는 것은 상당히 유용합니다. 먼저 쿼리가 의도하는 결과를 명확히 하는 것으로 시작합니다. 결과를 명확히 하면 똑같은 결과를 얻는 쿼리를 작성하는 새로운 방법을 탐색할 수 있습니다.

:: 기억하세요

다르게 실행되지만 같은 결과를 반환하는 쿼리는 여러 가지 방법으로 작성할 수 있습니다.

예를 들어, 얼마 전에 저는 느린 쿼리를 최적화 중인 엔지니어의 작업을 지원하고 있었습니다. 엔지니어는 **GROUP BY**와 인덱스에 관하여 기술적인 사항을 질문했지만, 저는 엔지니어에게 "쿼리가 무엇을 하나요? 무엇을 반환해야 하나요?"라고 되물었고, 엔지니어는 "아! 그룹의 최댓값을 반환합니다."라고 답했습니다. 쿼리가 의도하는 결과를 명확히 하고 나서, 저는 엔지니어가 최대 그룹값이 필요하지 않고 단순히 최댓값이 필요하다는 사실을 알았습니다. 결국 쿼리는 **ORDER BY col DESC LIMIT 1** 최적화를 사용하도록 완전히 다시 작성되었습니다.

SELECT col FROM tbl WHERE id = 1처럼 쿼리가 매우 단순하면 다시 작성할 방법이 없을 수도 있습니다. 그러나 쿼리가 단순할수록 다시 작성할 필요가 적습니다. 단순 쿼리가 느릴 때는 쿼리가 아닌 인덱스를 변경해야 할 가능성이 큽니다. 그리고 인덱스 변경으로 문제가 해결되지 않으면 3, 4장에서 설명하는 간접_{indirect} 쿼리 최적화로 여정을 옮겨야 합니다.

인덱스 추가나 수정은 접근 방법과 쿼리별 최적화 사이의 절충점입니다. 예를 들어, 여러분은 범위 스캔을 위해 **ORDER BY** 최적화와 절충하겠습니까? MySQL이 여러분, 대신 이를 수행하므로 절충점을 따지는 데 집착하지 마세요. 여러분이 할 일은 간단합니다. MySQL에 더 큰 영향력을 미칠 것으로 생각되는 인덱스를 추가하거나 변경한 다음 **EXPLAIN**을 사용하여 MySQL이 새 인덱스를 사용했는지 확인하세요. 쿼리를 작성하고 인덱스 작업(추가나 변경) 후 실행하면서 가장 최적화된 방법에 도달할 때까지 반복합니다.

:: 주의하세요

준비 단계에서 변경 사항을 완전히 확인할 때까지 프로덕션 단계에서 인덱스를 수정하지 마세요.

배포와 검증

마지막 단계는 변경 사항을 배포하고 응답 시간이 개선되는지 검증하는 것입니다. 하지만 먼저 변경 사항으로 인해 의도하지 않은 부작용이 발생할 경우 배포를 되돌릴_{roll back} 방법을 확인하고 준비해야 합니다. 이런 경우는 여러 가지 이유로 발생합니다. 하나는 인덱스를 사용하지만 프로덕션 단계에서는 실행되고 준비 단계에서는 실행되지 않는 쿼리인 경우, 또는 준비 단계의 데이터와 프로덕션 단계의 데이터가 크게 다른 경우입니다. 문제가 없을 가능성이 많지만 그렇지 않을 때를 대비해야 합니다.

:: 기억하세요

배포를 프로덕션으로 되돌릴 방법을 항상 확인하고 준비하세요.

배포 후에는 쿼리 메트릭과 MySQL 서버 메트릭으로 변경 사항을 검증합니다. 쿼리 최적화가 상당한 영향을 미쳤다면 MySQL 서버 메트릭이 이를 반영합니다. (6장에서는 MySQL 서버 메트릭에 관해 자세히 설명합니다.) 만약 그렇지 않더라도 주요 변경 사항은 쿼리 응답 시간이므로 당황하거나 낙담하지 마세요.

5~10분(더 길어야 바람직함)을 기다린 다음 쿼리 프로필과 보고서에서 응답 시간을 확인합니다. 응답 시간이 개선되었다면 반가운 일입니다. 여러분은 MySQL 전문가 수준의 작업을 수행하고 있으며, 이 기술을 통해 뛰어난 MySQL 성능을 달성할 수 있습니다. 응답 시간이 개선되지 않았더라도 낙담하지 말고 포기하지 마세요. MySQL 전문가도 상당한 노력이 필요한 쿼리를 만나곤 합니다. 프로세스

를 반복하고 일부 쿼리에는 버거운 작업이라 다른 엔지니어의 지원을 받는 것을 고려하세요. 쿼리를 더 이상 최적화할 수 없다고 확신한다면 여정의 두 번째인 간접 쿼리 최적화를 수행해야 합니다. 이 책의 3장에서는 데이터에 대한 변경 사항을 다루고, 4장에서는 애플리케이션에 대한 변경 사항을 설명합니다.

2-4 좋은 인덱스였는데...

아무것도 변경되지 않는다면 좋은 인덱스는 영원히 좋은 인덱스로 남을 것입니다. 하지만 현실적으로는 무언가 변해서 좋은 인덱스를 나쁘게 만들고 성능을 떨어뜨립니다. 이 절에서는 이러한 유감스러운(그러나 피할 수 있고 수정할 수 있는) 성능 저하의 일반적인 원인을 알아봅니다.

쿼리 변경

쿼리가 변경될 때 맨 왼쪽 접두사에 대한 요구사항이 손실될 수 있습니다. 최악의 경우는 MySQL이 사용할 수 있는 다른 인덱스가 없어서 풀 테이블 스캔을 실행하는 전체 데이터 순차 탐색으로 되돌아갈 때입니다. 그러나 테이블에는 종종 많은 인덱스가 있으며 MySQL은 인덱스를 사용하기로 정해져 있기 때문에, 다른 인덱스가 원래 인덱스만큼 좋지 않아서 쿼리 응답 시간이 현저하게 느려지는 경우가 더 흔합니다. 쿼리 분석과 EXPLAIN 계획은 이러한 경우에 신속하게 확인하게 해줍니다. 쿼리 변경이 필요하다고 가정하면, 이 변경이 안전하다고 추정한 상태에서, 해결책은 새로 변경한 쿼리에 대해 인덱스를 다시 만드는 것입니다.

과도하고 중복되며 사용되지 않음

인덱스는 성능에 있어 필요하지만 때때로 엔지니어는 너무 과도하게 사용해서 결국 과도한 인덱스, 중복 인덱스$_{dupes}$ 사용되지 않는 인덱스가 만들어지곤 합니다.

인덱스가 얼마나 되어야 너무 많은 걸까요? 필요 이상으로 하나 더 있는 경우입니다. 인덱스가 과도하면 2가지 문제가 발생합니다. 첫 번째는 2장 2절의 "맨 왼쪽 접두사 요구사항"에서 언급한 인덱스 크기의 증가입니다. 인덱스가 많아지면 더 많은 메모리를 사용하므로 아이러니하게도 각 인덱스에 사용할 수 있는 메모리가 줄어듭니다. 두 번째 문제는 MySQL이 데이터를 작성할 때 모든 인덱스를 확인하고 갱신하고, 잠재적으로 재구성(내부 B-트리 구조)해야 하므로 쓰기 성능이 떨어진다는 것입니다. 인덱스 수가 과도하면 쓰기 성능이 심각하게 떨어질 수 있습니다.

중복 인덱스를 만들 때, 인덱스를 만드는 데 사용되는 **ALTER** 문은 경고를 알리지만, 이를 보려면 **SHOW WARNINGS**를 실행해야 합니다. 기존의 중복 인덱스를 찾으려면 pt-duplicate-key-checker(oreil. ly/avm4L)를 사용하세요. 중복 인덱스를 안전하게 찾아 보고합니다.

사용되지 않은 인덱스는 식별하기가 훨씬 더 까다롭습니다. 그 이유는 예를 들어 장시간 실행되는 분석 쿼리가 인덱스를 일주일에 한 번만 사용한다면 어떻게 될까요? 이런 극단적인 경우를 제외하고 다음 쿼리를 실행하여 사용되지 않는 인덱스를 나열합니다.

```
SELECT * FROM sys.schema_unused_indexes
WHERE object_schema NOT IN ('performance_schema');
```

해당 쿼리는 MySQL의 sys 스키마(oreil.ly/xxsL3)를 사용하는데, 정렬된 모든 종류의 정보를 반환하는 미리 만들어진 뷰_{ready-made views}의 모음입니다. **sys.schema_unused_indexes** 뷰는 성능 스키마_{Performance Schema}와 정보 스키마_{Information Schema} 테이블을 쿼리하여 MySQL이 시작된 이후 사용되지 않은 인덱스를 확인합니다. (이 뷰가 어떻게 작동하는지 보려면 **SHOW CREATE VIEW sys.schema_unused_indexes**를 실행하세요.) 성능 스키마를 활성화해야 합니다. 아직 활성화되어 있지 않다면 MySQL을 다시 시작해야 하므로 DBA(또는 MySQL을 관리하는 사람)에게 요청하세요.

인덱스를 삭제할 때는 주의해야 합니다. MySQL 8.0부터 인비저블 인덱스_{invisible indexes} (oreil.ly/Wx1xT)를 사용하세요. 인덱스 삭제 전에 인덱스가 사용되지 않거나 필요하지 않은지 확인할 수 있습니다. 인덱스를 보이지 않게 하고 성능에 영향을 미치지 않는지 확인한 다음 인덱스를 삭제하려는 것입니다. 인비저블 인덱스는 실수가 있을 때 인덱스를 보이게 하는 것은 거의 즉각적이지만 그에 비해 인덱스를 다시 추가하는 것은 대형 테이블에서 몇 분(또는 몇 시간)이 걸릴 수 있습니다. 따라서 실수로 인해 애플리케이션이 중단되면 영혼이 날아가는 것처럼 느껴집니다. 그래서 인덱스를 바로 삭제하지 않고 테스트 후 삭제하는 목적으로는 환상적인 기능입니다. MySQL 8.0 이전에는 팀과 소통하면서, 애플리케이션 코드를 검색해 애플리케이션 관련 대한 지식으로 인덱스가 사용되지 않거나 필요하지 않은지 신중하게 그리고 철저하게 확인하는 것이 유일한 해결책이었습니다.

최고의 선택도

카디널리티$_{cardinality}$는 인덱스의 고윳값 수입니다. 값 **a, a, b, b**에 대한 인덱스의 경우 카디널리티는 2입니다. **a**와 **b**는 고유한 두 값이며 인덱스 카디널리티를 보려면 `SHOW INDEX`(oreil.ly/8hiGi)를 사용하세요.

선택도$_{selectivity}$는 카디널리티를 테이블의 행 수로 나눈 값입니다. 같은 예인 **a, a, b, b**를 사용하여 각 값이 한 행일 때 인덱스 선택도는 2 / 4 = 0.5입니다. 선택도는 0에서 1까지이며, 선택도가 1인 인덱스는 모든 행에 대해 값이 각각인 유니크 인덱스입니다. MySQL은 인덱스 선택도를 표시하지 않습니다. 카디널리티에는 `SHOW INDEX`를 사용하고 행 수에는 `SHOW TABLE STATUS`를 사용하여 직접 계산해야 합니다.

선택도가 매우 낮은 인덱스는 각 고윳값이 많은 수의 행과 일치할 수 있으므로 거의 영향력이 없습니다. 전형적인 예로는 '예' 또는 '아니오', '참' 또는 '거짓', '커피' 또는 '차' 등의 2가지 값만 있는 열의 인덱스입니다. 테이블에 행이 100,000개일 때 선택도는 사실상 0입니다(2 / 100,000 = 0.00002). 인덱스지만 각 값이 많은 행과 일치할 수 있기 때문에 좋은 인덱스가 아닙니다. 얼마나 많이 일치할까요? '100,000개 행 / 2개의 고윳값 = 값당 50,000개 행'입니다. MySQL이 이 인덱스를 사용하는 경우(가능성은 낮음), 단일 인덱스 조회는 50,000개 행과 일치할 수 있습니다. 값이 고르게 분포되어 있다고 추정하지만 99,999개의 행에 **coffee**라는 값이 있고 한 행에만 **tee**라는 값이 있으면 어떻게 될까요? 그러면 그 인덱스는 tee라는 값에는 훌륭하지만 coffee라는 값에는 끔찍합니다.

쿼리에서 선택도가 매우 낮은 인덱스를 사용하는 경우, 더 나은 선택도를 갖는 인덱스를 만들 수 있는지 확인하거나 더 나은 선택도를 갖는 인덱스를 사용하도록 쿼리를 다시 작성하는 것이 좋습니다. 또는 접근 패턴과 관련하여 데이터를 잘 구성하도록 스키마를 변경하는 것을 생각해 보세요. 이와 관련해서는 4장에서 자세히 설명합니다.

선택도가 매우 높은 인덱스는 과도하게 활용될 수 있습니다. 비고유 세컨더리 인덱스의 선택도가 1에 가까워지면 인덱스가 고유해야 하는지, 아니면 프라이머리 키를 사용하도록 쿼리를 다시 작성할 수 있는지 의문이 생기기 시작합니다. 이러한 인덱스는 성능을 떨어뜨리지 않지만 대안을 모색할 가치는 있습니다.

선택도가 매우 높은 세컨더리 인덱스가 많은 경우, 다른 기준이나 차원$_{dimension}$으로 전체 테이블을 보거나 검색하는 접근 패턴을 나타낼 가능성이 높습니다(인덱스가 중복되지 않고 사용된다고 가정). 예를 들어, 애플리케이션이 다양한 기준으로 검색하는 제품 인벤토리가 있는 테이블을 상상해 보세요. 각 기준은 맨 왼쪽 접두사에 대한 요구사항을 충족하기 위해 인덱스가 필요합니다. 이때 엘라스틱 서치$_{Elasticsearch}$(www.elastic.co)가 MySQL보다 접근 패턴을 더 잘 지원할 수 있습니다.

이것은 함정이다! — MySQL이 다른 인덱스를 선택할 때

매우 드물지만 MySQL이 인덱스를 잘못 선택하기도 합니다. 이런 경우는 MySQL이 인덱스를 사용하고 있지만 쿼리 응답 시간이 설명할 수 없을 정도로 느릴 때 마지막에 의심할 정도로 드뭅니다. 이런 상황이 발생할 수 있는 이유가 몇 가지 있습니다. 일반적인 이유는 많은 수의 행을 갱신할 때 갱신된 행 수가 인덱스 '통계'의 자동 갱신을 유발하기에는 조금 모자라기 때문입니다. 인덱스 통계는 MySQL이 어떤 인덱스를 선택할지에 영향을 미치는 많은 요소 중 하나이므로 실제와 크게 다른 인덱스 통계로 인해 MySQL이 잘못된 인덱스를 선택할 수 있습니다. 정확히 말하자면, 인덱스 자체는 결코 부정확하지 않으며 단지 인덱스 통계$_{statistics}$가 부정확할 뿐입니다.

인덱스 통계는 인덱스에서 값이 어떻게 분포되어 있는지에 대한 추정치입니다. MySQL은 샘플 페이지에 대한 인덱스를 무작위로 탐색합니다.(한 페이지는 논리 스토리지의 16KB단위로 되어 있습니다. 거의 모든 것이 페이지들에 저장됩니다.) 인덱스 값이 고르게 분포되어 있으면 몇 번의 무작위 탐색만으로도 전체 인덱스를 정확하게 표현할 수 있습니다.

MySQL은 다음과 같은 경우 테이블에 대한 인덱스 통계를 갱신합니다.

- 테이블이 처음으로 열릴 때
- ANALYZE TABLE 명령이 실행되었을 때
- 마지막 업데이트 이후 테이블의 1/16이 수정되었을 때
- innodb_stats_on_metadata가 활성화되고 다음 중 한 경우일 때
  - SHOW INDEX나 SHOW TABLE STATUS 명령어가 실행될 때
  - INFORMATION_SCHEMA.TABLES나 INFORMATION_SCHEMA.STATISTICS가 조회되었을 때

ANALYZE TABLE을 실행하는 것은 안전하면서 대체로 매우 빠르지만 사용량이 많은 서버에서는 주의해야 합니다. 테이블에 접근하는 모든 쿼리를 차단할 수 있는 플러시 잠금(Percona 서버 제외)이 필요하기 때문입니다.

2-5 테이블 조인 알고리즘

JOIN에 대해 분석하고 최적화하면서 MySQL 테이블 조인 알고리즘을 간략하게나마 알게 된다면 인덱스와 인덱싱을 어떻게 할지 고민할 때 도움이 됩니다. 기본 테이블 조인 알고리즘은 중첩 반복 조인_{nested-loop join, NLJ}이라고 하며 코드에서 사용하는 중첩 **foreach** 반복문처럼 작동합니다. 예를 들어, 쿼리가 다음과 같은 **JOIN** 절을 사용하여 3개의 테이블을 조인한다고 가정합니다.

```
FROM
    t1 JOIN t2 ON t1.A = t2.B
        JOIN t3 ON t2.B = t3.C
```

그리고 **EXPLAIN**이 조인 순서를 **t1**, **t2**, **t3**으로 보고한다고 가정합니다. 중첩 반복 조인 알고리즘은 예제 2-22의 의사 코드_{pseudocode}처럼 작동합니다.

예제 2-22 NLJ 알고리즘

```
func find_rows(table, index, conditions) []rows {
    // 조건이 일치하는 테이블의 행 배열을 반환합니다.
    // NULL이면 조회나 테이블 스캔에 인덱스를 사용합니다.
}
foreach find_rows(t1, some_index, "WHERE ...") {
    foreach find_rows(t2, index_on_B, "WHERE B = <t1.A>") {
        return find_rows(t3, NULL, "WHERE C = <t2.B>")
    }
}
```

중첩 반복 조인 알고리즘으로 MySQL은 가장 바깥쪽 테이블인 `t1`에서 일치하는 행을 찾기 위해 `some_index`를 사용하기 시작합니다. 테이블 `t1`의 일치하는 각 행에 대해, MySQL은 조인 열 `index_on_B`의 인덱스로 `t1.A`와 일치하는 행을 조회하여 테이블 `t2`를 조인합니다. 테이블 `t2`의 일치하는 각 행에 대해, MySQL은 같은 과정으로 테이블 `t3`을 조인합니다. 그런데 만약 조인 열 `t3.C`에 인덱스가 없다고 가정하면 어떨까요? 결과는 풀 조인입니다. (1장 4절의 "셀렉트 풀 조인"과 예제 2-21을 참고하세요.)

`t3`의 행이 테이블 `t2`의 조인 열값과 더 이상 일치하지 않으면, `t2`에서 일치하는 다음 행이 사용됩니다. `t2`의 행이 테이블 `t1`의 조인 열값과 더 이상 일치하지 않으면, `t1`의 다음 일치하는 행이 사용됩니다. `t1`에 더 이상 일치하는 행이 없으면 쿼리가 완료됩니다.

중첩 반복 조인 알고리즘은 간단하고 효과적이지만 한 가지 문제가 있습니다. 가장 안쪽 테이블에 상당히 자주 접근하고 풀 조인을 사용하면 접근 속도가 매우 느려진다는 것입니다. 이 예제에서 테이블 `t3`에는 `t1`의 일치하는 모든 행에 `t2`의 모든 일치하는 행을 곱한 횟수로 접근합니다. `t1`과 `t2`에 모두 10개 행이 일치하면 `t3`에는 100번 접근합니다. 블록 중첩 반복 조인 알고리즘이 이 문제를 해결합니다. `t1`과 `t2`에서 일치하는 행의 조인 열값은 조인 버퍼에 저장됩니다. (조인 버퍼 크기는 시스템 변수 `join_buffer_size`(oreil.ly/r1NeH)에 설정됩니다.) 조인 버퍼가 가득 차면 MySQL은 `t3`을 스캔하고 조인 버퍼의 조인 열값과 일치하는 각 `t3` 행을 조인합니다. 조인 버퍼에는 여러 번(각 `t3` 행에 대해) 접근하지만 메모리에 있어서 상당히 빠르며, 중첩 중복 조인 알고리즘에 필요한 100개의 테이블 스캔보다 훨씬 빠릅니다.

MySQL 8.0.20부터 해시 조인 알고리즘이 블록 중첩 반복 조인 알고리즘을 대체합니다. **해시 조인**[hash join]은 이 예제의 테이블 `t3`과 같은 조인 테이블을 메모리 내에 해시 테이블로 생성합니다. MySQL은 해시 테이블을 사용하여 조인 테이블의 행을 조회하는데, 해시 테이블 조회는 상수 시간 연산이기 때문에 매우 빠릅니다. 자세한 내용은 MySQL 매뉴얼의 "해시 조인 최적화(oreil.ly/uS0s3)"를 참고하세요.

:: **기억하세요**

EXPLAIN은 Extra 필드에 "Using join buffer(hash join)"를 출력하여 해시 조인을 나타냅니다.

MySQL 조인에 대한 자세한 내용과 미묘한 차이 등이 더 있지만, 이 정도의 개요만으로도 MySQL과 같은 조인에 대해 생각하는 데 도움이 됩니다. 즉, 한 번에 하나의 테이블씩 그리고 테이블당 하나의 인덱스가 중요합니다.

요점 정리

이 장에서는 MySQL의 인덱스와 인덱싱을 설명했습니다. 요점은 다음과 같습니다.

- 인덱스는 MySQL 성능에 최고이자 최상의 영향력을 미칩니다.
- 다른 옵션을 모두 사용할 때까지 MySQL 성능을 향상하기 위해 하드웨어를 확장하지 마세요.
- 합리적인 구성으로 MySQL 성능을 향상하기 위해 튜닝할 필요는 없습니다.
- InnoDB 테이블은 프라이머리 키로 구성된 B-트리 인덱스입니다.
- MySQL은 인덱스 조회, 인덱스 스캔, 풀 테이블 스캔을 통해 테이블에 접근합니다. 이 중에서 인덱스 조회가 최선의 접근 방법입니다.
- 인덱스를 사용하려면 쿼리는 인덱스의 맨 왼쪽 접두사(맨 왼쪽 접두사에 대한 요구사항)를 사용해야 합니다.
- MySQL은 인덱스를 사용하여 WHERE와 일치하는 행을 찾고, GROUP BY에 대해 행을 그룹화하고, ORDER BY에 대해 행을 정렬하고, 커버링 인덱스를 사용하여 행 읽기를 피하고, 테이블을 조인합니다.
- EXPLAIN은 MySQL이 쿼리를 실행하는 방법을 자세히 설명하는 쿼리 실행 계획(또는 EXPLAIN plan)을 출력합니다.
- 인덱싱에서는 쿼리 실행 계획을 이해하기 위해 MySQL과 같은 사고 방식이 필요합니다.
- 좋은 인덱스는 다양한 이유로 효율성을 잃을 수 있습니다.
- MySQL은 중첩 반복 조인, 블록 중첩 반복 조인, 해시 조인의 세 가지 알고리즘을 사용하여 테이블을 조인합니다.

다음 장에서는 데이터에 대한 간접 쿼리 최적화를 다루기 시작합니다.

연습: 중복 인덱스 찾기

이 연습의 목표는 중복 인덱스를 출력하는 명령 줄 도구인 pt-duplicate-key-checker(oreil.ly/Oxvjr)를 사용하여 중복 인덱스를 식별하는 것입니다. 간단한 연습이지만 유용합니다. pt-duplicate-key-checker를 내려받아 실행하세요. 기본적으로 모든 테이블을 확인하고 다음과 같은 중복 인덱스 각각에 대해 보고서를 출력합니다.

```
# ##############################################################
# db_name.table_name
# ##############################################################

# idx_a is a left-prefix of idx_a_b
# Key definitions:
#   KEY `idx_a` (`a`),
#   KEY `idx_a_b` (`a`,`b`)
# Column types:
#          `a` int(11) default null
#          `b` int(11) default null
# To remove this duplicate index, execute:
ALTER TABLE `db_name`.`table_name` DROP INDEX `idx_a`;
```

각 인덱스와 해당 중복에 대한 보고서에는 다음 내용들이 포함됩니다.

- 한 인덱스가 다른 인덱스와 중복되는 이유
- 두 인덱스 정의
- 인덱스가 다루는 열 정의
- 중복 인덱스를 삭제하는 ALTER TABLE 문

pt-duplicate-key-checker는 안정되고 잘 테스트되었지만 인덱스를 삭제하기 전에 특히 프로덕션 환경에서는 항상 신중하세요. 1장처럼 이 연습도 간단합니다. 하지만 여러분은 연습 중에 얼마나 많은 엔지니어가 중복 인덱스를 확인하지 않는지 놀랄 것입니다. 중복 인덱스를 확인하고 제거하는 것은 MySQL 성능을 전문가처럼 향상시키는 작업입니다.

3장 데이터

EFFICIENT MYSQL
PERFORMANCE

이 장에서는 여정의 두 번째 부분인 **간접 쿼리 최적화**indirect query optimization를 시작합니다. 1장 5절 「쿼리 응답 시간 개선」에서 언급했듯이 직접 쿼리 최적화가 많은 문제를 해결하지만 전부를 해결해 주는 것은 아닙니다. 2장의 직접 쿼리 최적화의 지식과 기술을 가지고 있고 간단하고 적절하게 인덱스가 되어 있는 쿼리가 있지만 여전히 느린 상황을 접할 수도 있습니다. 이때 쿼리가 접근하는 데이터부터 시작하여 쿼리를 중심으로 최적화를 시작합니다. 그 이유를 이해하기 위해 '돌'과 관련된 비유로 생각해 봅시다.

여러분의 직업이 돌을 옮기는 것이고 다른 크기의 돌 더미가 3개 있다고 상상해 보세요. 첫 번째 더미에는 매우 가볍고 엄지 손톱 크기의 조약돌이 있습니다. 두 번째 더미에는 무겁지만 들 수 있을 만큼이고 머리보다는 작은 자갈이 있습니다. 세 번째 더미에는 너무 크고 무거워서 들 수 없고 옮기려면 지렛대나 장비가 필요한 바위가 있습니다. 여러분의 임무가 언덕 아래에서 위로 이들 더미를 옮기는 것이라면(그 이유가 무엇이든, 아니면 시지푸스가 되었다고 상상해 보세요.) 어떤 더미를 선택하겠습니까? 가볍고 옮기기 쉬운 조약돌을 선택했다고 가정해 보겠습니다. 그런데 결정을 바꿀 수 있는 중요한 세부 사항이 생깁니다. 바로 전체 무게입니다. 조약돌 더미의 무게는 2톤이고 자갈 더미의 무게는 1톤입니다. 그리고 무게가 0.5톤인 바위는 단 하나뿐입니다. 이제 어떤 더미를 선택하겠습니까?

그러나 한편으로는, 조약돌은 여전히 옮기기가 훨씬 쉽습니다. 삽으로 수레에 실어 언덕 위로 옮기면 됩니다. 단지 많을 뿐입니다. 바위의 경우 한 덩어리지만, 무게와 크기 때문에 옮기기 어렵습니다. 언덕 위로 옮기려면 특수 장비가 필요하지만 한 번이면 됩니다. 이것은 어려운 결정입니다. 5장에서는 답과 그에 대한 설명을 제공하지만 우리는 그 전에 더 많은 내용을 다룰 것입니다.

데이터는 돌 더미와 유사하고 쿼리를 실행하는 것은 돌을 언덕 위로 옮기는 것에 비유해 볼 수 있습니다. 데이터 크기가 작을 땐 조약돌 한 줌을 들고 언덕을 걷거나 뛰는 것처럼 데이터를 다루기 쉬워서 일반적으로 직접 쿼리 최적화로 충분합니다. 그러나 데이터 크기가 증가함에 따라 간접 쿼리 최적화가 점점 더 중요해집니다. 무거운 자갈을 지고 언덕 위로 오르다가 "이 돌로 무엇을 할 수 있을까?"라고 생각하게 됩니다.

1장에서는 데이터 크기가 성능에 영향을 미친다는 것을 증명$_{proof}$했습니다. **TRUNCATE TABLE**은 성능을 크게 향상시키지만 이것을 최적화로 사용하진 않습니다. TRUNCATE TABLE를 이용해서 최적화한다는 것은 농담입니다. 그러나 TRUNCATE TABLE은 논리적 결과에 따른 위험성으로 잘 사용되지는 않지만 한 가지 사실을 증명합니다. 적은 데이터는 더 나은 성능을 가져옵니다. 즉, 데이터가 적을수록 시스템 리소스(CPU, 램, 스토리지 등)가 적게 필요하므로 데이터를 줄임으로써 성능을 향상할 수 있습니다.

이쯤이면 이번 장에서 더 적은 데이터에 관해 이야기할 것임을 알 수 있습니다. 하지만 엔지니어가 성능 최적화를 배우는 목적은 더 많은 데이터를 다루기 위해서가 아닐까요? 5장에서는 MySQL을 대규모로 다룰 예정이지만, 먼저 데이터가 상대적으로 적고 문제가 다루기 쉬울 때 데이터를 줄이고 최적화하는 방법을 배우는 것이 중요합니다. 성능 최적화를 배울 때 가장 스트레스를 받는 시간은 애플리케이션이 망가질 때까지 데이터 크기를 무시했을 때입니다.

이번 장에서는 성능과 관련하여 데이터를 조사하고 데이터 접근과 스토리지를 줄이는 것이 성능 향상을 위한 기술(간접 쿼리 최적화)이라고 이야기하겠습니다. 다음처럼 크게 세 부분으로 나누어 설명합니다.

1. MySQL 성능의 세 가지 비밀을 밝힙니다.
2. "최소 데이터의 원칙(principle of least data)"이라고 부르는 것과 그것의 의미를 소개합니다.
3. 데이터를 빠르고 안전하게 삭제하거나 보관하는 방법을 다룹니다.

3-1 세 가지 비밀

비밀을 유지한다는 것은 진실을 감추는 것입니다. MySQL 성능에 관한 책들에서는 다음과 같은 사실들은 항상 밝히지 않는데, 두 가지 이유 때문입니다. 첫째, 문제를 복잡하게 만듭니다. 주의 사항과 문제가 될 만한 사항을 언급하지 않고 성능에 관해서만 설명하기가 훨씬 쉽기 때문입니다. 즉, 문제에 대해 자세히 설명하지 않습니다. 둘째, 직관적이지 않습니다. 문제에 대한 설명이 틀리지는 않지만 명확히 하지는 못합니다. 그렇지만 다음 사실들은 MySQL 성능에 중요하므로 열린 마음으로 세부 사항을 밝혀 보겠습니다.

인덱스가 도움이 되지 않을 수 있다

아이러니하게도 여러분은 다수의 느린 쿼리가 인덱스 조회를 사용할 것으로 예상합니다. 그러나 이는 두 가지 이유로 아이러니입니다. 첫째, 인덱스는 성능에서 핵심이지만 좋은 인덱스라도 쿼리가 느릴 수 있습니다. 둘째, 인덱스와 인덱싱에 대해 학습한 후(2장에서 다룸) 엔지니어는 인덱스 스캔과 테이블 스캔을 피하는 데 너무 능숙해져서 인덱스 조회만 남게 되는데, 이는 바람직한 문제지만 여전히 아이러니한 면이 있습니다.

인덱스 없이는 성능을 달성할 수 없지만 인덱스가 무한한 데이터 크기에 대해 무한한 영향력을 제공한다는 의미는 아닙니다. 인덱스에 대한 믿음을 잃지 말고 인덱스가 도움이 되지 않을 수 있는 다음과 같은 상황을 알아야 합니다. 각 상황에서 쿼리와 인덱스를 더 이상 최적화할 수 없다고 가정하면 다음 단계는 간접 쿼리 최적화입니다.

인덱스 스캔

인덱스 스캔은 테이블이 커질수록 인덱스도 함께 커지므로(더 많은 테이블 행, 더 많은 인덱스값) 영향력이 점점 감소합니다. (반대로 인덱스가 메모리의 크기에 맞는 한 인덱스 조회가 제공하는 영향력은 거의 줄어들지 않습니다.) 인덱스 전용 스캔index-only scan은 대부분 많은 수의 값을 읽어야 하는데 이 인덱스 전용 스캔조차 확장성이 부족한 경향이 있습니다. MySQL은 될 수 있으면 더 적은 수의 행을 읽기 위해 인덱스 조회를 수행했을 것이므로 이것이 안전하다고 추정합니다. 인덱스 스캔은 테이블의 행 수가 증가할수록 인덱스 스캔을 사용하는 쿼리에 대한 응답 시간도 늘어나므로 반드시 지연 시간이 발생합니다.

:: 참고하세요

MySQL은 느슨한 인덱스(sparse index)와 부분 인덱스(partial indexes)를 지원하지 않습니다. 느슨한 인덱스란 데이터 페이지의 한 부분만 가지고 있습니다. 인덱스 용량이 작은 대신 속도가 느립니다. 반대로 밀집 인덱스는 데이터마다 모든 인덱스 페이지를 가지고 있습니다. 인덱스 용량이 큰 대신 속도가 빠릅니다. 부분 인덱스는 테이블의 일부분에만 구축된 인덱스로 조건을 만족하는 인덱싱에 쓰입니다. 조건식을 만족하는 테이블 행에 대해서만 항목을 포함합니다.

행 찾기

인덱스 조회를 사용하는 느린 쿼리를 최적화할 때 확인하는 첫 번째 쿼리 메트릭은 조회된 행$_{rows}$ $_{examined}$입니다.(1장 4절의 "쿼리 메트릭") 일치하는 행을 찾는 것이 쿼리의 기본 목적이지만 좋은 인덱스를 사용하더라도 쿼리가 너무 많은 행을 검사할 수도 있습니다. 검사할 행이 너무 많으면 응답 시간이 허용되지 않는 지점이 됩니다(근본 원인은 메모리 부족이나 디스크 IOPS와 같은 다른 원인이 아님). 이는 여러 인덱스 조회 접근 유형이 많은 행과 일치할 수 있기 때문입니다. 표 3-1에 나열한 접근 유형들은 최대 하나의 행과 일치합니다.

표 3-1 한 행만 일치하는 인덱스 조회 접근 유형

- system
- const
- eq_ref
- unique_subquery

EXPLAIN 계획의 `type` 필드가 표 3-1에 나열한 접근 유형 가운데 하나가 아니라면 `rows` 필드와 조회된$_{examined}$ 쿼리 메트릭 행에 주의를 기울여야 합니다.(1장 4절의 "쿼리 메트릭") 너무 많은 행을 검사하는 것은 어떤 인덱스 조회든 관계없이 느려집니다.

> **:: 참고하세요**
>
> MySQL 매뉴얼의 "EXPLAIN 출력 형식(oreil.ly/8dkRy)"은 접근 유형을 열거하며, MySQL은 모든 쿼리를 조인으로 처리하기 때문에 이를 조인 유형(join types)이라고 합니다. 이 책에서는 정확성과 일관성을 유지하기 위해 2장 전체에 걸쳐 접근 방법(access method)과 접근 유형(access type)이라는 2가지 용어만 사용합니다.

매우 낮은 인덱스 선택도는 인덱스 조회를 느리게 하는 공범일 가능성이 높습니다. 2장 4절의 "최고의 선택도"에서 설명한 것처럼 인덱스 선택도는 카디널리티를 테이블의 행 수로 나눈 값입니다. MySQL은 너무 많은 행과 일치할 수 있어서 선택도가 매우 낮은 인덱스를 선택하지 않을 것입니다. 세컨더리 인덱스는 행을 읽기 위해 프라이머리 키에서 두 번째 조회가 필요하므로, 선택도가 매우 낮은 인덱스를 피하고 더 나은 인덱스가 없다는 가정하에 풀 테이블 스캔을 수행하는 것이 더 빠를 수 있습니다. 접근 방법이 테이블 스캔(`type: ALL`)이지만 MySQL이 사용할 수 있는 인덱스(`possible_keys`)가 있을 때는 EXPLAIN 계획에서 이를 감지할 수 있습니다. MySQL이 선택하지 않은 실행 계획을 보려면 `FORCE INDEX`(oreil.ly/nv1uy)로 쿼리를 `EXPLAIN`하여 `possible_keys` 필드에 나열된 인

덱스를 사용하세요. 실행 계획 결과는 많은 행을 포함하는 인덱스 스캔(`type: index`)일 것이고, 이는 MySQL이 대신 테이블 스캔을 선택하는 이유입니다.

:: 기억하세요

2장 4절의 "이것은 함정이다!"에서도 언급했지만 매우 드물게 MySQL은 잘못된 인덱스를 선택하기도 합니다. 쿼리가 너무 많은 행을 조회하지만 MySQL이 사용해야 하는 더 나은 인덱스가 있다고 확신하는 경우라면, 인덱스 통계가 잘못되어 MySQL이 더 나은 인덱스를 선택하지 못했을 가능성이 있습니다. 인덱스 통계를 갱신하려면 `ANALYZE TABLE`을 실행하세요.

인덱스 선택도는 카디널리티와 테이블의 행 수를 대상으로 하는 기능이라는 것을 기억하세요. 카디널리티는 일정하게 유지되지만 행 수가 증가하면 선택도가 감소합니다. 따라서 테이블이 작을 때 도움이 되었던 인덱스가 테이블이 커지게 되면 도움이 되지 않을 수 있습니다.

테이블 조인

테이블을 조인할 때 각 테이블의 몇 개 행이 성능을 빠르게 떨어뜨립니다. 2장 5절 「테이블 조인 알고리즘」을 떠올려 보면 중첩 반복 조인(NLJ) 알고리즘(예제 2-22)은 조인을 위해 접근한 전체 행 수가 각 테이블에 대해 접근한 행의 곱이었습니다. 즉, EXPLAIN 계획에서 `rows`값을 곱합니다. 테이블당 100개의 행만 있는 3개 테이블 조인은 100만 개의 행에 접근할 수 있습니다(100×100×100=1,000,000). 이를 방지하려면 조인된 각 테이블에 대한 인덱스 조회가 표 3-1에서 나열된 접근 유형 중 하나를 사용하여 하나의 행만 일치하는 것이 가장 좋습니다.

MySQL은 작성된 쿼리에 따라 거의 어떤 순서로든 테이블을 조인합니다. 이것을 유리하게 사용하세요. 때때로 잘못된 조인에 대한 해결책은 다른 테이블에서 더 나은 인덱스를 생성하여 MySQL이 조인 순서를 변경할 수 있도록 하는 것입니다.

인덱스 조회가 없으면 테이블 조인이 힘들어집니다. 결과는 1장 4절의 "셀렉트 풀 조인"에서 경고한 대로 풀 조인입니다. 그러나 인덱스가 있더라도 인덱스가 단일 행과 일치하지 않으면 테이블 조인에 어려움을 겪습니다.

작업 세트 크기

인덱스는 메모리에 있을 때만 유용합니다. 쿼리가 조회하는 인덱스값이 메모리에 없으면 MySQL은 디스크에서 값을 읽습니다. (정확히 말하면 인덱스를 구성하는 B-트리 노드는 16KB 페이지에 저장되고, MySQL은 필요에 따라 메모리와 디스크 간에 페이지를 교환$_{swap}$합니다.) 디스크에서 읽는 것이 메모리에서 읽는 것보다 훨씬 느리지만, 한 가지 주요 문제는 인덱스가 메모리를 놓고 경쟁한다는 것입니다. 메모리는 제한적이지만 인덱스가 많고 테이블 크기 대비 많은 비율의 값을 자주 조회할 때는, MySQL이 자주 사용하는 인덱스값을 메모리에 유지하려고 시도하기 때문에, 인덱스 사용으로 인해 스토리지 입출력이 증가하게 됩니다. 이러한 입출력 증가는 두 가지 이유로 드물게 발생합니다. 첫째, MySQL은 자주 사용하는 인덱스값을 메모리에 유지하는 데 탁월합니다. 둘째, 자주 사용하는 인덱스값과 이들이 참조하는 프라이머리 키 행을 **작업 세트**_{working set}라고 하며, 일반적으로 테이블 크기에서 작은 비율을 차지합니다. 예를 들어, 데이터베이스의 크기는 500GB일 수 있지만 애플리케이션은 1GB의 데이터에만 자주 접근합니다. 이러한 사실을 고려할 때, DBA는 보통 전체 데이터 크기의 10%에 해당하는 메모리를 할당하며 표준 메모리값(64GB, 128GB 등)에 맞춥니다. 500GB의 10%는 50GB이므로 DBA는 64GB의 메모리를 할당할 수 있습니다. 이것은 매우 잘 작동하며 좋은 출발점입니다.

:: 기억하세요

총 데이터 크기의 10%만큼 메모리를 할당합니다. 작업 세트의 크기는 전체 데이터 크기에서 작은 비율을 차지합니다.

작업 세트의 크기가 사용할 수 있는 메모리보다 훨씬 커지면 인덱스가 도움이 되지 않을 수 있습니다. 대신 물로 불을 끄는 게 아니라 연료를 써서 불을 더 지피는 것에 비유되며, 인덱스 사용은 스토리지 입출력에 부담을 주고 모든 것을 느리게 만듭니다. 메모리가 클수록 빠르게 해결할 수 있지만 2장 1절의 "더 좋고 빠른 하드웨어!"에서 언급한 것처럼 스케일업(확장)은 지속 가능한 접근 방식이 아닙니다. 최선의 해결책은 큰 작업 세트에 원인이 되는 데이터 크기와 접근 패턴을 해결하는 것입니다. 애플리케이션이 단일 MySQL 인스턴스에서 작업 세트의 크기가 적절한 크기의 메모리에 맞지 않을 정도로 많은 데이터를 저장하고 접근해야 할 때 해결책은 **샤딩**_{sharding}이며, 이는 5장에서 다룹니다.

데이터가 적을수록 좋다

숙련된 엔지니어는 거대한 데이터베이스를 축하하기보다 처리합니다. 성능, 관리, 비용 등 모든 면에서 데이터 크기가 적을수록 좋기 때문에 데이터가 크게 줄어들 때를 축하합니다. 단일 MySQL 인스턴스에서 100GB의 데이터를 처리하는 것이 100TB보다 훨씬 빠르고 쉬우며 저렴합니다. 전자는 스마트폰으로 감당할 수 있지만, 후자는 전문적인 대응이 필요합니다. 즉, 성능 최적화가 더 어렵고 데이터 관리는 위험할 수 있으며(백업과 복원 시간은 얼마나 걸릴까요?), 100TB에 대한 저렴한 하드웨어를 찾는 것도 쉽지 않을 것입니다. 당연히 데이터 크기를 적절하게 유지하는 것이 거대한 데이터베이스를 처리하는 것보다 쉽습니다.

적절하게 필요한 양의 데이터라면 최적화하고 관리하는 데 시간과 노력을 기울일 가치가 있습니다. 문제는 데이터 크기가 아니라 제한 없이 증가하는 데이터입니다. 엔지니어가 모든 데이터를 저장하고 보유하는 것은 흔한 일이 아닙니다. 만약 "나는 데이터를 무조건 저장하지 않습니다."라고 말할 수 있다면 훌륭하지만, 동료들은 데이터를 제한하는 엔지니어의 올바른 태도를 좋게 보지 않을 수도 있습니다. 데이터 크기 때문에 문제가 발생하기 전에 제한 없이 증가하는 데이터에 문제를 제기해야 합니다.

:: 기억하세요

다루기 힘든 데이터베이스에 놀라지 마세요. 데이터 크기를 모니터링하고(6장 5절의 "데이터 크기" 참고) 현재 증가율을 기반으로 향후 4년 동안의 데이터 크기를 추정합니다. 미래의 데이터 크기를 현재 하드웨어와 애플리케이션 설계로 다룰 수 없다면 문제가 되기 전에 지금 해결하세요.

QPS가 낮을수록 좋다

QPS가 낮을수록 더 좋다고 말하는 책이나 엔지니어를 찾지 못할 수도 있습니다. 저는 이 비밀이 직관에 어긋나거나 평소 알고 있는 지식과 반대된다는 것을 알고 있습니다. 그러나 진실과 지혜를 보려면 QPS에 관해서 확인해 볼만한 3가지를 설명합니다.

QPS는 숫자에 불과하며 원시 처리량을 측정한 값이다

QPS는 일반적으로 쿼리나 성능에 대해 질적인 정보를 제공하지 않습니다. 한 애플리케이션은 10,000QPS에서 효과적으로 유휴 상태일 수 있지만 다른 애플리케이션은 과부하되어 처리량이 절반으로 떨어지고 중단됩니다. 똑같은 QPS에서도 수많은 질적 차이가 발생합니다. 1,000QPS에서 `SELECT 1`을 실행하려면 시스템 리소스가 거의 필요하지 않지만, 똑같은 QPS에서 복잡한 쿼리는 모든 시스템 리소스에 많은 부담을 줄 수 있습니다. 그리고 QPS가 높다는 것은(아무리 높아도) 쿼리 응답 시간이 좋다는 의미이기도 합니다.

QPS값은 객관적인 의미가 없다

QPS는 좋거나 나쁘지도 않고, 높거나 낮지도 않으며, 전형적이거나 비전형적이지도 않습니다. QPS값은 애플리케이션과 관련해서만 의미가 있습니다. 한 애플리케이션의 평균이 2,000QPS라면 100QPS는 중단을 나타내는 급격한 하락일 수 있습니다. 그러나 다른 애플리케이션의 평균이 300QPS라면 100QPS는 정상적인 변동일 수 있습니다. QPS는 또한 시간, 요일, 계절, 휴일 등과 같은 외부 요인에도 영향을 받습니다.

QPS를 높이기는 어렵다

데이터 크기는 1GB에서 100GB로 100배 정도는 비교적 쉽게 증가할 수 있습니다. 그러나 QPS를 100배 높이기는 매우 어렵습니다(1QPS에서 100QPS와 같이 매우 낮은 값 제외). QPS가 2배 증가하는 것조차 달성하기가 매우 어려울 수 있습니다. 애플리케이션과 관련된 최대 QPS는 스토리지, 램처럼 구입할 수 없으므로 늘리기가 훨씬 더 어렵습니다.

이러한 점을 요약하면 QPS는 질적이지 않고 애플리케이션과 관련만 있을 뿐이며 높이기 어렵습니다. 요점을 말하자면 QPS는 도움이 되지 않습니다. 그것은 자산이라기보다는 부채에 가깝습니다. 따라서 QPS가 낮을수록 좋습니다.

숙련된 엔지니어는 QPS가 낮을수록 성장 잠재력이 있기 때문에 QPS가 (의도적으로) 감소하는 것을 반가워합니다.

3-2 최소 데이터 원칙

저는 최소 데이터 원칙을 '필요 데이터만 저장과 접근 store and access only needed data'으로 정의합니다. 이론상으로는 당연하게 들리지만 실제로는 기준과는 거리가 멉니다. 또한 믿을 수 없을 정도로 간단한데 다음 두 절에서 세부 사항을 다룹니다.

> "상식은 그렇게 일반적이지 않습니다."
>
> — 볼테르(Voltaire)

데이터 접근

필요 이상으로 많은 데이터에 접근하지 마세요. 접근은 MySQL이 쿼리를 실행하기 위해 수행하는 모든 작업을 의미합니다. 일치하는 행을 찾고 처리하고 읽기(**SELECT**)와 쓰기 둘 다에 대해 결과 세트를 반환합니다. 효율적인 데이터 접근의 경우 쓰기를 확장하는 것이 더 어렵기 때문에 쓰기에 특히 중요합니다.

표 3-2는 데이터 접근 효율성을 확인할 때 쿼리에 적용할 수 있는 점검표입니다.

표 3-2 효율적인 데이터 접근 점검표

☐ 필요한 열만 반환
☐ 쿼리 복잡성 감소
☐ 행 접근 제한
☐ 결과 세트 제한
☐ 행 정렬 피하기

타당함이나 균형을 유지하는 측면에서 단일 점검 항목을 무시해도 성능에는 영향을 미치지는 않습니다. 예를 들어, 다섯 번째 항목인 '행 정렬 피하기'는 일반적으로 성능에 영향을 미치지 않기에 무시됩니다. 이들 항목은 모범 사례입니다. 습관이 될 때까지 반복해 사용하면 점검표를 완전히 무시하는 엔지니어들보다 MySQL로 더 큰 성과와 성능을 얻게 됩니다.

표 3-2의 각 항목을 설명하기 전에 3장으로 미루었던 1장의 예를 한 단락씩 다시 살펴보겠습니다. 1장 3절에서 "이 글을 쓰면서 저는 5,962개의 부하가 걸린 쿼리를 보고 있습니다. 그것이 어떻게 가능할까요?"라고 했습니다. 이러한 쿼리 부하는 매우 효율적인 데이터 접근과 매우 바쁜 애플리케이션 덕분에 가능합니다. 쿼리가 **SELECT col1, col2 WHERE pk_col = 5**라면 단일 행에서 2개의 열만 반환하는 프라이머리 키 조회와 같습니다. 데이터 접근이 효율적일 때 MySQL은 거의 인-메모리 캐시처럼 작동하며, 놀라운 QPS와 부하로 쿼리를 실행합니다. 거의 모든 쿼리는 오버헤드$_{overhead}$를 수반하는 트랜잭션입니다(8장에서는 트랜잭션에 초점을 맞춥니다). 더는 쿼리를 최적화할 수 없고 데이터 크기를 줄일 수 없을 때는 접근 패턴을 변경해서 쿼리를 최적화해야 합니다. 4장에서 이 쿼리를 다시 한번 살펴봅니다.

필요한 열만 반환

쿼리는 필요한 열만 반환해야 합니다. **SELECT *** 쿼리를 실행하지 마세요. 이는 테이블에 **BLOB**, **TEXT** 또는 **JSON** 열이 있을 때 특히 중요합니다. 데이터베이스 업계(MySQL뿐만 아니라)가 수십 년 동안 이 모범 사례를 제시해 왔기 때문에 들어본 적이 있을 것입니다. 프로덕션에서 **SELECT ***를 마지막으로 본 것이 언제인지 기억나지 않지만 계속 반복할 정도로 중요합니다.

쿼리 복잡성 감소

쿼리는 될 수 있는 한 단순해야 합니다. **쿼리 복잡도**_{query complexity}는 쿼리를 구성하는 모든 테이블, 조건, SQL 절을 나타냅니다. 이러한 맥락에서 복잡도는 엔지니어가 아니라 쿼리와 관련이 있습니다. 예를 들어, `SELECT col FROM tbl WHERE id = 1` 쿼리는 `WHERE` 조건이 많은 5개의 테이블을 조인하는 쿼리보다 덜 복잡합니다.

복잡한 쿼리는 MySQL이 아니라 엔지니어에게 문제입니다. 쿼리가 복잡할수록 분석하고 최적화하기가 더 어렵습니다. 운이 좋다면 복잡한 쿼리가 잘 작동하고 느린 쿼리로 표시되지 않습니다(1장 3절 「쿼리 보고」 참고). 그러나 행운은 최선의 방법이 아닙니다. 처음부터 쿼리를 단순하게 유지하고(처음 작성할 때) 될 수 있으면 쿼리 복잡성을 줄여야 합니다.

데이터 접근과 관련하여 단순 쿼리는 테이블, 조건, SQL 절이 몇 개 없어서 MySQL에 대한 작업이 더 단순해지기 때문에 더 작은 데이터에 접근하는 경향이 있습니다. 그러나 잘못된 단순화는 더 나쁜 EXPLAIN 계획을 초래할 수 있으므로 조심해야 합니다. 예를 들어, 2장의 그림 2-21은 조건 제거가 `ORDER BY` 최적화를 무효화하여 (약간) 더 나쁜 EXPLAIN 계획을 초래하는 방법을 보여 줍니다. 더 간단한 쿼리로 동등하거나 더 나은 EXPLAIN 계획과 같은 결과 세트를 가지고 있는지 항상 확인하세요.

행 접근 제한

쿼리는 될 수 있는 한 적은 수의 행에 접근해야 합니다. 너무 많은 행에 접근하는 것은 일반적으로 놀라운 일로 다가옵니다. 엔지니어가 의도한 것은 아닙니다. 시간 경과에 따른 데이터 증가가 일반적인 원인이 됩니다. 몇 개의 행에 접근하기에 빠른 쿼리로 시작하지만 몇 년 후에 GB로 데이터가 커지면 너무 많은 행에 접근하기에 느린 쿼리가 됩니다. 단순한 실수는 또 다른 원인입니다. 엔지니어가 몇 개의 행에 접근할 것으로 생각해서 쿼리를 작성하지만 때로는 잘못 판단한 것일 수 있습니다. 데이터 증가와 단순한 실수가 교차하는 지점에서 가장 중요한 원인은 **범위와 목록을 제한하지 않는 것**입니다. MySQL이 `col`에 대해 범위 스캔을 수행할 때 `col > 75`와 같은 개방형 범위는 수많은 행에 접근하게 합니다. 실제로 테이블이 작다고 가정하더라도, 특히 `col`의 인덱스가 비고유 인덱스일 때는 테이블이 커짐에 따라 행 접근이 사실상 제한되지 않는다는 점에 유의하세요.

`LIMIT` 절은 행을 일치시킨 후 결과 세트에 `LIMIT`가 적용되므로 행 접근을 제한하지 않습니다. `ORDER BY...LIMIT` 최적화는 예외입니다. MySQL이 인덱스 순서대로 행에 접근할 수 있을 때, 일치하는 행을 찾다가 `LIMIT` 수만큼 발견되면 행 읽기를 중지합니다. 그러나 재미있는 부분이 있습니다. `EXPLAIN`은 이 최적화가 사용될 때 보고하지 않습니다. EXPLAIN이 보고하는 것과 보고하지 않는

것에서 최적화를 추론해야 합니다. 잠시 시간을 내어 이 최적화가 실행되는 것을 보고 행 접근을 제한한다는 것을 증명해 보겠습니다.

2장에서 살펴본 **elem** 테이블을 이용하여 먼저 **LIMIT** 절이 없는 쿼리를 실행해 봅시다. 예제 3-1은 쿼리가 8개의 행을 반환함을 보여 줍니다.

예제 3-1 LIMIT 없는 쿼리 행

```
SELECT * FROM elem WHERE a > 'Ag' ORDER BY a;
```

```
+----+----+----+----+
| id | a  | b  | c  |
+----+----+----+----+
|  8 | Al |  B | Cd |
|  9 | Al |  B | Cd |
|  3 | Al | Br | Cr |
| 10 | Ar |  B | Cd |
|  4 | Ar | Br | Cd |
|  5 | Ar | Br | C  |
|  7 | At | Bi | Ce |
|  2 | Au | Be | Co |
+----+----+----+----+
8 rows in set (0.00 sec)
```

LIMIT 절이 없으면 쿼리는 8개의 행에 접근합니다(그리고 반환합니다). 따라서 **EXPLAIN**은 예제 3-2와 같이 **LIMIT 2** 절이 있을 때에도 **rows: 8**을 보고합니다. MySQL은 쿼리를 실행할 때까지 범위에서 몇 개의 행이 불일치할지 알 수 없기 때문입니다. 최악의 경우 MySQL은 일치하는 행이 없기 때문에 모든 행을 읽습니다. 그러나 이 간단한 예에서는 처음 두 행(**id**값 8과 9)이 유일한 테이블 조건과 일치한다는 것을 알 수 있습니다. 우리가 맞다면 쿼리 메트릭은 8개가 아닌 2개의 행을 조회한 것으로 보고합니다. 하지만 먼저 예제 3-2의 EXPLAIN 계획에서 최적화를 추론하는 방법을 살펴보겠습니다.

예제 3-2 EXPLAIN ORDER BY...LIMIT 최적화 계획

```
EXPLAIN SELECT * FROM elem WHERE a > 'Ag' ORDER BY a LIMIT 2\G
```

```
************************* 1. row *************************
           id: 1
  select_type: SIMPLE
        table: elem
   partitions: NULL
         type: range
possible_keys: a
          key: a
      key_len: 8
          ref: NULL
         rows: 8
     filtered: 100.00
        Extra: Using index condition
```

다음과 같은 이유로 MySQL이 **ORDER BY...LIMIT** 최적화를 사용하여 두 행(**LIMIT 2**)에만 접근한다고 추론할 수 있습니다.

- 쿼리는 인덱스(type: range)를 사용합니다.
- **ORDER BY 열은 해당 인덱스의 맨 왼쪽 접두사입니다**(key: a)
- **Extra 필드는 "Using filesort"을 보고하지 않습니다.**

그 증거는 예제 3-3에서 MySQL이 쿼리를 실행한 후 슬로 쿼리 로그에 토막 정보snippet로 표시되어 있습니다.

예제 3-3 ORDER BY...LIMIT 최적화를 위한 쿼리 메트릭

```
# Query_time: 0.000273 Lock_time: 0.000114 Rows_sent: 2 Rows_examined: 2
SELECT * FROM elem WHERE a > 'Ag' ORDER BY a LIMIT 2;
```

예제 3-3의 첫 번째 줄 끝에 있는 **Rows_examined: 2**는 MySQL이 **ORDER BY...LIMIT** 최적화를 사용하여 8개 행 모두가 아닌 2개 행에만 접근했음을 증명합니다. 이 쿼리 최적화에 대한 자세한 내용은 MySQL 매뉴얼에서 "LIMIT 쿼리 최적화(oreil.ly/AnurD)"를 참고하세요.

범위와 목록 제한과 관련하여 확인해야 할 중요한 요소는 "애플리케이션이 쿼리에 사용되는 입력을

제한하는가?"입니다. 1장 4절의 "평균, 백분위수, 최대"에서 저는 다음과 같은 이야기를 언급했습니다. "간단히 말해 이 쿼리는 부정 행위 탐지를 목적으로 데이터를 검색하는 데 사용되었으며, 때때로 한 번에 수천 개의 행을 검색하여 MySQL이 쿼리 실행 계획을 변경하게 됩니다." 이때의 해결책은 간단했습니다. 애플리케이션 입력을 요청당 1,000개의 값으로 제한하는 것입니다. 이 사례는 또한 인간이 대량의 값을 입력할 수 있다는 사실을 강조합니다. 일반적으로 엔지니어들은 사용자가 다른 컴퓨터인 경우 입력을 제한하는 데 주의를 기울입니다. 그러나 사용자가 사람인 경우 엔지니어들의 주의는 느슨해지는데, 사람이 대량의 값을 입력하지 않을 것이라고 생각하기 때문입니다. 그러나 그것은 틀렸습니다. 마감이 다가오면 보통 사람들은 복사와 붙여넣기를 이용해서 그 어떤 컴퓨터라도 과부하가 걸리게 할 수 있습니다.

쓰기는 일반적으로 InnoDB가 일치하는 행을 갱신하기 전에 접근하는 모든 행을 잠그므로 행 접근을 제한하는 것이 중요합니다. 결과적으로 InnoDB는 예상보다 더 많은 행을 잠글 수 있습니다. 이 내용은 8장 1절 「로우 락」에서 자세히 설명합니다.

테이블을 조인할 때 행 접근을 제한하는 것도 중요합니다. 조인 시 각 테이블의 몇 개 행이 성능을 빠르게 떨어뜨린다는 3장 1절의 "테이블 조인"을 떠올려 보세요. 저는 해당 절에서 인덱스 조회 없이 테이블 조인이 어렵다는 점을 지적했습니다. 이 절에서는 테이블 조인이 매우 적은 수의 행을 접근하는 경우가 아니라면 두 배로 접근하기 어려울 것이라는 사실을 지적하고 있습니다. 비고유 인덱스에 대한 인덱스 조회는 중복 행의 개수에 관계없이 모두 접근할 수 있다는 점을 기억하세요.

각 쿼리에 대해 행 접근을 제한하는 것은 무엇인지 접근 패턴에 대해 알아야 합니다. `EXPLAIN`을 사용하여 예상되는 행 접근(`rows` 필드)을 확인하고 조회된 행을 모니터링하여 너무 많은 행에 접근하는 것에 대한 놀라움을 방지하세요.

결과 세트 제한

쿼리는 될 수 있는 한 적은 수의 행을 반환해야 합니다. 이것은 쿼리에 `LIMIT` 절을 넣는 것보다 더 관련이 있으므로 확실히 도움이 됩니다. 전체 **결과 세트**_{result set}(쿼리에서 반환된 행)를 사용하지 않는 애플리케이션을 나타냅니다. 이 문제에는 세 가지 변형이 있습니다.

첫 번째 변형은 애플리케이션이 일부 행을 사용할 때 발생하지만 전부는 아닙니다. 이것은 의도적으로 또는 의도하지 않게 수행될 수 있습니다. 의도하지 않게 `WHERE` 절에 필요한 행만 일치시키기 위해 더 나은(또는 더 많은) 조건이 필요함을 나타냅니다. `WHERE` 조건을 사용하는 대신 행을 필터링하는 애플리케이션 코드에서 이를 확인할 수 있습니다. 이것을 발견하면 팀과 상의하여 의도한 것은 아닌지 확인하세요. 의도적으로, 애플리케이션은 더 많은 행을 선택하여 복잡한 쿼리를 피하고, MySQL에서 애플리케이션으로 일치하는 행을 옮기는 경우가 있을 수 있습니다. 이 기술은 응답 시간을 단축할 때에만 유용합니다. MySQL이 드문 경우로 테이블 스캔을 선택하는 것과 유사합니다.

두 번째 변형은 쿼리에 `ORDER BY` 절이 있고 애플리케이션이 정렬된 행의 일부분을 사용할 때 발생합니다. 첫 번째 변형에서는 행 순서가 중요하지 않지만 두 번째 변형에서는 행의 순서가 결정적인 특징입니다. 예를 들어, 쿼리는 1,000개의 행을 반환하지만 애플리케이션은 정렬된 20개의 행만 사용합니다. 이때의 해결책은 쿼리에 `LIMIT 20` 절을 추가하는 것만큼이나 간단할 수 있습니다.

애플리케이션은 나머지 980개 행으로 무엇을 합니까? 이러한 행들이 사용되지 않는다면 쿼리가 `LIMIT 20` 절을 추가하여 해당 행을 반환하지 않도록 해야 합니다. 그러나 이러한 행이 사용되는 경우 애플리케이션은 한 번에 20개의 행을 사용하여 페이징을 할 가능성이 가장 높습니다(예: 페이지당 20개의 결과 표시). 이때 `ORDER BY...LIMIT` 최적화를 사용할 수 있을 때만 `LIMIT 20 OFFSET N`으로 요청된 페이지(`where N` = 20×(페이지 번호-1))를 가져오는 것이 더 빠르고 효율적일 수 있습니다. 최적화가 없으면 MySQL은 `LIMIT` 절의 `OFFSET` 부분을 적용하기 전에 일치하는 모든 행을 찾고 정렬해야 하므로 최적화가 필요합니다. 즉, 20개 행만 반환하는 데 많은 작업이 낭비됩니다. 그러나 최적화가 없더라도 또 다른 해결책이 있습니다. 크지만 합리적인 `LIMIT` 절입니다. 예를 들어, 애플리케이션 사용량을 측정하고 대부분의 요청이 처음 5개 페이지만 사용할 때 `LIMIT 100` 절로 처음 5개 페이지를 가져오고 대부분의 요청에 대한 결과 세트 크기를 90%로 줄입니다.

세 번째 변형은 애플리케이션이 결과 세트를 집계하기만 할 때 발생합니다. 만약 애플리케이션이 결과 세트를 집계하고 개별 행을 사용하는 경우는 허용됩니다. **안티패턴***은 결과 세트를 제한하는 SQL 집계 함수를 사용하는 대신 결과 세트를 집계하기만 하는 것입니다. 표 3-3에는 4개의 안티패턴과 해당 SQL 해결책이 나와 있습니다.

표 3-3 애플리케이션의 4가지 결과 세트 안티패턴

애플리케이션의 안티패턴	SQL 해결책
열값 추가하기	SUM(column)
행의 개수 세기	COUNT(*)
값의 개수 세기	COUNT(column)…GROUP BY column
고윳값의 개수 세기	COUNT(DISTINCT column)
고윳값 추출하기	DISTINCT

---

*   역주: 안티패턴(antipattern)이란 기존 문제를 다른 방식으로 풀어가는 방법을 의미합니다. 1:1 관계를 1:N으로 바꾸거나 하나의 아이디만 저장하던 열을 여러 아이디를 저장할 수 있도록 바꾸는 등의 해결법을 뜻합니다.

열값을 추가하는 경우 `AVG( )`, `MAX( )`, `MIN( )` 등의 다른 통계 함수가 적용됩니다. 행을 반환하는 대신 MySQL이 계산을 수행하도록 합니다. 행 수를 세는 것은 극단적인 안티패턴이지만, 그것을 보았기 때문에 불필요한 행에 조용히 네트워크 대역폭을 낭비하는 다른 애플리케이션이 있을 것으로 확신합니다. 행 수를 계산하기 위해 애플리케이션을 사용하지 말고 쿼리에서 `COUNT(*)`를 사용하세요.

:: 참고하세요

MySQL 8.0.14부터 `SELECT COUNT(*) FROM tabel`(`WHERE` 절 없음)은 프라이머리 키를 병렬로 읽기 위해 다중 스레드를 사용합니다. 이것은 병렬 쿼리 실행이 아니고 MySQL 매뉴얼에서는 이를 "병렬 클러스터 인덱스 읽기(parallel clustered index reads)"라고 부릅니다.

개발자들에게는 값의 개수를 셀 때 `GROUP BY` 절보다 코드로 표현하는 것이 더 쉬울 수도 있지만, 후자는 결과 세트를 제한하는 데 사용해야 합니다. 다시 `elem` 테이블을 사용하여 예제 3-4는 `COUNT(column)...GROUP BY column`을 사용하는 열에 대한 값의 개수를 세는 방법을 보여 줍니다.

예제 3-4 값의 개수 세기

```
SELECT a, COUNT(a) FROM elem GROUP BY a;
```

```
+----+----------+
| a  | COUNT(a) |
+----+----------+
| Ag |        2 |
| Al |        3 |
| Ar |        3 |
| At |        1 |
| Au |        1 |
+----+----------+
```

`elem` 테이블의 **a** 열에 대해 두 행에는 "Ag" 값이 있고 세 행에는 "Al" 값이 있는 식입니다. SQL 해결책은 5개의 행을 반환하지만 안티패턴은 10개의 행을 모두 반환합니다. 5행 대 10행이 극적인 숫자는 아니지만 요점은 다음과 같습니다. 쿼리는 애플리케이션 코드가 아닌 SQL에서 집계하도록 하여 결과 세트를 제한할 수 있습니다.

고윳값 추출(열 중복 값 제거)은 연관 배열을 사용하는 애플리케이션에서 간단합니다. 그러나 MySQL은 DISTINCT를 사용하여 결과 세트를 제한할 수도 있습니다. (DISTINCT는 GROUP BY의 특수한 경우이기 때문에 집계 함수로 간주됩니다.) DISTINCT는 단일 열에서 특히 명확하고 유용합니다. 예를 들어, SELECT DISTINCT a FROM elem는 a 열의 고윳값 목록을 반환합니다("Ag", "Al", "Ar", "At", "Au"). DISTINCT를 사용할 때 주의할 점은 모든 열에 적용된다는 것입니다. SELECT DISTINCT a, b FROM elem은 a와 b 열의 값이 있는 고유 행 목록을 반환합니다. 자세한 내용은 MySQL 매뉴얼에서 "DISTINCT 최적화(oreil.ly/j3IjK)"를 확인하세요.

행 정렬 피하기

쿼리는 행 정렬을 피해야 합니다. MySQL 대신 애플리케이션에서 행을 정렬하면 ORDER BY 절을 제거하여 쿼리 복잡성을 줄이고 애플리케이션 인스턴스에 작업을 분산시켜 더 좋은 확장성을 가질 수 있습니다. 이는 MySQL보다 훨씬 쉽게 확장할 수 있습니다.

LIMIT 절이 없는 ORDER BY 절은 삭제할 수 있고 애플리케이션이 행을 정렬할 수 있음을 알리는 신호입니다. (이전 절에서 논의한 문제의 두 번째 변형일 수도 있습니다.) ORDER BY 절이 있지만 LIMIT 절이 없는 쿼리를 찾은 다음 애플리케이션이 MySQL 대신 행을 정렬할 수 있는지를 판단합니다. 대답은 "예"여야 합니다.

데이터 스토리지

필요 이상으로 많은 데이터를 저장하지 마세요. 데이터는 여러분에게 중요하지만 MySQL에게는 큰 부담입니다. 표 3-4는 효율적으로 데이터를 저장하는지 확인하는 점검표입니다.

데이터 스토리지를 감사_audit_하면 놀라움을 쉽게 발견할 수 있기에 적극적으로 권장합니다. 2장의 시작 부분에서 제가 만든 애플리케이션이 실수로 10억 개의 행까지 저장하는 놀라운 일에 관해 언급했었습니다.

표 3-4 효율적인 데이터 스토리지 점검표

☐ 필요한 행만 저장됨
☐ 모든 열이 사용됨
☐ 모든 열이 간결하고 실용적임
☐ 모든 값이 간결하고 실용적임
☐ 모든 세컨더리 인덱스가 사용되며 중복되지 않음
☐ 필요한 행만 유지됨

6개 항목 모두에 체크할 수 있다면 데이터를 어떤 크기로든 확장할 수 있는 적절한 위치에 있을 것입니다. 하지만 쉽지 않습니다. 특히 데이터베이스가 작을 때 일부 항목은 구현하는 것보다 무시하기가 더 쉽습니다. 그러나 지체하지 마세요. 데이터 스토리지의 비효율성을 찾아 수정하기에 가장 좋은 시기는 데이터베이스가 작을 때입니다. 규모 면에서 1~2btye는 높은 처리량과 86,400초(지구의 하루)를 곱하면 큰 차이를 만들 수 있습니다. 규모에 맞게 설계하고 성공 계획을 수립하세요.

필요한 행만 저장됨

애플리케이션이 변경 사항이 늘어남에 따라 엔지니어는 애플리케이션에 저장된 내용을 추적하지 못할 수 있습니다. 데이터 스토리지 문제가 아니라면 엔지니어는 무엇을 저장하는지 보거나 물어볼 이유가 없습니다. 여러분이나 다른 누군가가 애플리케이션이 무엇을 저장하고 있는지 검토한 지 오래되었다면(아니면 새로운 팀에 합류했거나 신규 애플리케이션이라면) 저장되는 데이터를 살펴봐야 합니다. 예를 들어, 저는 아무도 사용하지 않는 데이터를 작성하는 서비스를 잊어버려(몇 년이나 또는 그 이상) 데이터와 스토리지의 크기만 계속 늘어가는 것을 보았습니다.

모든 열이 사용됨

필요한 행만 저장하는 것보다 한 단계 더 심층적인 방법은 필요한 열만 저장하는 것입니다. 다시 말하지만, 애플리케이션의 변경 사항이 늘어남에 따라 엔지니어는 특히 객체 관계형 매핑(ORM)을 사용할 때 열을 추적하지 못할 수 있습니다.

불행히도 MySQL에서 사용하지 않는 열을 찾는 도구나 자동화된 방법은 없습니다. MySQL은 사용된 데이터베이스, 테이블, 인덱스를 추적하지만 열 사용은 추적하지 않습니다. 사용하지 않는 열만큼 은밀한 것은 없습니다. 유일한 해결책은 수동 검토입니다. 애플리케이션 쿼리에서 사용하는 열을 테이블에 있는 열과 비교해 보세요.

모든 열이 간결하고 실용적임

필요한 행만 저장하는 것보다 두 단계 더 심층적인 방법은 모든 열을 간결하고 실용적으로 만드는 것입니다. '간결함$_{compact}$'은 가장 작은 데이터 타입을 사용하여 값을 저장하는 것을 의미합니다. '실용적$_{practical}$'이라는 것은 너무 작아서 사용자나 애플리케이션에 번거롭거나 오류가 발생하기 쉬운 데이터 타입을 사용하지 않는 것을 의미합니다. 예를 들어, 부호 없는 `INT`를 비트 필드로 사용하는 것은 간결하지만(비트보다 작지 않음) 일반적으로 실용적이지 않습니다.

:: 기억하세요

모든 MySQL 데이터 타입(oreil.ly/x7fTF)에 익숙해져야 합니다.

고전적인 안티패턴은 `VARCHAR(255)`입니다. 이 특정 데이터 타입과 크기는 일반적이지만 다른 프로그램이나 엔지니어의 사례를 복사한 많은 프로그램과 엔지니어에게 비효율적인 기본값입니다. `VARCHAR(255)` 데이터 타입은 무엇이든 저장하는 데 사용될 것이고, 그것이 비효율적인 이유입니다. 예를 들어, `elem` 테이블을 재사용해 보겠습니다. 원자 기호는 1~2개의 문자입니다. 열 정의 `atomic_symbol VARCHAR(255)`는 기술적으로 간결하며 `VARCHAR`는 가변 길이이므로 1~2개의 문자만 사용하지만, 의미 없는 데이터를 넣으면 의미 없는 데이터가 나오는 것을 허용합니다. "C" 대신 "Carbon"과 같은 잘못된 값은 애플리케이션에 알 수 없는 결과를 초래할 수 있습니다. 더 나은 열 정의는 간결하고 실용적인 `atomic_symbol CHAR(2)`입니다.

열을 정의하는 `atomic_symbol ENUM(...)`이 `elem` 테이블에 훨씬 더 적합할까요? `ENUM`은 `CHAR(2)`보다 더 간결하지만 원자 기호는 100개가 넘는데 `ENUM`이 더 실용적일까요? 그것은 여러분이 결정할 수 있는 절충안입니다. 어느 쪽이든지 `VARCHAR(255)`보다는 확실히 낫습니다.

:: 기억하세요

ENUM(oreil.ly/WMXfA)은 효율적인 데이터 저장의 위대한 영웅 중 하나입니다.

열의 문자 세트에 주의하세요. 열의 문자 세트는 명시적으로 정의하지 않으면 테이블의 문자 세트가 기본값이며 기본적으로 서버의 문자 세트를 사용합니다. MySQL 8.0에서 기본 서버의 문자 세트는 **utf8mb4**입니다. MySQL 5.7과 이전 버전의 경우 기본 서버의 문자 세트는 **latin1**입니다. 문자 세트에 따라 é와 같은 단일 문자가 여러 바이트로 저장될 수 있습니다. 예를 들어, **latin1** 문자 세트를 사용하면 MySQL은 é를 단일 바이트(0xE9)로 저장합니다. 그러나 **utf8mb4** 문자 세트를 사용하면 é를 2bytes인 0xC3A9로 저장합니다. (이모지는 문자당 4bytes를 사용합니다.) 문자 세트는 대부분 책의 범위를 넘어서는 특별하고 박식한 세계입니다. 지금은 문자와 문자 세트에 따라 한 문자에 여러 바이트의 저장 공간이 필요할 수 있다는 점만 알면 됩니다. 바이트$_{Byte}$는 큰 테이블에서 빠르게 추가됩니다. **BLOB**, **TEXT**, **JSON** 데이터 타입은 매우 보수적으로 사용하세요. 불필요한 공간이나 쓸데없는 데이터, 일반 버킷$_{bucket}$ 용도로 사용하지 마세요. 예를 들어, 이미지를 **BLOB**에 저장할 수는 있지만 그렇게 하지 마세요. Amazon S3(aws.amazon.com/s3)와 같은 훨씬 더 나은 해결책이 있습니다.

간결하고 실용적인 것은 비트 수준까지 확장되어야 합니다. 그런데 정수 데이터 타입의 상위 정렬 비트에 대한 낭비는 매우 흔하게 벌어지며 열 저장 측면에서 비효율적입니다. 이 낭비는 쉽게 피할 수 있습니다(oreil.ly/6CdwC). 예를 들어, **INT UNSIGNED** 대신 **INT**를 사용하면 최댓값은 각각 약 20억 대 40억입니다. 값이 음수일 수 없으면 부호 없는 데이터 타입을 사용하세요.

> **:: 참고하세요**
>
> MySQL 8.0.17부터 UNSIGNED는 FLOAT, DOUBLE과 DECIMAL에 사용되지 않습니다.

소프트웨어 엔지니어링 세계에서 이와 같은 세부 사항은 마이크로 최적화나 조기 최적화*로 간주되어 눈살을 찌푸릴 수 있지만, 스키마 디자인과 데이터베이스 성능의 세계에서는 모범 사례입니다.

모든 값이 간결하고 실용적임

필요한 행만 저장하는 것보다 세 단계 더 심층적인 방법은 모든 값을 간결하고 실용적으로 만드는 것입니다. '실용적$_{practical}$'은 앞 단락에서 정의한 의미와 같지만 '간결함$_{compact}$'은 값의 가장 작은 표현을 의미합니다. 간결한 값은 애플리케이션에서 이를 사용하는 방법에 따라 크게 달라집니다. 예를 들어, 선행 공백 하나와 후행 공백 하나가 있는 문자열 " and "을 생각해 보세요. 표 3-5는 애플리케이션이 이 문자열을 압축할 수 있는 6가지 방법을 나열합니다.

---

* 　역주: 마이크로 최적화(micro-optimizations)는 최대한 간결하고 가독성이 좋은 코드를 의미하며, 조기 최적화(premature optimization)
　　는 심각한 병목 현상을 나타내지 않는 소스 코드 최적화에 리소스를 낭비하는 행위를 의미합니다.

표 3-5 문자열 " and "를 압축하는 6가지 방법

간결한 값	사용 가능
"and"	모든 공백을 제거합니다. 이것은 문자열에 일반적입니다.
" and"	후행 공백을 제거합니다. YAML, 마크다운 같은 많은 구문에서 선행 공백은 문법적으로 중요합니다.
"and "	선행 공백을 제거합니다. 덜 일반적이지만 여전히 가능합니다. 때때로 프로그램에서 공백으로 구분된 인수(예: 명령줄 인수)를 결합하는 데 사용됩니다.
""	값(빈 문자열)을 삭제합니다. FROM table table_alias로 쓸 수 있는 FROM table AS table_alias의 AS처럼 값은 선택 사항일 수 있습니다.
"&"	문자열을 동등한 기호로 바꿉니다. 앰퍼샌드 문자는 "and"라는 단어와 의미가 같습니다.
NULL	값이 없습니다. 값이 완전히 불필요하고 제거될 수 있으므로 값이 없을 수 있습니다(빈 문자열조차 아니지만 아직 기술적으로 값입니다).

표 3-5의 변환은 값을 압축하는 세 가지 방법인 최소화, 인코딩, 그리고 중복 제거를 나타냅니다. 먼저 **최소화**_{minimize}에 관해 살펴보겠습니다. 값을 최소화하려면 공백, 주석, 헤더 등 불필요하고 관련 없는 데이터를 제거하세요. 예제 3-5에서 좀 더 어렵지만 익숙한 값을 생각해 봅시다.

예제 3-5 형식화된 SQL 문(최소화되지 않음)

```
SELECT
  /* !40001 SQL_NO_CACHE */
  col1,
  col2
FROM tbl1
WHERE
  /* comment 1 */
  foo = ' bar '
ORDER BY col1
LIMIT 1; – comment 2
```

애플리케이션이 예제 3-5에서 SQL 문의 기능적인 부분만 저장할 때 키워드 사이의 공백(값 범위 내에 있지 않은)을 축약하고 마지막 두 번째 주석(첫 번째 아님)을 제거하여 값을 최소화할 수 있습니다. 예제 3-6은 최소화된(간결한) 값입니다.

```
SELECT /*!40001 SQL_NO_CACHE */ col1, col2 FROM tbl1 WHERE foo=' bar ' LIMIT 1
```

예제 3-5와 3-6은 기능적으로 같지만(EXPLAIN 계획 같음), 최소화된 값의 데이터 크기는 각각 137bytes에서 70bytes로 거의 50% 더 작습니다(48.9%). 장기적인 데이터 증가 관점에서 50% 감소(또는 25% 감소)가 중요하고 영향력이 있습니다.

SQL 문을 최소화하는 것은 중요한 점을 인식하게 합니다. 즉, 값을 최소화하는 것이 경미한 게 아니라는 것입니다. SQL 문은 무의미한 문자열이 아니라 구문 인식을 통해 정확하게 최소화해야 합니다. 첫 번째 주석은 기능적이므로 제거할 수 없습니다. (MySQL 매뉴얼의 "주석(oreil.ly/3l8zy)"을 참고하세요.) 마찬가지로 인용된 값 ' bar '의 공백은 기능적입니다. ' bar '는 'bar'와 같지 않습니다. 그리고 여러분은 세부 사항을 눈치챘을 수도 있습니다. 후행 세미콜론은 이 문맥에서는 기능적이지 않으므로 제거됐지만 다른 문맥에서는 기능적입니다.

값을 최소화하는 방법을 고려할 때는 데이터 형식부터 시작해 보세요. 데이터 형식의 구문과 의미는 어떤 데이터가 불필요하고 관련이 없는지를 결정합니다. 예를 들어, YAML에서 # like this 주석은(이와 같은 주석 #은) 특정 SQL 주석과 달리 순수한 주석이고 애플리케이션에 필요하지 않으면 제거할 수 있습니다. 사용자가 만든_{custom-built} 데이터 형식일 때도 일부 구문과 의미가 있어야 합니다. 그렇지 않으면 애플리케이션에서 프로그래밍 방식으로 해당 형식을 읽고 쓸 수 없습니다. 값을 올바르게 최소화하려면 데이터 형식을 알아야 합니다.

가장 최솟값은 값이 전혀 없는 NULL입니다. NULL을 다루는 것이 어려울 수 있음을 알지만, COALESCE( )(oreil.ly/muYZW)를 사용하는 멋들어진 해결책이 있습니다. 예를 들어, middle_name 열이 널을 허용하는 경우(모든 사람이 중간 이름을 가진 것은 아님) COALESCE(middle_name, ' ')를 사용하여 설정된 값을 반환하고 그렇지 않으면 빈 문자열을 반환합니다. 이렇게 하면 애플리케이션에서 널 문자열(또는 포인터)을 처리하는 번거로움 없이 1bit만 필요한 NULL 저장소의 이점을 얻을 수 있습니다. 실용적이라 판단하면 빈 문자열, 0값, 마법 같은 값 대신 NULL을 사용해 보세요. 약간의 추가 작업이 필요하지만 최선의 방법입니다.

:: 주의하세요
NULL과 NULL은 고유합니다. 즉, 2개의 널값은 고유합니다. 널을 허용하는 열에 대해 유니크 인덱스를 피하거나 애플리케이션이 NULL값이 있는 중복 행을 올바르게 처리하는지 확인하세요. 아래에서 더 설명합니다.

NULL 사용을 정말로 피하기를 바란다면 이전 경고는 기술적인 이유입니다. **(1, NULL)**과 **(1, NULL)** 이 두 값 세트는 고유하며 오타가 아닙니다. 인간에게는 이러한 값이 똑같아 보이지만, MySQL에서는 **NULL**과 **NULL**의 비교가 정의되지 않기 때문에 고유합니다. MySQL 매뉴얼의 "널값으로 작업하기(oreil.ly/oyTPZ)"를 확인하세요. 널값은 익숙해질 때까지 놀랄 수 있다는 겸손한 인정에서 시작하면 됩니다.

다음으로 **인코딩**에 관해 살펴보겠습니다. 값을 인코딩할 때는 사람이 읽을 수 있는 값에서 기계가 읽을 수 있는 값으로 변환합니다. 데이터는 컴퓨터에 적절한 방식으로 인코딩되고 저장될 수 있으며, 인간에게 적절한 방식으로 디코딩되어 보여집니다. 컴퓨터에 데이터를 저장할 때 가장 효율적인 방법은 컴퓨터에 맞게 인코딩하는 것입니다.

:: 기억하세요

기계를 위한 저장, 인간을 위한 표시.

안티패턴의 전형적인 예는 IP 주소를 문자열로 저장하는 것입니다. 예를 들어 `127.0.0.1`을 `CHAR(15)` 열에 문자열로 저장합니다. IP 주소는 4bytes의 부호 없는 정수이며 이것이 진정한 기계 인코딩입니다. (`127.0.0.1`은 10진수로 2130706433입니다.) IP 주소를 인코딩해 저장하려면 **INT UNSIGNED** 데이터 타입과 **INET_ATON( )** 그리고 **INET_NTOA( )** 함수를 사용하여, 각각 문자열에서 **INT UNSIGNED** 타입으로 변환하게 됩니다. 인코딩 IP 주소가 실용적이지 않을 때 **CHAR(15)** 데이터 타입이 허용할 수 있는 대안입니다.

또 다른 유사한 예의 안티패턴은 UUID를 문자열로 저장하는 것입니다. UUID는 문자열로 표현되는 멀티바이트 정수입니다. UUID 바이트 길이는 다양하므로 **BINARY(N)** 데이터 타입을 사용해야 합니다. 여기서 **N**은 바이트 길이이고 **HEX( )**와 **UNHEX( )** 함수는 값을 변환합니다. 또는 MySQL 8.0(또는 그 이상)과 RFC 4122 UUIDs(MySQL **UUID( )**가 생성)를 사용하는 경우, **UUID_TO_BIN( )**과 **BIN_TO_UUID( )** 함수를 사용할 수 있습니다. UUIDs 인코딩이 실용적이지 않으면 최소한 **CHAR(N)** 데이터 타입으로 문자열 표현을 저장하세요. 여기서 **N**은 문자열 길이(문자)입니다.

데이터를 저장하는 더 간결하면서 컴퓨터로 인코딩하는 방법이 있습니다. 바로 압축_{compression}입니다. 그러나 이것은 이 책의 범위를 벗어나는 방법입니다. 저는 성능이나 규모 때문에 압축이 필요한 경우를 본 적이 없습니다. 효율적인 데이터 스토리지 점검표(표 3-4)를 엄격하게 적용하면 데이터가 너무 큰 크기로 확장되므로 다른 문제(백업과 복원 시간, 온라인 스키마 변경 같은 작업)가 더 큰 장애물이 될 정도입니다. 압축을 고민해야 하죠. 성능을 확장하기 위해 압축이 필요하다고 생각되면 전문가와 논의하며 검증하세요.

인코딩에 관해 이야기하는 동안 이 절에서 자세히 설명할 중요한 모범 사례가 있습니다. UTC로만 날짜와 시간을 저장하고 접근합니다. 모니터 화면 출력(또는 인쇄)에서만 날짜와 시간을 현지 시간(또는 적절한 시간대)으로 변환합니다. 또한 MySQL `TIMESTAMP` 데이터 타입은 2038년 1월 19일에 종료된다는 점에 유의하세요. 이 책을 2037년 12월에 크리스마스 선물로 받았고 데이터베이스에 `TIMESTAMP` 열이 있다면 조금 더 일찍 돌아가서 작업하고 싶을 수도 있습니다.

마지막으로 **중복 제거**deduplicate에 관해 살펴보겠습니다. 중복 값을 제거하려면 열을 일대일 관계가 있는 다른 테이블로 정규화해야 합니다. 이 방법은 전적으로 애플리케이션에 따라 다르므로 구체적인 예를 살펴보겠습니다. `title`과 `genre`라는 두 개의 열만 있는 테이블에 저장된 지나치게 단순한 책 카탈로그를 상상해 보세요. (데이터에 집중하고 데이터 타입과 인덱스와 같은 세부 사항은 무시합시다.) 예제 3-7은 5권의 책과 3개의 고유한 장르가 있는 테이블을 보여 줍니다.

예제 3-7 중복된 genre값이 있는 책 카탈로그

```
+-------------------------------+-----------+
| title                         | genre     |
+-------------------------------+-----------+
| Efficient MySQL Performance.  | computers |
| TCP/IP Illustrated.           | computers |
| The C Programming Language.    | computers |
| Illuminations.                | poetry    |
| A Little History of the World | history   |
+-------------------------------+-----------+
```

`genre` 열에는 `computers`란 값으로 3가지 인스턴스가 중복되었습니다. 중복을 제거하려면 일대일 관계가 있는 다른 테이블로 열을 정규화해야 합니다. 예제 3-8은 상단에 새 테이블을 보여 주고 하단에 수정된 원본 테이블을 보여 줍니다. 두 테이블은 `genre_id` 열이 일대일 관계입니다.

```
+----------+-----------+
| genre_id | genre     |
+----------+-----------+
|        1 | computers |
|        2 | poetry    |
|        3 | history   |
+----------+-----------+

+------------------------------+-----------+
| title                        | genre_id  |
+------------------------------+-----------+
| Efficient MySQL Performance  | 1         |
| TCP/IP Illustrated           | 1         |
| The C Programming Language.   | 1         |
| Illuminations                | 2         |
| A Little History of the World| 3         |
+------------------------------+-----------+
```

원래 테이블(하단)에는 여전히 `genre_id` 열에 중복된 값이 있지만, 규모에 따른 데이터 크기의 감소는 큽니다. 예를 들어, 문자열 "computers"를 저장하는 데는 9bytes가 필요하지만 `SMALLINT UNSIGNED` 데이터 타입으로 정수 1을 저장하는 데는 2bytes만 필요하므로 65,536개의 고유한 장르를 허용합니다. 이는 데이터 크기가 9bytes에서 2bytes로 77.7% 감소한 것입니다.

이러한 방식으로 값 중복 제거는 **데이터베이스 정규화**_{database normalization}(논리적 관계를 기반으로 데이터를 테이블로 분리, 일대일 관계, 일대다 관계, 다대다 관계 등)에 의해 수행됩니다. 그러나 값 데이터 중복 제거는 데이터베이스 정규화의 목표나 목적이 아닙니다.

이 예에서 데이터베이스 정규화로 인해 중복된 값이 제거되는 것처럼 보이지만 이는 절대 사실이 아닙니다. 예제 3-7의 단일 테이블은 기술적으로 유효한 1정규화, 2정규화, 3정규화(프라이머리 키가 있다고 가정)로 완전히 정규화되었지만, 잘못 설계되었을 뿐입니다. 값의 중복 제거는 데이터베이스 정규화의 일반적인(그리고 바랐던) 부작용이라고 말하는 것이 더 정확합니다. 그리고 어떤 경우에도 데이터베이스를 정규화해야 하므로 중복된 값을 피할 수도 있습니다.

흥미로운 반전으로 **비정규화**_{denormalization}라는 것이 있습니다. 비정규화는 정규화와 반대로 관련 데이터를 하나의 테이블로 결합하는 것입니다. 예제 3-7의 단일 테이블은 만약 의도된 설계라면 비정규화된 테이블일 수 있습니다. 비정규화는 테이블 조인과 수반되는 복잡성을 제거하여 성능을 향상시키는 기술입니다. 그러나 이 책의 범위를 벗어나는 세부 사항과 고려해야 할 절충점이 있으므로 스키마를 비정규화하려고 서두르지 마세요. 사실 비정규화는 데이터를 적게 가지는 것과는 반대 개념입니다. 의도적으로 속도를 위해 중복 데이터와 교환한 것이기 때문입니다.

∷ 기억하세요

안전한 방법과 모범 사례는 데이터베이스를 정규화하고 데이터를 줄이는 것입니다. 두 가지 모두에서 놀라운 성능과 규모가 가능합니다.

모든 세컨더리 인덱스가 사용되며 중복되지 않음

효율적인 데이터 스토리지 점검표(표 3-4)의 밑에서 두 번째에서 "모든 세컨더리 인덱스가 사용되며 중복되지 않음"이 있습니다. 사용되지 않는 인덱스와 중복 인덱스를 피하는 것은 항상 바람직한 생각이지만, 인덱스는 데이터의 복사본이므로 데이터 크기에 특히 중요합니다. 물론 세컨더리 인덱스는 인덱스 열값과 해당 프라이머리 키 열값만 포함하므로 전체 테이블(프라이머리 키)보다 훨씬 작지만, 테이블 크기가 증가함에 따라 세컨더리 인덱스 크기가 추가됩니다.

사용되지 않고 중복된 세컨더리 인덱스를 삭제하는 것은 데이터 크기를 줄이는 쉬운 방법이지만 주의해야 합니다. 2장 4절의 "과도하고 중복되며 사용되지 않음"에서 언급했듯이 자주 사용되지 않는 인덱스는 찾기가 까다로워서 인덱스 사용량을 오랜 기간 동안 확인해야 합니다. 반면에 중복 인덱스는 pt-duplicate-key-checker(oreil.ly/qSStI)를 사용하여 더 쉽게 찾을 수 있습니다. 다시 한번 말하지만 인덱스를 삭제할 때 주의해야 합니다.

인덱스를 삭제하면 인덱스 크기와 같은 데이터 크기만 복구됩니다. 인덱스 크기를 확인하는 세 가지 방법이 있습니다. 직원 샘플 데이터베이스(oreil.ly/lwWxR)에 몇 메가바이트의 인덱스 데이터가 있으므로 이것을 사용합니다. 인덱스 크기를 확인하는 첫 번째이자 선호하는 방법은 예제 3-9처럼 테이블 `INFORMATION_SCHEMA.TABLES`를 쿼리하는 것입니다.

예제 3-9 **직원 샘플 데이터베이스의 인덱스 크기(INFORMATION_SCHEMA)**

SELECT

```
  TABLE_NAME, DATA_LENGTH, INDEX_LENGTH
FROM
  INFORMATION_SCHEMA.TABLES
WHERE
  TABLE_TYPE = 'BASE TABLE' AND TABLE_SCHEMA = 'employees';
```

```
+--------------+-------------+--------------+
| TABLE_NAME   | DATA_LENGTH | INDEX_LENGTH |
+--------------+-------------+--------------+
| departments  |       16384 |        16384 |
| dept_emp     |    12075008 |      5783552 |
| dept_manager |       16384 |        16384 |
| employees    |    15220736 |            0 |
| salaries     |   100270080 |            0 |
| titles       |    20512768 |            0 |
+--------------+-------------+--------------+
```

TABLE_NAME은 employees 샘플 데이터베이스의 6개 테이블 이름입니다. (데이터베이스에는 TABLE_TYPE = 'BASE TABLE' 조건으로 필터링된 일부 보기가 있습니다.) DATA_LENGTH는 프라이머리 키의 크기(바이트)입니다. INDEX_LENGTH는 모든 세컨더리 인덱스의 크기(바이트)입니다. 마지막 4개 테이블에는 세컨더리 인덱스가 없고 프라이머리 키만 있습니다.

인덱스 크기를 확인하는 두 번째이자 과거(그러나 여전히 널리 사용되는) 방법은 SHOW TABLES STATUS 입니다. 예제 3-10처럼 LIKE 절을 추가하여 하나의 테이블만 표시할 수 있습니다.

예제 3-10 employee.dept_emp 테이블의 인덱스 크기(SHOW TABLE STATUS)

```
SHOW TABLE STATUS LIKE 'dept_emp'\G
```

```
*************************** 1. row ***************************
          Name: dept_emp
        Engine: InnoDB
       Version: 10
```

```
     Row_format: Dynamic
            Rows: 331143
  Avg_row_length: 36
     Data_length: 12075008
 Max_data_length: 0
    Index_length: 5783552
       Data_free: 4194304
  Auto_increment: NULL
     Create_time: 2021-03-28 11:15:15
     Update_time: 2021-03-28 11:15:24
      Check_time: NULL
       Collation: utf8mb4_0900_ai_ci
        Checksum: NULL
  Create_options:
         Comment:
```

SHOW TABLE STATUS 출력의 Data_length와 Index_length 필드는 INFORMATION_SCHEMA. TABLES의 같은 열과 값입니다. ROUND(DATA_LENGTH / 1024 / 1024)와 같은 SELECT 절의 함수를 사용하여 바이트에서 다른 단위로 값을 변환하고 반올림할 수 있으므로 INFORMATION_SCHEMA. TABLES를 쿼리하는 것이 좋습니다.

인덱스 크기를 확인하는 세 번째 방법은 현재 각 인덱스의 크기를 확인하는 유일한 방법입니다. 예제 3-11에 나와 있는 테이블 Employees.dept_emp은 mysql.innodb_index_stats 테이블을 조회해서 확인해 볼 수 있습니다.

예제 3-11 employee.dept_emp(mysql.innodb_index_stats) 테이블의 각 인덱스 크기

```
SELECT
  index_name, SUM(stat_value) * @@innodb_page_size size
FROM
  mysql.innodb_index_stats
WHERE
      stat_name = 'size'
```

```
    AND database_name = 'employees'
    AND table_name = 'dept_emp'
GROUP BY index_name;
```

```
+------------+----------+
¦ index_name ¦ size.    ¦
+------------+----------+
¦ PRIMARY    ¦ 12075008 ¦
¦ dept_no    ¦  5783552 ¦
+------------+----------+
```

테이블 **employees.dept_emp**에는 프라이머리 키와 **dept_no**라는 세컨더리 인덱스의 두 가지 인덱스가 있습니다. 열 크기에는 바이트 단위의 각 인덱스 크기가 포함되며, 이는 실제로 인덱스 페이지 수에 InnoDB 페이지 크기(기본값은 16KB)를 곱한 것입니다.

employees 샘플 데이터베이스는 세컨더리 인덱스 크기를 극적으로 표시하지는 않지만, 실제 데이터베이스는 총 데이터 크기의 상당 부분을 차지하는 세컨더리 인덱스로 넘칠 수 있습니다. 인덱스 사용량과 인덱스 크기를 정기적으로 확인하고 사용하지 않는 인덱스와 중복 인덱스를 신중하게 삭제하여 전체 데이터 크기를 줄이세요.

필요한 행만 유지됨

효율적인 데이터 스토리지를 위한 점검표(표 3-4)의 마지막 항목은 필요한 행만 유지하는 것입니다. 이 항목은 점검표에서 첫 번째 항목인 "필요한 행만 저장됨"을 시작으로 해서 완전한 한 전체를 나타냅니다. 저장할 때 행이 필요할 수 있지만, 시간이 지남에 따라 변경해야 합니다. 더 이상 필요하지 않은 행은 삭제(또는 보관)합니다. 당연하게 들리겠지만 잊혀지거나 버려진 데이터가 있는 테이블을 찾는 것은 생각보다 흔한 일입니다. 저는 여러 팀에서 사용되지 않거나 잊혀진 테이블 전체를 삭제하는 것을 셀 수 없이 많이 보았습니다

데이터를 삭제(또는 보관)하는 것은 말보다 훨씬 쉬우며, 다음 절에서는 이러한 과제를 해결해 보겠습니다.

3-3 데이터 삭제 또는 보관

이 장에서는 여러분에게 데이터를 삭제하거나 보관하려는 욕구를 심어 주길 바랍니다. 데이터가 관리하기 어려울 정도로 쌓이고 있는데 지켜보기만 한다면 반드시 문제가 발생합니다. 문제를 인식하고 나서 처리하려고 해도 이미 데이터가 감당하기 어려울 정도로 쌓였을 수도 있기 때문입니다. 이렇게 되면 데이터베이스에 문제가 발생하고 성능 이슈로 여기저기서 알람이 울려 퍼집니다. 이 문제를 해결하려면 데이터 삭제나 보관이 필요합니다.

이쯤에서 애플리케이션에 부정적인 영향을 미치지 않으면서 데이터를 삭제하거나 보관하는 방법을 알아보겠습니다. 그런데 문제를 해결하는 방법은 거의 데이터 삭제에 있으므로 데이터 삭제만 언급합니다. 데이터를 보관하려면 먼저 데이터를 복사한 다음 삭제해야 합니다. 데이터 복사는 애플리케이션에 영향을 미치지 않도록 비잠금 **SELECT** 문을 사용한 다음, 애플리케이션이 접근하지 않는 다른 테이블이나 데이터 스토리지에 복사된 행을 작성해야 합니다. 비잠금 **SELECT** 문을 사용하더라도, MySQL과 애플리케이션이 처리할 수 있는 수준 이상으로 QPS가 증가하지 않도록 복사 프로세스의 속도를 제한해야 합니다. (앞서 1절의 "QPS가 낮을수록 좋다"에서 QPS는 애플리케이션에 상대적이며 증가하기 어렵다는 점을 떠올리세요.)

도구

데이터를 삭제하거나 보관하려면 여러분만의 도구를 직접 작성해야 합니다. 나쁜 소식을 전하게 되어 유감이지만 사실입니다. 반가운 소식은 데이터를 삭제하고 보관하는 것이 어렵지 않으며 애플리케이션에 비해 간단할 수 있습니다. 중요한 부분은 SQL 문을 실행하는 반복문을 조절하는 것입니다. 절대 다음처럼 하지 마세요.

```
for {
    rowsDeleted = execute("DELETE FROM table LIMIT 1000000")
    if rowsDeleted == 0 {
        break
    }
}
```

`LIMIT 1000000` 절이 너무 크고 `for` 반복문 사이에 지연이 없습니다. 해당 의사 코드는 애플리케이션 중단을 유발할 수 있습니다. 배치 크기$_{batch\,size}$는 안전하고 효과적인 데이터 보관 도구에서 핵심입니다.

배치 크기

행이 작고(`BLOB`, `TEXT`, `JSON` 열 없음) MySQL에 큰 부하가 없을 때, 단일 `DELETE` 문에서 1,000개 이하의 행을 수동으로 삭제하는 것이 안전합니다. 수동$_{manually}$이란 각 `DELETE` 문을 병렬이 아닌 직렬로(하나씩) 실행함을 의미합니다. `DELETE` 문을 실행하는 프로그램을 작성하지 마세요. 대부분의 사람은 느려서 MySQL에 과부하가 걸릴 만큼 수동으로 `DELETE...LIMIT 1000` 명령문을 빠르게 실행할 수 없습니다. 쿼리 도구를 사용한다면 삭제 관련 단축 키를 신중하게 사용하고, 삭제 명령문을 다른 엔지니어와의 리뷰를 통해서 검토를 받고 문제가 없는지 논의하세요.

> **:: 참고하세요**
> 이 절에서 설명하는 방법은 DELETE에 중점을 두지만 일반적으로 INSERT와 UPDATE에도 적용됩니다.
> INSERT의 경우 배치 크기는 LIMIT 절이 아니라 삽입된 행 수로 제어됩니다.

행을 빠르고 안전하게 삭제할 수 있는 비율은 쿼리 응답 시간이나 복제 지연에 영향을 주지 않고 MySQL과 애플리케이션이 유지할 수 있는 배치 크기에 따라 결정됩니다. (7장에서는 복제 지연에 관해 설명합니다.) 배치 크기는 `DELETE` 문당 삭제되는 행 수로, `LIMIT` 절로 제어되고 필요한 경우 단순 지연인 스로틀$_{throttle}$*로 조절됩니다.

배치 크기는 실행 시간으로 조정되며 500ms는 좋은 시작점입니다. 즉, 각 `DELETE` 문을 실행하는 데 500ms를 넘지 않아야 함을 의미합니다. 이는 다음 두 가지 이유로 매우 중요합니다.

복제 지연

원본(소스) MySQL 인스턴스의 실행 시간은 복제본 MySQL 인스턴스에서 복제 지연을 생성합니다. 원본에서 `DELETE` 문을 실행하는 데 500ms가 걸렸다면 복제본에서 실행하는 데 500ms가 걸리므로 500ms의 복제 지연이 발생합니다. 복제 지연을 피할 수는 없지만 데이터 손실이므로 최소화해야 합

---

* 　 역주: 한 번에 들어오는 요청 수나 자원을 제한하는 기법입니다. 보통 스로틀링(throttling)이라고 읽으며, 아래에서 더 설명합니다.

니다. (지금은 7장에서 명확히 설명하는 복제에 관한 많은 세부 사항을 생략합니다.)

스로틀링

어떤 경우에는 보정된 배치 크기로 쿼리 실행 시간이 제한되어 QPS가 제한되므로 지연이나 스로틀링$_{throttling}$ 없이 **DELETE** 문을 실행하는 것이 안전합니다. 실행하는 데 500ms가 걸리는 쿼리는 연속 2QPS에서만 실행할 수 있습니다. 그러나 이것은 일반적인 쿼리가 아니며 될 수 있는 한 많은 행에 접근하고 쓰도록(삭제) 설계되었습니다. 스로틀링이 없으면 대량 쓰기가 다른 쿼리를 방해하고 애플리케이션에 영향을 줄 수 있습니다.

데이터를 삭제할 때 스로틀링 조절이 가장 중요합니다. 항상 **DELETE** 문 사이의 지연으로 시작하므로 복제 지연을 모니터링하세요.*

:: 기억하세요

대량 작업에는 항상 스로틀을 구축하세요.

배치 크기를 500ms 실행 시간(또는 선택한 실행 시간)으로 보정하려면 배치 크기를 1,000(**LIMIT 1000**)으로 시작하고 **DELETE** 문 사이에 200ms의 지연을 둡니다. 200ms는 긴 지연이지만 배치 크기를 보정한 후 이를 줄입니다. 복제 지연과 MySQL 안정성을 모니터링하면서 최소 10분 동안 실행하도록 합니다. MySQL이 지연되거나 불안정해지지 않도록 하세요. (MySQL 안정성과 복제 지연은 각각 6장과 7장에서 다룹니다.) 쿼리 보고(1장 3절의 "보고" 참고)를 사용하여 **DELETE** 문의 최대 실행 시간을 검사하거나 데이터 보관 도구에서 직접 측정합니다. 최대 실행 시간이 목표(500ms)보다 훨씬 낮으면 배치 크기를 두 배로 늘리고 10분 동안 다시 실행합니다. 최대 실행 시간이 일관되게 목표에 도달할 때까지 배치 크기를 두 배로 늘리거나 더 작게 조정하세요. 가능하면 목표치보다 약간 낮은 수준으로 배치 크기를 설정하는 것이 좋습니다. 오래된 데이터를 삭제하는 것은 반복되는 이벤트여야 하므로 테스트가 완료되면 보정된 배치 크기와 실행 시간을 기록하세요.

보정된 배치 크기를 사용하여 스로틀을 설정하려면 10분 주기로 재실행할 때마다 지연을 천천히 줄여 프로세스를 반복합니다. MySQL과 애플리케이션에 따라 0에 도달할 수 있습니다(스로틀링 없음). 복제 지연이나 MySQL 불안정화의 첫 번째 징후에서 중지한 다음, 문제를 일으키지 않은 이전 값으로 지연을 증가시킵니다. 완료되면 이전과 같은 이유로 지연을 기록합니다. 오래된 데이터를 삭제하

---

* 깃허브 엔지니어링의 freno(oreil.ly/vSmUb)를 확인하세요. freno는 MySQL용 오픈소스 스로틀입니다.

는 것은 반복되는 이벤트여야 합니다.

배치 크기를 보정하고 스로틀을 설정하면 쿼리 응답 시간에 영향을 주지 않고 삭제할 수 있는 초당 행 수인 `batch size * DELETE QPS`를 마침내 계산할 수 있습니다. (`DELETE` 문의 QPS를 검사하기 위해 쿼리 보고를 사용하거나 데이터 아카이빙 도구에서 직접 측정합니다.) 비율이 하루 종일 변할 것으로 예상해야 합니다. 업무 시간 동안 애플리케이션이 매우 바쁜 경우, 지속 가능한 유일한 비율은 0일 수 있습니다. 여러분에게 열정이 있다면 한밤중에 일어나서 데이터베이스가 조용할 때 더 높은 비율(더 큰 배치 크기, 더 낮은 지연 또는 둘 다)을 시도해 보세요. 해가 뜨고 데이터베이스 부하가 증가하기 전에 배치 크기와 지연을 재설정하는 것을 잊지 마세요.

∷ 주의하세요

MySQL 백업은 거의 항상 한밤중에 실행됩니다. 한밤중에 애플리케이션이 조용하더라도 데이터베이스가 사용 중일 수 있습니다.

로우 락 경합

쓰기 작업이 많은 워크로드의 경우, 대량 작업으로 인해 **로우 락 경합**row lock contention이 발생할 수 있습니다. 쿼리는 동일한(또는 가까운) 행에서 로우 락을 획득하기 위해 대기합니다. 이 문제는 주로 **INSERT**와 **UPDATE** 문에 영향을 미치지만 삭제된 행이 기존의 행과 산재되어 있다면 **DELETE** 문도 영향을 받을 수 있습니다. 문제는 보정된 시간 내에 실행해도 배치 크기가 너무 크다는 것입니다. 예를 들어, MySQL은 500ms 내에서 100,000개의 행을 삭제할 수 있지만 해당 행에 대한 잠금이 애플리케이션이 갱신하는 행과 겹치면 로우 락 경합이 발생합니다.

해결책은 훨씬 더 짧은 실행 시간(예: 100ms)으로 보정하여 배치 크기를 줄이는 것입니다. 극단적인 경우에는 작은 배치 크기, 긴 지연 등도 늘려야 할 수 있습니다. 이렇게 하면 로우 락 경합이 줄어들어 애플리케이션에는 좋지만 데이터 아카이빙 속도가 느려집니다. 이런 상황에는 마법 같은 해결책이 없습니다. "더 적은 데이터와 더 적은 QPS"로 피하는 것이 가장 좋습니다.

공간과 시간

데이터를 삭제해도 디스크 공간이 확보되지 않습니다. 행 삭제는 물리가 아닌 논리적이며 많은 데이터베이스에서 일반적인 성능 최적화입니다. 500GB의 데이터를 삭제하면 500GB의 디스크 공간이 아니라 500GB의 여유 페이지가 생깁니다. 내부 세부 사항은 더 복잡하고 이 책의 범위를 벗어나지만 개념은 정확합니다. 데이터를 삭제하면 사용할 수 있는 디스크 공간이 아니라 여유 페이지가 생성됩니다.

여유 페이지는 성능에 영향을 미치지 않으며 InnoDB는 새 행이 삽입될 때 여유 페이지를 재사용합니다. 삭제된 행이 곧 새 행으로 교체되고, 디스크 공간이 제한되지 않는 경우 여유 페이지와 회수되지 않은 디스크 공간은 문제가 되지 않습니다. 하지만 동료들을 염두에 둬야 합니다. 회사에서 자체 하드웨어를 실행하고 애플리케이션용 MySQL이 다른 애플리케이션용 MySQL과 디스크 공간을 공유한다면 다른 애플리케이션에서 사용할 수 있는 디스크 공간을 낭비하지 마세요. 클라우드에서 스토리지는 비용이 들기 때문에 낭비하지 말고 디스크 공간을 확보해야 합니다.

InnoDB에서 디스크 공간을 회수하는 가장 좋은 방법은 no-op*인 `ALTER TABLE...ENGINE =INNODB` 문을 실행하여 테이블을 재구성하는 것입니다. 이것은 3가지 훌륭한 솔루션으로 해결된 문제입니다.

- pt-online-schema-change(oreil.ly/8EJph)
- gh-ost(oreil.ly/IsV83)
- ALTER TABLE...ENGINE=INNODB(oreil.ly/JhWdg)

각 해결책은 다르게 작동하지만 한 가지 공통점이 있습니다. 모든 해결책은 애플리케이션에 영향을 주지 않고 프로덕션 환경에서 거대한 InnoDB 테이블을 온라인으로 재구성할 수 있다는 것입니다. 각각에 대한 설명서를 읽고 가장 적합한 것을 결정하세요.

> **:: 참고하세요**
> ALTER TABLE...ENGINE=INNODB로 테이블을 재구성하려면 말줄임표(...) 부분에 테이블 이름을 넣고 다른 변경은 하지 마세요.

많은 양의 데이터를 삭제하려면 시간이 걸립니다. MySQL이 얼마나 빨리 데이터를 쓸 수 있는지 관련 사항을 읽거나 전해 들을 수 있지만, 이는 일반적으로 벤치마크를 위한 것입니다(2장 1절의 "더 좋고 빠른 하드웨어!" 참고). 실험실 연구라는 매력적인 세계에서는 확실합니다. MySQL은 여러분이 줄 수

---

* 역주: no-op(no operation)는 큰 영향을 미치지 않는 명령이나 작업을 의미합니다.

있는 모든 클럭 사이클과 디스크 입출력 프로세서를 사용할 것입니다. 그러나 여러분과 제가 바쁘게 움직이는 일상의 세계에서는 애플리케이션에 영향을 미치지 않도록 상당한 제한을 두며 데이터를 삭제해야 합니다. 직설적으로 말하자면 생각보다 시간이 훨씬 많이 걸릴 것입니다. 좋은 소식은 3장 3절의 "배치 크기"에 자세히 설명한 대로 올바르게 완료하면 시간은 여러분 편이라는 것입니다. 잘 보정되고 지속 가능한 대량 작업은 며칠 또는 몇 주 동안 실행될 수 있습니다. 여기에는 테이블 재구성이 대량 작업의 또 다른 유형이므로 InnoDB에서 디스크 공간을 회수하는 데 사용하는 해결책도 포함됩니다. 행을 삭제하는 데 시간이 걸리고 디스크 공간을 회수하는 데 추가 시간이 걸립니다.

바이너리 로그 역설

데이터를 삭제하면 데이터가 생성됩니다. 이 역설은 데이터 변경 사항이 바이너리 로그에 기록되기 때문에 발생합니다. 바이너리 로깅은 비활성화할 수 있지만 복제에 바이너리 로그가 필요하고 복제본 없이 정상으로 실행되는 프로덕션 시스템이 없기 때문에 프로덕션 상태가 아닙니다.

테이블에 큰 `BLOB`, `TEXT`, `JSON` 열이 포함된 경우, MySQL 시스템 변수 `binlog_row_image`(oreil. ly/0bNcG)는 `full` 설정이 기본이므로 바이너리 로그 크기가 급격히 증가할 수 있습니다. 이 변수는 행 이미지가 바이너리 로그에 기록되는 방식을 결정하고, 세 가지로 설정할 수 있습니다.

- full: 모든 열(전체 행)의 값을 기록합니다.
- minimal: 변경된 열의 값과 행을 식별하는 데 필요한 열을 기록합니다.
- noblob: 필요하지 않은 BLOB과 TEXT 열을 제외한 모든 열의 값을 기록합니다.

바이너리 로그의 전체 행 이미지에 의존하는 외부 서비스(예: 데이터 레이크 또는 빅 데이터 스토리지로 변경 사항을 스트리밍하는 데이터 파이프라인 서비스)가 없는 경우 `minimal`(또는 `noblob`)을 사용하는 것이 안전하고 권장됩니다.

테이블을 재구성하기 위해 pt-online-delay-change 또는 `gh-host`를 사용하는 경우 이러한 도구는 테이블을 안전하게 자동으로 복사하고, 복사 프로세스는 바이너리 로그에 훨씬 더 많은 데이터 변경 사항을 기록합니다. 그러나 `ALTER TABLE...ENGINE=INNODB`는 테이블 복사가 아닌 내부 변경이 기본 설정입니다.

역설적으로 서버에 데이터를 삭제하고 테이블을 재구성하기에 충분한 디스크 여유 공간이 있는지 확인해야 합니다.

요점 정리

이 장에서는 성능과 관련하여 데이터를 조사하고 데이터 접근과 스토리지를 줄이는 것이 성능 향상을 위한 기술(간접 쿼리 최적화)이라고 주장했습니다. 요점은 다음과 같습니다.

- 데이터가 적을수록 성능이 향상됩니다.
- QPS는 자산이 아니라 부채이므로 낮을수록 좋습니다.
- 인덱스는 MySQL 성능을 위해 필요하지만 도움이 되지 않는 경우가 있습니다.
- 최소 데이터 원칙은 필요한 데이터만 저장하고 접근한다는 의미입니다.
- 쿼리가 될 수 있는 한 적은 수의 행에 접근하도록 합니다.
- 필요 이상으로 많은 데이터를 저장하지 마세요. 데이터는 여러분에게 가치가 있지만 MySQL에게는 무거운 짐입니다.
- 데이터를 삭제하거나 보관하는 것은 중요하며 성능을 향상합니다.

다음 장에서는 MySQL을 효율적으로 사용하도록 애플리케이션을 변경할 수 있는 방법을 결정하는 접근 패턴 위주로 설명합니다.

연습: 쿼리 데이터 접근 감사

이 연습의 목표는 비효율적인 데이터 접근에 대한 쿼리를 감사하는 것입니다. 다음은 표 3-2에서 본 효율적인 데이터 접근 점검표입니다.

□ 필요한 열만 반환

□ 쿼리 복잡성 감소

□ 행 접근 제한

□ 결과 세트 제한

□ 행 정렬 피하기

상위 10개의 느린 쿼리에 점검표를 적용합니다. (느린 쿼리를 얻으려면 1장 3절 「쿼리 보고」와 1장 마지막의 「연습: 느린 쿼리 식별」을 참고하세요.) 간단한 수정 방법은 SELECT *과 같이 필요한 열만 명시적으로 선택하는 것입니다. 또한 ORDER BY 절이 있는 모든 쿼리에 세심한 주의를 기울이세요. 인덱스를 사용하고 있나요? LIMIT가 있나요? 대신 애플리케이션이 행을 정렬할 수 있나요?

1장(느린 쿼리 식별)과 2장(중복 인덱스 찾기)의 연습과 달리 쿼리가 데이터에 대한 접근을 감사하는 도구가 없습니다. 하지만 점검표는 5개 항목에 불과하므로 수동으로 쿼리를 감사하는 데 시간이 오래 걸리지 않습니다. 최적의 데이터 접근을 위해 신중하고 체계적으로 쿼리를 감사하는 것은 MySQL 성능에 대해 전문가 수준으로 연습하는 것입니다.

4장 접근 패턴

EFFICIENT MYSQL
PERFORMANCE

접근 패턴access patterns은 애플리케이션이 MySQL을 사용하여 데이터에 접근하는 방법입니다. 접근 패턴을 변경하면 MySQL 성능에 큰 영향을 미치지만, 일반적으로 다른 최적화보다 더 많은 노력이 필요합니다. 이것이 바로 1장 5절 「쿼리 응답 시간 개선」에 설명된 여정의 마지막 구간인 이유입니다. 먼저 쿼리, 인덱스, 데이터를 최적화한 다음 접근 패턴을 최적화하게 됩니다. 시작하기 전에 3장에서 살펴본 '돌'에 관해 다시 생각해 봅시다.

MySQL에 비유되는 트럭이 있다고 가정하겠습니다. 트럭을 효율적으로 사용하면 바위 더미를 언덕 위로 쉽게 옮길 수 있습니다. 그러나 비효율적으로 사용하면 트럭의 가치는 거의 없으며, 작업 시간이 불필요하게 오래 걸릴 수도 있습니다. 예를 들어, 트럭을 사용하여 자갈을 조금씩 언덕 위로 운반할 수도 있습니다. 그것은 여러분(그리고 트럭)에게 쉽지만 매우 비효율적이고 시간이 많이 소요됩니다. 트럭의 효율성은 트럭을 사용하는 사람이 어떻게 사용하느냐에 따라 다릅니다. 마찬가지로 애플리케이션의 효율성은 여러분이 MySQL을 어떻게 사용하느냐에 따라 다릅니다.

때때로 엔지니어는 MySQL이 더 빠르게 실행되지 않는 이유를 의아해합니다. 예를 들어, MySQL이 5,000QPS를 실행하고 있는데 엔지니어는 왜 9,000QPS를 실행하지 못하는지 궁금해합니다. 또는 MySQL이 CPU를 50% 사용 중일 때, 대신 CPU를 90% 사용하지 못하는 이유를 엔지니어는 궁금해합니다. 엔지니어는 원인인 애플리케이션보다는 결과(MySQL)에 집중하기 때문에 답을 찾지 못하는 것입니다. QPS와 CPU 사용량과 같은 메트릭은 MySQL에 대해 거의 아무것도 알려주지 않습니다. 애플리케이션이 MySQL을 사용하는 방법만 반영합니다.

애플리케이션은 단일 MySQL 인스턴스의 용량을 초과할 수 있지만, 단일 MySQL 인스턴스를 사용하는 수많은 대규모 고성능 애플리케이션이 있기 때문에 MySQL보다 애플리케이션에 대해 더 많은 것을 알려줍니다. 의심의 여지 없이 MySQL은 애플리케이션에 대해 충분히 빠릅니다. 진짜 질문은 애플리케이션이 MySQL을 효율적으로 사용하느냐는 것입니다. 수년 동안 MySQL, 수백 개의 다양한 애플리케이션, 수천 개의 다양한 MySQL 인스턴스를 사용해 본 결과 MySQL 성능은 애플리케이션에 의해 제한되는 것이지 그 반대는 아니라는 점을 저는 확신합니다.

이 장에서는 MySQL을 효율적으로 사용하도록 애플리케이션을 변경하는 방법을 결정하는 데이터 접근 패턴에 중점을 두고자 합니다. 다음처럼 주요 절 6개가 있습니다.

1. 애플리케이션과 별개로 MySQL이 수행하는 작업과 이것이 중요한 이유를 설명합니다.
2. 데이터베이스 성능이 선형으로 확장되지 않는다는 것을 증명합니다. 대신 성능이 불안정해지는 한계가 있습니다.
3. 두 자동차 브랜드가 거의 동일하게 작동함에도 불구하고 페라리가 도요타보다 빠른 이유를 생각합니다. 대답은 왜 일부 애플리케이션이 MySQL에서 뛰어난 반면 다른 애플리케이션은 저속 기어에서 벗어날 수 없는지 그 이유를 설명합니다.
4. 데이터 접근 패턴을 열거합니다.
5. 데이터 접근 패턴을 개선하거나 수정하기 위한 몇 가지 애플리케이션 변경 사항을 제시합니다.
6. 더 좋고 빠른 하드웨어라는 오랜 주제를 다시 살펴봅니다.

4-1 MySQL은 아무것도 하지 않는다

애플리케이션이 유휴 상태일 때 MySQL은 유휴 상태입니다. 애플리케이션이 바쁘게 쿼리를 실행 중이면 MySQL도 바쁘게 해당 쿼리를 실행 중입니다. MySQL에는 6장 5절의 "페이지 플러싱"과 같은 몇 가지 백그라운드 작업이 있지만, 쿼리들에 대한 데이터를 읽고 쓰는 데도 바쁩니다. 실제로 백그라운드 작업은 쿼리를 실행하는 포그라운드 작업을 허용하여 느린 작업을 지연하거나 방지함으로써 성능을 향상시킵니다. 따라서 MySQL이 느리게 실행되는데 외부 문제가 없다면 원인은 MySQL을 구동하는 애플리케이션뿐입니다.

:: 기억하세요

QPS는 애플리케이션에 직접 귀속됩니다. 애플리케이션이 없으면 QPS는 0입니다.

일부 데이터 스토리지에는 시스템에 고스트$_{ghosts}$가 있습니다. 언제든지 실행될 수 있으며 최악의 경우(데이터 스토리지에서 쿼리를 실행하느라 바쁠 때) 성능을 저하시킬 수 있는 내부 프로세스입니다. (압축과 배큐밍$_{vacuuming}$이 2가지 예입니다. MySQL에는 둘 다 없습니다.) MySQL은 애플리케이션이 사용자가 모르는 쿼리를 실행하지 않는 한 시스템에 고스트가 없습니다. 이를 알면 존재하지도 않는 원인을 찾는 것을 피하고, 더 중요하게는 MySQL이 바쁘게 수행하는 쿼리 실행에 집중하는 데 도움이 됩니다. 1장 3절에서는 "쿼리 프로파일"을 확인하는 방법을 알 수 있습니다. 쿼리 프로파일은 느린 쿼리뿐만 아니라 MySQL이 바쁘게 무엇을 하고 있는지 보여 줍니다.

쿼리는 다른 쿼리에 영향을 줍니다. 이에 대한 일반적인 용어는 **쿼리 경합**$_{query\ contention}$입니다. 즉, 쿼리가 경쟁하고 공유 리소스를 기다릴 때입니다. 로우 락 경합, CPU 경합 등 특정 유형의 경합이 있습니다. 쿼리 경합은 MySQL이 다른 작업을 하느라 바쁜 것처럼 보이게 만들 수 있지만, 오해하지 마세요. MySQL은 애플리케이션 쿼리만 실행할 뿐입니다.

MySQL은 로우 락 경합이라는 한 가지 유형의 경합만 보고하므로 쿼리 경합을 보거나 증명하는 것은 거의 불가능합니다. (로우 락 경합도 로우 락이 복잡하기 때문에 정확하게 확인하기 어렵습니다.) 또한, 문제는 높은 QPS(높음이 애플리케이션에 상대적인 경우)에 내재되어 있으므로 경합은 순식간이며 거의 감지할 수 없습니다. 쿼리 경합은 교통 체증과 같습니다. 즉, 도로에 많은 차량이 운행하는 것과 같습니다. 확인하고 증명하기는 거의 불가능하지만 설명할 수 없을 정도로 느린 쿼리를 설명할 수 있으므로 쿼리 경합을 알아야 합니다.

쿼리 경합은 성능이 한계에 도달할 때 중요한 역할을 합니다.

4-2 한계에 도달하면 성능이 불안정해진다

1장 7절 「MySQL을 더 빠르게」 말미에서 MySQL은 대부분의 최신 하드웨어를 한계까지 쉽게 밀어붙일 수 있다고 말했습니다. 그것은 사실이지만 그 한계가 여러분을 놀라게 할지도 모릅니다. 그림 4-1은 엔지니어가 기대하는 바를 보여 줍니다. 부하가 증가함에 따라 데이터베이스 성능은 시스템 용량(하드웨어 및 운영 체제의 처리량)을 100% 사용할 때까지 증가한 다음, 성능이 일정하게 유지됩니다. 이것을 **선형 스케일링**linear scaling(또는 선형 확장성)이라고 합니다.

그림 4-1 예상 데이터베이스 성능(선형 확장성)

선형 스케일링은 모든 DBA와 엔지니어의 이상이지만 실현될 수 없습니다. 대신, 그림 4-2는 부하, 시스템 용량과 관련된 데이터베이스 성능의 현실을 보여 줍니다.

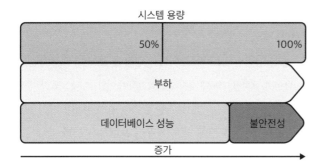

그림 4-2 실제 데이터베이스 성능

데이터베이스 성능은 시스템 용량의 100% 미만의 한계까지만 부하가 증가합니다. 현실적으로 데이터베이스 성능의 한계는 시스템 용량의 80~95%입니다. 부하가 한도를 초과하여 증가하면 데이터베이스 성능이 불안정해집니다. 처리량, 응답 시간, 기타 메트릭은 정상 값에서 현저하게(때로는 넓게) 변동합니다. 최고 사용률인 상태에서 결국 일부(또는 대부분) 쿼리의 성능이 저하되고, 최악의 경우 운영 중단이 발생합니다.

수식 4-1은 닐 건터_{Neil Gunther}가 명시한 **범용 확장성 법칙**_{Universal Scalability Law}으로, 하드웨어와 소프트웨어 시스템의 확장성을 모델링하는 방정식을 보여 줍니다.

$$X(N) = \frac{\gamma N}{1 + \alpha(N-1) + \beta N(N-1)}$$

수식 4-1 범용 확장성 법칙

표 4-1은 범용 확장성 법칙 방정식의 개별 항이 나타내는 것을 보여 줍니다.

표 4-1 범용 확장성 법칙의 개별 항

항	설명
X	처리량
N	부하: 동시 요청, 실행 중인 프로세스, CPU 코어, 분산 시스템의 노드 등
γ	동시성: 이상적인 병렬 처리
α	경합: 공유 리소스를 기다리는 중
β	일관성: 공유 리소스를 조정

:: 참고하세요

범용 확장성 법칙에 대한 보다 자세한 설명은 이 책의 범위를 벗어나므로 현재 주제인 데이터베이스 성능의 한계로 설명을 제한하겠습니다. 자세한 내용은 닐 건터의 "게릴라 용량 계획(Guerrilla Capacity Planning, oreil.ly/WZEd8)"을 참고하세요.

처리량 $X(N)$은 부하_{load}의 함수입니다. 동시성(γ)은 부하(N)가 증가함에 따라 처리량이 증가하는 데 도움이 됩니다. 그러나 경합(α)과 일관성(β)은 부하가 증가함에 따라 처리량을 감소시킵니다. 이는 선형 확장성을 불가능하게 하고 데이터베이스 성능을 제한합니다.

성능을 제한하는 것보다 더 나쁜 일관성은 **역행 성능**_{retrograde performance}을 유발합니다. 즉, 높은 부하에서 성능이 감소합니다. 역행이라는 용어는 절제된 표현입니다. 이는 MySQL이 부하를 처리할 수 없을 때 단순히 처리량이 적은 상태로 되돌아가는 것을 시사하지만 현실은 그보다 더 나쁩니다. 저는 현실을 있는 그대로 전달하는 '불안정성_{instability}'과 '불안정하게 함_{destabilize}'이라는 용어를 선호합니다. 시스템은 더 느리게 실행되는 것이 아니라 무너지고 있습니다.

범용 확장성 법칙은 실제 MySQL 성능을 놀라울 정도로 잘 모델링합니다. 그러나 모델로서 워크로드의 확장성을 설명하고 예측할 뿐, 워크로드가 어떻게 또는 왜 확장되는지는(또는 확장 실패) 설명하지 못합니다. 범용 확장성 법칙은 주로 데이터를 측정하고 모델에 맞춰 매개변수(γ, α, β)를 결정한 다음, 이를 줄이기 위해 노력하는 전문가용입니다. 전문가 이외의 사람은 그래프를 보고(6장에서는 MySQL 메트릭을 다룹니다) MySQL 성능이 불안정해질 때까지 바라만 보는, 바로 이것이 한계입니다. 그림 4-3은 애플리케이션이 MySQL의 한계를 넘도록 밀어붙일 때 실제 중단에서 발생한 3개의 차트를 보여 줍니다.*

운영 중단에는 3가지 기간이 있습니다.

상승기(오전 6시~9시)

애플리케이션은 상승 초기에는 안정적이었지만 메트릭이 꾸준히 상승하고 있는 것을 보여 주고 있었기 때문에 개발자들은 긴장하기 시작했습니다. 이전에 이 메트릭이 처음부터 계속 증가하면 어느 순간 애플리케이션이 중단되었던 경험이 있었기 때문입니다. 이에 대응하여 애플리케이션 개발자는 증가하는 수요에 대처하기 위해 트랜잭션 처리량을 늘렸습니다. (애플리케이션은 트랜잭션 처리량을 조절할 수 있으며 MySQL의 기능이 아닙니다.) MySQL이 한계에 다다를 때까지 상승과 응답이 반복되었고 결국 더이상 작동하지 않았습니다.

---

* 저명한 MySQL 전문가인 배론 슈와츠(Baron Schwartz)의 동영상 "범용 확장성 로우(Law) 모델링 워크북(oreil.ly/hzXnb)"을 보고 실제 MySQL 서버의 값으로 범용 확장성 법칙이 작동하는 것을 확인해 보세요.

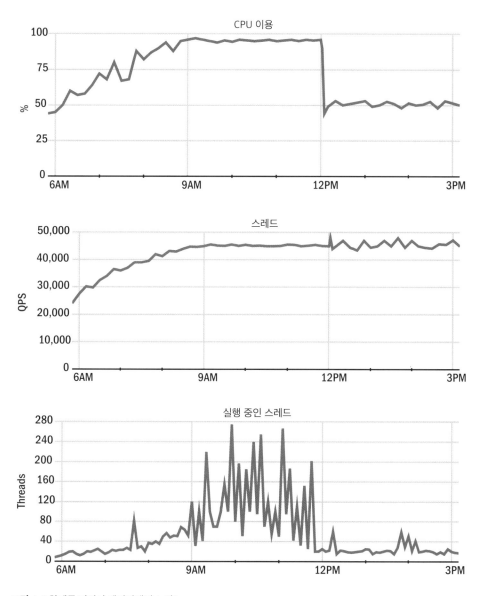

그림 4-3 한계를 넘어선 데이터베이스 성능

한계점(오전 9시~정오)

애플리케이션은 한계점이 유지되는 동안 불안정한 상태로 오프라인 상태처럼 보였습니다. CPU 사용량과 QPS가 꾸준히 높은 상태로 유지되고 있었지만, 실행 중인 스레드는 다른 이야기를 했습니다.

그림 4-3에 표시된 실행 중인 스레드의 톱날 패턴은 MySQL이 불안정해졌음을 나타내는 신호였습니다. 하나의 쿼리를 실행하는 데 하나의 스레드가 필요하므로 실행 중인 스레드의 큰 변동은 쿼리가 시스템을 통해 원활하게 흐르지 못한다는 것을 나타냅니다. 대신 쿼리가 MySQL에게 불규칙하게 부하를 세게 주고 있었습니다.

높은 상태로 변함없는 CPU 사용량과 QPS는 오해의 소지가 있습니다. 한결같은 것은 한계 전후에서 알 수 있듯이 약간의 변동이 있을 때만 좋습니다. 한계 동안 볼 수 있는 것처럼 변동없이 꾸준한 것은 평평한 선입니다. 그 이유를 이해하기 위해 이상하지만 효과적인 비유가 있습니다. 오케스트라를 상상해 보세요. 오케스트라가 올바르게 연주되면 음악의 다양한 측면에서 변형이 존재합니다. 사실 리듬, 템포, 피치, 톤, 멜로디 등의 변형이 음악입니다. 평평한 선을 그리는 메트릭은 하나의 연속적인 음을 매우 강하게 계속 연주하는 클라리넷 연주자에 비유됩니다. 안정되지만 음악은 아닙니다.

한계 동안 애플리케이션 개발자는 트랜잭션 처리량을 늘리려고 계속 노력했지만 효과가 없었습니다. MySQL은 CPU의 마지막 5%를 사용하지 못하고, QPS가 증가하지 않으며 실행 중인 스레드가 안정화되지 않았습니다. 범용 확장성 법칙(수식 4-1)에서 경합과 일관성의 이유를 알 수 있습니다. 부하가 증가함에 따라(N) 트랜잭션 처리량(X)이 증가했지만, MySQL이 한계에 도달할 때까지 경합(α)과 일관성(β)의 제한 효과도 증가했습니다.

수정(정오~오후 3시)

트랜잭션 처리량 증가는 그 자체로 소멸되었기 때문에 수정 사항은 트랜잭션 처리량을 줄이는 것이었습니다. 그것은 직관에 반하는 것처럼 보이지만 수학은 거짓말을 하지 않습니다. 정오에 애플리케이션 개발자는 트랜잭션 처리량을 줄였고 결과는 차트에서 명확해집니다. CPU 사용량이 50%로 떨어졌고 QPS(심지어 약간 증가)와 실행 중인 스레드(MySQL이 흡수할 여유 용량이 있는 몇 개의 스파이크)도 안정적인 변동 폭으로 돌아갔습니다.

이것이 어떻게 작동하는지 상상하기 위해 다른 비유를 생각해 봅시다. 고속도로를 상상해 보세요. 도로에 차가 많을 때 다른 차를 생각하고 반응할 시간이 필요하기 때문에 저마다 속도를 줄입니다. 도로에 차가 너무 많으면 교통 체증이 발생합니다. 차선을 추가하는 것 외에 유일한 해결책은 고속도로의 자동차 수를 줄이는 것입니다. 이렇게 하면 더 적은 수의 자동차가 더 빨리 달릴 수 있습니다. 트랜잭션 처리량을 줄이는 것은 고속도로의 차량 수를 줄이는 것에 비유되며, 나머지 차량이 더 빨리 가고 교통 흐름이 원활하게 됩니다.

이 예는 범용 확장성 법칙(수식 4-1)에 따라 데이터베이스 성능의 한계를 훌륭하게 모델링하지만, 애플리케이션이 MySQL과 하드웨어를 한계까지 밀어붙일 수 있었으므로 예외 상황이기도 합니다. 더 일반적으로 높은 부하는 애플리케이션을 불안정하게 하여 MySQL에서 부하가 증가하는 것을 방지합니다. 다시 말해, MySQL을 한계까지 밀어붙이기 전에 애플리케이션이 실패합니다. 그러나 이 예에서 애플리케이션은 실패하지 않았으며 MySQL이 한계에 도달할 때까지 계속 확장되었습니다.

애플리케이션에 관심을 돌리기 전에 한계에 도달한 MySQL 성능에 대한 2가지 추가 사항은 다음과 같습니다.

첫째, 일부러 부족한 하드웨어를 사용하지 않는 한 한계에 도달하기 어렵습니다. 2장 1절의 "더 좋고 빠른 하드웨어!"에서 언급했듯이, 이것은 합리적인 하드웨어로 확장해야 하는 2가지 예외 중 하나입니다. 또한 애플리케이션이 CPU, 램, 스토리지와 같은 모든 하드웨어를 동시에 완전히 활용하는 것도 어렵습니다. 애플리케이션은 모든 하드웨어를 동시에 완전히 활용하기 훨씬 전에 하드웨어 한 부분에서 병목 현상을 일으킬 가능성이 가장 큽니다. 이때 애플리케이션은 데이터베이스 성능의 한계에 도달한 것이 아니라 오직 해당 하드웨어의 한계에 도달한 것입니다.

둘째, 높은 부하로 인해 MySQL이 느리게 응답한다고 해서 한계에 도달했다는 의미는 아닙니다. 이유는 간단합니다. 감마(γ)는 동시성이나 이상적인 병렬성을 나타냅니다. 범용 확장성 법칙 방정식(수식 4-1)에서 감마가 분자에 있음을 떠올려 보세요.* 동시성(γ)이 증가하면 한계가 증가하므로 느린 데이터베이스 성능이 한계에 도달했음을 의미하지는 않습니다. 경합(α)을 줄이면 한계도 높아집니다. (일관성 β는 우리가 통제할 수 없습니다. 이것은 MySQL과 운영체제에서 고유하지만 일반적으로 문제가 되지는 않습니다.)

두 번째 요점은 다음과 같은 질문으로 이어집니다. "어떻게 하면 동시성을 증가시키거나 경합을 줄일 것인가? 아니면 둘 다입니까?" 이것은 매우 중요한 질문처럼 보이지만 그렇지 않습니다. MySQL 성능에서 핵심은 쿼리 응답 시간이기 때문에 오해의 소지가 있습니다. 동시성(γ)과 경합(α) 값은 직접 측정할 수 없습니다. 이러한 값은 처리량과 부하 측정값을 모델에 맞춰 결정합니다. 전문가들은 성능 향상이 아니라 시스템 용량을 이해하기 위해 범용 확장성 법칙을 사용합니다. 그리고 이 절에서는 성능이 한계에 도달하면 불안정하다는 것을 증명하는 데 사용했습니다.

---

* 사실, 배론 슈와츠가 거기에 넣었습니다. 닐 건터는 블로그 게시물 "3가지 매개변수를 사용한 USL 확장성 모델링(oreil.ly/s2BL8)"에서 배론이 세 번째 매개변수를 추가한 이유는 USL이 실제 데이터베이스의 데이터에 적합하도록 허용했기 때문이라고 썼습니다.

4-3 도요타와 페라리

일부 애플리케이션은 놀라운 MySQL 성능을 달성하지만 다른 애플리케이션은 낮은 처리량으로 어려움을 겪습니다. 일부 애플리케이션은 하드웨어를 최대 한도까지 완전히 활용할 수 있지만 다른 애플리케이션은 CPU를 거의 사용하지 못합니다. 일부 애플리케이션은 성능 문제가 없지만 다른 애플리케이션은 느린 쿼리로 계속 어려움을 겪습니다. 이것은 광범위한 일반화이지만 모든 엔지니어는 자신의 애플리케이션이 놀라운 성능, 완전한 하드웨어 활용, 그리고 다른 문제들이 없기를 원한다고 주장할 것입니다. 왼쪽에 있는 응용 프로그램과 오른쪽에 있는 응용 프로그램의 차이점은 페라리가 도요타보다 빠른 이유를 생각해 보면 이해할 수 있습니다.

두 자동차 브랜드는 거의 똑같은 부품과 디자인을 사용합니다. 하지만 도요타의 최고 속도는 일반적으로 210km/h이고, 페라리의 최고 속도는 320km/h입니다. 페라리는 도요타보다 110km/h 더 빠르게 만드는 특별한 부품이 없습니다. 그렇다면 페라리가 도요타보다 훨씬 빠른 이유는 무엇일까요? 정답은 공학 설계와 세부 사항에서의 차이입니다.

도요타는 고속 주행을 목표로 설계되지 않았습니다. 고속(고성능)을 달성하려면 다양한 세부 사항에 세심한 주의가 필요합니다. 자동차의 경우 세부 사항은 다음과 같습니다.

- 엔진 크기, 구성, 타이밍
- 변속기 기어비, 변속 포인트, 타이밍
- 타이어 크기, 견인력, 회전력
- 조향, 서스펜션, 제동
- 공기 역학

두 자동차 브랜드 모두 세부 사항을 적절하게 설계하고 제작하지만 페라리의 엄격한 세부 사항 수준은 더 나은 성능을 달성하는 이유를 설명합니다. 이러한 세부 사항 중 하나인 공기 역학$_{aerodynamics}$에서 이를 확인할 수 있습니다. 페라리의 독특한 외부 디자인은 화려하면서도 기능적입니다. 이것은 항력 계수$_{drag\ coefficient}$를 낮추어 효율성을 높여줍니다.

고속과 마찬가지로 고성능은 억지 기법이나 무차별적으로 달성되는 것이 아닙니다. 고성능을 목표로 한 치밀한 설계의 산물입니다. 페라리는 모든 세부 사항에서 더 빠르도록 설계되었으므로 도요타보다 빠릅니다.

여러분의 애플리케이션은 MySQL의 성능을 최대로 끌어 올리기 위해 모든 세부 사항을 설계하고 제작하였습니까? 그렇다면 이 장의 나머지 부분을 건너뛰셔도 됩니다. 일반적인 대답인 그렇지 않다면 다음 절에서는 도요타와 같은 애플리케이션을 페라리와 같은 애플리케이션과 구분하는 근본적인 기술적 차이인 데이터 접근 패턴을 다루겠습니다.

4-4 데이터 접근 패턴

데이터 접근 패턴data access pattern은 애플리케이션이 MySQL을 사용하여 데이터에 접근하는 방법입니다. 데이터 접근 패턴(줄여서 접근 패턴)이라는 용어가 일반적으로 사용되지만 거의 설명되지 않습니다. 접근 패턴에 대한 3가지 세부 정보를 명확히 하며 상황을 바꿔 보겠습니다.

첫째, 접근 패턴을 복수형으로 논의하는 것이 너무 일반적이어서 서로 모호해지기 시작합니다. 그러나 그것들이 구분되지 않는 부분들이 아니라는 것을 이해하는 것이 중요합니다. 애플리케이션에는 많은 접근 패턴이 있습니다. 편의상 복수형으로 논의되지만 실제로는 접근 패턴을 개별적으로 수정합니다.

둘째, 접근 패턴은 궁극적으로 쿼리를 참조하며 여러분은 접근 패턴을 변경하기 위해 쿼리와 애플리케이션를 변경하지만 쿼리가 초점이 아닙니다. Go 프로그래밍 언어의 용어(golang.org)에서 접근 패턴은 '인터페이스interface'이고 쿼리는 '구현implementation'입니다. 구현이 아닌 인터페이스에 집중하세요. 이를 통해 서로 다른 데이터 스토리지에 대한 접근 패턴을 구상하고 적용할 수 있습니다. 예를 들어, MySQL에서 실행되는 특정 접근 패턴은 키-값 데이터 스토리지에 더 적합하지만, SQL 쿼리에 집중하면 키-값 쿼리와 전혀 유사하지 않기 때문에 이를 파악하는 것이 어려울 수 있습니다. 이 책에서는 접근 패턴 수정에 대해 설명하지만 실제로는 쿼리(그리고 애플리케이션)를 수정합니다.

셋째, 접근 패턴은 이름과 기술적인 특성 목록으로 구성됩니다. 이름은 접근 패턴을 식별하고 다른 엔지니어와 소통하는 데 사용됩니다. (접근 패턴에는 고유한 이름이 없습니다.) 간결하고 의미 있는 이름을 선택하세요. 기술적인 특성 목록은 데이터 스토리지에 따라 다릅니다. 예를 들어, MySQL 데이터 접근은 Redis의 데이터 접근과 상당히 다릅니다. 이 절에서는 MySQL 데이터 접근에 대한 9가지 특성을 열거하고 설명합니다.

이론적으로 애플리케이션 개발자는 모든 개별 접근 패턴을 식별해야 하지만, 솔직히 말해서 매우 지루합니다. (저는 그것을 해본 적이 없으며 애플리케이션이 빨리 변경되면 불가능할 수도 있습니다.) 그런데도 모든 개별 접근 패턴을 식별하는 것이 목표입니다. 다음은 이 목표를 향한 3가지 합리적이고 달성 가능한 접근 방식입니다.

- 팀과 브레인스토밍하여 가장 명백하고 일반적인 접근 패턴을 식별합니다.
- 쿼리 보고를 사용하여 가장 느린 상위 접근 패턴을 식별합니다.
- 덜 알려진(또는 잊어버린) 접근 패턴에 대한 코드를 자세히 알아봅니다.

이 장의 목표인 접근 패턴을 변경하여 간접 쿼리 최적화를 달성하려면 최소한 첫 번째나 두 번째 접근 방식을 한 번은 따라야 합니다.

접근 패턴을 식별하고 이름을 지정했으면 다음 9가지 특성 각각에 대한 값이나 답을 확인하세요. 특성에 대한 값이나 답을 모르는 것은 애플리케이션의 일부를 배우고 개선할 수 있는 좋은 기회입니다. 특성을 모르는 상태로 두지 말고 값이나 답을 찾아 알아내야 합니다.

9가지 특성을 설명하기 전에 해결해야 할 질문이 하나 더 있습니다. 접근 패턴을 어떻게 사용하느냐입니다. 접근 패턴은 순수 지식$_{pure\ knowledge}$*이지만, 그 지식은 이전과 다음 절 사이의 다리 역할을 합니다. 4장 3절 「도요타와 페라리」에서는 고성능 MySQL에는 고성능 애플리케이션이 필요하다는 점을 강조했습니다. 4장 5절 「애플리케이션 변경」에서는 데이터베이스와 관련하여 고성능에 맞추어 애플리케이션을 재설계하는 데 도움이 되는 일반적인 변경 사항을 설명합니다. 접근 패턴은 도요타에서 페라리로 애플리케이션을 재설계하는 방법을 결정(때로는 지시)하는 데 도움이 됩니다.

계속 더 말하기보다 본격적으로 MySQL에 대한 데이터 접근 패턴의 9가지 특성을 살펴보겠습니다.

읽기/쓰기

데이터에 접근하는 형태가 데이터 읽기나 쓰기인가요? SELECT라는 읽기 접근은 명확합니다. 세부 사항을 고려할 때 쓰기가 덜 명확합니다. 예를 들어, INSERT는 쓰기 접근이지만 INSERT...SELECT는 읽기와 쓰기 접근입니다. 마찬가지로 UPDATE와 DELETE는 WHERE 절을 사용해야 하므로 읽기와 쓰기 접근이 가능합니다. 간단하게 정리해 INSERT, UPDATE, DELETE는 항상 쓰기 접근으로 간주합니다.

내부적으로 읽기와 쓰기는 같지 않습니다. 이것은 기술적 영향이 다르고 MySQL의 다른 내부 부분을 호출합니다. 예를 들어, INSERT와 DELETE는 내부적으로 다른 쓰기입니다. 단순히 전자가 추가되고 후자가 제거되기 때문이 아닙니다. 다시 간단하게 정리해 모든 읽기는 같고 모든 쓰기는 같습니다.

읽기/쓰기 특성은 읽기와 쓰기를 확장하는 데 서로 다른 애플리케이션 변경이 필요하므로 가장 기본적이고 보편적인 특성 중 하나입니다. 읽기 확장은 일반적으로 읽기를 오프로드$_{offload}$하여 수행되며

---

* 역주: 저자는 접근 패턴을 경험하지 않아도 알 수 있는 선험적 지식이라고 말합니다.

4장 5절에서 다룰 것입니다. 쓰기 확장은 더 어렵지만 쓰기를 대기열에 추가하는 것이 하나의 기술이며 5장에서는 궁극적인 솔루션인 샤딩~sharding~을 다룹니다.

이 특성은 매우 간단하지만 애플리케이션이 읽기 중심인지 쓰기 중심인지 알면 신속하게 관련 애플리케이션 변경에 집중할 수 있어서 중요합니다. 예를 들어, 캐시 사용은 쓰기 집약적인 애플리케이션과 관련이 없습니다. 또한 다른 데이터 스토리지는 읽기나 쓰기에 최적화되었으며, MySQL에는 쓰기에 최적화된 스토리지 엔진인 MyRocks(myrocks.io)가 있습니다.

처리량

처리량(QPS)과 데이터 접근의 변동은 무엇일까요? 우선 처리량은 성능이 아닙니다. 1QPS에 불과한 낮은 처리량의 접근만으로도 큰 피해를 줄 수 있습니다. 여기 실제로 잘 발생되지는 않지만 상상해 볼 수 있는 예시가 있습니다. 테이블 스캔을 수행하고 모든 행을 잠그는 **SELECT...FOR UPDATE** 문입니다. 이렇게 끔찍한 접근을 찾는 것이 드물지만 요점은 처리량은 성능이 아니라는 것을 증명합니다. 접근이 좋지 않다 하더라도 매우 높은 QPS는(높은 것은 애플리케이션에 상대적인 것) 일반적으로 3장 1절에서 "QPS가 낮을수록 좋다"에서 훌륭하게 설명한 이유들 때문에 해소해야 하는 문제입니다. 예를 들어, 애플리케이션이 주식 거래를 실행할 때 아마도 증권 거래소가 열리는 오전 9시에 읽기와 쓰기 접근이 급증할 것입니다. 그 수준의 처리량은 안정적인 500QPS와 전혀 다른 고려 사항을 불러일으킵니다.

변동~variation~(QPS가 증가하고 감소하는 방식)도 똑같이 중요합니다. 이전 단락은 급상승~burst~과 안정~steady~에 관해 언급했으며 다른 유형의 변동은 주기적~cyclical~입니다. QPS는 일정 기간 동안 증감합니다. 일반적으로 업무 시간(오전 9시~오후 5시까지) 때마다 QPS가 더 높아지고 한밤중에는 QPS가 낮아집니다. 문제는 업무 시간에 QPS가 높아지면 개발자가 스키마 변경(**ALTER TABLE**)을 수행하거나 데이터를 재처리할 수 없다는 것입니다.

데이터 수명

접근 데이터의 수명은 얼마나 됩니까? 수명은 시간이 아니라 접근 순서에 상대적입니다. 애플리케이션이 10분 동안 백만 개의 행을 삽입하는 경우, 첫 번째 행은 10분이 지나서가 아니라 접근한 마지막 행이라서 가장 오래된 행입니다. 애플리케이션이 첫 번째 행을 갱신하면 가장 최근에 접근한 행이므로 가장 최신 행이 됩니다. 그리고 애플리케이션이 첫 번째 행에 다시는 접근하지 않고 다른 행에 지속해서 접근하면 첫 번째 행이 점점 더 오래된 행이 됩니다.

이 특성은 작업 세트에 영향을 미치기 때문에 중요합니다. 3장 1절에서 작업 세트는 자주 사용되는 인덱스값과 이 값이 참조하는 프라이머리 키 행(자주 접근하는 데이터를 얘기하는 긴 설명 방법)이며 일반적으로 테이블 크기에서 작은 비율임을 떠올려 보세요. MySQL은 될 수 있는 한 많은 데이터를 메모리에 보관하고, 데이터 수명은 메모리의 데이터가 작업 세트의 일부인지 아닌지에 대해 영향을 미칩니다. 일반적으로 MySQL은 알고리즘과 데이터 구조 덕분에 작업 세트를 메모리에 유지하는 데 탁월하기 때문입니다. 그림 4-4는 프로세스를 매우 단순화한 그림입니다.

그림 4-4의 사각형은 모든 데이터를 나타냅니다. 작업 세트는 점선부터 맨 위까지 소량의 데이터입니다. 그리고 메모리는 실선에서 맨 위까지로 모든 데이터보다 작고 작업 세트보다도 작습니다. MySQL 용어로 데이터에 접근했을 때를 '최신 상태로 만들어짐made young'이라고 합니다. 그리고 데이터에 접근하지 않으면 오래되어 결국 메모리에서 제거됩니다.

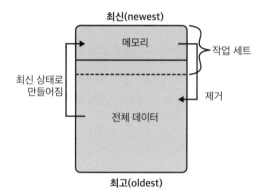

그림 4-4 데이터 수명 주기

데이터에 접근하면 데이터가 메모리에 최신 상태로 바뀌어 유지되고, 이 데이터는 자주 접근되기 때문에 이 데이터를 포함하는 작업 세트는 메모리에 남게 됩니다. 이것이 MySQL이 적은 메모리와 많은 데이터를 가지고 있어도 빠르게 운영할 수 있는 이유입니다.

오래된 데이터에 자주 접근하는 것은 여러 면에서 문제가 됩니다. 그 이유를 설명하려면 이 절의 범위를 넘어 기술적인 세부 사항을 탐구해야 하지만 나중에 6장 5절의 "InnoDB"에서 명확히 하겠습니다. 데이터는 **여유 페이지**free page(메모리 내)에 적재됩니다. 참고로 페이지는 처음엔 어떠한 데이터도 가지고 있지 않습니다. (페이지는 InnoDB 내부 논리 스토리지의 16KB 단위입니다.) MySQL은 사용할 수 있는 모든 메모리를 사용하지만 여유 페이지도 몇 개 유지합니다. 사용할 수 있는 여유 페이지가 있을 때는 정상인데, 문제는 스토리지에서 데이터를 읽는 것은 속도가 느리다는 것뿐입니다. 비정상으로 여유 페이지가 하나도 없다면 문제가 3배로 악화됩니다.

첫째, MySQL은 가장 최근에 사용한(LRU:least recentrly used) 목록에서 추적하여 오래된 페이지를 제거해야 합니다. 둘째, 오래된 페이지가 더티$_{dirty}$(데이터 변경 사항이 디스크에 유지되지 않는 경우)일 때 MySQL은 이를 제거하기 전에 플러시$_{flush}$해야 하는데, 플러시는 속도가 느립니다. 셋째, 스토리지에서 데이터를 읽는 속도가 느리다는 원래 문제가 남아 있습니다. 간단히 말해서 오래된 데이터를 자주 가져오는 것은 성능에 문제가 있습니다.*

MySQL이 영리해서 가끔 오래된 데이터에 접근하는 것은 문제가 되지 않습니다. 그림 4-4의 프로세스를 구동하는 알고리즘은 오래된 데이터에 가끔 접근하는 것이 새로운 데이터를 읽어오는 데 간섭하는 것을 방지합니다. 따라서 데이터 수명과 처리량을 함께 고려해야 합니다. 오래되고 느린 접근은 아마도 무해하지만 오래되고 빠른 접근은 문제를 일으킬 수 있습니다.

데이터 수명은 측정하기가 거의 불가능합니다.** 다행히도 접근했던 데이터의 수명을 추정하기만 하면 되며, 이는 애플리케이션, 데이터, 접근 패턴을 이해하고 있어야 할 수 있습니다. 예를 들어, 애플리케이션이 금융 거래를 저장할 때 데이터 접근이 대부분 새 데이터(최근 90일간의 거래)로 제한된다는 것을 알고 있습니다. 90일보다 오래된 데이터에 접근하는 것은 거래가 확정되어 변경할 수 없으므로 자주 발생하지 않아야 합니다. 반면에 사용자 프로필을 관리하는 애플리케이션에서는 활성 사용자의 비율이 높으면 이전 데이터에 자주 접근할 수 있습니다. 오래된 데이터는 시간이 아니라 접근과 관련이 있다는 것을 기억하세요. 일주일 전에 마지막으로 로그인한 사용자의 프로필이 시간에 따라 반드시 오래된 것은 아니지만, 수백만 개의 다른 프로필 데이터에 접근했다면 상대적으로 오래된 것입니다. 이는 프로필 데이터가 메모리에서 제거되었음을 의미합니다.

이 특성을 아는 것은 4장 5절의 데이터 분할과 5장의 샤딩을 이해하기 위한 전제 조건입니다.

데이터 모델

접근 방식이 나타내는 데이터 모델은 무엇입니까? MySQL은 관계형 데이터 스토리지지만 일반적으

---

* 역주: 메모리에 있는 변경된 페이지(더티 페이지)를 제거하기 전에 페이지 안의 변경 데이터를 디스크로 내려 써서 최종적으로 데이터를 저장하여 지속적으로 만드는 것입니다.

** InnoDB 버퍼 풀에 있는 데이터 페이지의 LSN을 검사하면 기술적으로 가능하지만, 이는 중단을 초래할 수도 있어서 실제로 수행하지는 않습니다.

로 키-값, 문서, 복잡한 분석, 그래프 등과 같은 다른 데이터 모델과 함께 사용됩니다. 비관계형 접근은 MySQL에 상당히 부적합하므로 잘 알고 있어야 합니다. 그렇지 않으면 최상의 성능을 얻을 수 없습니다. MySQL은 다른 데이터 모델보다 뛰어나지만, 그것은 한 부분에 불과합니다. 예를 들어, MySQL은 키-값 데이터 스토리지로 잘 작동하지만 RocksDB(rocksdb.org)는 특별히 제작된 키-값 데이터 전용 스토리지이므로 비교할 수 없을 정도로 우수합니다.

데이터 모델의 특성은 다른 특성처럼 프로그래밍 방식으로 측정할 수 없습니다. 대신 여러분은 접근 방식이 제시하는 데이터 모델을 결정해야 합니다. 접근 방식이 생성될 때 MySQL이 유일하게 사용할 수 있는 데이터 스토리지였으므로 접근 방식이 관계형일 수 있지만, 모든 데이터 스토리지를 고려할 때는 다른 데이터 모델을 제시합니다. 사용할 수 있는 데이터 스토리지의 데이터 모델로 접근 방식이 걸림돌이 되는 경우가 많습니다. 그러나 모범 사례는 그 반대입니다. 접근 방식에 이상적인 데이터 모델을 결정한 다음, 해당 데이터 모델로 구축된 데이터 스토리지를 사용하세요.

트랜잭션 격리

데이터 접근에 필요한 트랜잭션 격리는 무엇입니까? **격리성**(고립성)은 원자성$_{atomicity}$, 일관성$_{consistency}$, 격리성(고립성)$_{isolation}$, 지속성$_{durability}$ 등 4가지 ACID 속성 중 하나입니다. 기본 MySQL 스토리지 엔진인 InnoDB는 트랜잭션 속성을 가지며, 모든 쿼리는 기본적으로 단일 `SELECT` 문을 포함하여 트랜잭션에서 실행됩니다. (8장에서는 트랜잭션을 검토합니다.) 따라서 접근이 필요하든 필요하지 않든 격리됩니다. 이 특성은 격리가 필요한지와 그렇다면 어떤 수준인지를 명확히 합니다.

엔지니어에게 이 질문을 하면 대답은 3가지 범주 중 하나로 분류됩니다.

없음(None)

아니요, 데이터 접근에는 격리가 필요하지 않습니다. 그것은 비트랜잭션 스토리지 엔진에서 올바르게 실행됩니다. 격리는 쓸모없는 오버헤드일 뿐이지만, 문제를 일으키거나 성능에 눈에 띄게 영향을 미치지는 않습니다.

기본(Default)

아마도 데이터 접근에는 격리가 필요하지만 어떤 수준이 필요한지 알 수 없거나 불분명합니다. 애플리케이션은 MySQL의 기본 트랜잭션 격리 수준인 `REPEATABLE READ`로 올바르게 작동합니다. 다른 격리 수준(또는 격리 없음)이 제대로 작동하는지 확인하려면 신중하게 검토해야 합니다.

특정(Specific)

예, 데이터 접근은 같은 데이터에 접근하는 다른 트랜잭션과 동시에 실행되는 트랜잭션의 일부이므로 특정 격리 수준이 필요합니다. 특정 격리 수준이 없으면 데이터에 접근할 때 잘못된 버전의 데이터를 볼 수도 있으며 이는 애플리케이션에 심각한 문제가 됩니다.

저의 경험상 가장 일반적인 범주는 '기본'이며, MySQL의 기본 트랜잭션 격리 수준인 REPEATABLE READ가 대부분의 경우에 정확하기 때문에 중요합니다. 그러나 이 특성에 대한 대답은 '없음'이나 '특정'으로 이어져야 합니다. 데이터 접근에 격리가 필요하지 않다면 트랜잭션 데이터 스토리지가 필요하지 않을 수 있습니다. 그렇지 않고 데이터 접근에 격리가 필요하다면 이제 격리 수준과 그 이유를 구체적으로 알 수 있습니다.

다른 데이터 스토리지에는 트랜잭션이 있으며 기본적으로 트랜잭션을 지원하지 않는 데이터 스토리지도 있습니다. 예를 들어, 문서 스토리지인 MongoDB(www.mongodb.com)는 4.0 버전에서 다중 문서에 ACID 트랜잭션을 도입했습니다. 필요한 격리 수준과 그 이유를 알면 MySQL에서 다른 데이터 스토리지로 접근 방식을 변환하고 이동할 수 있습니다.

> **:: 주의하세요**
> 다른 데이터 스토리지의 트랜잭션은 MySQL 트랜잭션과 매우 다를 수 있으며 트랜잭션은 잠금과 같은 다른 측면에 영향을 미칩니다.

읽기 일관성

강력한 일관성strong consistency (혹은 강력한 일관성 읽기)은 읽기가 가장 최신 값을 반환함을 의미합니다. 원본(소스) MySQL 인스턴스(복제본 아님)에 대한 읽기는 강력한 일관성을 가지지만, 트랜잭션 격리 수준에 따라 현재 값을 결정합니다. 장시간 실행되는 트랜잭션은 오래된 값을 읽을 수 있지만 트랜잭션 격리 수준과 관련하여 기술적으로는 현재 값입니다. 8장에서는 이러한 세부 사항을 다룹니다. 지금은 강력한 일관성이 원본 MySQL 인스턴스의 기본(유일한 옵션)임을 기억하세요. 이것은 모든 데이터 스토리지에 해당하지는 않습니다. 예를 들어, 아마존 DynamoDB(oreil.ly/EDCme)는 최종 일관성 읽기로 기본 설정되며 강력한 일관성 읽기는 옵션이고 더 느리며 더 비쌉니다.

최종 일관성_{eventual consistency}(최종 일관성 읽기)은 읽기가 이전 값을 반환할 수 있지만 결국에는 현재 값을 반환함을 의미합니다. MySQL 복제본에 대한 읽기는 복제 지연_{replication lag}(데이터가 소스에 기록되는 시점과 복제본에 기록되는 시점 사이의 지연)으로 인해 차이가 발생하지만 최종적으로 일관성이 있게 됩니다. 결국 지속 시간은 복제 지연과 거의 같으며 1초 미만이어야 합니다. 읽기 접근을 제공하는 데 사용되는 복제본을 '읽기 복제본_{read replicas}'이라고 합니다. (모든 복제본이 읽기를 제공하는 것은 아닙니다. 일부는 고가용성이나 기타 용도로만 사용됩니다.)

MySQL 세계에서는 공통적으로 모든 접근은 원본(소스) 인스턴스를 사용하는데, 기본적으로 모든 읽기가 강력하게 일관적입니다. 그러나 읽기에 강력한 일관성이 요구되지 않는 경우도 흔합니다. 특히 복제 지연이 1초 미만일 때 그렇습니다. 최종 일관성이 허용되면 읽기 오프로드(4장 5절의 "오프로드 읽기" 참고)를 할 수 있습니다.

동시성

데이터를 동시에 접근합니까? 동시성이 제로라면 데이터에 접근할 때 동시에 같은 데이터를 읽거나 쓰지 않는다는 것을 의미합니다. 같은 데이터를 다른 시간에 읽거나 쓰는 경우에도 동시성은 제로입니다. 예를 들어, 고유한 행을 삽입하는 접근 패턴은 동시성이 0입니다.

높은 동시성은 같은 데이터를 동시에 자주 읽거나 쓰기로 접근하는 것을 의미합니다.

동시성은 쓰기 접근에 대해 로우 락이 얼마나 중요한지(또는 얼마나 골치 아픈지)를 나타냅니다. 당연히 같은 데이터에 대한 쓰기 동시성이 높을수록 로우 락 경합이 커집니다. 로우 락 경합으로 인해 발생하는 응답 시간이 증가해도 허용될 만한 시간이라면 허용됩니다. 그러나 애플리케이션이 처리하고 다시 시도해야 하는 쿼리 오류인 락 대기 시간 초과_{lock wait timeout}가 발생하면 허용되지 않습니다. 이러한 상황이 발생하기 시작하면 2가지 해결책만 있습니다. 바로 동시성을 낮추거나(접근 패턴 변경)나 쓰기 확장을 위한 샤드_{shard}(5장 참고) 구성입니다.

또한 동시성은 읽기 접근에 캐시를 얼마나 적용할 수 있는지를 나타냅니다. 같은 데이터를 높은 동시성으로 읽지만 자주 변경되지 않을 때는 캐시에 적합합니다. 4장 5절의 "오프로드 읽기"에서 이에 관해 설명합니다.

앞서 "데이터 수명"에서 설명한 것처럼 동시성은 측정하는 것이 거의 불가능하지만 애플리케이션, 데이터, 접근 패턴에 대한 이해를 통해 동시성을 추정하기만 하면 됩니다.

행 접근

행에 접근하는 방법은 무엇입니까? 행 접근에는 3가지 유형이 있습니다.

1. 포인트 접근(point access): 단일 행

2. 범위 접근(range access): 두 값 사이의 정렬된 행

3. 임의 접근(random access): 임의의 순서로 된 여러 행

영어 알파벳(A~Z)을 사용하는 경우 포인트 접근은 임의의 단일 문자(예: A)입니다. 범위 접근은 순서대로 정렬된 문자들입니다(ABC 또는 B가 존재하지 않는 경우 AC). 임의 접근은 무작위 문자들(ASMR)입니다.

이 특성은 단순해 보이지만 2가지 이유로 쓰기 접근에 중요합니다.

첫째는 갭 락입니다. 비고유 인덱스를 사용하는 범위와 임의 접근 쓰기는 **갭 락**_{gap locking}으로 인해 로우 락 경합을 악화시킵니다. 8장 1절 「로우 락」에서 자세히 설명합니다.

둘째는 데드락입니다. 임의 접근 쓰기는 데드락_{deadlocks}에 대한 설정이며, 데드락은 두 트랜잭션이 다른 트랜잭션에 필요한 로우 락을 보유하는 경우입니다. MySQL은 데드락을 감지하고 해제하지만, 성능을 떨어뜨리는(MySQL은 데드락을 해제하기 위해 하나의 트랜잭션을 종료함) 성가신 일입니다.

행 접근은 샤딩 방법을 계획할 때도 중요합니다. 효과적으로 샤딩하려면 접근 패턴이 단일 샤드를 사용해야 합니다. 포인트 접근은 하나의 행, 하나의 샤드와 같은 샤딩에서 가장 잘 작동합니다. 범위와 임의 접근은 샤딩과 함께 작동하지만 너무 많은 샤드에 접근하여 샤딩의 이점을 무효화하지 않도록 신중한 계획이 필요합니다. 5장에서는 샤딩을 다룹니다.

결과 세트

데이터 접근이 결과 세트를 그룹화, 정렬, 또는 제한을 합니까? 이 특성은 대답하기 쉽습니다. 접근 방법에 `GROUP BY`나 `ORDER BY` 또는 `LIMIT` 절이 있습니까? 이러한 각 절은 다른 데이터 스토리지에서 접근 방법이 어떻게 변경이 될지, 어떻게 실행이 될지에 대해 영향을 미칩니다. 3장 2절의 "데이터 접근"에서는 몇 가지 변경 사항을 다룹니다. 최소한 행을 그룹화하거나 정렬하는 접근 방법을 최적화하세요. 행을 제한하는 것은 문제가 아니라 이점이 있지만 다른 데이터 스토리지에서는 다르게 작동합니다. 마찬가지로 다른 데이터 스토리지는 행에 그룹화 또는 정렬을 지원하거나 지원하지 않을 수

있습니다.

4-5 애플리케이션 변경

데이터 접근 패턴을 변경하려면 애플리케이션을 변경해야 합니다. 이 절에 제시된 변경 사항은 전체가 아닌 일반적인 것으로, 매우 효과적이지만 애플리케이션에 크게 의존합니다. 일부는 잘 동작하지만, 나머지는 잘 안 될 수도 있습니다.(예외적으로 첫 번째 변경인 4장 5절의 "코드 감사"는 항상 잘 작동합니다.) 결과적으로 각 변경 사항은 자신의 팀과 더 많은 논의와 계획이 필요합니다.

첫 번째를 제외한 모든 변경 사항에는 추가 인프라가 필요하다는 미묘한 공통점이 있습니다. 코드 변경과 더불어 인프라 변경도 필요하다는 사실에 마음의 준비를 해야 합니다. 1장 5절 「쿼리 응답 시간 개선」에서 언급한 것처럼 간접 쿼리 최적화에는 더 많은 노력이 필요합니다. 데이터 변경(3장)이 잠재적으로 효과가 있지만 접근 패턴을 변경하는 것은 확실히 효과가 있습니다. 하지만 이러한 전환transformative은 정의상으로 완전한 탈바꿈이기 때문에 이러한 노력을 들일 가치가 있습니다. 응용 프로그램이 토요타에서 페라리로 바뀌는 것과 같습니다.

이 방법이 무척 궁금할 수 있습니다. 애플리케이션 변경이 그렇게 강력하다면 쿼리와 데이터를 최적화하기 전에 먼저 변경하지 않는 이유가 의아할 수 있습니다. 이 책의 초점은 "효율적인 MySQL 성능"이므로 가장 많은 노력이 필요한 애플리케이션 변경이 마무리 여정이 되도록 계획했습니다. 앞에서 살펴본 직접 쿼리 최적화(2장)와 데이터 변경(3장)은 훨씬 적은 노력이 필요하며, 직접 쿼리 최적화는 대부분은 아니지만 많은 성능 문제를 해결해 줍니다. 그러나 애플리케이션 재설계에 바로 뛰어들 수 있는 시간과 에너지가 있다면 여러분은 이 책의 지원을 받을 수 있습니다. 2장에서 배운 교훈을 기억해 보세요. 인덱스는 최고의 영향력을 제공하고 나쁜 쿼리는 훌륭한 접근 패턴을 망칩니다. 유명한 MySQL 전문가 빌 카윈Bill Karwin의 말을 인용하자면, "최적화되지 않은 쿼리가 데이터베이스 서버를 죽이고 있습니다."

코드 감사

사람이 코드를 확인하지 않아도 그 코드가 얼마나 오랫동안 존재하고 실행될 수 있었는지 알면 놀랄지도 모릅니다. 어떤 의미에서 단지 잘 작동하고 문제를 일으키지 않는 코드는 좋은 코드라는 표시일 수 있습니다. 그러나 "문제를 일으키지 않는다"는 것이 반드시 코드가 효율적이거나 필수적이라는 것을 의미하지는 않습니다.

모든 코드를 감사할 필요는 없으며(나쁜 생각은 아니지만), 데이터베이스에 접근하는 코드만 감사하면 됩니다. 물론 실제 쿼리를 살펴보고 쿼리가 수행하는 비즈니스 로직인 컨텍스트도 고려해야 합니다. 같은 비즈니스 로직을 달성하는 다른 더 나은 방법을 알게 될 수도 있습니다.

다음과 같은 쿼리를 찾아보세요.

- 더 이상 필요하지 않은 쿼리
- 너무 자주 실행되는 쿼리
- 너무 빠르게나 자주 재실행되는 쿼리
- 크거나 복잡한 쿼리 ─ 단순화할 수 있는지 여부

코드가 ORM을 사용하거나 모든 종류의 데이터베이스 추상화를 사용하는 경우 기본값과 구성을 다시 확인해 보세요. 한 가지 고려 사항은 일부 데이터베이스 라이브러리가 모든 쿼리 실행 후 경고를 확인하기 위해 SHOW WARNING을 실행한다는 것입니다. 보통은 문제가 되지 않지만 상당한 낭비이기도 합니다. 또한 드라이버 기본값, 구성과 릴리스 정보를 다시 확인해 보세요. 예를 들어, Go 프로그래밍 언어용 MySQL 드라이버는 수년 동안 유용한 개발을 해왔으므로 Go 코드는 최신 버전을 사용해야 합니다.

애플리케이션이 실행하는 쿼리를 확인하기 위해 쿼리 프로파일을 사용하여 코드를 간접적으로 감사합니다. 이는 쿼리 분석이 필요하지 않으며 쿼리 프로파일을 감사 도구로 사용하기만 하면 됩니다. 프로파일에서 알 수 없는 쿼리를 보는 것은 매우 일반적입니다. 알 수 없는 쿼리는 애플리케이션 코드나 ORM과 같은 모든 종류의 데이터베이스 추상화에서 비롯될 수 있지만, Ops라는 또다른 가능성이 있습니다. Ops는 DBA, 클라우드 공급자 등 데이터 스토리지를 실행하고 유지 관리하는 사람을 말합니다. 알 수 없는 쿼리를 찾았고 애플리케이션에서 해당 쿼리를 실행하지 않는 것이 확실하다면 데이터 스토리지를 운영하는 사람에게 확인해 보세요.

:: 기억하세요

쿼리 감사를 더 쉽게 하려면 쿼리의 /* SQL comments */에 애플리케이션 메타데이터를 추가합니다. 예를 들어, SELECT.../* file:app.go line:75 */는 애플리케이션의 소스 코드에서 쿼리가 시작된 위치를 나타냅니다. SQL 주석은 다이제스트 텍스트에서 제거되므로 쿼리 메트릭 도구는 샘플(예제 1-1 참고)을 포함하거나 SQL 주석의 메타데이터를 구문 분석해야 합니다.

마지막으로 가장 간과하는 사항은 MySQL 오류 로그(oreil.ly/hmLlyY)를 검토하는 것입니다. 오류 로그에는 오류, 경고 등의 내용이 없어야 합니다. 오류, 경고 등의 내용이 많다면 네트워크, 인증, 복제, MySQL 구성, 비결정적 쿼리 등 다양한 문제를 의미하므로 오류를 살펴봐야 합니다. 이러한 유형의 문제는 거의 없어야 하므로 무시해서는 안 됩니다.

오프로드 읽기

기본적으로 소스_source_라고 하는 단일 MySQL 인스턴스는 모든 읽기와 쓰기를 제공합니다. 프로덕션 환경에서 소스에는 모든 쓰기를 복제하는 또 다른 MySQL 인스턴스인 복제본_replica_이 최소한 하나 이상 있어야 합니다. 복제는 7장에서 다루지만 오프로드 읽기*를 논의하고자 여기에서 언급합니다. 소스에서 읽기를 오프로드하여 성능을 향상시킬 수 있습니다. 이 기술은 MySQL 복제본이나 캐시 서버를 제공하여 읽기 작업을 처리합니다. 여기서 2가지 방법으로 성능을 개선합니다. 첫째, 소스의 부하를 줄이고 나머지 쿼리를 더 빠르게 실행시켜 여유 시간과 시스템 리소스를 확보합니다. 둘째, 읽기를 제공하는 복제본이나 캐시가 쓰기에 사용되지 않으므로 오프로드된 읽기에 대한 응답 시간이 향상됩니다. 높은 처리량, 짧은 대기 시간 읽기를 달성하는 데 일반적으로 사용되는 윈-윈 기술입니다.

MySQL 복제와 캐시 쓰기에는 고유하고 피할 수 없는 지연이 있으므로 복제본이나 캐시에서 읽은 데이터는 현재 값(최신 값)으로 보장되지 않습니다. 결과적으로 복제본과 캐시의 데이터는 짧은 지연 후에 최신 데이터가 되며 최종 일관성을 갖게 됩니다. 소스의 데이터만 최신 상태입니다(트랜잭션 격리 수준에도 불구하고). 따라서 복제본이나 캐시에서 읽기를 제공하기 전에 다음 사항을 확인해야 합니다. 오래된(결국 일관성이 있는) 데이터 읽기가 허용됨으로써 애플리케이션이나 해당 사용자에게 문제를 일으키지 않아야 합니다.

만약 애플리케이션이 약간 오래된 값을 반환해도 괜찮다고 한다면 개발자들은 이렇게 해도 되는지 한번 더 생각해 봐야 합니다. 예를 들어, 게시물이나 동영상에 '좋아요'나 투표 수를 떠올려 봅시다. 현재 값이 100이지만 캐시가 98을 반환하는 경우, 특히 캐시가 몇 밀리초 후에 현재 값을 반환한다면 어떨까요? 이것이 애플리케이션에 맞지 않다면 오프로드 읽기를 사용하면 안 됩니다.

최종 일관성이 허용된다는 요구 사항 외에도 오프로드된 읽기는 다중 명령문 트랜잭션의 일부가 아니어야 합니다. 다중 명령문 트랜잭션은 소스에서 실행되어야 합니다.

---

* 역주: 오프로드(offload)란, 주 장치 대신 보조 장치에서 처리함으로써 주 장치의 부하를 낮추고 성능을 향상하는 방법입니다. MySQL 에서 오프로드 읽기란 읽기를 소스가 아닌 복제본에 위임하여 소스는 쓰기, 복제본은 읽기로 운영하는 것입니다.

:: 주의하세요

오프로드 읽기가 다중 명령문 트랜잭션의 일부가 아니라 최종 일관성으로 허용되는지 항상 확인하세요.

복제본이나 캐시에서 읽기를 제공하기 전에 "복제본이나 캐시가 오프라인 상태일 때 애플리케이션 성능이 떨어진 상태로 실행될 경우 어떻게 하나요?"라는 질문에 정확하게 답해야 합니다.

이 질문에 유일한 오답은 모른다는 것입니다. 애플리케이션이 오프로드 읽기를 하면 해당 읽기를 처리하기 위해 복제본이나 캐시에 크게 의존하는 경향이 있습니다. 복제본이나 캐시가 오프라인 상태일 때 성능이 저하된 상태로 실행되도록 애플리케이션을 설계, 구현, 테스트하는 것이 필수입니다. 실행 저하는 애플리케이션이 실행 중이지만 눈에 띄게 느려지고, 클라이언트 요청이 제한되거나, 일부분이 오프라인이나 스로틀링되어 완전히 작동하지 않음을 의미합니다. 애플리케이션이 하드 다운(완전히 오프라인 상태이고 사람에게 친숙한 오류 메시지 없이 응답하지 않음)되지 않는 한 여러분은 애플리케이션 실행 저하 작업을 잘 수행한 것입니다.

MySQL 복제본과 캐시 서버 사용을 논의하기 전에 마지막 요점은 모든 읽기를 오프로드하면 안 된다는 것입니다. 오프로드 읽기는 복제본이나 캐시가 수행할 수 있는 작업을 처리함으로써 소스에서 시간을 낭비하지 않기 때문에 성능이 향상됩니다. 따라서 느린(시간을 소비하는) 읽기를 오프로드하는 것부터 시작하세요. 느린 읽기는 쿼리 프로파일에서 느린 쿼리로 보여지는 것입니다.

이 기술은 강력합니다. 몇 가지만 오프로드해도 성능을 크게 향상시킬 수 있으므로 읽기를 하나씩 오프로드합니다.

MySQL 복제본

모든 프로덕션 MySQL 설정에는 이미 최소한 1개 이상의 복제본이 있고, 2개 이상의 복제본이 있는 것은 흔한 일입니다. 따라서 MySQL 복제본을 사용하여 읽기를 제공하는 것이 일반적입니다. 인프라(복제본)가 이미 있는 상태에서 소스 대신 오프로드 읽기에 복제본을 사용하도록 코드를 수정하기만 하면 됩니다.

캐시 서버보다 복제본을 선호하는 이유를 설명하기 전에 해결해야 할 중요한 문제가 하나 있습니다. 그것은 "애플리케이션이 복제본을 사용할 수 있습니까?"입니다. 복제본은 고가용성을 목적으로 사용하므로 MySQL을 관리하는 사람은 복제본이 읽기를 제공하지 않기를 의도하고 있을 수도 있습니다. 그렇지 않다면 복제본이 유지 관리를 위해 예고 없이 오프라인 상태가 될 수 있으므로 반드시 확인해야 합니다.

복제본이 읽기로 사용될 수 있다고 가정하면 다음 3가지 이유로 캐시 서버보다 선호됩니다.

가용성(Availability)

복제본은 고가용성에 기반을 두므로 소스와 같은 가용성(예를 들어, 99.95%나 99.99% 가용성)을 가져야 합니다. MySQL을 관리하는 사람은 복제본도 관리할 수 있으므로 복제본은 거의 걱정할 필요가 없습니다.

유연성(Flexibility)

이전 절에서는 느린 읽기 작업(시간이 좀 걸리는)을 오프로드하는 것부터 시작해야 한다고 했습니다. 캐시는, 특히 캐시 서버의 CPU와 메모리(리소스는 사소한 읽기에 낭비되지 않습니다)는 구성 매개변수에 의해 제한되어 있습니다. 반면에 고가용성을 위해 사용되는 복제본은 소스와 같은 하드웨어를 가져야 하므로 여유 리소스가 있습니다. 사소한 읽기를 복제본으로 오프로드하는 것은 그다지 중요하지 않으므로 오프로드할 항목을 선택할 때 유연합니다. 고성능 하드웨어를 사용하지 않는 순수 읽기 복제본이 있을 때 사소한 읽기에 리소스를 낭비하지 마세요. 대용량 스토리지, 작은 CPU와 메모리로 (비용 절감을 위해) 읽기 복제본을 제공$_{provision}$하는 것은 클라우드 환경에서 더 일반적입니다.

단순함(Simplicity)

애플리케이션은 복제본을 소스와 동기화 상태로 유지하기 위해 아무것도 할 필요가 없습니다. 이는 복제본의 고유한 특징입니다. 애플리케이션은 캐시를 사용하여 갱신, 무효화, 제거를 관리해야 합니다. 그러나 진정한 단순함은 복제본에 쿼리 변경이 필요하지 않다는 것입니다. 애플리케이션은 복제본에서 똑같은 SQL 문을 실행할 수 있습니다.

이것이 캐시 서버보다 MySQL 복제본을 선호하는 3가지 이유입니다. 하지만 캐시 서버는 MySQL보다 엄청 빠를 수 있다는 장점이 있습니다.

캐시 서버

캐시 서버는 SQL, 트랜잭션, 지속성 있는 스토리지로 인해 방해받지 않습니다. 따라서 MySQL보다 매우 빠르지만 제대로 사용하려면 애플리케이션에서 더 많은 작업이 필요합니다. 앞 절에서 언급했듯이 애플리케이션은 캐시 갱신, 무효화, 제거를 관리해야 합니다. 또한 애플리케이션에는 일반적으로 키-값 모델인 캐시와 함께 작동하는 데이터 모델이 필요합니다. 캐시보다 빠른 것은 거의 없으므로 추가 작업은 노력할 가치가 있습니다. Memcached(memcached.org)와 Redis(redis.io)는 널리 사용되는 캐시 서버입니다

:: 참고하세요
MySQL에 쿼리 캐시가 내장되어 있다는 말을 들었다면 잊어버리고 절대 사용하지 마세요. MySQL 5.7.20부터 사용되지 않으며 MySQL 8.0부터 제거되었습니다.

캐싱은 자주 접근하지만 드물게 변경되는 데이터에 적합합니다. MySQL 복제본의 경우 모든 변경 사항이 복제되기 때문에 이는 고려할 사항이 아니지만, 캐시는 애플리케이션이 넣은 내용만 저장합니다. 나쁜 예는 항상 변경되는 유닉스 타임스탬프(초)입니다. 만약 접근 빈도가 변경 빈도보다 훨씬 클 때는 나쁜 예에서 예외입니다. 예를 들어, 현재 유닉스 타임스탬프(초)가 초당 백만 번 요청된다면 현재 타임스탬프를 캐싱하는 것이 적절할 수 있습니다. 좋은 예는 자주 변경되지 않는 현재 연도입니다. 그러나 접근 빈도가 변경 빈도보다 현저히 낮을 때는 좋은 예에서 예외입니다. 예를 들어, 현재 연도가 초당 한 번만 요청된다면 1QPS는 이 데이터 접근에 아무런 영향을 주지 않으므로 캐시는 가치가 거의 없습니다.

캐시를 사용할 때 주의할 점은 캐시가 일시적인지 또는 지속 가능한지(지속성) 결정하는 것입니다. 이 또한 MySQL 복제본은 지속성이 좋아서 고려 사항이 아니지만, 일부 캐시 서버는 둘 중 하나일 수 있습니다. 캐시가 정말 일시적이라면 애플리케이션에 영향을 주지 않고 캐시 데이터에 대해 TRUNCATE TABLE과 같은 작업을 수행할 수 있어야 합니다. 또한 임시 캐시를 재구성하는 방법도 결정해야 합니다. 일부 애플리케이션은 캐시가 누락되었을 때(요청된 데이터가 캐시에 없을 때) 캐시를 다시 작성합니다. 다른 애플리케이션에는 다른 데이터 소스에서 캐시를 재구성하는 외부 프로세스가 있습니다. 예로 Amazon S3(oreil.ly/XMQxR)에 저장된 이미지로 캐시를 불러오는 방법이 있습니다. 또한 일부 애플리케이션은 캐시에 너무 많이 의존하거나 캐시가 너무 커서 재구성이 불가능합니다. 이러한 애플리케이션에는 지속성이 뛰어난 캐시가 필요합니다. 일시적이든 지속적이든 캐시가 실패하고 복구될 때 애플리케이션이 예상대로 작동하는지 확인하기 위해 테스트하고 캐시를 사용할지 말지 결정하세요.

쓰기 대기열에 넣기

대기열$_{queue}$을 사용하여 쓰기 처리량을 안정화합니다. 그림 4-5는 30,000QPS 이상으로 급증하고 10,000QPS 아래로 떨어지는 불안정하고 불규칙한 쓰기 처리량을 보여 줍니다.

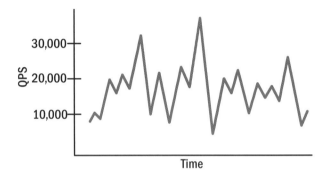

그림 4-5 불규칙한 쓰기 처리량

현재 불안정한 쓰기 처리량으로 성능을 수용할 수 있더라도 불안정한 처리량은 규모에 따라 악화되므로 성공의 비결이 아닙니다. 즉, 절대 안정적이지 않습니다. (그리고 4장 2절 「한계에 도달하면 성능이 불안정해진다」의 그림 4-3을 떠올리면 선의 값은 안정적이지 않습니다.) 대기열을 사용하면 그림 4-6처럼 애플리케이션이 안정적인 속도로 변경(쓰기)을 처리할 수 있습니다.

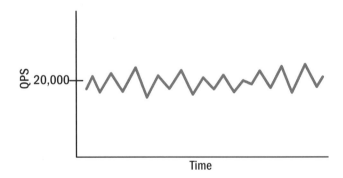

그림 4-6 안정적인 쓰기 처리량

쓰기 대기열과 안정적인 쓰기 처리량의 진정한 힘은 애플리케이션이 엄청난 양의 요청에 우아하고 예측 가능하게 응답할 수 있다는 것입니다. 예를 들어, 애플리케이션이 일반적으로 초당 20,000개의 변경 사항을 처리한다고 가정해 봅시다. 그러나 5초 동안 오프라인 상태가 되어 100,000건의 변경 보류가 발생합니다. 애플리케이션이 다시 온라인으로 전환되는 순간 100,000건의 보류 중인 변경 사항과 현재 1초 동안의 정상적인 20,000건의 변경 사항이 발생합니다. 애플리케이션과 MySQL은 이 엄청난 양의 요청들을 어떻게 처리할까요?

대기열을 사용하면 엄청난 양의 요청들이 MySQL에 영향을 주지 않습니다. 요청들이 대기열에 들어가고 평소처럼 변경 사항을 처리합니다. 유일한 차이점은 일부 변경 사항이 평소보다 늦게 처리된다는 것입니다. 쓰기 처리량이 안정적이라면 대기열 사용자(요청 처리자)의 수를 늘려 더 빠르게 처리할 수 있습니다.

대기열이 없으면 경험상 두 가지 중 하나가 발생합니다. 운이 매우 좋다면 MySQL이 엄청난 양의 요청들을 처리하거나 아니면 그렇지 못할 것입니다. 운에 의존하지 마세요. MySQL은 쿼리 실행을 제한하지 않으므로 엄청난 양의 요청들이 발생하면 모든 쿼리를 실행하려고 합니다. (그러나 MySQL 엔터프라이즈 에디션, Percona 서버, MariaDB 서버에는 동시에 실행되는 쿼리 수를 제한하는 스레드 풀이 있어 스로틀 역할을 합니다.) 범용 확장성 법칙(수식 4-1)은 말할 것도 없고 CPU, 메모리, 디스크 I/O가 본질적으로 제한되어 있기 때문에 이는 절대로 작동하지 않습니다. 그런데도 MySQL은 믿을 수 없을 정도로 야심 차고 약간 무모하기 때문에 항상 시도합니다.

쓰기 대기열에 넣기는 구현할 가치가 있는 다른 이점을 제공합니다. 한 가지 장점은 MySQL 가용성에서 애플리케이션을 분리한다는 것입니다. 애플리케이션은 MySQL이 오프라인일 때 변경 사항을 적용할 수 있습니다. 또 다른 장점은 손실되거나 버려진 변경 사항을 복구하는 데 사용할 수 있다는 것입니다. 변경에는 다양한 단계가 필요하며 그중 일부는 오래 실행되거나 신뢰할 수 없는 단계일 수 있습니다. 단계가 실패하거나 시간이 초과되면 애플리케이션이 변경 내용을 다시 대기열에 넣어 재시도할 수 있습니다. 세 번째 장점은 대기열이 Kafka(oreil.ly/fRZpa)와 같은 이벤트 스트림인 경우 변경 사항을 재실행할 수 있다는 것입니다.

:: 기억하세요

쓰기 작업이 많은 애플리케이션은 쓰기 대기열에 넣는 것이 모범 사례이며 실질적으로 요구 사항에 해당합니다. 대기열을 배우고 구현하는 데 시간을 투자하세요.

데이터 분할

3장 이후에는 더 적은 데이터로 성능을 개선하는 것이 더 쉬워졌습니다. 데이터는 여러분에게 가치가 있지만 MySQL에는 부담입니다. 데이터를 삭제하거나 보관할 수 없을 때(3장 3절 「데이터 삭제 또는 보관」 참고) 최소한 데이터를 분할(물리적으로 분리)해야 합니다.

먼저 MySQL 파티셔닝(oreil.ly/BNopd)에 대해 간략히 설명하고 넘어가겠습니다. MySQL은 파티셔닝을 지원하지만 특별한 처리가 필요합니다. 적용하거나 유지 보수가 쉬운 일이 아니며 일부 타사 MySQL 도구는 이를 지원하지 않습니다. 따라서 MySQL 파티셔닝을 사용하지 않는 것이 좋습니다. 애플리케이션 개발자가 구현하기에 가장 유용하고 일반적이며 더 쉬운 데이터 파티셔닝 유형은 핫$_{hot}$ 데이터와 콜드$_{cold}$ 데이터 즉, 자주 접근하는 데이터와 자주 접근하지 않는 데이터를 분리하는 것입니다. 핫 데이터와 콜드 데이터를 분리하는 것은 파티셔닝과 아카이빙의 조합입니다. 접근별로 파티션을 나누고 자주 접근하지 않는 데이터를 자주 접근하는 데이터의 접근 경로 밖으로 옮겨 보관하세요. 결제를 저장하는 데이터베이스를 예로 들어 보겠습니다. 핫 데이터는 2가지 이유로 지난 90일 동안의 결제라고 할 수 있습니다. 첫째, 결제는 일반적으로 정산 후 변경되지 않지만 나중에 적용될 수 있는 환불과 같은 예외가 있습니다. 다만, 일정 기간이 지나면 결제가 확정되어 변경할 수 없습니다. 둘째, 애플리케이션에는 지난 90일 간의 결제만 표시됩니다. 이전 결제를 보려면 사용자는 과거 결제 내역을 조회해야 합니다. 콜드 데이터는 90일이 지난 결제입니다. 1년 동안 275일에 해당하며 이는 데이터의 약 75%입니다. 데이터의 75%가 MySQL과 같은 트랜잭션 데이터 스토리지에 상주하는 이유는 무엇일까요? 대부분 그럴 만한 이유는 없습니다.

핫 데이터와 콜드 데이터를 분리하는 것은 주로 핫 데이터에 대한 최적화입니다. 콜드 데이터를 다른 곳에 저장하면 3가지 즉각적인 이점이 있습니다. 더 많은 핫 데이터가 메모리에 적합하고, 쿼리가 콜드 데이터를 검사하는 데 시간을 낭비하지 않으며, 작업(예: 스키마 변경)이 더 빠릅니다. 핫 데이터와 콜드 데이터를 분리하는 것은 접근 패턴이 완전히 다른 경우 후자에 대한 최적화이기도 합니다. 앞의 예에서 오래된 결제는 더 이상 각 결제에 대한 행이 필요하지 않은 단일 데이터 개체로 월별로 그룹화할 수 있습니다. 이때 문서나 키-값 스토리지가 콜드 데이터를 저장하고 접근하는 데 더 적합할 수 있습니다.

콜드 데이터는 같은 데이터베이스의 다른 테이블에 보관할 수 있습니다. 통제된 `INSERT...SELECT` 문을 사용하여 핫 테이블에서 선택하고 콜드 테이블에 삽입하면 비교적 쉽습니다. 그런 다음 핫 테이블에 보관된 콜드 데이터를 `DELETE`합니다. 일관성을 위해 트랜잭션에서 모든 것을 마무리합니다. 3

장 3절 「데이터 삭제 또는 보관」을 참고하세요.

데이터 분할은 특히 콜드 데이터가 저장되고 접근 방법, 위치와 관련하여 다양한 방식으로 구현할 수 있습니다. 그러나 기본적으로 매우 간단하고 효과적입니다. 자주 접근하지 않는(콜드) 데이터를 자주 접근하는(핫) 데이터의 접근 경로 밖으로 옮겨 성능을 향상시키세요.

MySQL을 사용하지 않기

애플리케이션 변경에 대한 현재 논의에 비유적인 갓돌capstone을 얹고 싶습니다. 가장 중요한 변화는 MySQL이 접근 패턴에 가장 적합한 데이터 스토리지가 아닐 때 MySQL을 사용하지 않는 것입니다. MySQL이 최선이 아닌 경우는 쉽게 볼 수 있습니다. 예를 들어, 이전 장에서는 부하가 5,962인 쿼리를 참조했습니다. 이 쿼리는 그래프에서 정점을 선택하는 데 사용되었습니다. 그래프 데이터는 관계형 데이터베이스가 아니라 그래프 데이터 스토리지를 선택하는 것이 최선입니다. 그래프 데이터는 정규화와 트랜잭션과 같은 관계형 데이터베이스 개념과 아무 관련이 없으므로 키-값 스토리지가 더 좋습니다. 또 다른 쉽고 일반적인 예는 시계열 데이터입니다. 행 지향 트랜잭션 데이터베이스는 최선이 아닙니다. 가장 좋은 선택은 시계열 데이터베이스나 열 기반 스토리지입니다.

MySQL은 최선의 선택이 아닐 때에도 광범위한 데이터와 접근 패턴에 대해 놀라운 확장성을 제공합니다. 그러나 이것을 당연하게 여기지 마세요. 팀에서 "MySQL이 최선의 선택이 아닐 수도 있어요."라고 말하는 최초의 엔지니어가 되어 보세요. 괜찮아요. 제가 그렇게 말할 수 있다면 여러분도 할 수 있습니다. 팀 내 누군가가 여러분을 비난한다면 제가 그 일에 가장 적합한 도구를 사용하기로 한 여러분의 결정을 지지한다고 말하세요.

그렇지만 MySQL은 우리를 놀라게 합니다. MySQL을 사용하지 않기로 결정하기 전에 최소한 이 장과 다음 5장을 끝내십시오.

4-6 더 좋고 빠른 하드웨어?

2장 1절에서는 "더 좋고 빠른 하드웨어!"는 성능 향상을 위해 하드웨어를 확장하지 말라고 경고했습니다. 그러나 해당 절의 첫 번째 문장은 신중하게 표현되어 있습니다. "MySQL 성능이 만족스럽지 않을 때 스케일업부터 시작하지 마세요." 이 문장에서 핵심 단어는 '시작'이며 이것이 이끄는 핵심 질문은 다음과 같습니다. "하드웨어를 확장해야 하는 정확한 시점은 언제입니까?"

이 질문은 쿼리, 인덱스, 데이터, 접근 패턴, 현재 하드웨어를 활용하는 방법과 같은 요인의 조합에 따라 달라지기 때문에 대답하기가 어렵습니다. 예를 들어, 애플리케이션에 매우 비효율적인 접근 패턴이 있다고 가정해 보겠습니다. MySQL을 대기열로 사용하고 많은 애플리케이션 인스턴스에서 매우 빠르게 폴링$_{polls}$*합니다. 먼저 접근 패턴을 수정할 때까지 하드웨어를 확장하지 않습니다. 그러나 때때로 엔지니어는 그러한 애플리케이션을 변경하는 데 필요한 여유 시간이 없습니다.

표 4-2는 하드웨어를 확장해야 할 시점을 결정하는 데 도움이 되는 점검표입니다. 왼쪽 열에서 모든 항목과 오른쪽 열에서 최소 2개 이상의 항목에 체크해야 한다면 강력하게 하드웨어를 확장해야 할 시점이 되었음을 의미합니다.

표 4-2 하드웨어 업그레이드 점검표

1. 모두 체크	2. 적어도 2개 이상 체크
☐ 응답 시간이 너무 깁니다.	☐ CPU 사용률이 80% 이상입니다.
☐ 느린 쿼리가 최적화되었습니다.	☐ 실행 중인 스레드가 CPU 코어 수보다 많습니다.
☐ 데이터가 삭제 또는 보관되었습니다.	☐ 메모리가 전체 데이터 크기의 10% 미만입니다.
☐ 접근 패턴을 검토하고 최적화했습니다.	☐ 스토리지 IOPS 사용률이 80% 이상입니다.

표 4-2의 왼쪽 열은 1장 이후의 모든 것에 대한 반복이지만, 하드웨어 확장에 돈을 쓰는 것에 대한 명백한 정당화이기도 합니다. 오른쪽 열은 하드웨어가 같이 작동하기 때문에 적어도 2개 이상의 체크가 필요합니다. 하드웨어의 한 부분만 많이 사용한다고 해서 문제가 발생하거나 성능이 떨어지는 것은 아닙니다. 대신에 하드웨어의 어떤 부분을 충분히 활용하고 있다는 좋은 신호일 것입니다. 그러나 하드웨어의 한 부분에서 과부하가 걸리면 일반적으로 다른 하드웨어에 영향을 미치기 시작합니다. 예를 들어, 느린 스토리지로 인해 쿼리 백로그$_{backlog}$가 발생하고 MySQL이 너무 많은 스레드를 실행하려고 시도하므로 클라이언트 백로그가 발생하여 CPU 사용률이 높아집니다. 이것이 오른쪽 열에 2개 이상의 체크가 필요한 이유입니다.

오른쪽 열의 값은 제안된 임곗값보다 일관되게 크거나 작아야 합니다. 가끔 튀거나$_{spikes}$ 떨어지는$_{dips}$ 것은 정상입니다.

자체 하드웨어를 실행할 때 최대 스토리지 IOPS는 저장 장치에 의해 결정됩니다. 확실하지 않으면 장

---

* 역주: 여러 개의 단말에 차례로 송신 요구가 있는지 문의하여 요구가 있을 때 해당 단말에 송신을 시작하고 없을 때는 다음 단말에 문의하는 전송 제어 방식입니다.

치 사양을 확인하거나 하드웨어를 관리하는 엔지니어에게 문의하세요. 클라우드에서는 일반적으로 스토리지 IOPS를 구매하므로 최댓값을 쉽게 알 수 있습니다. 하지만 확실하지 않을 때는 MySQL 스토리지 설정을 확인하거나 클라우드 공급자에게 문의하세요. 6장 5절에서는 스토리지 IOPS를 보고하는 메트릭을 보여 줍니다.

스토리지 IOPS 활용도의 경우 애플리케이션이 읽기 집약적인지 쓰기 집약적인지에 따라 추가 고려 사항이 있습니다(4장 4절의 "읽기/쓰기" 참고).

읽기 집약(Read-heavy)

읽기 집약적인 접근 패턴에서 지속적으로 IOPS가 높은 것은 부족한 IOPS가 아니라 메모리 부족 때문일 수 있습니다. MySQL은 데이터가 메모리에 없을 때 디스크에서 읽으며, 작업 세트를 메모리에 보관하는 데 매우 뛰어납니다(3장 1절의 "작업 세트 크기" 참고). 그러나 작업 세트가 메모리보다 훨씬 크고 읽기 처리량이 유난히 높다는 2가지 요인이 결합하면 읽기 IOPS가 높아질 수 있습니다(4장 4절의 "처리량" 참고). 이러한 조합으로 인해 MySQL은 디스크와 메모리 간에 너무 많은 데이터를 교환하여 문제가 높은 IOPS로 표시됩니다. 이것은 드물지만 가능합니다.

쓰기 집약(Write-heavy)

쓰기 집약적인 접근 패턴에서 지속적으로 높은 IOPS가 발생하는 원인은 IOPS가 충분하지 않기 때문일 수 있습니다. 간단히 말해서 스토리지는 데이터를 원하는 만큼 빠르게 쓸 수 없습니다. 일반적으로 스토리지는 쓰기 캐시로 높은 처리량(IOPS)을 달성하지만 캐시는 지속성이 떨어집니다. MySQL에는 캐시가 아닌 디스크에 물리적으로 데이터를 저장하는 지속성 있는 스토리지_{durable storage}가 필요합니다. (디스크가 없는 플래시 기반 스토리지에도 'on disk'라는 문구가 여전히 사용됩니다.) 따라서 MySQL은 데이터를 플러시_{flush}하여 디스크에 강제로 기록해야 합니다. 플러싱은 스토리지의 처리량을 심각하게 제한하지만, MySQL에는 지속성과 함께 성능을 달성하기 위한 정교한 기술과 알고리즘이 있습니다. 6장 5절의 "페이지 플러싱"에서 자세히 설명합니다. 쿼리, 데이터, 접근 패턴을 이미 최적화했으므로 이 시점에서 유일한 해결책은 더 많은 스토리지 IOPS를 확보하는 것입니다.

하드웨어를 확장하는 데 신중하게 고개를 끄덕이는 것은 우리가 성능 향상의 정점에 도달한 것처럼 보일 수 있습니다. 아무리 많은 조약돌, 자갈, 바위를 옮겨야 한다 하더라도 우리는 그것들을 옮기려고 항상 더 큰 트럭을 사용할 수 있습니다. 하지만 산을 옮겨야 한다면 어떻게 해야 할까요? 이때는 다음 장에서 설명할 샤딩이 필요합니다.

요점 정리

이 장에서는 MySQL을 효율적으로 사용하도록 애플리케이션을 변경하는 방법을 결정하는 데이터 접근 패턴에 중점을 두었습니다. 중요한 요점은 다음과 같습니다.

- MySQL은 애플리케이션 쿼리만 실행하고 그 외에는 아무것도 하지 않습니다.
- 데이터베이스 성능은 하드웨어 용량의 100%에 다다를 때 불안정해집니다.
- 일부 애플리케이션은 모든 세부 사항이 고성능에 맞추어 설계되었으므로 MySQL 성능에서 훨씬 뛰어납니다.
- 접근 패턴은 애플리케이션이 MySQL을 사용하여 데이터에 접근하는 방법입니다.
- 데이터 접근 패턴을 변경하려면 애플리케이션을 변경해야 합니다.
- 다른 해결 방법을 최대한 적용해 본 후 하드웨어 확장을 통해 성능을 향상시킵니다.

다음 장에서는 MySQL을 대규모로 확장하기 위해 MySQL을 샤딩하는 기본 메커니즘을 소개합니다.

연습: 접근 패턴 설명하기

이 연습의 목표는 가장 느린 쿼리의 접근 패턴을 설명하는 것입니다. (느린 쿼리를 얻으려면 1장 3절의 "쿼리 보고"와 1장 마지막의 연습을 참고하세요.) 가장 느린 쿼리를 대상으로 4장 4절 「데이터 접근 패턴」에서 9가지 접근 패턴의 특성을 모두 설명해 보세요. 해당 절에서 언급했듯이 접근 패턴은 선험적인 순수 지식입니다. 이 지식으로 접근 패턴을 변경하여(4장 5절 「애플리케이션 변경」 참고) 쿼리를 간접적으로 최적화할 수 있는 방법을 고려하세요. MySQL의 성능은 쿼리, 데이터, 접근 패턴에 따라 달라지므로 애플리케이션 변경이 불가능하더라도 접근 패턴을 이해하는 것이 전문가의 작업 방식입니다.

5장 샤딩

EFFICIENT MYSQL
PERFORMANCE

MySQL의 단일 인스턴스에서 성능은 쿼리와 데이터, 접근 패턴, 하드웨어에 달렸습니다. 직간접적으로 쿼리 최적화를 꼼꼼하게 적용했는데도 더 이상 수용 가능한 성능을 발휘하지 못하면 애플리케이션 워크로드에 대한 단일 인스턴스의 MySQL 성능이 상대적 한계에 도달했다는 의미입니다. 이러한 상대적 한계를 뛰어넘으려면 애플리케이션 워크로드를 MySQL의 여러 인스턴스로 나누어 확장해야 합니다.

데이터베이스 **샤딩**~sharding~은 여러 데이터베이스에 워크로드를 분산하여 성능을 향상시키는 스케일아웃~scaling out~(이하 수평 확장) 기술로, 일반적이고 폭넓게 사용됩니다. (반대로 스케일업, 수직 확장은 하드웨어 용량을 늘려 성능을 높입니다.) 샤딩은 하나의 데이터베이스를 여러 개로 나눕니다. 각 데이터베이스는 샤드이며, 각 샤드는 일반적으로 별도의 하드웨어에서 실행되는 MySQL 인스턴스에 저장됩니다. 샤드는 물리적으로 분리되어 있지만 논리적으로는 같은(대용량) 데이터베이스입니다.

규모가 큰 MySQL에는 샤딩이 필요합니다. 샤딩은 MySQL의 고유한 기능이나 능력이 아니어서 엔지니어들이 받아들이기 싫어하는 기술 가운데 하나입니다. 샤딩은 복잡하고 애플리케이션에 특화되어 있는데 이는 쉬운 해결책이 아님을 의미합니다. 그러나 낙담하지는 마세요. 엔지니어들이 MySQL 샤딩에 대한 문제들을 수십 년 동안 해결하고 확장해 왔습니다.

이 장에서는 MySQL을 확장하는 MySQL 샤딩의 기본 메커니즘을 다음처럼 4가지 주제에 걸쳐 소개합니다.

1. 단일 데이터베이스를 확장하지 않는 이유, 그리고 샤딩이 필요한 이유를 설명합니다.

2. 3장과 4장의 비유를 완성합니다. 조약돌(데이터베이스 조각)이 바위(방대한 데이터베이스)보다 나은 이유입니다.

3. 관계형 데이터베이스 샤딩의 복잡한 주제를 간략하게 소개합니다.

4. 샤딩의 대안을 제시합니다.

5-1 단일 데이터베이스를 확장하지 않는 이유

단일 애플리케이션이 단일 서버에 과부하를 일으킬 수 있다는 점에 의문을 제기하는 사람은 아무도 없습니다. 이것이 바로 MySQL뿐만 아니라 모든 유형의 서버와 애플리케이션을 수평 확장해야 하는 이유입니다. 샤딩은 MySQL을 수평 확장하는 방식이므로 더 많은 데이터베이스가 필요합니다. 그러나 매우 강력한 하드웨어를 사용할 수 있고 일부 벤치마크가 해당 하드웨어에서 놀라운 성능을 보여준다는 점을 고려할 때, 왜 단일 MySQL 데이터베이스를 확장하지 않는지 궁금해지는 것은 당연합니다. 애플리케이션 워크로드는 단일 서버의 속도와 용량을 크게 앞지를 수 있다는 기본적인 이유로 시작해서 5가지 이유를 알아보겠습니다.

애플리케이션 워크로드

그림 5-1은 부하가 없는 단일 서버의 하드웨어 용량을 나타내는 간단한 그림입니다.

하드웨어

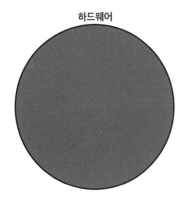

그림 5-1 부하가 없는 하드웨어

그림 5-1은 단순하지만 하드웨어 용량은 유한하고 제한적이라는 핵심을 전달하므로 그리 단순하지만은 않습니다. 그림에서 원은 하드웨어의 한계를 나타냅니다. 하드웨어가 가상화, 암호화 코인 채굴,

다른 부하가 없는 상태로 하나의 애플리케이션에 대해 단일 MySQL 인스턴스를 실행하는 데만 사용된다고 가정해 보겠습니다. 하드웨어에서 실행되는 모든 것은 원 안에 있어야 합니다. 이것은 전용 하드웨어이므로 그림 5-2에 표시된 애플리케이션 워크로드(쿼리, 데이터, 접근 패턴)만 실행됩니다.

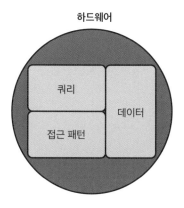

그림 5-2 표준 MySQL 워크로드가 있는 하드웨어

쿼리는 2장, 데이터는 3장, 접근 패턴은 4장에서 다룬 것은 우연이 아닙니다. 이것들은 애플리케이션 워크로드를 구성합니다. MySQL에서 부하를 일으키는 모든 요소가 하드웨어에서도 부하(CPU 사용률, 디스크 I/O 등)를 일으킵니다. 사각형이 클수록 워크로드도 커지므로 그림에서 사각형의 크기가 중요합니다. 그림 5-2에서 워크로드는 하드웨어 용량 내에 있으며, 운영체제에도 하드웨어 리소스가 필요하므로 약간의 여유 공간이 존재합니다.

쿼리와 데이터, 접근 패턴은 성능과 관련하여 뗄 수 없는 관계입니다. (1장 5절의 "간접 쿼리 최적화"에서 `TRUNCATE TABLE`로 이를 증명했습니다.) 그림 5-3에서 볼 수 있듯이 데이터 크기는 단일 서버의 용량을 초과하는 워크로드를 유발하므로 수평으로 확장하는 이유입니다.

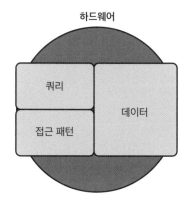

그림 5-3 데이터가 너무 많은 하드웨어

데이터 크기는 늘어날수록 쿼리와 접근 패턴에 영향을 줍니다. 더 큰 하드 드라이브를 구입해도 문제가 해결되지 않습니다. 그림 5-3에서 볼 수 있듯이 데이터를 저장할 수 있는 충분한 용량이 있지만 데이터가 워크로드의 유일한 부분은 아니기 때문입니다.

그림 5-4는 엔지니어가 단일 데이터베이스를 최대 데이터 크기(현재 단일 InnoDB 테이블의 경우 64TB)까지 확장할 수 있다는 오해를 보여 줍니다.

그림 5-4 데이터만 있는 하드웨어(확장에 대한 오해)

데이터는 워크로드의 한 부분일 뿐이고 나머지 두 부분(쿼리와 접근 패턴)을 무시할 수 없습니다. 많은 데이터가 있는 단일 서버에서 현실적으로 수용 가능한 성능을 발휘하려면 워크로드가 그림 5-5와 같아야 합니다.

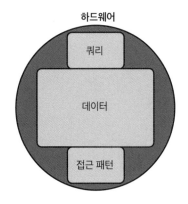

그림 5-5 대용량 데이터가 포함된 하드웨어

쿼리가 단순하고 인덱스가 매우 우수하며 접근 패턴이 단순하다면(예: 처리량이 매우 낮은 읽기) 단일 서버에 많은 데이터를 저장할 수 있습니다. 그림 5-5는 단순히 그림이 아니라 실제 애플리케이션에는 이와 같은 워크로드가 존재합니다.

앞에서 살펴본 5가지 그림은 쿼리, 데이터, 접근 패턴으로 구성된 애플리케이션 워크로드가 하드웨어 용량에 맞아야 하므로 단일 데이터베이스에서는 더 이상 확장할 수 없음을 보여 줍니다. 2장 1절 「더 좋고 빠른 하드웨어!」와 4장 6절 「더 좋고 빠른 하드웨어?」를 보았다면 하드웨어가 이 문제를 해결할 수 없다는 것을 이미 알고 있습니다.

MySQL은 애플리케이션 워크로드가 단일 서버 하드웨어의 속도와 용량을 크게 앞지를 수 있기 때문에 규모에 따라 샤딩이 필요합니다.

모의 벤치마크

벤치마크는 모의(실질적으로 가짜) 쿼리, 데이터, 접근 패턴을 사용합니다. 이들은 실제 애플리케이션이 아니며 여러분의 애플리케이션도 아니므로 분명히 가짜입니다. 따라서 벤치마크는 같은 하드웨어에서도 애플리케이션의 성능과 확장 방식을 알려주거나 제안할 수도 없습니다. 또한 벤치마크는 그림 5-6에 표시된 것처럼 워크로드를 생성하는 하나 이상의 접근 패턴(4장 4절 「데이터 접근 패턴」확인)에 상당히 중점을 둡니다.

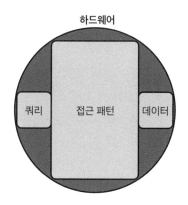

그림 5-6 벤치마크 워크로드가 있는 하드웨어

대부분의 애플리케이션에는 하나 이상의 접근 패턴 때문에 성능이 좌우되는 워크로드를 가지고 있지 않습니다. 그러나 벤치마크에서는 MySQL 전문가가 특정 측면을 목적에 두고 성능을 측정하는 데 사용됩니다. 예를 들어, MySQL 전문가가 새 페이지 플러싱 알고리즘의 효과를 측정하려고 할 때 완벽하게 최적화된 쿼리와 데이터가 거의 없는 100% 쓰기 전용 워크로드를 사용할 수 있습니다.

그러나 벤치마크는 MySQL 전문가와 업계에 중요하고 필요하다는 점은 분명합니다. (2장 1절의 "MySQL 튜닝"에서 설명한 것처럼 벤치마킹은 실험적인 작업입니다.) 벤치마크는 다음을 수행하는 데 사용됩니다.

- 하드웨어 비교: 한 저장 장치와 다른 저장 장치 비교
- 서버 최적화 비교: 하나의 플러싱 알고리즘을 다른 알고리즘과 비교
- 서로 다른 데이터 스토리지 비교: MySQL 대 PostgreSQL — 전형적인 경쟁
- MySQL 한계 테스트: 4장 2절 「한계에 도달하면 성능이 불안정해진다」 참고

이 작업은 MySQL에 매우 중요하며 놀라운 성능을 발휘할 수 있는 이유입니다. 그러나 이 목록에서 애플리케이션과 특정 워크로드에 관한 작업이 누락된 것을 알 수 있습니다. 즉, 벤치마크에서 확인한 놀라운 성능은 애플리케이션으로 변환되지 않습니다. 그리고 이러한 벤치마크를 만든 전문가도 "규모가 큰 MySQL은 샤딩이 필요해요."라고 말할 것입니다.

쓰기

쓰기는 다음과 같은 몇 가지 이유로 단일 MySQL 인스턴스에서 확장하기 어렵습니다.

단일 쓰기 (원본) 인스턴스

프로덕션 환경에서 MySQL은 고가용성을 위해 복제 토폴로지에 연결된 여러 인스턴스를 사용합니다. 그러나 동시에 같은 행에 여러 번 쓸 수 있는 쓰기 충돌_{write conflicts}을 피하기 위해 쓰기는 단일 MySQL 인스턴스로 제한됩니다. MySQL은 모든 인스턴스에 다중 쓰기를 지원하지만 쓰기 충돌이 너무 번거로워서 이 기능은 잘 사용하지 않습니다.

트랜잭션과 잠금

트랜잭션은 ACID 호환 데이터베이스의 'C'와 같이 일관성을 보장하기 위해 잠금을 사용합니다. 쓰기는 로우 락을 획득해야 하며 때로는 예상보다 훨씬 더 많은 행을 잠급니다. 8장 1절의 「로우 락」에서 그 이유를 설명합니다. 잠금은 잠금 경합으로 이어지므로 쓰기 확장에서 4장 4절의 접근 패턴 특성을 중요한 요소로 만듭니다. 같은 데이터에 대해 쓰기 작업량이 많은 워크로드라면 세계 최고의

하드웨어로도 도움이 되지 않습니다.

페이지 플러싱(지속성)

페이지 플러싱page flushing은 MySQL이 디스크에서 변경 사항(쓰기에서)을 유지하는 지연된 프로세스입니다. 전체 프로세스는 이 절에서 설명하기에는 너무 복잡하지만, 중요한 점은 페이지 플러싱이 쓰기 성능의 병목 현상이라는 것입니다. MySQL은 매우 효율적이지만 데이터가 디스크에 유지되는 지속성을 보장해야 하므로 본질적으로 프로세스가 느립니다. 지속성이 없다면 캐싱으로 인해 쓰기 속도가 매우 빨라지겠지만, 결국은 모든 하드웨어가 충돌하므로 지속성이 필요합니다.

쓰기 확대

쓰기 확대write amplification는 필요 이상의 부가적인 쓰기를 말합니다. 세컨더리 인덱스가 가장 간단한 예입니다. 테이블에 10개의 세컨더리 인덱스가 있을 때 단일 쓰기는 해당 인덱스를 갱신하기 위해 쓰기 작업을 10번 더 할 수 있습니다. 페이지 플러싱(지속성)은 추가 쓰기가 일어나고 복제는 더 많은 쓰기가 일어납니다. 이것은 MySQL뿐만 아니라 다른 데이터 스토리지에도 영향을 줍니다.

복제

고가용성을 위해서는 복제가 필요하므로 모든 쓰기 작업은 다른 MySQL 인스턴스로 복제해야 합니다. 복제는 7장에서 자세히 다루지만 여기에 쓰기 확장과 관련하여 몇 가지 중요한 점이 있습니다. MySQL은 비동기 복제asynchronous replication, 반동기 복제semisynchronous replication 그리고 그룹 복제Group Replication(oreil.ly/ocJtD)를 지원합니다. 비동기 복제는 트랜잭션을 커밋commit할 때 데이터 변경 사항이 바이너리 로그에 기록되고 플러싱되므로 쓰기 성능에 약간의 영향을 미치지만 그 후에는 영향이 없습니다. 반동기식 복제는 쓰기 성능에 더 큰 영향을 미칩니다. 모든 커밋을 하나 이상의 복제본에서 인지해야 하므로 네트워크 대기 시간에 대한 트랜잭션 처리량을 떨어뜨립니다. 네트워크 대기 시간은 밀리초 단위로 측정되므로 쓰기 성능에 미치는 영향은 눈에 띄지만, 커밋된 트랜잭션이 손실되지 않도록 보장하므로 절충할 가치가 있습니다. 이는 비동기식 복제에는 해당하지 않습니다. 그룹 복제는 더 복잡하고 쓰기를 확장하기가 더 어렵습니다. 7장에서 설명할 여러 가지 이유로 이 책에서는 그룹 복제를 다루지 않습니다.

이러한 5가지 이유는 MySQL 전문가에게도 단일 MySQL 인스턴스에서 쓰기를 확장하는 것은 만만치 않은 문제입니다. 규모가 큰 MySQL은 이러한 문제를 극복하고 쓰기 성능을 확장하기 위해 샤딩이 필요합니다.

스키마 변경

스키마 변경은 정기적인 작업 이상으로 필수 작업입니다. 또한 가장 큰 테이블은 그 크기가 사용량을 반영하고 사용량은 개발로 이어져 변화가 발생하므로 가장 큰 테이블이 자주 변경되는 것은 흔한 일이 아닙니다. 다른 모든 장애물을 극복하고 단일 테이블을 엄청난 크기로 확장하더라도 해당 테이블을 변경하는 데 필요한 시간은 감당할 수 없을 것입니다. 얼마나 오래 걸릴까요? 큰 테이블을 변경하는 데 며칠 또는 몇 주가 소요될 수 있습니다.

pt-online-schema-change와 **ghost** 같은 온라인 스키마 변경(OSC) 도구와 일부 내장 온라인 DDL 작업(oreil.ly/5KiA7)은 며칠 또는 몇 주 동안 실행될 수 있는데, 그런 긴 시간이 MySQL이나 애플리케이션에는 문제가 되지 않으므로 정상으로 동작합니다. 그래서 '온라인'이라고 불리는 것입니다. 그러나 긴 대기 시간은 눈에 띄지 않으므로 애플리케이션을 개발하는 엔지니어에게는 문제가 됩니다. 이것이 오히려 데이터베이스 운영자, 다른 엔지니어, 아마도 다른 팀에 점점 더 성가신 방해물이 되는 경향이 있습니다.

예를 들어, 불과 몇 주 전에 저는 팀이 거의 2주간 시도했지만(MySQL과 관련되지 않은 다양한 기술적인 이유로) 완료하지 못한 각각 10억 개의 행이 있는 여러 테이블을 변경하는 것을 지원했습니다. 방해물은 테이블이나 팀을 훨씬 뛰어넘었습니다. 간단히 말해서 조직 차원의 목표, 즉 다른 여러 팀이 몇 개월 동안 작업하는 목표를 차단했습니다. 다행히도 인스턴트 온라인 DDL 작업(oreil.ly/5KiA7)을 수행할 수 있었지만, 이처럼 즉각적인 스키마 변경은 극히 드물기 때문에 기대하지 않는 게 좋습니다. 대신 테이블이 너무 커져서 합리적인 시간 내에 변경할 수 없게 만들면 안 됩니다. 여러분과 팀, 회사가 합리적이라고 생각하는 것은 무엇이든 상관 없습니다.

엔지니어가 스키마를 변경하기 위해 며칠 또는 몇 주를 기다릴 수 없으므로 규모에 맞는 MySQL 샤딩이 필요합니다.

작업

정확하고 세심한 주의를 기울여 쿼리를 직간접적으로 최적화하면 보기 전에는 믿지 못할 크기로 단일 데이터베이스를 확장할 수 있습니다. 그러나 앞서 "애플리케이션 워크로드" 절에 있는 하드웨어와 워크로드 그림에는 다음과 같은 작업~operations~(또는 더 일반적으로 호출되는 작업)이 나와 있지 않습니다.

- 백업과 복원
- 실패한 인스턴스 재구축
- MySQL 업그레이드
- MySQL 종료, 시작, 충돌 복구

데이터베이스가 클수록 이러한 작업이 더 오래 걸립니다. 애플리케이션 개발자는 이러한 작업을 관리하지 않을 수 있지만, 데이터베이스를 관리하는 엔지니어들이 이용 불능 시간을 없게 하는 제로 다운타임~zero-downtime~ 작업에 특별히 능숙하지 않으면 영향을 줄 것입니다. 예를 들어, 클라우드 제공업체는 능숙하지도 헌신적이지도 않습니다. 그들은 단지 20초에서 몇 시간 동안 데이터베이스가 오프라인 상태가 되는 다운타임을 최소화하려고 노력할 뿐입니다.

데이터를 효율적으로 관리하기 위해 규모에 맞는 MySQL 샤딩이 필요하며 이는 다음 절로 이어집니다.

5-2 바위가 아닌 조약돌

바위보다 조약돌을 옮기는 것이 훨씬 쉽습니다. 규모가 큰 MySQL 샤딩은 작은 인스턴스를 많이 사용하여 달성합니다. (비유를 떠올리려면 3장과 4장의 소개 절을 보세요.)

이 문맥에서 '작다~small~'는 것은 2가지를 의미합니다.

- 하드웨어가 수용할 수 있는 성능으로 애플리케이션 워크로드가 실행된다.
- 표준 작업(OSC 포함)에 허용되는 시간이 걸린다.

언뜻 보면 작다는 것이 상대적이어서 쓸모가 없어 보이지만, 실제로는 하드웨어 용량을 제한해 거의 객관적인 정도로 범위를 좁힙니다. 예를 들어, 이 글을 쓸 때 저는 엔지니어들에게 단일 MySQL 인스턴스의 총 데이터 크기를 2TB나 4TB로 제한할 것을 조언합니다.

- 2TB 데이터: 상용 하드웨어에서 평균 쿼리와 접근 패턴은 수용 가능한 성능을 발휘하며 작업은 합리적인 시간 내에 완료됩니다.
- 4TB 데이터: 중고급 하드웨어에서 뛰어나게 최적화된 쿼리와 접근 패턴은 수용 가능한 성능을 발휘하지만, 작

업은 수용 가능한 것보다 약간 더 오래 걸릴 수 있습니다.

이러한 제한은 오늘(2021년 12월) 바로 구입할 수 있는 하드웨어 용량만을 반영합니다. 몇 년 전에는 제한이 훨씬 낮았습니다. (디스크가 물리적으로 회전하면서 딱딱거리는 소리를 낼 때를 기억합니까?) 지금부터 몇 년 후에는 제한이 훨씬 더 커질 것입니다.

일단 데이터베이스가 샤딩되었다면 프로그래밍 방식으로 접근하므로 애플리케이션에서 샤드 수는 중요하지 않습니다. 그러나 운영, 특히 MySQL 인스턴스를 운영하는 엔지니어에게 샤드의 크기는 매우 중요합니다. 7TB 데이터베이스보다 500GB 데이터베이스를 관리하는 것이 훨씬 쉽습니다. 그리고 작업이 자동화되기 때문에 소규모 데이터베이스를 얼마든지 쉽게 관리할 수 있습니다.

MySQL 성능은 바위가 아닌 조약돌처럼 작은 데이터베이스로 분할하여 운영할 때 진정으로 무제한입니다.

5-3 샤딩: 간략한 소개

샤딩 방법과 구현은 반드시 애플리케이션 워크로드와 결합됩니다. 이는 5장 4절에 제시한 대안들도 마찬가지입니다. 결과적으로 아무도 샤딩 방법을 알려줄 수 없으며 완전히 자동화된 솔루션도 없습니다. 길지만 가치 있는 여행을 준비하세요.

샤딩에는 아이디어에서 구현까지 2가지 경로가 있습니다.

샤딩용으로 새로운 애플리케이션 설계

첫 번째이자 드문 경로는 애플리케이션이 처음부터 샤딩용으로 설계되는 경우입니다. 만약 새 애플리케이션을 개발한다면 나중에 마이그레이션하는 것보다 처음부터 샤딩하는 것이 훨씬 쉽습니다. 따라서 샤딩이 필요하다면 이 경로를 선택하는 것을 강력히 추천합니다.

샤딩이 필요한지 결정하려면 향후 4년 동안의 데이터 크기와 증가율를 추정해 보세요. 4년 안에 예상되는 데이터 크기가 현재 하드웨어 용량에 적합하다면 샤딩이 필요하지 않을 수 있습니다. 저는 이 것을 '4년 적합,four-year fit'이라고 부릅니다. 또한 애플리케이션 워크로드의 다른 2가지 측면인 쿼리와 접근 패턴을 대상으로 4년 적합을 추정해 보세요. 이는 새 애플리케이션을 예측하기 어렵고 변경될 수 있지만, 애플리케이션을 설계하고 구현하는 데 필요한 부분이므로 몇 가지 아이디어와 기대치가 있어야 합니다.

또한 데이터 세트가 제한이 있는지 아니면 무제한인지도 고려합니다. 제한된 데이터 세트_{bounded data}
_{set}는 그 자체가 최대 크기이거나 본질적으로 느리게 증가합니다. 예를 들어, 매년 출시되는 새로운
스마트폰의 수는 매우 적습니다. 제조업체가 매년 수천 대의 새 스마트폰을 출시할 것으로 믿을 이유
가 없기 때문에 그 증가는 본질적으로 느립니다. 무제한 데이터 세트_{unbounded data set}에는 본질적으로
제한이 없습니다. 예를 들어, 사진은 무제한입니다. 사람들은 사진을 무제한으로 게시할 수 있습니다.
하드웨어 용량에는 제한이 있으므로 애플리케이션은 항상 무제한 데이터 세트를 정의할 때 제한을
둬야 합니다. 데이터가 무제한으로 커지도록 두지 마세요. 무제한 데이터 세트는 오래된 데이터가 자
주 삭제되거나 보관되지 않는 한 샤딩이 필요함을 강하게 시사합니다(3장 3절 「데이터 삭제 또는 보관」
참고).

기존 애플리케이션을 샤딩으로 마이그레이션

두 번째이자 더 일반적인 경로는 기존 데이터베이스와 애플리케이션을 샤딩으로 마이그레이션하는
것입니다. 이 경로는 필요한 시점이 되면 데이터베이스가 커지기 때문에 훨씬 더 어렵고 시간이 많이
걸리며 위험합니다. MySQL이 바위를 언덕 위로 옮기는 것과 같습니다. 숙련된 개발자로 구성된 팀
과 함께 1년 이상의 기간을 잡고 마이그레이션을 계획하세요.

단일 데이터베이스를 샤딩된 데이터베이스로 마이그레이션하는 방법은 샤딩 솔루션과 애플리케이
션 워크로드에 따라 달라지므로 이 책에서는 다룰 수 없습니다. 그러나 원본(단일) 데이터베이스에서
새 샤드로(아마도 여러 번) 복사가 이뤄질 것임은 분명합니다. 초기 마이그레이션은 근본적으로 첫 번
째 리샤딩_{resharding}이므로 잠시 후 다룰 "리샤딩"에서 해결해야 할 과제입니다.

4년 적합

향후 4년간의 데이터 크기와 증가율을 예측하는 이유는 무엇일까요? 1~2년은 너무 짧습니다. 그 이
유는 다음과 같이 생각해 볼 수 있을 것 같습니다. 샤딩과 같은 큰 프로젝트를 구현하는 데는 최소
1년이 걸립니다. 3년은 적당하고 4년이면 안전합니다. 하드웨어가 더 훌륭하다면 4년이 지나도 안정
적으로 운영할 수 있습니다. 또한, 주식 보상은 보통 4년 후에 실현되며, 이로 인해 인력의 이동이 발
생합니다.

리드 호프먼(Reid Hoffman), 벤 카스노카(Ben Casnocha), 크리스 예(Chris Yeh)의 [근무 기간: 새로운 고
용주-직원 협약(oreil.ly/goj9j)]을 읽어보세요. 책임감 있는 엔지니어는 미래의 엔지니어를 위해 시스
템을 개선합니다. 데이터베이스가 4년이 지나도록 확장되지 않았다면 미래의 엔지니어가 확장 가능
한 시스템을 넘겨받을 수 있도록 지금 고쳐야 합니다.

샤딩은 두 경로에서 모두 복잡한 과정입니다. 샤딩을 시작하려면 샤드 키와 전략을 세우고 직면하게 될 문제를 이해해야 합니다. 이 지식은 상대적으로 쉽게 운영할 수 있는 샤딩된 데이터베이스라는 목적지를 제공합니다. 그런 다음 한 데이터베이스에서 대상까지의 경로를 차트로 만드세요.

샤드 키

MySQL을 분할하려면 애플리케이션이 프로그래밍 방식으로 데이터를 샤드에 매핑해야 합니다. 따라서 가장 근본적인 결정은 데이터를 분할하는 데 사용할 열(또는 열들)인 **샤드 키**shard key입니다. 샤드 키는 데이터를 샤드에 매핑하기 위해 샤딩 전략(다음 단락에서 설명)과 함께 사용됩니다. MySQL에는 샤딩이라는 개념이 없으므로 그것에 대해 알지 못합니다. 따라서 다른 애플리케이션이 샤드 키로 데이터를 매핑하고 접근을 담당합니다.

:: 참고하세요

샤드(shard)라는 용어는 데이터베이스 또는 데이터베이스가 저장된 MySQL 인스턴스와 같은 의미로 사용됩니다.

이상적인 샤드 키에는 3가지 속성이 있습니다.

높은 카디널리티

이상적인 샤드 키는 카디널리티(2장 4절 "최고의 선택도"를 보세요)가 높아 데이터가 샤드 전체에 고르게 분산됩니다. 좋은 예는 동영상을 서비스하는 웹 사이트입니다. 각 동영상에 dQw4w9WgXcQ와 같은 고유 식별자를 할당할 수 있습니다. 해당 식별자를 저장하는 열은 모든 값이 고유하므로 카디널리티가 최대이며 이상적인 샤드 키입니다.

참조 애플리케이션 엔티티

이상적인 샤드 키는 접근 패턴이 샤드를 교차하지 않도록 애플리케이션 엔티티를 참조합니다. 좋은 예는 결제를 저장하는 애플리케이션입니다. 각 결제는 고유하지만(최대 카디널리티) 고객이 애플리케이션 엔티티입니다. 따라서 애플리케이션의 기본 접근 패턴은 결제가 아닌 고객입니다. 단일 고객에 대한 모든 결제가 같은 샤드에 위치해야 하므로 고객별 샤딩이 이상적입니다.

소규모

샤드 키는 사용량이 많으므로 될 수 있는 한 작아야 합니다. 전부는 아니더라도 대부분의 쿼리에는 분산~scatter~ 쿼리를 회피*하기 위한 샤드 키가 포함됩니다.

이상적인 샤드 키는 샤딩 전략과 결합하여 5장 3절의 "과제들"에서의 트랜잭션과 조인을 피하거나 완화합니다.

애플리케이션에 이상적인 샤드 키를 식별하거나 생성하는 데 충분한 시간을 할애해야 합니다. 샤드 키를 결정하는 것은 샤딩을 만드는 토대의 절반에 해당합니다. 나머지 절반은 샤드 키를 사용하는 샤딩 전략입니다.

전략

샤딩 전략은 샤드 키값을 기준으로 데이터를 샤드에 매핑합니다. 애플리케이션은 샤드 키값에 해당하는 데이터를 사용하여 쿼리를 샤드로 라우팅~route~하는 전략을 구현합니다. 이러한 결정은 샤딩의 토대를 만드는 나머지 절반입니다. 샤드 키와 전략이 구현되면 변경하기가 매우 어려우므로 신중하게 선택해야 합니다.

해시, 범위, 조회(또는 디렉터리)와 관련해서 3가지 일반적인 전략이 있습니다. 3가지 모두 광범위하게 사용됩니다. 최선의 선택은 애플리케이션 접근 패턴, 특히 다음 3개 절에서 언급하는 행 접근에 따라 다릅니다.

해시 샤딩

해시 샤딩~hash sharding~은 해시 알고리즘(정수 해싯값 생성), 나머지 연산자(mod), 샤드 수(N)를 사용하여 해시 키값을 샤드에 매핑합니다. 그림 5-7은 위쪽 해시 키값에서 시작하여 아래쪽 샤드까지 실선 화살표를 따라가는 전략을 보여 줍니다.

---

* 역주: 분산 쿼리 회피란 모든 샤드에 쿼리하는 현상을 막고 데이터가 들어 있는 샤드에만 쿼리하기 위한 방법입니다. 그러려면 꼭 알맞은 샤드 키를 사용해야 합니다.

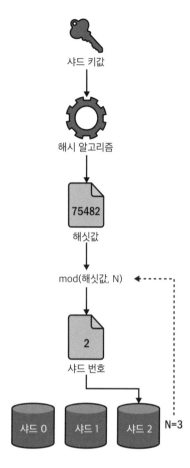

그림 5-7 해시 샤딩

해시 알고리즘은 샤드 키값을 입력으로 하여 해싯값을 출력합니다. 이 해싯값(정수)을 샤드 수(**N**)로 나누어 나머지 연산(**mod**)하면 샤드 번호(0과 N-1 사이의 정수)를 구할 수 있습니다. 그림 5-7에서 해싯값 `75482 mod 3 = 2`이므로 샤드 키값에 대한 데이터는 샤드 2에 있습니다.

∷ 참고하세요

샤드 번호를 MySQL 인스턴스에 매핑하는 방법은 사용자가 선택할 수 있습니다. 예를 들어, 각 애플리케이션 인스턴스가 있는 MySQL 호스트네임에 샤드 번호를 매핑하여 배포할 수 있습니다. 또는 애플리케이션이 etcd(etcd.io)와 같은 서비스에 쿼리하여 MySQL 인스턴스에 샤드 번호가 매핑되는 방식을 알 수 있습니다.

혹시 "샤드 수(N)를 변경하면 데이터와 샤드를 매핑하는 데 영향을 주지 않을까?"라고 생각했다면 여러분의 생각이 맞습니다. 예를 들어, `75483 mod 3 = 0`이지만 샤드 수를 5로 늘리면 같은 샤드 키값이 새 샤드 번호인 `75483 mod 5 = 3`에 매핑됩니다. 다행히도 이 문제는 해결되었습니다. **일관된 해싱 알고리즘**consistent hashing algorithm은 N에 독립적인 일관된 해싯값을 출력합니다. 핵심은 '일관성'에 있습니다. 샤드가 변경될 때 해싯값이 변경될 가능성은 여전히 있지만 훨씬 낮아집니다. 샤드가 변경될 가능성이 있으므로 일관된 해싱 알고리즘을 선택해야 합니다.

해시 샤딩은 값을 정수로 추상화하므로 모든 샤드 키에 대해 작동합니다. 이는 더 빠르거나 좋다는 의미가 아니라 해싱 알고리즘이 모든 샤드 키값을 자동으로 매핑하므로 더 쉽다는 의미입니다. 그러나 데이터를 수동으로 재배치하는 것은 5장 3절의 "재조정"에서 논의했듯이 사실상 불가능하므로 자동은 단점이기도 합니다.

포인트 접근(4장 4절의 "행 접근" 참고)은 하나의 행이 하나의 샤드에만 매핑될 수 있으므로 해시 샤딩과 잘 작동합니다. 대조적으로 범위 접근은 5장 3절의 "교차 샤드 쿼리(일반적인 문제 중 하나)"로 인해 범위가 매우 작을 때가 아니면 해시 샤딩으로 실행이 불가능할 수 있습니다. 이는 임의 접근도 마찬가지입니다.

범위 샤딩

범위 샤딩range sharding은 그림 5-8에 표시한 대로 연속적인 키값 범위를 정의하고 각 범위에 샤드를 매핑합니다.

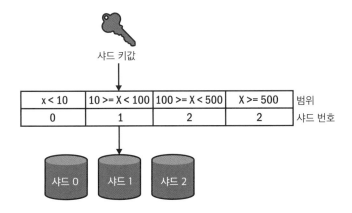

그림 5-8 범위 샤딩

키값 범위는 미리 정의해야 합니다. 이렇게 하면 데이터를 샤드에 매핑할 때 유연성을 얻을 수 있지만, 데이터가 샤드 전체에 고르게 분산되도록 하려면 데이터 분산$_{\text{data distribution}}$에 대한 상세한 지식이 필요합니다. 데이터 분산이 변경되면 리샤딩 처리를 생각해야 합니다(5장 3절의 "리샤딩" 참고). 범위 샤딩의 이점은 해시 샤딩과 달리 범위를 변경(재정의)할 수 있어 데이터를 수동으로 재배치하는 데 도움이 된다는 것입니다.

모든 데이터를 정렬하고 범위로 나눌 수 있지만 임의 식별자$_{\text{random identifiers}}$와 같은 일부 데이터에는 적합하지 않습니다. 그리고 일부 데이터는 무작위로 보이지만 자세히 살펴보면 실제로는 밀접하게 정렬되어 있습니다. 예를 들어, 다음은 MySQL에서 생성한 3개의 UUID입니다.

```
f15e7e66-b972-11ab-bc5a-62c7db17db19
f1e382fa-b972-11ab-bc5a-62c7db17db19
f25f1dfc-b972-11ab-bc5a-62c7db17db19
```

차이점이 보이나요? 이 3개의 UUID는 무작위로 표시되지만 범위 크기에 따라 같은 범위로 정렬될 가능성이 높습니다. 규모에 따라 이는 대부분의 데이터를 같은 샤드에 매핑하여 샤딩의 목적을 무산시켜 버립니다. 즉, 데이터가 여러 샤드에 분배되지 않고 한 샤드에 몰립니다. (UUID 알고리즘은 다양합니다. 일부는 의도적으로 밀접하게 정렬된 값을 생성하고 다른 일부는 의도적으로 무작위의 정렬된 값을 생성합니다.)

범위 샤딩은 다음과 같은 경우에 가장 잘 작동합니다.

- 샤드 키값의 범위는 제한적이다.
- 범위(최솟값과 최댓값)를 결정할 수 있다.
- 값의 분포를 알고 있으며 대부분 균일하다.
- 범위와 분포는 변경되지 않을 것이다.

예를 들어, 주식 데이터는 AAAA에서 ZZZZ까지의 주식 기호로 분할될 수 있습니다. 분포는 아마도 Z 범위에서 더 적을 수 있지만, 전반적으로 한 샤드가 다른 샤드보다 더 커지거나 더 자주 접근하지 않도록 하기에는 충분합니다.

포인트 접근은 행 접근이 범위에 고르게 분산되어 핫 샤드(5장 3절의 "재조정"에서 설명하는 일반적인 문제)를 방지하는 한, 범위 샤딩과 잘 작동합니다. 범위 접근은 행 범위가 샤드 범위 내에 있는 한 범위 샤딩과 잘 작동합니다. 그렇지 않으면 교차 샤드 쿼리 문제가 발생합니다. 임의 접근은 교차 샤드 쿼리와 같은 이유로 불가능할 수 있습니다.

조회 샤딩

조회(또는 디렉터리) 샤딩lookup sharding은 샤드에 샤드 키값을 사용자 지정 매핑하는 것입니다. 그림 5-9
는 국가 코드 최상위 도메인을 샤드에 매핑하는 조회 테이블을 보여 줍니다.

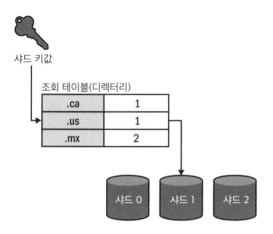

그림 5-9 조회(디렉터리) 샤딩

조회 샤딩은 가장 유연하지만 조회 테이블을 유지·관리해야 합니다. **조회 테이블**lookup table은 키-값 맵
역할을 합니다. 샤드 키값은 키이고 데이터베이스 샤드는 값입니다. 조회 테이블을 데이터베이스 테
이블, 지속성 있는 캐시의 데이터 구조, 애플리케이션과 함께 배포된 구성 파일 등으로 구현할 수 있
습니다.

조회 테이블의 키는 단일 값(그림 5-9 참고) 또는 범위일 수 있습니다. 키가 범위라면 기본적으로 범위
샤딩이지만, 조회 테이블을 통해 범위를 더 잘 제어할 수 있습니다. 그러나 이러한 제어에는 비용이
따릅니다. 범위 변경은 일반적인 과제 중 하나인 리샤딩을 의미합니다. 키가 단일 값인 경우 고유 샤
드 키값의 수를 관리할 수 있을 때는 조회 샤딩이 유용합니다. 예를 들어, 미국의 공중 보건 통계를
저장하는 웹 사이트는 전체 카운티(군) 수가 3,500개 미만이고 거의 변경되지 않으므로 주와 카운티
(군) 이름으로 구분할 수 있습니다.* 조회 샤딩은 이런 예에 적합한 이점이 있습니다. 인구가 매우 적
은 모든 지역을 한 샤드에 매핑하는 것은 쉬운 일이지만, 해시나 범위 샤딩에서는 이런 사용자 지정

---

* 카운티 이름은 주 내에서만 고유하므로 주 이름이 필요합니다.

매핑을 수행할 수 없습니다.

3가지 행 접근 패턴 모두 조회 샤딩과 함께 작동합니다. 그러나 이러한 기능이 얼마나 잘 작동하는지는 샤드 키값을 데이터베이스 샤드에 매핑하기 위해 만들고 유지·관리해야 하는 조회 테이블의 크기와 복잡도에 따라 달라집니다. 주목할 점은 임의 접근입니다. 조회 샤딩을 사용하면 해시와 범위 샤딩으로는 거의 불가능한 임의 접근으로 인한 교차 샤드 쿼리를 완화하기 위해 샤드 키값을 매핑(또는 재매핑)할 수 있습니다.

과제들

샤딩이 완벽하다면 한 번만 샤딩하고 모든 샤드가 같은 데이터 크기와 접근 권한을 갖게 됩니다. 처음 샤딩할 때는 그럴 수도 있지만 계속 유지되지는 않을 것입니다. 여기서 소개할 과제들은 애플리케이션과 분할된 데이터베이스에 영향을 주므로 미리 계획을 수립하여 문제를 피하거나 완화할 방법을 알아 두면 좋습니다.

트랜잭션

트랜잭션은 여러 샤드에 걸쳐 작동하지 않습니다. 이것은 과제라기보다 방해 요소에 가깝습니다. 애플리케이션에서 2단계 커밋을 구현하는 것 외에는 근본적으로 해법이 없기 때문입니다. 이 작업은 위험하고 이 책의 범위를 훨씬 벗어납니다.

이 방해 요소는 피하는 것을 강력히 추천드립니다. 애플리케이션 트랜잭션(8장 5절 「보고」 참고)과 접근하는 데이터를 검토해 보세요. 그런 다음 트랜잭션이 데이터에 접근하는 방식에 따라 작동하는 샤드 키와 전략을 선택하세요.

조인

SQL 문은 여러 샤드에 걸쳐 테이블을 조인할 수 없습니다. 해법은 **교차 샤드 조인**_{cross-shard join}입니다. 애플리케이션 조인은 여러 샤드에서 실행된 여러 쿼리의 결과입니다. 평범한 해법이 아니라 조인에 따라 복잡할 수도 있지만 실현 가능합니다. 복잡성과는 별개로 주요 관심사는 일관성입니다. 트랜잭션이 여러 샤드에 걸쳐 작동하지 않으므로 각 샤드의 결과에서 모든 데이터를 일관되게 볼 수 있는 것은 아닙니다.

교차 샤드 조인은 특수한(결과를 조인하는 것) 목적의 교차 샤드 쿼리입니다. 따라서 똑같은 과제에 영향을 받을 수 있습니다.

교차 샤드 쿼리

교차 샤드 쿼리cross-shard query를 사용하려면 애플리케이션이 둘 이상의 샤드에 접근해야 합니다. 단일 쿼리가 둘 이상의 MySQL 인스턴스에서 실행될 수 없기 때문에 이 용어는 리터럴(문자 그대로의) 쿼리가 아닌 애플리케이션 접근를 나타냅니다. (더 정확한 용어는 교차 샤드 애플리케이션cross-shard application access 접근입니다.)

교차 샤드 쿼리는 지연 시간이 발생합니다. 여러 MySQL 인스턴스에 접근하는 데 내재된 지연입니다. 샤딩은 교차 샤드 쿼리가 표준이 아니라 예외일 때 가장 효과적입니다.

샤딩이 완벽하다면 모든 애플리케이션 요청은 한 샤드에만 접근합니다. 그것이 목표이지만 일부 애플리케이션은 효율적으로 샤딩된 경우에도 특정 요청을 수행하고자 여러 샤드에 접근해야 합니다. 따라서 한 샤드에만 접근하려고 무리하게 노력하지 않아도 됩니다. P2P$_{peer-to-peer}$ 결제 애플리케이션이 좋은 예입니다. 각 고객은 잘 정의된 애플리케이션 엔티티입니다. 고객과 관련된 모든 데이터는 같은 샤드에 있어야 하며, 이는 데이터가 고객으로 샤딩된다는 것을 의미합니다. 그런데 고객은 돈을 보내고 받는 방식으로 상호 작용합니다. 필연적으로 애플리케이션은 최소 2개의 샤드에 접근합니다. 하나는 돈을 보내는 고객을 위한 것이고, 다른 하나는 돈을 받는 고객을 위한 것입니다. 교차 샤드 쿼리는 최소화해야 하지만, 애플리케이션 로직이 특정 요청에 교차 샤드 쿼리가 필요하다고 해도 이를 제거하려고 애쓰지 마세요.

관련 문제는 **분산 쿼리**$_{scatter\ queries}$(또는 분산-수집 쿼리$_{scatter-gather\ queries}$), 즉 애플리케이션이 많은(또는 모든) 샤드에 접근해야 하는 쿼리입니다. (다시 말하지만 이 용어는 리터럴 쿼리가 아니라 애플리케이션 접근을 나타냅니다.) 적당한 수의 교차 샤드 쿼리는 불가피하지만 허용되고, 분산 쿼리는 샤딩의 목적과 이점에 반합니다. 따라서 분산 쿼리를 방지하고 제거해야 합니다. 애플리케이션에 분산 쿼리가 필요하지만 그렇게 할 수 없다면 샤딩은 아마도 적합한 해결책이 아니므로 접근 패턴을 변경해야 합니다(4장 4절 「데이터 접근 패턴」 참고).

리샤딩

리샤딩$_{resharding}$(또는 샤드 분할$_{shard\ split}$)은 하나의 샤드를 둘 이상의 새 샤드로 나눕니다. 리샤딩은 데이터 증가를 수용하는 데 필요하며, 샤드 간에 데이터를 재분산하는 데에도 사용할 수 있습니다. 리샤딩이 필요한지 여부와 시기는 용량 계획에 따라 달라집니다. 즉, 예상 데이터 증가율과 초기에 생성되는 샤드 수에 따라 다릅니다. 예를 들어, 한 팀에서 데이터베이스를 4개의 샤드로 분할한 다음 데이터 크기가 예상보다 훨씬 빠르게 증가해서 2년이 채 지나지 않아 샤드를 재구성하는 것을 본 적이 있습니다. 이와는 대조적으로 다른 한 팀이 5년 이상의 예상 데이터 증가를 수용하기 위해 데이터베이스를 64개의 샤드로 분할하는 것을 보았습니다. 처음에(처음 샤딩할 때) 추가 샤드를 감당할 수 있는 경우 최소 4년 동안의 데이터 증가에 대비해 충분한 샤드를 만드세요. 지나치게 과대평가하지 말고 여유 있게 추정하세요.

샤딩은 더 많은 샤딩을 낳는다는 것이 샤딩의 어두운 면입니다. 만약 여러분이 "한 번 샤딩하고 끝낼 수 있을까?"라고 궁금해한다면 대답은 "아마도 아닐 것"입니다. 데이터베이스가 샤딩이 필요한 시점까지 증가하면 데이터가 적을수록 좋다는 것에 열광하지 않는 한 계속해서 증가하고 더 많은 샤드가 필요할 가능성이 큽니다(3장 1절의 "데이터가 적을수록 좋다" 참고).

리샤딩은 이전 샤드에서 새 샤드로 데이터 마이그레이션이 필요하므로 어려운 작업입니다. 데이터 마이그레이션 방법에 대한 설명은 이 책의 범위를 벗어나지만 3가지 높은 수준의 요구 사항만 언급하고자 합니다.

- 이전 샤드에서 새 샤드로의 초기 대량 데이터 복사
- 이전 샤드의 변경 사항을 새 샤드로 동기화(데이터 복사 도중과 이후)
- 새 샤드로 전환하기 위한 컷오버 프로세스

데이터를 안전하고 올바르게 마이그레이션하려면 깊이 있는 MySQL 전문 지식이 필요합니다. 데이터 마이그레이션은 애플리케이션과 인프라에 따라 다르므로 절차를 자세히 설명하는 책이나 기타 리소스를 찾기 어렵습니다. 필요하다면 마이그레이션 절차를 설계하는 데에 조언할 MySQL 컨설턴트를 고용해야 합니다. MySQL 샤딩 전문가인 Shopify 엔지니어의 Ghostferry(oreil.ly/7aM3I)도 확인해 보세요.

재조정

재조정~rebalancing~은 접근을 더 균등하게 분산하기 위해 데이터를 재배치합니다. 핫 샤드~hot shard~(다른 샤드보다 훨씬 더 많이 접근되는 샤드)를 처리하려면 재조정이 필요합니다. 샤드 키와 샤딩 전략이 데이터 분산 방식을 결정하지만, 애플리케이션과 해당 사용자는 데이터 접근 방식을 결정합니다. 하나의 샤드(핫 샤드)에 가장 자주 접근하는 데이터가 모두 포함되어 있으면 성능이 고르게 분산되지 않아 확장의 목적이 소용없게 됩니다. 목표는 모든 샤드에 동등한 접근과 성능이 나오는 것입니다.

재조정은 앞에서 살펴본 3가지 샤딩 전략에 따라 다릅니다.

- **해시**: 해시 알고리즘이 자동으로 데이터를 샤드에 매핑하기 때문에 해시 샤딩으로 데이터를 재배치하는 것은 사실상 불가능합니다. 한 가지 해결책은 재배치된 샤드 키가 포함된 조회 테이블을 사용하는 것입니다. 애플리

케이션은 먼저 조회 테이블을 확인합니다. 샤드 키가 있으면 조회 테이블에 표시된 샤드를 사용합니다. 그렇지 않으면 해싱 알고리즘을 사용합니다.

- **범위**: 범위 샤딩으로 데이터를 재배치하는 것은 핫 샤드를 더 작고 분리된 샤드로 나누기 위해 범위를 재정의함으로써 가능합니다. 하지만 간단하지 않습니다. 이는 리샤딩과 같은 과정입니다.
- **조회**: 조회 샤딩으로 데이터를 재배치하는 것은 샤드에 대한 데이터 매핑을 제어하기 때문에 상대적으로 쉽습니다. 따라서 조회 테이블을 갱신하여 핫 데이터에 해당하는 샤드 키값을 다시 매핑합니다.

핫 데이터를 물리적으로 재배치하려면 리샤딩에 사용되는 것과 같은(또는 유사한) 데이터 마이그레이션 절차가 필요합니다.

온라인 스키마 변경

하나의 데이터베이스에서 테이블을 변경하는 것은 쉽지만 모든 샤드에서 테이블을 변경하려면 어떻게 해야 할까요? 각 샤드에서 $OSC_{online\ schema\ change}$(온라인 스키마 변경)를 실행하지만, 문제는 여러 샤드에서 실행되도록 OSC 프로세스를 자동화하고 어떤 샤드가 변경되었는지 추적하는 것입니다. 이 글을 쓰는 시점에 MySQL은 이와 관련한 오픈소스 솔루션이 없으므로 새로 개발해야 합니다. (그러나 다음 절의 MySQL에 대한 몇 가지 대안에는 해결책이 있습니다.) 이것은 샤딩에서 쉬운 문제이면서도 쉽게 생각해서는 안 됩니다. 스키마 변경은 통상적이므로 간과할 수 없습니다.

5-4 대안들

샤딩은 복잡하며 사용자나 고객에게 직접적인 가치가 있는 것은 아닙니다. 확장성을 유지하는 것은 애플리케이션에 가치가 있지만 엔지니어에게는 까다로운 작업입니다. 당연하게도 대체 솔루션이 점점 대중화되고 강력해지고 있습니다. 그러나 새로운 기술에 여러분의 데이터를 너무 빨리 적용하고 너무 신뢰하진 마세요. MySQL은 신뢰성이 높고 이해도가 깊은 매우 성숙한 기술이므로 안전하고 합리적인 선택입니다.

NewSQL

NewSQL은 스케일아웃을 기본으로 지원하는 관계형 ACID 호환 데이터 스토리지를 나타냅니다.

즉, 샤딩할 필요가 없는 SQL 데이터베이스입니다. "와우! 그렇다면 왜 MySQL을 사용합니까?"라고 생각할 수 있지만, 다음 5가지 사항은 MySQL(샤딩 여부에 관계없이)이 여전히 세계에서 가장 인기 있는 오픈소스 데이터베이스인 이유를 설명합니다.

성숙함

SQL은 1970년대, MySQL은 1990년대에 등장했습니다. 데이터베이스 성숙도는 2가지를 의미합니다. 즉, 데이터가 손실되거나 손상되지 않기에 데이터 스토리지를 신뢰할 수 있고, 데이터 스토리지의 다양한 측면에 대한 깊은 지식이 축적되어 있습니다. NewSQL 데이터 스토리지의 성숙도에 세심한 주의가 필요합니다. 안정적인 최초의 GA(정식 출시) 배포는 언제였습니까? 그 이후로 배포된 버전들과 품질은 어떻습니까? 공개적으로 사용할 수 있는 깊이 있고 믿을 만한 지식은 무엇일까요?

SQL 호환성

NewSQL 데이터 스토리지는 SQL(결국 이름에 있음)을 사용하지만 호환성은 크게 다릅니다. NewSQL 데이터 스토리지가 MySQL을 즉시 대체할 것으로 기대하지 마세요.

복잡한 작업

기본적으로 지원되는 스케일아웃은 분산 시스템을 통해 달성됩니다. 이는 일반적으로 조정된 구성 요소들이 아닌 여러 가지로 다른 것들이 수반됩니다. (MySQL이 솔로 색소폰 연주자라면 NewSQL은 5인조 밴드입니다.) NewSQL 데이터 스토리지가 완벽히 관리된다면 복잡성은 문제가 되지 않을 수 있습니다. 그러나 관리해야 한다면 문서를 읽고 작동 방식을 이해하세요.

분산 시스템 성능

4장에서 본 범용 확장성 법칙(수식 4-1)을 떠올려 보세요.

$$X(N) = \frac{\gamma N}{1 + \alpha(N-1) + \beta N(N-1)}$$

N은 소프트웨어 부하(동시 요청, 실행 중인 프로세스 등), 하드웨어 프로세서 또는 분산 시스템의 노드 or nodes in a distributed system 를 나타냅니다. 애플리케이션에 10ms 미만의 응답 시간이 필요한 쿼리가 있을 때 분산 시스템 고유의 대기 시간으로 인해 NewSQL 데이터 스토리지가 작동하지 않을 수 있습니다. 그러나 그러한 수준의 응답 시간은 NewSQL이 해결해야 하는 더 크고 일반적인 문제가 아닙니다.

즉, 합리적인 응답 시간(예: 75ms)에 큰 데이터 크기(단일 인스턴스에 비해)로 확장됩니다.

성능 특성

쿼리의 응답 시간(성능)은 어떻게 설명합니까? MySQL의 상위 수준 구성 요소는 인덱스, 데이터, 접근 패턴, 하드웨어이며 이전 4개의 장에서 모두 설명한 것들입니다. 2장 2절의 "맨 왼쪽 접두사 요구 사항", 3장 1절의 "작업 세트 크기", 4장 1절 「MySQL은 아무것도 하지 않는다」와 같은 하위 수준의 세부 정보를 추가하면 MySQL 성능과 이를 개선하는 방법을 이해할 수 있습니다. NewSQL 데이터 스토리지는 새롭고 다른 성능 특성이 있습니다. 예를 들어, 인덱스는 항상 최고의 활용을 제공하지만 분산 시스템에서 데이터가 저장되고 접근되는 방식 때문에 NewSQL 데이터 스토리지에서는 다르게 작동할 수 있습니다. 마찬가지로 MySQL에서 이로운 일부 접근 패턴이 NewSQL에서는 이롭지 않으며 그 반대도 마찬가지입니다.

이 5가지 사항은 주의 조항입니다. NewSQL은 MySQL 샤딩의 대안으로 검토해야 할 유망한 기술이지만 NewSQL은 MySQL을 쉽게 대체할 수 없습니다.

이 글을 쓰는 시점에, MySQL과 호환되는 실행 가능한 오픈소스 NewSQL 솔루션은 TiDB(oreil.ly/GSCc0)와 CockroachDB(oreil.ly/wKZ2Z) 2가지뿐입니다. 이 2가지 모두 새로운 솔루션입니다. CockroachDB v1.0 GA는 2017년 5월 10일에, TiDB v1.0 GA는 2017년 10월 16일에 배포되었습니다. 따라서 적어도 2027년까지 TiDB와 CockroachDB를 사용하는 데 신중하고 잘 알아보아야 합니다. 심지어 MySQL도 2000년대 초에 주류로 들어가기 전에는 이미 10년의 역사를 가졌었습니다. TiDB나 CockroachDB를 사용하면서 배운 내용을 기록하고, 가능하면 이러한 오픈소스 프로젝트에 기여해 보세요.

미들웨어

미들웨어 솔루션은 애플리케이션과 MySQL 샤드 사이에서 작동합니다. 샤딩의 세부 사항을 숨기거나 추상화하거나 적어도 샤딩을 더 쉽게 만들려고 시도합니다. 직접적인 수동 샤딩이 너무 어렵고 NewSQL이 실행 불가능한 경우 미들웨어 솔루션이 그 격차를 해소하는 데 도움이 될 수 있습니다. 2가지 주요 오픈소스 솔루션은 Vitess(oreil.ly/6AvRY)와 ProxySQL(oreil.ly/5iTkH)이며 서로 완전히 다르지만 둘 모두 샤딩을 제공합니다.

이름에서 알 수 있듯이, ProxySQL은 여러 메커니즘에 의해 샤딩을 지원하는 프록시입니다. 어떻게 작동하는지 알아보려면 'ProxySQL의 샤딩'(oreil.ly/N0eYa)과 'ProxySQL을 사용한 MySQL 샤딩'(oreil.ly/KDvjE)을 읽어보세요. MySQL 앞에서 프록시를 사용하는 것은 고전적인 Vim과 Emacs의 대립에서 독설을 빼는 것에 비유됩니다. 엔지니어들은 양쪽 편집기에서 모두 훌륭한 작업을 수행합니다. 그것은 단지 개인 취향일 뿐입니다. 마찬가지로 기업은 프록시가 있든 없든 성공합니다. 그것은 단지 개인 취향의 문제입니다.

Vitess는 특수 목적으로 제작된 MySQL 샤딩 솔루션입니다. Vitess도 복잡성이 없지는 않지만 가장 큰 장점은 모든 문제, 특히 리샤딩과 재조정을 해결한다는 것입니다. 또한 Vitess는 MySQL을 깊이 이해하는 MySQL 전문가이자 유튜버가 만들었습니다.

샤딩하기 전에 ProxySQL과 Vitess를 반드시 평가해 보세요. 모든 미들웨어 솔루션에는 학습과 유지·관리를 위한 추가 인프라가 필요하지만, MySQL을 수동으로 샤딩하는 데 드는 상당한 엔지니어링 시간과 노력, 평정심을 생각하면 혜택이 비용보다 클 수 있습니다.

마이크로서비스

샤딩은 하나의 애플리케이션(또는 서비스)과 해당 데이터, 특히 데이터 크기와 접근에 중점을 둡니다. 그러나 때때로 실제 문제는 애플리케이션입니다. 너무 많은 목적이나 비즈니스 기능을 제공하기 때문에 너무 많은 데이터 또는 접근이 존재합니다. 모놀리식monolithic 애플리케이션을 피하는 것은 표준 엔지니어링 설계와 관행이지만, 이것이 항상 달성된다는 의미는 아닙니다. 샤딩하기 전에 애플리케이션 설계와 해당 데이터를 검토하여 해당 파트가 별도 마이크로서비스로 분리되지 않는지 확인하세요. 새로운 마이크로서비스와 해당 데이터베이스가 완전히 독립적이므로 샤딩보다 훨씬 쉽습니다. 샤드 키나 전략이 필요하지 않기 때문입니다. 또한 새로운 마이크로서비스가 더 많은 데이터를 저장하면서 더 적은 하드웨어를 사용할 수 있는 완전히 다른 접근 패턴(4장 4절 「데이터 접근 패턴」 참고)이 있거나 새로운 마이크로서비스에 관계형 데이터 스토리지가 필요하지 않을 수도 있습니다.

MySQL을 사용하지 마세요

4장 5절의 "MySQL을 사용하지 않기"와 유사하게 MySQL 샤딩의 대안을 솔직하게 평가하면 "다른 데이터 스토리지나 기술이 더 잘 작동할 때는 MySQL을 사용하지 말라"는 것으로 결론을 내려야 합니다. 만약 샤딩 때문에 새 애플리케이션을 설계하고 있다면 다른 솔루션을 고려해 보세요. MySQL 샤딩은 해결된 문제이지만 결코 빠르고 쉬운 해결책은 아닙니다. 기존 애플리케이션을 샤딩으로 마이그레이션하려고 계획한다면 다른 솔루션으로 마이그레이션하는 것과 MySQL 샤딩과의 장단점을 고려해야 합니다. 이는 규모 면에서 부담스럽게 들리지만 회사는 항상 그렇게 하고 있으며 여러분도 그럴 수 있습니다.

요점 정리

이 장에서는 MySQL을 확장하는 MySQL 샤딩의 기본 메커니즘을 소개했습니다. 요점은 다음과 같습니다.

- MySQL은 샤딩을 통해 수평 확장(scale-out)됩니다.
- 샤딩은 하나의 데이터베이스를 여러 데이터베이스로 나눕니다.
- 애플리케이션 워크로드인 쿼리, 데이터, 접근 패턴의 조합이 단일 서버 하드웨어의 속도와 용량을 훨씬 능가하기 때문에 단일 데이터베이스를 기본적으로 확장하지는 않습니다.
- 하나의 거대한 데이터베이스보다 많은 작은 데이터베이스(샤드)를 관리하는 것이 훨씬 쉽습니다. 바위가 아닌 조약돌입니다.
- 데이터는 신중하게 선택해야 하는 샤드 키로 샤딩(분할)됩니다.
- 샤드 키는 샤드에 데이터를 매핑(샤드 키로)하는 샤딩 전략과 함께 사용됩니다.
- 가장 일반적인 샤딩 전략은 해시(해싱 알고리즘), 범위, 조회(디렉터리)입니다.
- 샤딩에는 해결해야 할 몇 가지 과제가 있습니다.
- 샤딩 전에 평가해 볼 만한 대안들이 있습니다.

다음 장에서는 MySQL 서버 메트릭을 살펴봅니다.

연습: 4년 적합성

이 연습의 목표는 데이터 크기가 4년 동안 적합한지 확인하는 것입니다. 5장 3절에서의 4년 적합성은 현재 하드웨어 용량에 적용되는 4년 동안의 데이터 크기 또는 접근 가능성을 나타내는 추정치입니다. 예상 데이터 크기나 접근이 현재 하드웨어 용량에 적합하다면(비유적으로) 샤딩이 필요하지 않을 수 있습니다.

이 연습을 완료하려면 과거의 데이터 크기가 필요합니다. 아직 데이터 크기를 측정하고 기록하지 않았다면 6장 5절의 "데이터 크기"로 이동하여 방법을 알아보세요.

간단한 계산만으로 충분합니다. 예를 들어, 데이터베이스가 매월 10GB씩 증가했다면 4년 동안 '12개월 × 4년 × 10GB/월 = 480GB'가 됩니다(삭제되거나 보관되지 않았을 때). 현재 데이터베이스가 100GB라면 4년 후에는 580GB가 적합합니다. 현재 하드웨어의 MySQL은 580GB의 데이터를 쉽게 처리할 수 있으므로 샤딩할 필요가 없습니다(접근 부하에 대한 4년 적합성에도 불구하고).

만약 데이터 크기의 4년 적합성이 샤드가 필요하다고 말한다면 이를 진지하게 받아들이고 더 깊이 파고들어 결정하세요. 데이터베이스가 단일 MySQL 인스턴스에 비해 계속 커지고 있나요? 그렇다면 서둘러 샤딩하세요. 샤딩은 복잡한 데이터 마이그레이션 과정이어서 데이터가 적을수록 더 쉬워지기 때문입니다. 그렇지 않다면 다행입니다. 시스템이 앞으로 몇 년 동안 계속 확장할 수 있도록 보장하는 것은 엔지니어링의 모든 분야에서 전문가의 관행입니다.

6_장 서버 메트릭

EFFICIENT MYSQL
PERFORMANCE

MySQL 메트릭은 성능과 밀접한 관련이 있습니다. 결국 모든 시스템에서 메트릭의 목적은 시스템이 어떻게 작동하는지 측정하고 보고하는 것이기 때문입니다. 다만, 이것들이 어떻게 관련되는지는 분명하지 않습니다. 그림 6-1은 무언가를 알려주는 메트릭을 포함하는 블랙박스가 MySQL임을 나타냅니다.

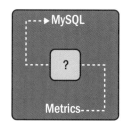

그림 6-1 블랙박스로 본 MySQL: 메트릭은 드러나지 않음

MySQL 메트릭을 자주 다루기는 하지만 제대로 배운 적은 없으므로 블랙박스로 간주하더라도 그리 틀리지는 않을 겁니다. 필자 역시 관련 업무를 수행하면서 MySQL 메트릭을 만든 사람들과 함께 일한 적도 있었지만 관련 자료를 눈으로 보거나 배운 적은 없습니다. MySQL 메트릭 참고 자료나 문서가 부족한 이유는 메트릭이 나타내는 바가 자명해서 이해하거나 해석할 필요가 없다는 잘못된 가정 때문입니다. 이러한 가정은 `Threads_running`과 같이 하나의 메트릭만 분리해서 생각하면 사실처럼 보입니다. 실행 중인 스레드 개수가 뜻하는 바는 분명하니까요. 그러나 이처럼 하나만 분리해서 생각해서는 안 됩니다. MySQL 성능은 메트릭의 스펙트럼을 통해 확인해야 합니다.

MySQL을 프리즘에 비유해 봅시다. 애플리케이션은 워크로드를 MySQL이라는 프리즘에 비춥니다. 해당 워크로드는 MySQL과 이를 실행하는 하드웨어와 물리적으로 상호 작용합니다. 그림 6-2에서 보듯이 메트릭은 워크로드가 MySQL이라는 프리즘을 통과하면서 굴절되어 드러나는 스펙트럼입니다.

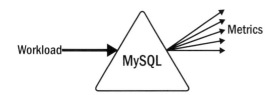

그림 6-2 프리즘으로 본 MySQL:워크로드 성능을 나타내는 메트릭

물리학에서는 이 기술을 빛과의 상호 작용을 통해 물질을 이해하는 **분광법**spectrometry이라고 합니다. MySQL에서 이는 비유의 수준을 넘어 메트릭과 서버 성능 사이의 실제 관계를 나타내는 것으로, 그 근거는 다음과 같은 2가지입니다.

- 실제 프리즘에 빛을 비추면 색상 스펙트럼의 결과는 프리즘이 아닌 빛의 속성을 나타냅니다. 마찬가지로 MySQL에서 워크로드를 실행하면 메트릭 결과는 MySQL이 아닌 워크로드의 속성을 나타냅니다.
- 앞서(특히 4장 1절의 "MySQL은 아무것도 하지 않는다")에서 살펴본 것처럼 성능은 쿼리, 데이터, 접근 패턴과 같이 워크로드에 직접적인 영향을 받습니다. 일반적으로 워크로드가 없으면 모든 메트릭값은 0입니다.

이렇게 보면 새로운 관점에서 MySQL 메트릭을 학습할 수 있으며 이것이 이번 장의 주제입니다. 이 비유에는 교육적인 측면에서 MySQL 메트릭을 스펙트라spectra (스펙트럼의 복수형)로 분류한다는 장점이 있습니다. MySQL 메트릭이 방대하고 체계적이지 않으므로 매우 유용하지만(MySQL 전체에 수백 개의 메트릭이 분산됨), 이를 효과적으로 배우려면 집중과 조직화가 필요합니다. 즉, 11개의 스펙트라로 나눈 70개 이상의 메트릭을 살펴보는 6장 5절 '스펙트라'가 이 장의 핵심입니다.

MySQL이라는 프리즘을 설명하기 전에 마지막으로 참고할 사항은 다음과 같습니다. MySQL 서버 성능을 이해하고 분석하는 데 필요한 메트릭은 극히 일부에 불과합니다. 나머지 메트릭의 관련성과 중요성은 다양합니다.

- 일부는 잡음입니다.
- 일부는 더는 사용하지 않습니다.

- 일부는 기본적으로 비활성화되어 있습니다.

- 일부는 기술적으로 매우 구체적입니다.

- 일부는 특정한 경우에만 유용합니다.

- 일부는 정보 제공용이며 적절한 메트릭이 아닙니다.

- 일부는 사람이 이해하기 어렵습니다.

이 장에서는 어떻게 워크로드가 MySQL 서버 성능과 상호 작용하고 이에 영향을 미치는지를 이해하는 데 꼭 필요한 MySQL 메트릭의 스펙트라를 분석합니다. 다음과 같은 6개 주제를 중심으로 살펴봅니다.

1. 쿼리 성능과 서버 성능을 구분합니다. 5장에서는 쿼리 성능에 중점을 두었지만 이 장에서는 서버 성능에 초점을 맞춥니다.

2. 정상과 안정을 다루는 두 번째 절은 좀 지루한데 이유는 곧 알게 됩니다.

3. MySQL 성능을 신속하게 측정하는 핵심 성능 지표(KPI)를 나열합니다.

4. 메트릭 필드, 즉 메트릭이 MySQL 서버 성능을 어떻게 설명하고 어떤 관련이 있는지 더 깊이 이해하기 위한 모델을 탐구합니다.

5. MySQL 메트릭의 스펙트라를 보여 줍니다. 70개 이상의 MySQL 메트릭을 11개의 스펙트라로 분류하여 MySQL의 내부 작업을 둘러봅니다.

6. 모니터링, 경보와 관련된 중요한 주제를 다룹니다.

6-1 쿼리 성능 대 서버 성능

MySQL 성능에는 쿼리 성능과 서버 성능이라는 2가지 측면이 있습니다. 5장에서는 워크로드를 최적화하여 응답 시간을 개선하는 쿼리 성능$_{query performance}$을 다뤘습니다. 이 장에서는 서버 성능$_{server performance}$, 즉 워크로드를 처리하는 MySQL의 성능을 분석합니다.

:: 참고하세요

이 장에서 MySQL 성능은 서버 성능을 의미합니다.

그림 6-3과 같이 입력은 워크로드이고 출력은 서버 성능입니다. 최적화된 워크로드를 MySQL에 넣으면 성능이 향상됩니다. 즉, 서버 성능은 MySQL이 아닌 워크로드의 문제입니다. 왜 그럴까요? MySQL은 다양한 워크로드를 처리하는 데 뛰어나기 때문입니다. MySQL은 세계적인 데이터베이스 전문가들이 수십 년간 튜닝한 결과 발전하고 고도로 최적화된 데이터 스토리지입니다. 5장까지는 쿼리 성능을 설명하고 이 장에서만 서버 성능을 분석하는 이유도 이 때문입니다.

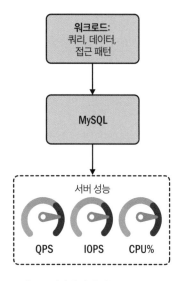

그림 6-3 쿼리와 서버 성능

서버 성능을 분석하는 3가지 이유를 알아보겠습니다.

동시성과 경합

동시성$_{concurrency}$은 쿼리 성능을 떨어뜨리는 경합$_{contention}$으로 이어집니다. 단독으로 실행되는 쿼리는 다른 쿼리와 함께 실행될 때 다른 성능을 냅니다. 4장에서 살펴본 범용 확장성 법칙을 떠올려 보세요. 수식 4-1에서 경합(α)은 나누는 수에 있으며, 이는 부하가 증가함에 따라 처리량이 감소함을 의미합니다. 그래서 동시성과 경합은 피할 수 없습니다.

서버 성능 분석은 모든 쿼리가(동시성) 공유되고 제한된 시스템 리소스(경합)를 놓고 경쟁할 때 MySQL이 워크로드를 처리하는 방식을 확인하는 데 가장 유용하고 일반적으로 수행됩니다. 특정 워크로드는 경합이 거의 없는 반면, 다른 워크로드는 MySQL이 최선을 다하는데도 쿼리와 서버 성능을 모두 떨어뜨립니다. 접근 패턴의 특성 가운데 하나인 동시성은 당연히 경합의 주요 요인이지만, 나머지 접근 패턴 특성도 중요합니다(4장 4절 참고). 서버 성능을 분석하면 워크로드의 쿼리가 함께 작동하는 정도를 알 수 있습니다. 우리는 이러한 쿼리를 담당하는 엔지니어로서 쿼리가 제대로 작동하는지 확인해야 합니다.

튜닝

서버 성능은 직접적이지만 전적으로 워크로드 때문만은 아닙니다. 서버 성능에는 MySQL, 운영체제, 하드웨어 등 3가지 추가 요소가 있습니다. 쿼리 성능에서는 이 3가지 요소가 워크로드에 적합하게 구성되었다고 가정합니다. 결함이 있는 하드웨어와 같은 문제와 버그에도 불구하고 이 3가지는 워크로드보다 성능에 훨씬 적은 영향을 미칩니다. MySQL은 매우 성숙하고 고도로 최적화되어 있고, 운영체제는 고급스럽고 정교하며, 하드웨어는 빠르고 경제적입니다.

2장 1절의 "MySQL 튜닝"에서 살펴본 내용은 여전히 유효합니다. 즉, MySQL 튜닝은 효과가 없을 때가 흔합니다. 그러므로 대부분은 MySQL 튜닝이 필요 없습니다. 그러나 튜닝을 해야 한다면 알려진 안정적인 워크로드로 서버 성능을 분석해야 합니다. 그렇지 않으면 성능 향상이 튜닝의 결과라고 확신할 수 없습니다. 튜닝 결과는 제어, 변수, 재현성$_{reproducibility}$, 반증 가능성$_{falsifiability}$과 같은 기초 지표를 이용하여 과학적으로 측정할 수 있습니다.

성능 회귀

이 책은 전반적으로 MySQL을 옹호하지만, "가끔은 MySQL도 틀린다."라고 한 번은 이야기해야 할 듯합니다. 그러나 가끔 틀렸다고 해서 MySQL이 세계에서 가장 인기 있는 오픈소스 관계형 데이터베이스가 되지 못한 것은 아닙니다. 일반적으로 쿼리 성능, MySQL 튜닝, 하드웨어 결함이 문제가 아님을 확인한 전문가는 최후 수단으로 성능 회귀$_{performance regressions}$(또는 버그)*를 의심합니다.

유명한 MySQL 전문가 바딤 카첸코$_{Vadim Tkachenko}$의 블로그 게시물 'MySQL과 MariaDB의 체크 포인트(oreil.ly/MuRIt)'와 'InnoDB MySQL 8의 체크 포인트 자세히 알아보기(oreil.ly/NDQkP)'에는 성능 저하를 밝히고자 서버 성능을 분석하는 좋은 예가 있습니다. 이 외에도 이런 종류의 다양한 글을

---

* 역주: 성능 회귀는 이전의 대표 성능으로 되돌아가는 것을 말합니다.

블로그에 올리곤 합니다. 덕분에 다른 이들은 인덱싱이나 점심을 먹기 전에 또 커피를 마실 것인지와 같은 훨씬 더 간단한 문제에 집중할 수 있습니다.

> ### 잘못된 프리즘
>
> 튜닝과 성능 회귀는 MySQL이 아닌 워크로드의 속성만 드러내는 프리즘 비유(그림 6-2)의 예외입니다. 알려진 안정적인 워크로드는 순수한 파란색 빛을 프리즘에 비추는 것과 비슷합니다. 입력이 올바르다고 가정할 때 출력이 잘못되었다면 프리즘에 무언가 문제가 있다는 뜻입니다.

동시성과 경합은 쿼리 실행 애플리케이션을 유지·관리하는 엔지니어의 책임으로, 이 둘은 이 장의 숨겨진 주제이기도 합니다. 이와 달리 튜닝과 성능 회귀는 MySQL DBA와 전문가의 책임입니다. 동시성과 경합을 이해할 수 있는 서버 성능 분석법을 배우면 튜닝과 성능 회귀를 이해하는 데 큰 도움이 됩니다. 어느 쪽에 더 집중하느냐의 문제이기 때문입니다. MySQL 업계에는 더 많은 DBA와 전문가가 필요하므로 동시성과 경합이 튜닝과 성능 회귀에 대한 관심을 불러일으켰으면 합니다.

6-2 정상과 안정

애플리케이션과 워크로드가 MySQL에서 실행되는 방식에 익숙해지면 엔지니어 대부분은 **정상**$_{normal}$과 **안정**$_{stable}$을 직관적으로 이해합니다. 인간은 패턴 인식에 능숙해서 어떤 메트릭을 보여 주는 차트가 비정상인지 쉽게 알 수 있습니다. 따라서 '정상'과 '안정'이라는 흔한 용어를 따로 설명하지는 않지만, 이해한 내용이 같은지 확인하고 가끔 엔지니어가 MySQL 성능과 관련하여 "정상이란 무엇입니까?"라고 물을 때 이에 답할 수 있도록 2가지 명확한 요점을 제시하고자 합니다.

정상

애플리케이션, 워크로드, MySQL 구성과 환경은 모두 다릅니다. 따라서 '정상$_{normal}$'이란 모든 것이 제대로 작동하는 평상 시 애플리케이션에 대해 MySQL이 보이는 모든 성능입니다. 정상은 성능의 일부 측면이 평소보다 더 높거나 낮은지, 더 빠르거나 느린지, 더 좋거나 나쁜지를 결정하는 기준선입니다. 그만큼 간단합니다.

"`Threads_running`이 50 미만이면 정상입니다."와 같은 추정은 간단한 표현으로, 이 말을 풀면 "제 경험으로 볼 때 현재 하드웨어의 CPU 코어가 48개 미만이고 벤치마크 결과 MySQL 성능이 실행 중인 64개 스레드 이상으로 확장하지 않는다면 `Threads_running`의 안정적인 값은 50 미만입니다."라는 뜻입니다. 그러나 애플리케이션에서 60개 스레드 실행이 정상이고 안정적이라면 이는 엄청난 성능입니다.

안정

더 나은 성능을 추구하는 과정에서 안정적인$_{stable}$ 성능을 놓쳐서는 안 됩니다. 4장 2절 「한계에 도달하면 성능이 불안정해진다」에서는 MySQL에서 최대 성능을 짜내는 것이 목표가 아닌 이유를 설명합니다. 한계에서 성능이 불안정해지면 성능보다 더 큰 문제가 발생합니다. 안정성은 성능을 제한하는 것이 아니라 모든 수준에서 지속 가능한 성능을 보장합니다. 이것이 바로 우리가 진정으로 원하는 것이기 때문입니다. MySQL은 항상 빠르지만, 가끔은 아닙니다.

마치 흥분과 분노, 함성을 지르는 팬으로 가득 찬 경기장처럼 때때로 MySQL 성능은 매력적이지만 진정한 기술은 데이터베이스를 아무 일 없이 지루한 상태로 최적화하는 것입니다. 즉, 모든 쿼리가 빠르게 응답하고 모든 메트릭이 안정적이고 정상적이며 모든 사용자가 만족하는 상태입니다.

6-3 핵심 성능 지표

다음의 4가지 지표는 MySQL 성능을 빠르게 측정합니다.

응답 시간

1장 2절에서 쿼리 응답 시간이 MySQL 성능의 핵심이라 설명했듯이 응답 시간은 모두가 관심을 두는 유일한 지표입니다. 그러나 응답 시간이 빠르더라도 다른 핵심 성능 지표(KPI)도 함께 고려해야 합니다. 예를 들어, 모든 쿼리가 오류와 함께 실패하면 응답 시간이 0에 가까울 정도로 빠르지만 이는 정상이 아닙니다. 우리의 목표는 정상이고 안정적인 응답 시간이며 이는 낮을수록 좋습니다.

오류

오류$_{error}$는 오류의 비율입니다. 어떤 오류일까요? 기본적인 쿼리 오류뿐만 아니라 쿼리, 연결, 클라이언트, 서버와 같은 모든 오류를 포함합니다. 오류율 0은 기대하지 마세요. 클라이언트가 접속을 끊는다면 사용자, 애플리케이션, MySQL이 할 수 있는 일은 아무것도 없으니까요. 정상이고 안정적인 오류율이 목표이며 이는 0에 가까울수록 좋습니다.

QPS

쿼리 실행은 MySQL의 주요 목적이자 작업이므로 QPS$_{queries\ per\ second}$ 역시 중요한 지표입니다. QPS는 성능을 나타내지만 그 자체가 성능은 아닙니다. 예를 들어, 비정상으로 높은 QPS는 문제일 수도 있습니다. 목표는 정상이고 안정적인 QPS이며 목푯값은 그때마다 다릅니다.

실행 중인 스레드

실행 중인 스레드$_{threads\ running}$는 MySQL이 QPS를 달성하기 위해 얼마나 노력하는지를 측정합니다. 하나의 스레드는 하나의 쿼리를 실행하는데, 이 2가지는 서로 밀접하게 관련되어 있으므로 두 메트릭 모두를 고려해야 합니다. 목표는 정상이고 안정적인 스레드 실행, 즉 낮을수록 좋습니다.

6장 5절 「스펙트라」에서 이러한 메트릭을 자세히 설명합니다. 여기서 요점은 이 4가지 메트릭이 MySQL의 핵심 성능 지표(KPI)라는 것입니다. 4가지 값이 모두 정상일 때 MySQL 성능도 실제로 정상임을 보장합니다. 응답 시간, 오류율, QPS, 실행 중인 스레드는 항상 모니터링하세요. 경고 알람 여부는 나중에 6장 6절에서 설명합니다.

복잡한 시스템의 성능을 소수의 메트릭으로 단순화하는 것은 MySQL이나 컴퓨터에만 국한되지 않습니다. 예를 들어 키, 몸무게, 나이, 혈압, 심박수와 같은 5가지 생물학적 메트릭은 건강을 간결하고 정확하게 측정합니다. 마찬가지로 4개의 MySQL 메트릭은 서버 성능을 간결하고 정확하게 측정합니다. 좋기는 하지만, 실제 통찰력을 제공하는 것은 모든 메트릭을 포함하는 메트릭 필드((분류))입니다.

6-4 메트릭 필드

모든 MySQL 메트릭은 그림 6-4에서 상자로 표시한 6개 클래스 가운데 하나에 속합니다. 저는 이를 **메트릭 필드**_{field of metrics}라고 부릅니다.

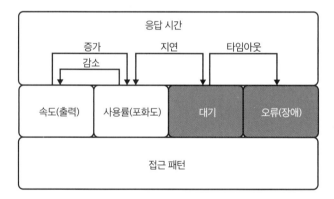

그림 6-4 메트릭 필드

MySQL 성능은 분리된 속성이 아니므로 하나의 메트릭만을 분석해서는 완전히 이해할 수 없습니다. 관련한 다양한 메트릭이 알려주듯이 성능은 다양한 요인에 따른 결과입니다. 메트릭 필드는 메트릭이 어떻게 관련되어 있는지 이해하기 위한 모델입니다. 이러한 관계는 잘 알려진 점(메트릭)을 연결하여 MySQL 성능이라는 복잡한 그림을 완성합니다.

응답 시간 메트릭

응답 시간_{response time} 메트릭은 MySQL이 응답하는 데 걸리는 시간을 나타냅니다. 하위 수준의 세부 사항을 포함(또는 숨기기)하므로 메트릭 필드에서 최상위 수준입니다. 물론 쿼리 응답 시간은 가장 중요하고 일반적으로 모니터링되는 유일한 지표입니다. MySQL은 단계별로 명령문을 실행하고 시간을 지정할 수 있습니다.

이것은 응답 시간 메트릭이기도 하지만 쿼리 실행을 중심으로 측정됩니다. 실제 쿼리 실행은 여러 단계 중 하나에 불과합니다. 1장의 예제 1-3에서 UPDATE 문이 실제로 갱신하는 것은 15단계 가운데 1단계에 불과합니다. 결국 단계별 응답 시간은 주로 MySQL 전문가가 서버 성능 문제를 심층 조사하는 데 사용합니다.

응답 시간 메트릭은 중요하지만 완전히 불투명하기도 합니다. MySQL은 응답 시간을 보고하려고 어떤 작업을 수행할까요? 이에 답하려면 해당 분야를 더 자세히 이해해야 합니다.

속도 메트릭

속도_{rate} 메트릭은 MySQL이 개별 작업을 얼마나 빨리 완료하는지를 나타냅니다. 초당 쿼리 수(QPS)는 어디에나 있으며 보편적으로 알려진 데이터베이스의 속도 메트릭입니다. 대부분의 MySQL 메트릭은 속도입니다. MySQL이 많은 개별 작업을 수행하기 때문입니다.

속도가 증가하면 관련 사용률을 높일 수 있습니다. 일부 속도는 무해하고 사용률을 높이지 않지만, 중요하고 일반적으로 모니터링되는 속도는 사용률을 높입니다.

속도와 사용률의 관계는 다른 변경 사항을 가정하지 않습니다. 즉, 사용률이나 사용률에 영향을 미치는 속도를 변경할 때에만 사용률을 높이지 않고 속도를 높일 수 있습니다. 속도가 관계의 원인이므로 일반적으로 사용률보다 속도를 변경하는 것이 더 쉽습니다. 예를 들어, 전반적으로 QPS가 증가하면 쿼리가 많을수록 CPU 시간이 더 많이 필요하므로 CPU 사용률이 증가할 수 있습니다. (QPS를 높이면 다른 사용률이 증가할 수 있으며 CPU는 한 가지 예일뿐입니다.) CPU 사용률이 증가하는 것을 방지하거나 줄이려면 쿼리를 최적화하여 실행하는 데 필요한 CPU 시간을 줄여야 합니다. 또는 하드웨어를 확장하여 CPU 코어 수를 늘릴 수 있지만, 2장 1절의 "더 좋고 빠른 하드웨어!"와 4장 6절 「더 좋고 빠른 하드웨어?」는 이 접근 방식의 단점을 설명합니다.

속도와 사용률 관계는 새로운 통찰이 아닙니다. 여러분도 이미 알고 있었을 것입니다. 하지만 이 관계는 현장을 통합하는 관계의 시작이므로 강조하는 것이 중요합니다.

사용률 메트릭

사용률$_{utilization}$ 메트릭은 MySQL이 유한한 리소스를 얼마나 많이 사용하는지를 나타냅니다. 사용률 메트릭은 CPU 사용량, 메모리 사용량, 디스크 사용량 등 컴퓨터의 모든 곳에 있습니다. 컴퓨터는 유한한 기계이므로 무한한 용량을 가진 것은 없으며 거의 모든 것이 사용률로 표현될 수 있습니다. 클라우드도 마찬가지입니다.

제한 속도$_{bounded\ rates}$는 사용률로 표현할 수 있습니다. 속도는 최대 속도가 있을 때 제한됩니다. 예를 들어, 디스크 I/O는 일반적으로 속도(IOPS)로 표현되지만 모든 저장 장치에는 최대 속도가 있습니다. 따라서 디스크 I/O 사용률은 최대 속도 대비 현재 속도입니다. 반대로 **무한 속도**$_{unbounded\ rates}$는 최대 속도(QPS, 송수신 바이트 등)가 없기 때문에 사용률로 표현할 수 없습니다.

사용률이 높아지면 관련 속도가 낮아질 수 있습니다. 이전에 이런 사례를 보거나 경험한 적이 있을 것입니다. 악성 쿼리는 디스크 I/O 사용률을 100%로 만들고 QPS가 급격하게 떨어져 운영 중단이 발생합니다. 또는 MySQL이 메모리의 100%를 사용하고 운영체제 커널에 의해 강제 종료되어 사용률 0이라는 궁극의 속도 감소를 초래합니다. 이 관계는 사용률이 방정식(식 4-1 참조)의 나누는 수에 있는 경합(α)과 일관성(β)을 높이므로 범용 확장성 법칙의 표현입니다.

사용률이 100%에 가까워지면 어떻게 될까요? MySQL은 대기합니다. 이는 그림 6-4에서 사용률과 대기 사이의 화살표(사용률-대기 관계)로 표시됩니다. 쿼리 실행이 대기했다가 재시작(아마 여러 번)하므로 화살표에는 '지연$_{stall}$'이라고 표기했습니다. 4장 2절 「한계에 도달하면 성능이 불안정해진다」에서 설명한 것처럼 100% 사용 전에 지연이 발생할 수도 있어서 강조합니다.

지연은 불안정하지만 2가지 이유로 피할 수 없습니다. MySQL 부하는 일반적으로 하드웨어 용량보다 큽니다. 그리고 지연 시간은 모든 시스템, 특히 하드웨어에 내재되어 있습니다. 첫 번째 이유는 부하를 줄이거나(워크로드 최적화) 하드웨어 용량을 늘려 개선할 수 있습니다. 두 번째 이유는 해결하기 어렵지만 불가능하지는 않습니다. 예를 들어, 여전히 회전 디스크(HDD)를 사용하는 경우라면 NVMe로 업그레이드하면 스토리지 대기 시간이 크게 줄어듭니다.

대기 메트릭

대기$_{wait}$ 메트릭은 쿼리 실행 중 유휴$_{idle}$ 시간을 나타냅니다. 경합과 일관성으로 인해 쿼리 실행이 지연되면 대기가 발생합니다. (대기는 MySQL 버그나 성능 회귀로 인해 발생하기도 하지만 이는 매우 드문 경우라서 우려할 정도는 아닙니다.)

대기 메트릭은 속도나 응답 시간(메트릭에 따라 다름)으로 계산하지만, MySQL이 작동하지 않을 때(유휴)를 나타내므로 별도로 분류할 가치가 있습니다. 이는 성능과 상반됩니다. 그림 6-4에서 대기 상자를 어둡게 표시한 이유는 작동하지 않기 때문입니다.

대기는 피할 수 없습니다. 목표는 대기를 없애는 것이 아니라 줄이고 안정시키는 것입니다. 대기 시간이 안정화되고 허용할 수 있는 수준으로 줄어들면 대기가 효과적으로 사라지고 쿼리 실행의 고유한 부분으로 응답 시간에 혼합됩니다.

대기 이벤트

대기는 MySQL 이벤트의 계층 구조에서 클래스를 구성할 정도로 매우 중요합니다.

```
transactions
  └── statements
        └── stages
              └── waits
```

성능 스키마는 많은 대기 이벤트를 계측하지만, 계층을 이해하기도 어렵고 이벤트 계층 구조도 복잡하므로 일반적으로 이러한 메트릭은 모니터링하지 않습니다. 대기 이벤트를 주제로 얇은 책 한 권을 쓸 수 있을 정도입니다. 자세한 내용은 MySQL 매뉴얼의 'Performance Schema Wait Event Tables' 부분(oreil.ly/VE55D)을 참고하세요.

MySQL이 너무 오래 기다리면 대기-오류 관계인 시간 초과$_{timeout}$가 발생합니다. 가장 중요한 상위 수준의 MySQL 대기들(waits)에 대해 타임아웃 설정을 할 수 있습니다. 관련 타임아웃 시스템 변수들은 아래와 같습니다.

- MAX_EXECUTION_TIME(oreil.ly/H0fwi) (SQL문 최적화 힌트)
- max_execution_time(oreil.ly/2rdKw)
- lock_wait_timeout(oreil.ly/WD6p7)
- innodb_lock_wait_timeout(oreil.ly/4uT4F)
- connect_timeout(oreil.ly/R7HwC)
- wait_timeout(oreil.ly/C7M9a)

이 설정을 사용하되 의존해서는 안 됩니다. 예를 들어, `lock_wait_timeout`의 기본값은 31,536,000

초(365일)입니다. 기본값을 설정하기가 쉽지 않으므로 MySQL에 약간의 여유를 주어야 하지만, 여기서는 무려 365일입니다. 결국 애플리케이션에서도 항상 코드 수준 시간 초과를 사용해야 합니다. MySQL은 빠르지만 어쩌면 너무 오래 기다릴 수 있기 때문에 트랜잭션과 쿼리를 너무 오랫동안 실행하는 것은 바람직하지 않습니다.

오류 메트릭

오류$_{error}$ 메트릭은 오류를 나타냅니다. 대기 시간 초과$_{wait\ timeouts}$는 오류의 한 유형이며 더 많은 오류가 있습니다((자세한 내용은 'MySQL 오류 메시지 참고'(oreil.ly/Jtpqd)). 서버 성능, MySQL 메트릭과 관련하여 요점은 간단하고 명확하므로 MySQL 오류를 열거할 필요가 없습니다. 비정상인 오류율은 좋지 않습니다. 대기와 마찬가지로 오류도 비율로 계산되지만, MySQL이나 클라이언트(애플리케이션)가 실패한 시기를 나타내므로 별도로 분류할 가치가 있습니다. 이것이 그림 6-4의 오류 상자를 더 어둡게 표시한 이유입니다.

6장 3절 「핵심 성능 지표」의 오류에 관한 요점을 반복하면 다음과 같습니다. 예를 들어, 클라이언트가 접속을 끊는다면 사용자, 애플리케이션, MySQL이 할 수 있는 일은 아무것도 없으므로 오류율 0을 바래서는 안 됩니다.

접근 패턴 메트릭

접근 패턴$_{access\ pattern}$ 메트릭은 애플리케이션이 어떻게 MySQL을 사용하는지를 나타냅니다. 이러한 메트릭은 4장 4절 「데이터 접근 패턴」과 관련이 있습니다. 예를 들어, 4장 4절의 "읽기/쓰기"와 관련된 SQL 문의 각 유형(`Com_select`, `Com_insert` 등)에 대한 메트릭이 있습니다.

그림 6-4에서 보듯이 접근 패턴 메트릭은 더 높은 수준의 메트릭 아래에 있습니다. `Com_select` 접근 패턴 메트릭은 실행된 `SELECT` 문의 수를 계산합니다. 이것은 속도(`SELECT` QPS) 또는 사용률(% `SELECT`)로 나타낼 수 있습니다. 어느 쪽이든 더 높은 수준의 메트릭을 설명하는 데 도움이 되는 서버 성능에 대한 더 자세한 정보를 보여 줍니다. 예를 들어, 응답 시간이 형편없고 `Select_full_join` 접근 패턴 메트릭이 높다면 이는 결정적인 증거입니다(1장 4절의 "셀렉트 풀 조인" 참고).

내부 메트릭

그림 6-5에는 내부$_{internal}$ 메트릭을 7번째 메트릭 클래스로 표현했습니다.

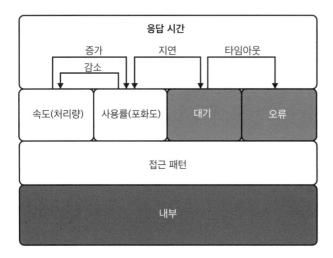

그림 6-5 내부 메트릭이 있는 메트릭 필드

이 절을 시작할 때는 내부 메트릭 클래스를 언급하지 않았습니다. MySQL 엔지니어나 사용자는 알 필요도 없고 관심을 둘 필요도 없기 때문입니다. 그러나 이것은 이 분야에서 가장 흥미로운 부분이며, MySQL을 더 자세히 이해하고 싶을 때를 대비하여 충분히 알았으면 합니다. 이 내용은 어렵고 전문적입니다.

물론 어려운 부분은 사람에 따라 다릅니다. 제가 내부 메트릭이라고 생각하는 것은 다른 엔지니어에게 가장 선호하고 유용한 속도 메트릭일 수 있습니다. 그러나 `buffer_page_read_index_ibuf_non_leaf`와 같은 메트릭은 내부 클래스의 대표적인 예입니다. 해당 메트릭은 변경 버퍼에서 읽은 `non-leaf` 인덱스 페이지 수를 나타냅니다. 일반적인 메트릭은 아닙니다.

6-5 스펙트라

지금부터는 MySQL 메트릭을 스펙트라로 분류하여 살펴봅니다. 이 절에서는 70개 이상의 MySQL 메트릭을 11개의 스펙트라로 나누었으며, 그중 일부에는 하위 스펙트라가 있습니다. MySQL 메트릭을 스펙트라로 구성한 이유는 2가지입니다.

- 스펙트라는 분류 기준과 같습니다. 분류 기준이 없다면 MySQL 버전과 배포, 구성에 따라 달라지는 소스로 이루어진 거의 1,000개의 메트릭을 알아야 합니다.
- 스펙트라는 성능과 관련하여 MySQL의 중요한 영역을 이해하고 모니터링합니다.

어둠을 통과하는 경로를 비추는 스펙트라를 사용하더라도 각 스펙트럼을 구성하는 MySQL 메트릭과 시스템 변수에 관해 정확하게 이야기하려면 **메트릭 명명 규칙**이 필요합니다. 그 이유는 간단합니다. MySQL에는 메트릭 명명 규칙이 없으며 업계 표준도 없기 때문입니다. 표 6-1은 이 책에서 사용하는 MySQL 메트릭 명명 규칙입니다.

표 6-1 MySQL 메트릭 명명 규칙

예	적용되는 곳
Threads_running	전역 상태 변수
var.max_connections	전역 시스템 변수
innodb.log_lsn_checkpoint_age	InnoDB 메트릭
replication lag	파생 메트릭

대부분의 메트릭은 `Aborted_connects`, `Queries`, `Threads_running`처럼 `SHOW GLOBAL STATUS` 명령으로 보거나 사용했던 전역 상태 변수$_{global status variables}$입니다. MySQL과 이 책에서 전역 상태 변수 이름은 첫 번째 단어가 머리글자로 이루어진 두문자어$_{acronym}$일 때에도 대문자 하나와 소문자로 시작합니다. 예를 들어, `SSL_client_connects`가 아니라 `Ssl_client_connects`입니다. (이것은 일관된 MySQL 메트릭의 한 측면입니다.) 반대로 전역 시스템 변수는 소문자입니다. 쉽게 구분할 수 있도록 접두사 `var`를 붙였습니다. InnoDB 메트릭도 `lock_timeouts`와 같이 소문자입니다. 전역 시스템 변수처럼 보일 수 있으므로 InnoDB 메트릭 앞에는 `innodb.lock_timeouts`처럼 `innodb`를 붙였습니다. 파생된 메트릭은 모니터링에서 어디에나 있지만 MySQL 고유의 것은 아닙니다. 예를 들어, 복제 지연$_{replication lag}$은 거의 모든 모니터링에서 발생하는 메트릭이지만 정확한 이름은 모니터링에 따라 다르므로 특정 기술 이름보다는 밑줄 없이 이를 직접 나타내는 이름을 사용합니다.

∷ 참고하세요

이 절의 InnoDB 메트릭은 특정 카운터나 모듈을 활성화해야 합니다. 예를 들어, `innodb_monitor_enable=module_log`, `module_buffer`, `module_trx`로 MySQL을 시작합니다. MySQL 매뉴얼에서 `var.innodb_monitor_enable`(oreil.ly/nFKFT)과 "InnoDB INFORMATION_SCHEMA Metrics Table(oreil.ly/e0wpA)"을 참고하세요.

전역_{global}은 MySQL 서버 전체(모든 클라이언트, 모든 사용자, 모든 쿼리 등)를 의미합니다. 반대로 세션_{sesstion}과 요약_{summary} 메트릭이 있습니다. 세션 메트릭은 단일 클라이언트 연결로 범위가 지정된 전역 메트릭입니다. 요약 메트릭은 일반적으로 계정, 호스트, 스레드, 트랜잭션 등 다양한 측면으로 범위가 지정된 전역 메트릭의 하위 세트입니다. 이 장에서는 모든 메트릭의 기초가 되는 전역 메트릭만 살펴봅니다. (예전에는 MySQL에 전역 메트릭만 있었지만, 이후 세션 메트릭과 요약 메트릭이 추가되었습니다.)

본격적으로 MySQL 메트릭을 확인하기에 앞서, 대부분의 MySQL 메트릭은 단순한 **카운터***이며 일부만 **게이지****입니다. 게이지 메트릭은 따로 표시할 것이므로 특별한 설명이 없다면 카운터로 생각하세요. 그럼 시작해 보겠습니다.

쿼리 응답 시간

전역 쿼리 응답 시간은 6장 3절의 4가지 핵심 성능 지표 가운데 하나입니다. 놀랍게도 MySQL 8.0 버전까지 이 메트릭이 없었습니다. MySQL 8.0.1부터는 예제 6-1의 쿼리를 실행하여 성능 스키마(oreil.ly/dj06D)에서 밀리초(ms) 단위로 95번째 백분위수(P95) 전역 쿼리 응답 시간을 얻을 수 있습니다.

예제 6-1 **95번째 백분위수 전역 쿼리 응답 시간**

```
SELECT
  ROUND(bucket_quantile * 100, 1) AS p,
  ROUND(BUCKET_TIMER_HIGH / 1000000000, 3) AS ms
FROM
  performance_schema.events_statements_histogram_global
WHERE
  bucket_quantile >= 0.95
ORDER BY bucket_quantile LIMIT 1;
```

이 쿼리는 정확하지는 않지만 P95에 매우 가까운 백분위수를 반환합니다. 예를 들어 95.0%가 아닌 95.2%입니다.*** 이 차이는 무시할 수 있으며 모니터링에 영향을 미치지 않습니다.

---

* 역주: 카운터(counter)는 누적값입니다. MySQL이 시작되고 나서 계속 쌓이는 값입니다. 단순히 증가하는 값으로 0부터 시작합니다.

** 역주: 게이지(gauge)는 측정치입니다. 임의로 올라가거나 내려갈 수 있는 단일 숫자를 나타내는 것으로 현재 온도나 메모리, CPU 온도 등과 같이 측정할 때 나타나는 값입니다.

*** MySQL 작업 로그 5384(oreil.ly/2kFWK)는 성능 스키마에서 응답 시간 분위수가 구현되는 방법을 설명합니다.

쿼리에서 0.95를 대신해 다른 백분위수(P99의 경우 0.99, P999의 경우 0.999)를 반환할 수 있습니다. 저는 1장 4절의 "평균, 백분위수, 최댓값"에 명시한 이유로 P999를 선호하며 이를 추천합니다.

이 단락(쿼리 응답 시간)의 나머지 부분은 MySQL 5.7과 이보다 이전 버전을 위한 것입니다. MySQL 8.0보다 최신 버전을 실행 중이라면 건너뜁니다.

MySQL 5.7과 이전 버전

MySQL 5.7과 이전 버전은 전역 쿼리 응답 시간 메트릭이 표시되지 않습니다. 쿼리 메트릭에만 응답 시간(1장 4절의 "쿼리 시간" 참고)이 포함되지만 이는 쿼리당 응답 시간입니다. 전역 응답 시간을 계산하려면 모든 쿼리에서 집계해야 합니다. 가능은 하지만 2가지 더 나은 대안이 있습니다. MySQL 8.0으로 업그레이드하거나 전역 응답 시간을 갈무리하는 플러그인이 있는 Percona 서버 또는 MariaDB로 전환하는 것입니다.

Percona 서버 5.7

2010년에 Percona 서버(oreil.ly/Gyq8J)는 '응답 시간 분산(oreil.ly/PE5kh)'이라는 전역 응답 시간을 캡처하는 플러그인을 도입했습니다. 플러그인을 설치하는 것은 쉽지만 응답 시간 범위의 히스토그램이므로 구성하고 사용하려면 작업이 필요합니다. 즉, 히스토그램 버킷 범위를 구성하려면 플러그인이 생성하는 전역 시스템 변수인 `var.query_response_time_range_base`를 설정한 다음 버킷 수에서 백분위수를 계산해야 합니다. MySQL 8.0 전역 응답 시간도 히스토그램이지만 버킷 범위와 백분위수는 사전에 설정되고 미리 계산되므로 예제 6-1의 쿼리가 즉시 실행됩니다. 복잡하게만 들리지만 설정이 그렇게 어렵지는 않습니다. 전역 응답 시간을 얻는 데는 그만한 가치가 있습니다.

MariaDB 10.0

MariaDB(oreil.ly/oeGJO)는 Percona의 똑같은 플러그인을 사용하지만 '쿼리 응답 시간 플러그인(oreil.ly/kb4gA)'으로 이름이 약간 다릅니다. MariaDB 10.0에서 도입되었지만 MariaDB 10.1까지는 안정적으로 표시되지 않았습니다.

MySQL 8.0 이전에는 전역 쿼리 응답 시간을 얻는 것이 쉽지 않았지만, Percona 서버나 MariaDB를 실행 중이라면 해볼 만한 가치가 있습니다. 클라우드에서 MySQL을 실행할 때 일부는 응답 시간 메트릭(클라우드 공급자가 latency라 부르기도 함)을 제공하므로 클라우드 공급자 메트릭을 확인합니다. 최소한 쿼리 프로파일은 자주 검토해 응답 시간을 지켜보세요.

오류

오류 역시 6장 3절의 4가지 핵심 성능 지표 가운데 하나입니다. MySQL 8.0.0부터는 예제 6-2에서 쿼리를 실행하여 성능 스키마(oreil.ly/glJUC)에서 모든 오류 수를 쉽게 얻을 수 있습니다.

예제 6-2 전역 오류 수

```
SELECT
  SUM(SUM_ERROR_RAISED) AS global_errors
FROM
  performance_schema.events_errors_summary_global_by_error
WHERE
  ERROR_NUMBER NOT IN (1287);
```

> **:: 참고하세요**
>
> 예제 6-2의 **WHERE** 절에서 제외된 오류 번호 1287은 사용 중단 경고(warning)를 위한 것입니다. 쿼리가 사용 중단된 기능을 사용할 때 MySQL은 경고를 발행합니다. 이 오류 번호를 포함하면 전역 오류 카운트가 너무 자주 기록될 가능성이 있어서 제외합니다.

MySQL에는 오류$_{error}$와 경고$_{warnings}$가 너무 많아서 전역 오류율이 얼마나 될지 알 수 없습니다. 불가능한 오류율 0을 기대하거나 달성하려고 하지 마세요. 클라이언트가 오류를 일으켰다면 이를 방지하고자 사용자, 애플리케이션, MySQL이 할 수 있는 일은 아무것도 없으니까요. 목표는 애플리케이션의 일반 오류율을 정립하는 것입니다. 예제 6-2의 쿼리가 너무 시끄럽지만(즉, 오류 발생률이 높지만) 애플리케이션이 정상으로 작동하는 것이 확실하다면 추가 오류 번호를 제외하여 쿼리를 살짝 조정하세요. MySQL 오류 코드는 "MySQL 오류 메시지 참조(oreil.ly/wKfnV)"에 문서화되어 있습니다.

MySQL 8.0 이전에는 MySQL에서 전역 오류 수를 얻을 수 없지만, 예제 6-3의 쿼리를 실행하여 성능 스키마(oreil.ly/QiHj8)에서 전체 쿼리의 오류 수를 얻을 수 있습니다.

예제 6-3 쿼리 오류 수

```
SELECT
  SUM(sum_errors) AS query_errors
FROM
```

```
performance_schema.events_statements_summary_global_by_event_name
WHERE
    event_name LIKE 'statement/sql/%';
```

이는 MySQL 5.6부터 모든 배포판에서 작동하므로 모든 쿼리 오류를 모니터링하지 않을 이유가 없습니다. 물론 애플리케이션도 쿼리 오류를 보고해야 하지만 오류가 발생해도 다시 시도하면 일정량의 오류를 숨길 수 있습니다. 이와 달리 이 예제는 모든 쿼리 오류를 표시하므로 애플리케이션이 재시도하며 숨겼던 문제도 드러낼 수 있습니다.

마지막 오류 메트릭은 클라이언트 연결 오류입니다.

- `Aborted_clients`
- `Aborted_connects`
- `Connection_errors_%`

처음 두 메트릭은 MySQL에 연결 중이거나 이미 연결된 상태에서 문제가 없는지 확인하기 위해 일반적으로 모니터링됩니다. 이 표현은 정확합니다. 애플리케이션이 MySQL에 네트워크 연결을 만들 수 없을 때 MySQL은 클라이언트를 인식하지 못하고 연결 오류를 보고하지 않습니다. MySQL의 관점에서 볼 때 아직 연결이 없기 때문입니다. 따라서 로-레벨의 네트워크 연결 문제는 애플리케이션에서 보고해야 합니다. 그러나 애플리케이션을 연결할 수 없을 때 애플리케이션이 쿼리를 실행하지 못하므로 나머지 3가지 KPI(QPS, 실행 중인 스레드, 응답 시간)가 감소할 수 있습니다.

:: 참고하세요

`Connection_errors_%`의 % 문자는 MySQL 와일드카드이며, 접두사 `Connection_errors_`로 시작하는 메트릭은 `SHOW GLOBAL STATUS LIKE Connection_errors_%;` 명령으로 확인할 수 있습니다.

다음 스펙트럼으로 이동하기 전에 적어도 MySQL에는 문제가 되지 않는 문제를 해결해 보겠습니다. 애플리케이션에서 오류가 발생하기 시작하지만 MySQL은 그렇지 않고 다른 3개의 KPI가 정상이면 애플리케이션이나 네트워크에 문제가 있는 것입니다. MySQL이 별나기는 하지만 그렇다고 거짓말을 하지는 않습니다. 그러므로 MySQL KPI가 모두 좋고 정상이라면 올바르게 작동하는 것으로 믿어도 좋습니다.

쿼리

쿼리와 관련된 메트릭은 MySQL이 얼마나 빨리 작동하고 어떤 유형의 작업을 수행하고 있는지 매우 높은 수준에서 보여 줍니다. 이러한 메트릭은 읽기/쓰기와 처리량이라는 두 가지 접근 패턴 특성을 나타냅니다(4장 4절의 "읽기/쓰기"와 "처리량" 참고).

QPS

QPS는 6장 3절의 4가지 핵심 성능 지표 가운데 하나입니다. 기본 메트릭의 이름은 다음과 같습니다.

- `Queries`

`Queries` 메트릭은 카운터이지만 QPS는 속도이므로 두 `Queries` 측정치의 차이를 초 단위 측정 시간의 차이로 나눈 값과 같습니다.

QPS = (Queries @ T1 – Queries @ T0) / (T1 – T0)

여기서 T0은 첫 번째 측정 시간이고, T1은 두 번째 측정 시간입니다. Grafana(grafana.com)와 같은 메트릭 그래프 시스템은 기본적으로 카운터를 비율로 변환합니다. 결과적으로 `Queries`나 다른 기타 카운터를 비율로 변환할 필요가 없습니다. 대부분의 MySQL 메트릭은 카운터이지만 비율로 변환되고 표시됩니다.

> **:: 참고하세요**
> 메트릭 그래프 시스템은 기본적으로 카운터를 비율로 변환합니다.

QPS는 얼마나 빠르게 쿼리를 실행하는지와 같은 전반적인 MySQL 처리량을 나타내므로 많은 관심을 둡니다만, 이것에만 의존해서는 안 됩니다. 3장 1절의 "QPS가 낮을수록 좋다"에서 언급한 바와 같이 QPS는 일반적으로 쿼리나 성능에 대해 질적으로 아무것도 나타내지 않습니다. QPS가 매우 높지만 응답 시간도 길다면 QPS는 성능이 급격히 떨어지고 문제가 있음을 나타냅니다. MySQL 성능에 관한 더 자세한 내용은 QPS보다 다른 메트릭으로 확인할 수 있습니다.

모든 것이 정상으로 실행되면 QPS는 애플리케이션 사용량에 따라 변동합니다. 문제가 발생하면 QPS 변동은 다른 메트릭과 상관 관계가 있습니다. 성능을 분석하거나 문제를 진단하려면 차트에서 비정상인 QPS 위치를 확인합니다. 그런 다음 해당 기간(차트의 X축)을 스펙트라의 다른, 더 구체적인 메트릭과 연관시킵니다. KPI라는 관점에서 QPS에 문제가 있다면 다른 메트릭을 활용해서 이 문제를 찾을 수 있습니다.

모든 비정상인 QPS 변화는 의심스럽고 조사할 가치가 있습니다. 전부는 아니더라도 대부분의 엔지니어는 QPS 감소가 나쁘다는 것을 알고 있지만, QPS의 비정상인 증가도 마찬가지로 나쁘거나 더 나쁠 수 있습니다. 또한 사소한 변동은 정상이므로 평행선 같은 QPS(거의 일정한 QPS값)가 더 희박합니다. QPS가 비정상으로 변경될 때 일반적으로 첫 번째 질문은 "원인이 무엇입니까?"입니다. 이 장의 후반부에서 이 문제를 다룹니다(6장 6절의 "원인과 결과" 참고).

MySQL은 밀접하게 관련된 또 다른 메트릭인 **Questions**을 제공합니다. (question이라는 용어는 이 메트릭에만 사용되며 MySQL 내부의 다른 항목에는 사용되지 않습니다.) **Questions**은 저장 프로그램에서 실행된 쿼리가 아니라 클라이언트가 보낸 쿼리만 계산합니다. 예를 들어, 트리거에 의해 실행된 쿼리는 클라이언트가 전송하지 않았으므로 **Questions**에는 포함되지 않지만 **Queries**에는 포함됩니다. **Questions**은 **Queries**의 하위 세트이므로 차이점은 정보 제공일 뿐이며 **Questions** 모니터링은 선택 사항입니다. QPS에서는 항상 **Queries**를 사용합니다.

TPS

명시적인 다중 명령문 트랜잭션이 중요한 애플리케이션이라면 초당 트랜잭션(TPS)이 QPS만큼 중요합니다. 데이터베이스 트랜잭션은 애플리케이션에서 작업의 단위를 의미하는데, 일부 애플리케이션에서는 작업의 적용 단위가 전체$_{all}$이거나 무효$_{nothing}$이므로 QPS보다 TPS 속도가 더 낮습니다. 이것이 명시적인 트랜잭션$_{explicit\ transaction}$에서 실행되는 이유입니다.

> **∷ 참고하세요**
>
> 암시적 트랜잭션$_{implicit\ transaction}$은 기본값인 `autocommit`(oreil.ly/zrjQK)이 활성화된 단일 SQL 문입니다. 명시적 트랜잭션은 자동 커밋에 관계 없이 `BEGIN`이나 `START TRANSACTION`으로 시작하고 `COMMIT`이나 `ROLLBACK`으로 끝납니다.

MySQL에서 명시적 트랜잭션 처리량은 3가지 메트릭으로 나타납니다.

- Com_begin
- Com_commit
- Com_rollback

일반적으로 모든 트랜잭션은 시작되어야 하고 성공한 트랜잭션은 커밋되어야 하므로 `Com_begin`과 `Com_commit`의 비율은 같습니다. 트랜잭션 지연 문제(8장 4절의 「일반적인 문제들」 중 하나)가 발생하면 `Com_begin` 비율이 다른 두 메트릭보다 높습니다.

트랜잭션 처리량은 성공한 트랜잭션을 의미하므로 `Com_commit`을 사용하여 TPS를 측정합니다.

트랜잭션 롤백_{rollback}은 오류를 나타내야 할 것 같지만(트랜잭션은 전체 아니면 전무이므로), `ROLLBACK` 문은 정리_{clean up}에도 사용됩니다. 즉, 다음 트랜잭션을 시작하기 전에 이전 트랜잭션(있는 경우)이 닫히 도록 합니다. 따라서 롤백 속도가 0이 아닐 수 있습니다. 대부분의 메트릭과 마찬가지로 정상과 안정 이 목표입니다(6장 2절 「정상과 안정」 참고).

현재 활성 트랜잭션 수를 나타내는 또 다른 게이지 메트릭은 `innodb.trx_active_transactions` 입니다.

`BEGIN`은 트랜잭션을 시작하지만 일반적으로 쿼리가 테이블에 접근할 때까지 트랜잭션은 활성화되 지 않습니다. 예를 들어, `BEGIN; SELECT NOW( );`는 쿼리가 테이블에 접근하지 않기 때문에 활성화 되지 않은 트랜잭션을 시작합니다.

SHOW ENGINE INNODB STATUS 명령

InnoDB 메트릭은 `information_schema.innodb_metrics` 테이블에서 확인할 수 있습니다. (자세 한 내용은 "InnoDB INFORMATION_SCHEMA Metrics Table(oreil.ly/GHalc)"을 참고하세요.) 이 테이블 이 대세가 되기 전에 InnoDB 메트릭은 `SHOW ENGINE INNODB STATUS` 명령을 사용하여 확인했지 만, 출력은 긴 문자열(long blob of text)입니다. 텍스트는 섹션으로 나뉘어 있어서 사람이 읽기가 조금 더 쉽지만 프로그래밍 방식으로는 체계화되어 있지 않습니다. 특정 메트릭값을 추출하려면 구문 분 석과 패턴 일치가 필요합니다. 일부 MySQL 모니터링에서는 여전히 `SHOW ENGINE INNODB STATUS` 를 사용하지만 정보 스키마(와 성능 스키마)를 사용하는 것이 가장 좋은 방법이므로 될 수 있으면 이 명령어를 사용하지 마세요.

저는 `SHOW ENGINE INNODB STATUS`를 더는 믿지 않습니다. 예를 들어, 활성 트랜잭션과 관련하여 `BEGIN; SELECT col FROM tbl;`는 `SHOW ENGINE INNODB STATUS`에서는 활성으로 표시되지 않지 만, `innodb.trx_active_transactions`에서는 활성으로 올바르게 표시됩니다.

읽기/쓰기

SQL 문 유형에 따라 이름이 지정된 9개의 읽기/쓰기 메트릭이 있습니다.

- Com_select
- Com_delete
- Com_delete_multi
- Com_insert
- Com_insert_select
- Com_replace
- Com_replace_select
- Com_update
- Com_update_multi

예를 들어 Com_select는 SELECT 문 수를 세는 카운터입니다. Com_delete_multi와 Com_update_multi의 접미사 '_multi'는 다중 테이블을 참조하는 쿼리를 나타냅니다. 다중 테이블 DELETE는 Com_delete_multi만 증가하지만, 단일 테이블 DELETE는 Com_delete만 갱신합니다. Com_update_multi와 Com_update에 대한 UPDATE 문도 마찬가지입니다.

읽기/쓰기 메트릭은 Queries를 구성하는 쿼리의 중요한 유형과 처리량을 나타냅니다. 이러한 메트릭은 Queries를 완전히 설명하는 것이 아니라 성능과 관련하여 가장 중요한 메트릭일 뿐입니다. 이러한 메트릭을 Queries의 개별 속도와 백분율로 모니터링합니다.

- Com_select는 워크로드의 읽기 백분율을 나타냅니다: (Com_select / Queries) × 100
- 다른 8개 메트릭의 합계는 워크로드의 쓰기 비율을 나타냅니다.*

Queries는 SHOW, FLUSH, GRANT 등과 같은 다른 유형의 SQL 문을 설명하기 때문에 읽기와 쓰기 백분율은 100%가 아닙니다. 나머지 백분율이 의심스러울 정도로 높으면(20% 이상) 성능에 영향을 주지는 않겠지만, 다른 유형의 SQL 문을 고려하기 위해 다른 Com_ 메트릭을 조사하는 것이 좋습니다.

관리

관리 메트릭을 확인하려면 일반적으로 데이터베이스 관리자만 사용할 수 있는 명령을 이용합니다.

- Com_flush
- Com_kill

---

*   Com_insert_select와 Com_replace_select는 기술적으로 읽기와 쓰기 모두이지만 편의상 쓰기로 계산합니다.

- `Com_purge`
- `Com_admin_commands`

처음 세 메트릭은 각각 FLUSH(oreil.ly/O6j77), KILL(oreil.ly/fMbiY), PURGE(oreil.ly/czxYb) 구문을 참조합니다. 이러한 명령은 성능에 영향을 줄 수 있으므로 자주 사용해서는 안 됩니다. 그렇지 않다면 DBA나 클라우드 공급자에게 어떤 작업 중인지를 확인해 보세요.

마지막 메트릭인 `Com_admin_commands`는 조금 색다릅니다. 이는 특정 `Com_` 상태 변수가 없는 다른 관리 명령을 참조합니다. 예를 들어, MySQL 프로토콜에는 MySQL 클라이언트 드라이버가 연결을 테스트하는 데 사용하는 `ping` 명령이 있습니다. 이 명령을 적당히 사용하면 해로움이 없지만 그렇지 않으면 문제가 발생할 수 있습니다. `Com_admin_commands`로 문제를 확인할 수는 없지만, 이를 모니터링하는 것이 좋은 습관입니다.

SHOW

MySQL에는 40개가 넘는 SHOW(oreil.ly/u7Xzs) 문이 있으며 그중 상당수는 `Com_show_` 메트릭에 해당합니다. SHOW 명령은 MySQL을 변경하거나 데이터를 수정하지 않으므로 그런 의미에서 해롭지 않습니다. 그러나 모두 쿼리이므로 MySQL에서 스레드, 시간과 리소스를 사용합니다. SHOW 명령도 중단될 수 있습니다. 예를 들어, SHOW GLOBALS STATUS는 사용량이 많은 서버에서 1초 이상 걸릴 수 있습니다. 따라서 최소한 다음 10개 메트릭을 모니터링하는 것이 가장 좋습니다.

- `Com_show_databases`
- `Com_show_engine_status`
- `Com_show_errors`
- `Com_show_processlist`
- `Com_show_slave_status`
- `Com_show_status`
- `Com_show_table_status`
- `Com_show_tables`
- `Com_show_variables`
- `Com_show_warnings`

SHOW 메트릭이 문제를 알려주지는 않습니다만, 설령 문제가 나타나더라도 놀랄 필요는 없습니다. 앞으로 또 보게 될 테니까요.

스레드와 연결

Threads_running은 6장 3절의 4가지 핵심 성능 지표 가운데 하나입니다. 이는 활성 쿼리 실행과 직접 연결되므로 MySQL이 얼마나 열심히 일하는지를 알려주며 CPU 코어 개수는 이를 효과적으로 제한합니다(연결 클라이언트가 쿼리를 실행하지 않는다면 스레드는 유휴 상태). 관련 메트릭부터 살펴본 후 Threads_running을 알아봅시다.

스레드와 연결은 직접 관련되므로 하나의 스펙트럼입니다. MySQL은 클라이언트 연결당 하나의 스레드를 실행합니다. 스레드와 연결에 대한 가장 중요한 4가지 메트릭은 다음과 같습니다.

- Connections
- Max_used_connections
- Threads_connected
- Threads_running

Connections은 성공과 실패를 포함한 MySQL에 대한 연결 시도 횟수입니다. 이는 MySQL에 대한 애플리케이션 연결 풀$_{pool}$의 안정성을 나타냅니다. 일반적으로 MySQL에 대한 애플리케이션 연결은 수명이 길며, 길다고는 하지만 분이나 시간 단위가 아닌 최소 몇 초 정도입니다. 수명이 긴 연결은 이를 유지하는 데 드는 비용이 그리 크지 않습니다. 애플리케이션과 MySQL이 같은 로컬 네트워크에 있을 때 오버헤드는 1ms 이하로 무시할 수 있습니다. 그러나 애플리케이션과 MySQL 간의 네트워크 지연 시간은 수백 개의 연결 수를 곱한 후 다시 연결 속도를 곱하면 빠르게 증가됩니다. (Connections은 카운터이지만 비율(접속 수/초)로 표시됩니다.) MySQL은 초당 수백 개의 연결을 쉽게 처리할 수 있지만, 이 메트릭이 비정상으로 높은 연결 속도를 나타내면 근본 원인을 찾아서 수정해야 합니다.

var.max_connections(oreil.ly/MVZaQ)를 백분율로 나타낸 `Max_used_connections`는 연결 사용률을 나타냅니다. `var.max_connections`의 기본값은 151이며, 이는 대부분의 애플리케이션에서 너무 낮을 수 있지만 애플리케이션이 성능을 위해 더 많은 연결이 필요하기 때문은 아닙니다. 각 애플리케이션 인스턴스에는 고유한 연결 풀이 있으므로 애플리케이션에 더 많은 연결이 필요합니다. (애플리케이션이 확장되었다고 가정합니다.) 연결 풀의 크기가 100이고 3개의 애플리케이션 인스턴스가 있을 때 MySQL에 300개의 연결을 생성할 수 있습니다. 이것이 151개의 최대 연결이 충분하지 않은 주된 이유입니다.

애플리케이션이 성능을 높이거나 수천 명의 사용자를 지원하려면 수천 개의 MySQL 연결이 필요하다는 것은 잘못된 생각입니다. 이것은 명백히 사실이 아닙니다. 제한 요소는 연결이 아니라 스레드입니다. 잠시 후에 `Threads_running`에 대해 자세하게 설명합니다. 단일 MySQL 인스턴스는 수천 개의 연결을 쉽게 처리할 수 있습니다. 실제 운영 환경에서 4,000개의 연결을 보았고 벤치마크에서는 그 이상을 보았습니다. 그러나 대부분의 애플리케이션에서는 수백 개의 연결(전체)이면 충분합니다. 애플리케이션에 수천 개의 연결이 필요할 때는 샤딩해야 합니다(5장 참고).

모니터링하고 피해야 할 진짜 문제는 100% 연결 사용률입니다. MySQL에서 사용할 수 있는 연결이 부족해지면 애플리케이션 중단이 기본으로 보장됩니다. 연결 사용률이 갑자기 증가하여 100%에 가까워지면 원인은 항상 외부 문제이거나 버그, 또는 둘 다입니다. (MySQL은 자체에 연결할 수 없으므로 원인은 외부에 있어야 합니다.) 예를 들어, 네트워크 문제와 같은 외부 문제에 대한 응답으로 애플리케이션은 평소보다 더 많은 연결을 생성합니다. 또는 버그로 인해 애플리케이션이 연결을 닫지 않으면 연결 누수connection leak가 발생합니다. 또는 외부 문제로 인해 애플리케이션에서 버그가 발생하기도 합니다. 어느 쪽이든 근본 원인은 항상 외부에 있습니다. MySQL 외부의 무언가가 MySQL에 연결되어 있고 모든 연결을 사용하고 있기 때문입니다.

클라이언트가 연결되거나 끊어지면 MySQL은 `Threads_connected` 게이지 메트릭을 늘리거나 줄입니다. 스레드가 아닌 클라이언트가 연결되어 있기 때문에 이 메트릭의 이름은 약간 오해의 소지가 있지만, MySQL이 클라이언트 연결당 하나의 스레드를 실행한다는 것을 반영합니다.

`Threads_running`은 게이지 메트릭이며 CPU 코어 수와 관련된 암시적 사용률입니다. `Threads_running`이 수백, 수천으로 급증하더라도 성능은 CPU 코어 수의 약 두 배 수준인 훨씬 낮은 값에서 급격하게 떨어집니다. 그 이유는 간단합니다. 하나의 CPU 코어가 하나의 스레드를 실행하기 때문입니다. 실행 중인 스레드 수가 CPU 코어 수보다 많으면 일부 스레드가 중단되어 CPU 시간을 기다리고 있음을 의미합니다. 이것은 출퇴근 시간의 교통 체증과 유사합니다. 수천 대의 자동차가 도로에

정체되어 있고 엔진은 작동하지만 거의 움직이지 않습니다. 따라서 `Threads_running`이 30 미만으로 매우 낮아야 정상입니다. 우수한 하드웨어와 최적화된 워크로드로 인해 초 이하로 지속되는 버스트가 가능하지만 지속적인(정상적이고 안정적인) `Threads_running`은 될 수 있는 한 낮아야 합니다. 3장 1절의 "QPS가 낮을수록 좋다"에서 본 것처럼 `Threads_running`이 적을수록 좋습니다.

몇 개의 실행 중인 스레드만으로 높은 처리량(QPS)을 달성하는 것을 보여 주는 유일한 지표는 빠른 쿼리 응답 시간입니다. 이 지표는 효율적인 성능을 보여 주는 강력한 지표입니다. 표 6-2는 서로 다른 5개의 실제 애플리케이션에서 실행 중인 스레드와 QPS를 나타냅니다.

표 6-2 실행 중인 스레드와 QPS

실행 중인 스레드	QPS
4	8,000
8	6,000
8	30,000
12	23,000
15	33,000

두 번째와 세 번째 행은 애플리케이션 워크로드가 성능에 얼마나 큰 영향을 미치는지를 잘 보여 줍니다. 한 워크로드에서는 6,000QPS를 달성하기 위해서 8개의 실행 중인 스레드가 필요하지만, 다른 워크로드는 같은 수의 스레드로 5배인 QPS(30,000)를 달성합니다. 마지막 행의 33,000QPS는 특별히 높진 않지만 해당 데이터베이스는 샤딩되었으므로 이 모든 QPS를 더하면 백 만을 넘습니다. 실제로, 몇 개의 실행 스레드만으로도 높은 처리량을 달성할 수 있었습니다.

임시 개체

임시 개체_{temporary objects}는 MySQL이 행 정렬, 대규모 조인 등 다양한 목적으로 사용하는 임시 파일과 테이블입니다. 다음 3가지 메트릭은 디스크의 임시 테이블, 메모리의 임시 테이블, 디스크에 생성된 임시 파일 수를 계산합니다.

- Created_tmp_disk_tables
- Created_tmp_tables
- Created_tmp_files

임시 개체는 생성되는 비율이 안정적이라면 일반적이고 해롭지 않으므로 이러한 메트릭은 거의 0이 아닙니다. 가장 영향력 있는 메트릭은 `Created_tmp_disk_tables`이며 이는 `Created_tmp_tables`와 상호 관계에 있습니다. MySQL이 쿼리를 실행하기 위해 `GROUP BY`와 같이 임시 테이블이 필요하다면 메모리 내 임시 테이블에서 시작하여 `Created_tmp_tables`가 증가합니다. 이것은 메모리에 있으므로 성능에 영향을 미치지 않아야 합니다. 그러나 해당 임시 테이블이 메모리 내 임시 테이블 크기를 결정하는 시스템 변수인 `var.tmp_table_size`(oreil.ly/4plVm)보다 커지면 MySQL은 임시 테이블을 디스크에 쓰고 `Created_tmp_disk_tables`가 증가합니다. 적절하게 사용하면 성능에 영향을 미치지 않을 수 있지만, 메모리보다 스토리지가 훨씬 느리므로 확실히 도움이 되지 않습니다. `Created_tmp_files`도 마찬가지로 적당하게 허용되지만 성능에 도움이 되지는 않습니다.

> **∷ 주의하세요**
>
> MySQL 8.0부터 `Created_tmp_disk_tables`는 디스크에 생성된 임시 테이블을 계산하지 않습니다. 이는 내부 임시 테이블인 TempTable에 사용되는 새로운 스토리지 엔진 때문입니다. 해당 메트릭은 성능 스키마 메모리 도구인 memory/temptable/physical_disk입니다. (관련 도구는 메모리 내 임시 테이블에 대한 **TempTable** 메모리 할당을 추적하는 memory/temptable/physical_ram입니다.) MySQL 8.0을 사용한다면 DBA와 상의하여 이 메트릭이 올바르게 수집되고 보고되는지 확인하세요.

임시 개체는 쿼리의 부작용이므로 이러한 메트릭은 KPI의 변경과 관련될 때 가장 잘 드러납니다. 예를 들어, `Created_tmp_disk_tables`의 갑작스러운 증가와 응답 시간의 갑작스러운 증가는 "날 좀 봐!"라고 외치는 것과 같습니다.

준비된 명령문

준비된 명령문_prepared statements_은 양날의 검입니다. 적절하게 사용하면 효율성이 높아지지만 부적절하게(또는 모르고) 사용하면 낭비가 증가합니다. 준비된 명령문을 효율적으로 사용하는 방법은 한 번 준비하고 여러 번 실행하는 것이며 이는 2가지 메트릭으로 카운트됩니다.

- Com_stmt_prepare
- Com_stmt_execute

`Com_stmt_execute`는 `Com_stmt_prepare`보다 훨씬 커야 합니다. 그렇지 않으면 준비된 명령문을 준비하고 종료하기 위한 추가 쿼리 때문에 낭비가 증가합니다. 가장 나쁜 경우는 두 메트릭이 1:1이거

나 이에 가까울 때로, 한 번은 실행 준비, 한 번은 구문 종료 등 하나의 쿼리가 두 번 MySQL에 전달되기 때문입니다. MySQL과 애플리케이션이 같은 로컬 네트워크에 있다면 2번의 추가 왕복이 눈에 띄지 않을 수 있지만, QPS를 곱한 순수한 낭비입니다. 예를 들어, 1,000QPS에서 추가로 1ms가 발생하면 1,000개의 추가 쿼리가 실행될 수 있는 1초를 낭비하는 것입니다.

성능 영향 외에도 애플리케이션이 의도하지 않게 준비된 명령문을 사용할 수 있으므로 이러한 준비된 명령문 메트릭을 모니터링해야 합니다. 예를 들어, Go 프로그래밍 언어용 MySQL 드라이버는 보안을 위해 준비된 명령문을 사용하여 SQL 주입$_{injection}$ 취약점을 방지합니다. 언뜻 보기에는 예제 6-4의 Go 코드가 준비된 명령문을 사용하지 않는 것처럼 보이지만 실제로는 사용합니다.

예제 6-4 숨겨진 준비된 명령문

```
id := 75
db.QueryRow("SELECT col FROM tbl WHERE id = ?", id)
```

애플리케이션이 사용하는 MySQL 드라이버에 대한 설명서를 확인하세요. 만약 준비된 명령문을 사용하는지와 시기를 명시적으로 언급하지 않으면 수동으로 확인해야 합니다. 노트북과 같은 MySQL 개발 인스턴스에서 일반 쿼리 로그$_{general\ query\ log}$(oreil.ly/1Vczu)를 활성화하고 테스트 프로그램을 작성하여 애플리케이션이 사용하는 것과 동일한 메서드와 함수를 호출하여 SQL 문을 실행합니다. 일반 쿼리 로그는 준비된 명령문이 사용되는 시기를 나타냅니다.

```
2022-03-01T00:06:51.164761Z    32 Prepare    SELECT col FROM tbl WHERE id=?
2022-03-01T00:06:51.164870Z    32 Execute    SELECT col FROM tbl WHERE id=75
2022-03-01T00:06:51.165127Z    32 Close stmt
```

마지막으로 열린 준비된 명령문$_{open\ prepared\ statements}$의 수는 **var.max_prepared_stmt_count**(oreil.ly/K2MWz) 개로 제한되며 기본값은 16,382입니다. (애플리케이션이 프로그래밍 방식으로 명령문을 생성하지 않는 한 하나의 애플리케이션에는 준비된 명령문이 1,000개라도 많은 양입니다.) 이 게이지 메트릭은 현재 열린 준비된 명령문 수를 보고합니다.

• Prepared_stmt_count

Prepared_stmt_count가 **var.max_prepared_stmt_count**에 도달하지 않도록 하세요. 그렇지 않

으면 애플리케이션 작동이 중지됩니다. 이런 일이 발생하면 준비된 명령문 누수 때문에 애플리케이션 버그가 됩니다.

잘못된 SELECT

4가지 메트릭은 일반적으로 성능에 좋지 않은 SELECT 문의 발생을 카운트합니다.*

- Select_scan
- Select_full_join
- Select_full_range_join
- Select_range_check

Select_scan과 Select_full_join은 각각 1장 4절 중 "셀렉트 스캔"과 "셀렉트 풀 조인"에서 설명했습니다. 여기서 유일한 차이점은 이 두 메트릭이 전역으로(모든 쿼리) 적용된다는 것입니다. MySQL은 테이블을 조인할 때 전체 테이블 스캔 대신 인덱스를 사용하여 범위 스캔을 수행하므로 Select_full_join보다 Select_full_range_join이 낫습니다. 범위를 제한하고 SELECT 응답 시간을 허용할 수는 있지만 자체 메트릭을 보증하기에는 충분하지 않을 정도로 나쁩니다.

Select_range_check는 Select_full_range_join과 비슷하지만 더 나쁩니다. 다음과 같은 간단한 쿼리로 설명하는 것이 가장 쉽습니다.

```
SELECT * FROM t1, t2 WHERE t1.id > t2.id
```

MySQL이 테이블 t1과 t2를 순서대로 조인할 때 t2에 대한 범위 검사를 수행합니다. t1의 모든 값에 대해 MySQL은 범위 스캔이나 인덱스 병합을 수행하기 위해 t2의 인덱스를 사용할 수 있는지 확인합니다. 쿼리가 주어지면 MySQL이 t1 값을 미리 알 수 없기 때문에 t1의 모든 값을 다시 확인하는 것이 필요합니다. 그러나 최악의 실행 계획인 Select_full_join을 수행하는 대신 MySQL은 계속해서 t2에서 인덱스를 사용하려고 시도합니다. EXPLAIN 출력에서 t2의 Extra 필드에는 '각 레코드에 대해 확인된 범위'가 나열되고 Select_range_check는 테이블에 대해 한 번 증가합니다. 메트릭은 각 범위가 변경될 때 증가하는 것이 아니라 범위 검사를 수행하여 테이블이 조인되었음을 알리기 위해 한 번 증가합니다.

---

* 모든 Select_%와 Sort_% 메트릭에 대한 자세한 설명은 저의 블로그 글 'MySQL Select와 Sort 상태 변수'(oreil.ly/OpJvS)

잘못된 **SELECT** 메트릭은 0이거나 소수점을 제외했을 때 실질적으로 0이어야 합니다. 일부 `Select_scan`이나 `Select_full_range_join`은 불가피하지만, `Select_full_join`과 `Select_range_check`는 0이 아니면 즉시 찾아서 수정해야 합니다.

네트워크 처리량

MySQL 프로토콜은 매우 효율적이며 눈에 띄는 양의 네트워크 대역폭을 거의 사용하지 않습니다. 일반적으로 MySQL이 네트워크에 영향을 주는 것이 아니라 오히려 네트워크가 MySQL에 영향을 줍니다. 그럼에도 불구하고 MySQL이 기록한 대로 네트워크 처리량을 모니터링하는 것이 좋습니다.

- Bytes_sent
- Bytes_received

이러한 메트릭은 전송과 수신된 네트워크 바이트를 각각 계산하므로 값을 네트워크 단위(Mbps 또는 Gbps 중 MySQL을 실행하는 서버의 링크 속도와 일치하는 것)로 변환합니다. 기가비트 링크는 클라우드에서도 가장 일반적입니다.

> **∷ 참고하세요**
> 메트릭 그래프 시스템은 기본으로 카운터를 속도로 변환하지만 이러한 메트릭에 8(바이트당 8bits)을 곱하고 Mbps나 Gbps로 표시되도록 그래프 단위를 비트로 설정해야 합니다.

MySQL이 네트워크를 포화시키는 것을 딱 한 번 본 적이 있습니다. 원인은 일반적으로 문제가 되지 않는 시스템 변수인 **var.binlog_row_image**(oreil.ly/tboxy)와 관련이 있었습니다. 이 시스템 변수는 7장에서 자세히 다루는 복제와 관련이 있지만, 짧게 소개하면 이 시스템 변수는 **BLOB**과 **TEXT** 열이 바이너리 로그에 기록되고 복제되는지를 제어합니다. 기본값은 **full**이며 **BLOB**과 **TEXT** 열을 기록하고 복제합니다. 일반적으로 이는 문제가 되지 않지만 한 애플리케이션에서 다음과 같은 요인이 동시에 발생하면 퍼펙트 스톰이 일어납니다.

- MySQL을 대기열로 사용
- 방대한 BLOB값
- 쓰기 전용

- 높은 처리량

이러한 접근 패턴이 결합되어 소량의 데이터 복제가 중대한 복제 지연을 일으켰습니다. 해결책은 복제할 필요가 없는 **BLOB**값 복제를 중지하기 위해 `var.binlog_row_image`를 `noblob`으로 변경하는 것이었습니다. 실제로 있었던 이 사건은 다음 스펙트럼인 복제로 이어집니다.

복제

복제는 지연$_{lag}$이라는 골칫거리를 만듭니다. 원본 인스턴스에 대한 쓰기와 해당 쓰기가 복제본 인스턴스에 적용되는 시간 사이의 지연입니다. 복제(그리고 네트워크)가 정상으로 작동하는 경우 복제 지연은 1초 미만이며 네트워크 대기 시간에 의해서만 제한됩니다.

:: 참고하세요

MySQL 8.0.22 이전에는 복제 지연 메트릭과 명령이 각각 Seconds_Behind_Master와 SHOW SLAVE STATUS였습니다. MySQL 8.0.22부터 메트릭과 명령은 Seconds_Behind_Source와 SHOW REPLICA STATUS입니다. 이 책에서는 현재 메트릭과 명령어를 사용합니다.

MySQL에는 복제 지연에 대한 악명 높은 게이지 메트릭인 `Seconds_Behind_Source`가 있습니다. 이 메트릭이 잘못된 것은 아니지만 예상한 것과는 다르기 때문에 악명이 높습니다. 0과 높은 값 사이를 이동할 수 있는데, 이는 혼란스러운 만큼 재미있습니다. 결과적으로 모범 사례는 이 메트릭을 무시하고 대신 pt-heartbeat(oreil.ly/VMg4c)와 같은 도구를 사용하여 실제 복제 지연을 측정하는 것입니다. 그런 다음 pt-heartbeat에서 복제 지연을 측정하고 보고하도록 MySQL 모니터 소프트웨어(또는 서비스)를 구성해야 합니다. pt-heartbeat는 오랫동안 사용되어 왔기 때문에 일부 MySQL 모니터는 이를 기본으로 지원합니다. MySQL 인스턴스를 관리하는 엔지니어가 이미 사용하고 있을 가능성이 높습니다.

MySQL은 복제와 관련된 악명 높지 않은 메트릭을 하나 제공합니다. 바로 `Binlog_cache_disk_use`입니다. 7장에 자세히 살펴볼 테지만 간략히 먼저 설명하자면, 각 클라이언트 연결마다 메모리에 있는 트랜잭션 이벤트를 바이너리 로그 파일에 쓰기 전에 바이너리 로그 캐시 버퍼에 먼저 작성합니다. 그리고 이 바이너리 로그 파일을 통해 쓰기 작업들은 복제되어 복제본에 전파됩니다. 바이너리 로그 캐시가 너무 작아 트랜잭션에 대한 모든 쓰기를 저장할 수 없을 때는 변경 사항이 디스크에 기록되고 `Binlog_cache_disk_use`가 증가합니다. 이는 어느 정도 용인되지만 자주 있어서는 안 됩니다. 빈도가 잦아지면 바이너리 로그 캐시 `var.bin log_cache_size`(oreil.ly/0TEIJ) 크기를 늘려서 완화할 수 있습니다:

이전 단락의 사례(MySQL이 네트워크를 포화시켰던)에서 우리는 `var.binlog_row_image`가 바이너리 로그 캐시에도 영향을 미친다는 것을 알고 있습니다. 전체 행 이미지$_{full\ row\ image}$는 테이블에 BLOB이나 TEXT 열이 있는 경우 많은 공간이 필요할 수 있습니다.

데이터 크기

3장에서는 데이터가 적을수록 성능이 향상되는 이유를 설명했습니다. 보통은 데이터베이스가 예상보다 커지므로 데이터 크기를 모니터링하는 것이 중요합니다. 애플리케이션이 인기를 얻어 사용량이 늘어나는 것은 행복한 고민이지만 어찌됐든 데이터가 증가하는 것은 문제입니다.

또한 MySQL 성능은 데이터가 증가함에 따라 쉽게 확장되므로 이를 간과하기 쉽지만, 영원히 그렇지는 않습니다. 데이터베이스는 10GB에서 300GB로 30배 증가할 수 있으며 쿼리와 접근 패턴이 잘 최적화되었다면 성능 문제가 발생하지 않습니다. 하지만 9TB로 또 30배 증가라면 불가능합니다. 900GB로 3배만 증가해도 무리입니다. 접근 패턴이 매우 양호하면 그럴 수도 있지만 기대하지는 마세요.

MySQL은 정보 스키마 테이블(`information_schema.tables`(oreil.ly/PqATu))에서 테이블 크기(그리고 기타 테이블 메타데이터)를 제공합니다. 예제 6-5의 쿼리는 각 데이터베이스의 크기를 기가바이트 단위로 반환합니다.

예제 6-5 데이터베이스 크기(GB)

```
SELECT
  table_schema AS db,
  ROUND(SUM(data_length + index_length) / 1073741824 , 2) AS 'size_GB'
FROM
  information_schema.tables
GROUP BY table_schema;
```

예제 6-6의 쿼리는 각 테이블의 크기를 기가바이트 단위로 반환합니다.

```
SELECT
  table_schema AS db,
  table_name as tbl,
  ROUND((data_length + index_length) / 1073741824 , 2) AS 'size_GB'
FROM
  information_schema.tables
WHERE
      table_type = 'BASE TABLE'
  AND table_schema != 'performance_schema';
```

데이터베이스와 테이블 크기 메트릭에 대한 표준은 없습니다. 필요에 맞게 `information_schema.tables`에서 값을 질의하고 집계합니다. 최소한 매시간마다 데이터베이스 크기(예제 6-5)를 수집하세요. 더 정확하려면 15분마다 테이블 크기를 확인하는 것이 좋습니다.

MySQL 메트릭을 저장하거나 전송할 때마다 최소 1년 동안 데이터 크기 메트릭을 유지할 수 있는지 확인하세요. 단기 데이터 증가 추세는 디스크 공간이 부족해지는 시기나 클라우드에서 더 많은 스토리지를 프로비저닝$_{provisioning}$해야 할 때를 예측하는 데 사용됩니다. 장기 데이터 증가 추세는 5장 마지막에 실습에서 설명한 대로 샤딩이 필요한 시기를 추정하는 데 사용됩니다.

InnoDB

InnoDB(oreil.ly/4b5qP)는 복잡하나 MySQL의 기본 스토리지 엔진이므로 이를 잘 다룰 수 있도록 스스로를 단련해야 합니다. 자세하게 이해할 필요는 없으며 이 책의 범위만 이해하면 됩니다. 이 절은 길지만 InnoDB 내부 아키텍처에서 일부만을 다룹니다. 다음 InnoDB 메트릭들은 데이터 읽기와 쓰기를 담당하는 스토리지 엔진의 내부 작업 중 일부를 보여 줍니다.

변경 내역 목록 길이(HLL)

변경 내역 목록 길이$_{history list length}$(HLL)는 MySQL을 사용하는 모든 엔지니어가 그 의미를 배우지만 아는 사람은 거의 없기 때문에 흥미로운 메트릭입니다. HLL이 몇 분 또는 몇 시간 동안 크게 증가하면 InnoDB가 상당한 수의 이전 행 버전을 제거하지 않고 유지했음을 뜻하는데, 이는 하나 이상의 장

시간 실행 트랜잭션이 커밋되지 않았거나 알 수 없는 이유로 클라이언트 연결이 끊겨 롤백되지 않고 버려졌기 때문입니다. 나중에 8장 3절에서 설명하는 이 모든 것은 하나의 게이지 메트릭으로 드러납니다.

- innodb.trx_rseg_history_len

`innodb.trx_rseg_history_len`값은 1,000 미만이 정상입니다. HLL이 100,000보다 크면 모니터링하고 경고해야 합니다. 이는 신뢰할 수 있는 임곗값thresholds으로, 조치를 취해야 할 경고입니다. 필요한 작업은 장시간 실행이나 버려진 트랜잭션을 찾아서 종료하는 것입니다.

HLL은 성능에 직접적인 영향을 미치지는 않지만, 문제의 전조이므로 무시하면 안 됩니다. 문제는 InnoDB가 트랜잭션 스토리지 엔진이므로 InnoDB 테이블의 모든 쿼리가 트랜잭션이라는 사실과 관련이 있습니다. 트랜잭션에는 오버헤드가 발생하며, HLL 메트릭은 장시간 실행이나 버려진 트랜잭션으로 인해 InnoDB가 불필요한 오버헤드를 처리해야 함을 나타냅니다. 일부 오버헤드는 필요하고 심지어 유익하기도 하지만, 너무 많은 양이 낭비되면 성능이 떨어집니다.

트랜잭션과 HLL에 관한 자세한 내용은 8장에서 다시 살펴봅니다. 지금은 InnoDB로 시작했으므로 메트릭에 집중하겠습니다.

교착 상태

교착 상태deadlock는 2개 이상의 트랜잭션이 다른 트랜잭션에 필요한 로우 락을 보유할 때 발생합니다. 예를 들어, 트랜잭션 A는 행 1에 대한 잠금을 보유하면서 동시에 행 2에 대한 잠금이 필요하고, 트랜잭션 B는 행 2에 대한 잠금을 보유하면서 동시에 행 1에 대한 잠금이 필요합니다. MySQL은 교착 상태를 해결하기 위해 트랜잭션 하나를 자동으로 감지하고 롤백하며 다음 메트릭 값을 늘립니다.

- innodb.lock_deadlocks

교착 상태는 발생하지 않아야 합니다. 교착 상태의 확산은 접근 패턴 특성 가운데 동시성과 관련이 있습니다. 고도로 동시성을 가지는 데이터 접근은 같은 행(또는 가까운 행)에 접근하는 서로 다른 트랜잭션이 대체로 같은 순서로 행을 검사하도록 애플리케이션을 설계하여 교착 상태를 방지해야 합니다. 트랜잭션 A와 트랜잭션 B의 앞선 예에서는 동일한 두 행에 반대 순서로 접근하므로 트랜잭션이 동시에 실행될 때 교착 상태가 발생할 수 있습니다. 교착 상태에 대한 자세한 내용은 MySQL 매뉴얼의 "Deadlocks in InnoDB(oreil.ly/UpX0r)"를 참고하세요.

행 장금

로우 락$_{row\,lock}$ 메트릭은 잠금 경합을 나타냅니다. 즉, 쿼리가 얼마나 빠르게 또는 느리게 데이터를 쓰기 위해 로우 락을 획득했는지를 나타냅니다. 가장 기본적인 로우 락 메트릭은 다음과 같습니다.

- innodb.lock_row_lock_time
- innodb.lock_row_lock_current_waits
- innodb.lock_row_lock_waits
- innodb.lock_timeouts

첫 번째 메트릭인 innodb.lock_row_lock_time은 드문 유형으로 로우 락을 획득하는 데 소요된 전체 시간(ms)입니다. 응답 시간 메트릭 부류에 속하지만 쿼리 응답 시간과 달리 히스토그램이 아닌 실행된 전체 시간(누적값)으로 수집됩니다. 따라서 이상적이긴 하지만 innodb.lock_row_lock_time을 백분위수로 보고하는 것은 불가능합니다. 또한 속도로 보고하는 것은 무의미합니다(초당 밀리초). 대신 이 메트릭은 차이로 보고해야 합니다. T1 시간이 500ms이고 T2 시간이 700ms인 경우 'T2값 - T1값 = 200ms'로 보고해야 합니다. (차트 롤업 기능으로 최댓값을 사용하세요. 최악의 경우를 보는 것이 더 낫기 때문에 메트릭값을 평균화하지 마세요.) 응답 시간 메트릭은 낮을수록 좋습니다. innodb.lock_row_lock_time값은 잠금을 획득하는 데 최소 0초 이상의 시간이 걸리기 때문에 0이 될 수 없습니다(워크로드가 읽기 전용이고 단일 로우 락을 획득할 필요가 없는 경우 제외). 항상 그렇듯이 목표는 메트릭이 정상이고 안정적이라는 것입니다. 그렇지 않다면 다른 로우 락 메트릭도 정상이 아닙니다.

innodb.lock_row_lock_current_waits는 로우 락을 획득하기 위해 대기 중인 현재 쿼리 수에 대한 게이지 메트릭입니다. innodb.lock_row_lock_waits는 행을 획득하기 위해 대기한 쿼리 수입니다. 두 변수는 근본적으로 같습니다. 전자는 현재 측정값이고 후자는 누적값과 속도입니다. 로우 락 대기 속도가 증가한다면 MySQL이 우연히 대기하는 것이 아니라 대기의 이유가 있다는 것이므로 문제가 있다는 분명한 신호입니다. 여기서는 동시에 발생한 쿼리가 같은 행에 동시에 접근하려는 것이 원인입니다.

innodb.lock_timeouts는 로우 락 대기 시간$_{row\,lock\,wait\,time\,out}$을 초과할 때 증가합니다. 기본 로우 락 대기 시간 제한은 50초이고 var.innodb_lock_wait_timeout(oreil.ly/4kCLg)에 의해 구성되며 로우 락별로 적용됩니다. 일반적인 애플리케이션이 대기하기에는 시간이 너무 길어 훨씬 낮은 값인 10초 이하를 권장합니다.

InnoDB 잠금은 정교하면서도 조금씩 다릅니다. 결국 워크로드가 4장 4절에서 설명한 3가지 특정 접근 패턴을 나타내지 않는 한 잠금 경합은 일반적인 문제가 아닙니다.

- 대량 쓰기
- 높은 처리량
- 높은 동시성

이는 매우 특별한 애플리케이션이나 워크로드에서나 볼 수 있습니다. 그러나 잠금 경합은 모든 애플리케이션과 워크로드, 심지어는 낮은 처리량과 동시성에서도 문제가 될 수 있으므로 잠금 메트릭은 항상 모니터링해야 합니다.

데이터 처리량

초당 바이트 단위의 데이터 처리량$_{data\ throughput}$은 다음 2가지 메트릭으로 측정됩니다.

- Innodb_data_read
- Innodb_data_written

데이터 처리량은 거의 문제가 되지 않습니다. SSD는 물론 PCIe와 NVMe로 엄청나게 빨라졌기 때문입니다. 그럼에도, 클라우드와 같이 스토리지 처리량이 제한적인 상황이라면 데이터 처리량 모니터링은 반드시 필요합니다. 게시된 속도는 이상적인 조건(디스크에 데이터를 유리한 조건으로 구성)에서 측정되므로 게시된 스토리지에서 이 속도를 달성할 것으로 기대하지는 마세요. InnoDB는 매우 빠르고 효율적이지만 여전히 데이터와 디스크 사이의 복잡한 소프트웨어 계층으로 인해 게시된 스토리지 처리량 속도를 달성할 수 없습니다.

:: 주의하세요

클라우드의 처리량에 주의하세요. 스토리지가 로컬에 직접 연결되지 않았다면 처리량은 네트워크 속도로 제한됩니다. 1Gbps는 125MB/s와 같으며 이는 회전 디스크와 유사한 처리량입니다.

IOPS

InnoDB는 IOPS로 측정되는 스토리지 I/O 용량과 깊고 때로는 복잡한 관계에 있습니다. 하지만 먼저 쉬운 부분은 InnoDB 읽기와 쓰기 IOPS는 각각 2가지 메트릭으로 카운트된다는 것입니다.

- innodb.os_data_reads

- innodb.os_data_writes

이러한 메트릭은 카운터이므로 다른 카운터와 마찬가지로 메트릭 그래프 시스템에서 속도로 변환되어 표현됩니다. 각각의 그래프 단위를 IOPS로 설정해야 합니다.

InnoDB 성능의 존재 이유는 스토리지 I/O를 최적화하고 줄이는 데 있습니다. 높은 IOPS는 엔지니어링 관점에서 인상적이지만 스토리지가 느리므로 성능의 골칫거리입니다. 그러나 데이터 변경 사항을 디스크에 유지하는 지속성을 위해서는 스토리지가 필요하므로, InnoDB는 빠르고 지속성이 뛰어나도록 많은 노력을 기울입니다. 따라서 3장 1절의 "QPS가 적을수록 좋다"에서 다룬 바와 같이 적은 IOPS가 더 좋습니다.

그렇다고 IOPS를 충분히 이용하지 못하면 안 됩니다. 회사에서 자체 하드웨어를 실행하는 경우, 스토리지 IOPS의 최대치는 스토리지 장치에 의해 결정됩니다. 장치 사양을 확인하거나 하드웨어를 관리하는 엔지니어에게 문의하세요. 클라우드에서는 IOPS가 할당되거나 프로비저닝된 스토리지를 구입하므로 일반적으로 최대치를 쉽게 알 수 있습니다. IOPS를 확인해보고 싶다면 스토리지 설정을 확인하거나 클라우드 공급자에게 문의하세요. 예를 들어, InnoDB가 2,000IOPS 이상을 사용하지 않는 경우, 40,000IOPS를 구입(또는 프로비저닝)하지 마세요. InnoDB는 단순히 초과 IOPS를 사용하지 않습니다. 반면에 InnoDB가 계속 최대치의 스토리지 IOPS를 사용한다면 스토리지 I/O를 줄이기 위해 애플리케이션 워크로드를 최적화해야 하거나(1장 5절 참고), InnoDB는 더 많은 IOPS가 필요합니다.

백그라운드 작업을 위한 InnoDB I/O 용량은 주로 **var.innodb_io_capacity**(oreil.ly/zU6iW)와 **var.innodb_io_capacity_max**(oreil.ly/LiilY)로 설정하며, 기본값이 각각 200IOPS와 2,000IOPS인 시스템 변수입니다. (다른 변수도 있지만 메트릭에 집중하려면 무시해야 합니다. 더 알고 싶다면 MySQL 매뉴얼의 'InnoDB I/O 용량 설정'(oreil.ly/G9Bcw)을 참고하세요.) 백그라운드 작업은 페이지 플러싱$_{page\ flushing}$, 변경 버퍼 병합$_{change\ buffer\ merge}$ 등을 포함합니다. 이 책에서는 가장 중요한 단일 백그라운드 작업인 페이지 플러싱만 다룹니다. 백그라운드 작업 스토리지 I/O를 제한하면 InnoDB가 서버를 초과하는 일은 없습니다. 또한 InnoDB는 불규칙한 접근으로 스토리지 장치에 과부하를 주는 대신 스토리지 I/O를 최적화하고 안정화할 수 있습니다. 반대로 포그라운드 작업에는 설정할 수 있는 I/O 용량이나 제한이 없으며 필요하고 사용 가능한 만큼의 IOPS를 사용합니다. 주요 포그라운드 작업은 쿼리를 실행하는 것이지만 그렇다고 해서 쿼리가 IOPS를 과도하게 사용한다는 의미는 아닙니다. InnoDB 성능의 존재 이유는 스토리지 I/O를 최적화하고 줄이는 데 있다는 사실을 기억해야 합니다. 읽기의 경우 버퍼 풀은 의도적으로 IOPS를 최적화하고 줄입니다. 쓰기의 경우 페이지 플러싱 알고리즘과 트랜잭션 로그가 스토리지 I/O를 의도적으로 최적화하고 줄입니다. 다음 단락에서는 그 방법을 보여 줍니다.

InnoDB는 높은 IOPS를 달성할 수 있지만 애플리케이션은 가능할까요? 아마 그렇지 않을 것입니다. 왜냐하면 애플리케이션에는 높은 IOPS 달성을 방해하는 많은 계층이 있기 때문입니다. 저의 경험에 따르면 애플리케이션은 수백에서 수천의 IOPS를 사용하고, 특별히 최적화된 유명 애플리케이션은 단일 MySQL 인스턴스에서 약 10,000 IOPS를 사용합니다. 최근에 클라우드에서 MySQL을 벤치마킹하다가 40,000IOPS로 최고치를 기록했습니다. 클라우드 공급자는 최대 80,000IOPS를 게시하고 이를 프로비저닝할 수 있도록 허용하지만, 스토리지 시스템은 40,000IOPS로 제한됩니다. 즉, InnoDB는 높은 IOPS를 달성할 수 있지만 주변의 모든 것은 다른 문제입니다.

> ## 수백만 IOPS
>
> 최상급 스토리지는 백만 IOPS 이상을 처리할 수 있습니다. 이 정도 수준의 스토리지는 많은 가상 서버를 호스팅하도록 설계된 베어 메탈(bare metal, 물리적) 서버에 사용됩니다. 고성능 CPU와 메모리도 마찬가지로, 애플리케이션 하나에 사용하기에는 과도한 고성능입니다.

이 단락은 IOPS를 소비하는 마지막 3가지 InnoDB 스펙트라(버퍼 풀 효율성, 페이지 플러싱, 트랜잭션 로그)의 기초가 되므로 InnoDB I/O에 대한 첫걸음일 뿐입니다.

InnoDB I/O에 관해 자세히 알아보려면 MySQL 매뉴얼의 'InnoDB I/O 용량 설정'(oreil.ly/w9MOg)을 참고하세요. InnoDB I/O의 핵심 사항을 자세히 알아보려면 유명한 MySQL 전문가 이브 트뤼도 Yves Trudeau와 프란시스코 보데네이브 Francisco Bordenave가 작성한 3부작 블로그 게시물을 읽어보세요. 이 장을 읽으면 다음 블로그 글을 이해하는 데 큰 도움이 됩니다.

- SSD에 사랑을 주는 방법은 innodb_io_capacity_max를 줄이는 것입니다!(oreil.ly/q0L61)
- Percona Server for MySQL에서 InnoDB 플러싱이 동작하는 방법(oreil.ly/ZY2Xe)
- 쓰기 작업이 많은 워크로드에 대한 MySQL/InnoDB 플러싱 튜닝(oreil.ly/P03EX)

InnoDB는 디스크가 아닌 메모리의 데이터로 작동합니다. 필요할 때 디스크에서 데이터를 읽고, 변경 사항을 지속해서 유지하고자 데이터를 디스크에 기록하지만, 이는 다음 세 단락에서 자세히 설명할 하위 수준 작업입니다. 스토리지 속도가 너무 느리기 때문에 더 높은 수준에서는 InnoDB는 백만 IOPS를 사용하더라도 메모리 데이터로 작동합니다. 따라서 쿼리, 행, IOPS 간에는 직접적인 상관 관계가 없습니다. 쓰기는 항상 IOPS를 소비합니다(지속성을 위해). 읽기는 IOPS를 소비하지 않고 실행할 수 있지만 버퍼 풀 효율성에 따라 달라집니다.

버퍼 풀 효율성

InnoDB 버퍼 풀은 테이블 데이터와 기타 내부 데이터 구조의 메모리 내 캐시입니다. 2장 2절의 "InnoDB 테이블은 인덱스다"에서 버퍼 풀에 인덱스 페이지가 포함되어 있음을 알 수 있으며 자세한 내용은 다음 단락의 '페이지'에서 설명합니다. InnoDB는 행을 분명히 이해하지만 내부적으로는 페이지와 훨씬 더 관련이 있습니다. MySQL 성능을 이정도 수준으로 이해하고 있다면 이제 초점은 페이지로 변경됩니다.

높은 수준에서 InnoDB는 버퍼 풀의 페이지별로 모든 데이터에 접근(읽기와 쓰기)합니다. (낮은 수준의 쓰기는 더 복잡하며 이 절의 마지막 단락인 "트랜잭션 로그"에서 설명합니다.) 접근할 때 데이터가 버퍼 풀에 없으면, InnoDB는 스토리지에서 데이터를 읽고 버퍼 풀에 저장합니다.

버퍼 풀 효율성$_{\text{buffer pool efficiency}}$은 메모리에서 접근한 데이터의 백분율이며 다음 두 메트릭에서 계산됩니다.

- Innodb_buffer_pool_read_request
- Innodb_buffer_pool_reads

`Innodb_buffer_pool_read_request`는 버퍼 풀의 데이터에 접근하기 위한 모든 요청을 계산합니다. 요청된 데이터가 메모리에 없으면 InnoDB는 `Innodb_buffer_pool_reads`를 증가시키고 디스크에서 데이터를 읽어 옵니다. 버퍼 풀 효율성은 다음과 같이 계산합니다. '(`Innodb_buffer_pool_read_request` / `Innodb_buffer_pool_reads`) × 100'입니다.

> **:: 참고하세요**
>
> `Innodb_buffer_pool_read_request` 메트릭에서 'read'는 SELECT를 의미하지 않습니다. InnoDB는 INSERT, UPDATE, DELET, SELECT와 같은 모든 쿼리에 대해 버퍼 풀에서 데이터를 읽습니다. 예를 들어 UPDATE에서 InnoDB는 버퍼 풀에서 행을 읽습니다. 버퍼 풀에 없으면 디스크에서 버퍼 풀로 행을 읽어 옵니다.

버퍼 풀 효율성은 MySQL이 시작할 때는 매우 낮습니다. 이것은 정상이며 **콜드 버퍼 풀**$_{\text{cold buffer pool}}$이라고 합니다. 데이터를 읽으면 모닥불에 장작을 넣는 것처럼 버퍼 풀이 점점 따뜻해집니다.* 일반적으

---

* 역주: MySQL을 처음 구동하면 버퍼 풀에 아무 데이터도 없으므로 속도가 느리다가 계속 데이터를 요청하면 디스크의 데이터를 버퍼 풀에 저장합니다. 이런 작업을 웜(warm) 작업이라고 합니다.

로 버퍼 풀을 완전히 예열하는 데 몇 분이 걸리며 버퍼 풀 효율성이 정상이고 안정적인 값에 도달하면 이를 표시합니다.

버퍼 풀 효율성은 100%(이상적으로는 99.0% 이상)에 매우 근접해야 하지만 값에 집착하지는 마세요. 기술적으로 이 메트릭은 캐시 적중률이지만 이것이 어떻게 사용되는지 나타내는 것은 아닙니다. 캐시 적중률은 값이 캐시되거나 캐시되지 않는 메트릭을 거의 초과하지 않습니다. 반대로 버퍼 풀 효율성은 InnoDB가 속도와 지속성의 균형을 유지하면서 자주 접근하는 데이터(작업 세트)를 메모리에 얼마나 잘 유지할 수 있는지를 보여 줍니다. 흥미롭게 바꿔 말하면 버퍼 풀 효율성은 InnoDB가 허리케인 속에서 불 붙은 성냥을 얼마나 잘 유지할 수 있는지와 같습니다. 작업 세트는 불꽃, 지속성은 비(처리량 감소)이고* 애플리케이션은 바람입니다.

∷ 참고하세요

과거에는 캐시 적중률을 성능으로 생각했지만, 더는 사실이 아니며 지금은 쿼리 응답 시간이 곧 성능입니다. 버퍼 풀 효율성이 매우 낮지만 응답 시간이 좋으면 성능이 좋은 것입니다. 아마도 그런 일은 일어나지 않겠지만 요점은 초점을 잃지 않는 것입니다. 1장 2절에서 설명한 '쿼리 응답 시간이 핵심인 이유'를 기억하세요.

총 데이터 크기가 사용 가능한 메모리보다 작으면, 모든 데이터가 한 번에 버퍼 풀에 들어갈 수 있습니다. (버퍼 풀 크기는 `var.innodb_buffer_pool_size`(oreil.ly/N4lnI)로 설정합니다. 또는 MySQL 8.0.3부터 `var.innodb_dedicated_server`(oreil.ly/I5KaC)를 활성화하면 버퍼 풀 크기와 기타 관련 시스템 변수를 자동으로 설정합니다.) 이때 버퍼 풀 효율성은 문제가 되지 않으며 성능 병목 현상이 있으면 CPU나 스토리지에서 발생합니다(모든 데이터가 메모리에 있으므로). 그러나 이것은 일반적이지 않고 특별한 경우입니다. 일반적으로 총 데이터 크기는 사용 가능한 메모리보다 훨씬 큽니다. 이때(정상인) 버퍼 풀 효율성에는 세 가지 주요 영향이 있습니다.

- **데이터 접근**: 데이터를 버퍼 풀로 가져옵니다. 새로운 데이터만 버퍼 풀에 적재하면 되므로 데이터 수명 동안 접근 패턴 특성이 주된 영향을 미칩니다.
- **페이지 플러싱**: 버퍼 풀에서 데이터를 제거할 수 있습니다. 새 데이터를 버퍼 풀로 가져오려면 페이지 플러싱이 필요합니다.
- **사용 가능한 메모리**: InnoDB가 메모리에 보관하는 데이터가 많을수록 데이터를 가져오거나 플러시할 필요가 줄어듭니다. 모든 데이터를 메모리에 저장할 수 있다면 버퍼 풀 효율성은 문제가 되지 않습니다.

---

* 지속성을 비활성화할 수 있지만 이는 끔찍한 생각입니다.

버퍼 풀 효율성은 이러한 세 가지 영향의 결합된 효과를 나타냅니다. 복합적인 효과로서 하나의 원인을 정확히 지적할 수 없습니다. 그 값이 정상보다 낮으면 원인은 하나, 둘 또는 세 가지 모두일 수 있습니다. 세 가지를 모두 분석하여 가장 크거나 변경하기 쉬운 것을 결정해야 합니다. 예를 들어 4장에서 자세히 설명한 것처럼 접근 패턴을 변경하는 것이 성능 향상을 위한 가장 좋은 방법이지만, MySQL 성능에 관해 페이지 수준(고급 성능 분석)까지 깊이 안다면 이미 그렇게 했을 것입니다. 이런 때라면 더 많은 메모리나 더 빠른 스토리지(더 많은 IOPS)가 가능하며 이미 워크로드를 최적화했다면 더욱 그렇습니다. 버퍼 풀 효율성을 통해 해답을 찾을 수는 없지만 접근 패턴(특히 4장 4절의 "데이터 수명"), 페이지 플러싱과 메모리 크기 등 무엇을 확인해야 하는지 알려줍니다.

InnoDB 버퍼 풀 효율성은 빙산의 일각입니다. 다음 단락에서 소개할 페이지 플러싱은 그것을 물에 뜬 상태로 유지하는 내부 메커니즘입니다.

페이지 플러싱

이 스펙트럼은 크고 복잡하므로 서로뗄 수 없는 관계인 **페이지**$_{page}$와 **플러싱**$_{flushing}$으로 세분화됩니다.

페이지 — 이전 단락에서 언급한 것처럼 버퍼 풀에는 인덱스 페이지가 포함되어 있으며 4가지 유형의 페이지가 있습니다.

- **프리 페이지**: 여기에는 데이터가 없습니다. InnoDB는 새 데이터를 불러올 수 있습니다.
- **데이터 페이지**: 여기에는 수정되지 않은 데이터가 포함됩니다. 클린 페이지라고도 합니다.
- **더티 페이지**: 여기에는 디스크로 플러시되지 않은 수정된 데이터가 포함됩니다.
- **기타 페이지**: 여기에는 이 책에서 다루지 않는 기타 내부 데이터가 포함됩니다.

InnoDB는 버퍼 풀을 데이터로 가득 채운 상태로 유지하므로 데이터 페이지 수를 모니터링할 필요가 없습니다. 프리 페이지와 더티 페이지는 특히 다음에 살펴볼 플러시 메트릭과 함께 볼 때 성능을 가장 잘 드러냅니다. 3개의 게이지와 1개의 카운터(마지막 메트릭)는 버퍼 풀에서 얼마나 많은 프리 페이지와 더티 페이지가 출렁이는지를 보여 줍니다.

- innodb.buffer_pool_pages_total
  - innodb.buffer_pool_pages_dirty
  - innodb.buffer_pool_pages_free
  - innodb.buffer_pool_wait_free

`innodb.buffer_pool_pages_total`은 버퍼 풀 크기(`var.innodb_ buffer_pool_size` (oreil.ly/fXHQ4))에 따라 달라지는 버퍼 풀의 총 페이지 수입니다. (기술적으로 이것은 MySQL 5.7.5 기준으로 InnoDB 버퍼 풀 크기가 동적이므로 게이지 메트릭입니다. 그러나 버퍼 풀 크기를 자주 변경하는 것은 시스템 메모리에 따라 크기가 지정되므로 빠르게 변경할 수 없습니다. 따라서 일반적이지 않습니다. 클라우드 인스턴스도 크기를 조정하는 데 몇 분 정도 소요됩니다.) 총 페이지 수는 사용 가능한 프리 페이지와 더티 페이지의 백분율을 계산합니다. 이 백분율은 `innodb.buffer_pool_pages_free`와 `innodb.buffer_pool_pages_dirty`를 각각 총 페이지로 나눈 값입니다. 두 백분율 모두 게이지 메트릭이며 페이지 플러싱으로 인해 값이 자주 변경됩니다.

필요할 때 프리 페이지를 사용할 수 있도록 하기 위해 InnoDB는 **프리 페이지 대상**$_{free\ page\ target}$이라고 부르는 프리 페이지를 0이 아닌 일정 개수(균형)를 유지하게 합니다. 프리 페이지 대상은 두 시스템 변수인 `var.innodb_lru_scan_depth`(oreil.ly/TG9hj)와 `var.innodb_buffer_pool_instances`(oreil.ly/srIHw)의 곱과 같습니다. `var.innodb_lru_scan_depth` 변수 이름은 다소 오해의 소지가 있지만, InnoDB가 각 버퍼 풀 인스턴스에서 유지·관리하는 프리 페이지 수를 구성합니다. 기본값은 1,024개의 프리 페이지입니다.

지금까지 InnoDB의 논리적인 부분 중 하나로 버퍼 풀에 관해 설명했습니다. 좀 더 들여다 보면 버퍼 풀은 여러 버퍼 풀 인스턴스로 나뉘며, 각각은 부하가 높을 때 경합을 줄이기 위한 자체 내부 데이터 구조를 가지고 있습니다. `var.innodb_buffer_pool_instances`의 기본값은 8(또는 버퍼 풀 크기가 1GB 미만인 경우 1)입니다. 따라서 InnoDB는 두 시스템 변수의 기본값으로 1,024 × 8 = 8,192개의 프리 페이지를 유지합니다. 프리 페이지는 프리 페이지 대상 주변에 있어야 합니다.

:: 기억하세요

`var.innodb_lru_scan_depth`를 줄이는 것이 가장 좋은 방법입니다. 기본값을 사용하면 134MB의 프리 페이지 크기(8192개 프리 페이지 × 16KB/페이지 = 134MB)가 생성되기 때문입니다. 행이 일반적으로 수백 바이트인 점을 감안할 때 이는 과도한 것입니다. 프리 페이지는 0에 도달하지 않고 대기가 발생하지 않으며 낮을수록 더 효율적입니다(다음 단락에서 설명). MySQL 튜닝을 알아 두면 좋겠지만 이 책의 범위를 벗어납니다. 기본값은 성능을 방해하지 않으며 MySQL 전문가들은 비효율성을 혐오합니다.

프리 페이지가 지속해서 0에 가까운 경우(프리 페이지 대상 미만) `innodb.buffer_pool_wait_free`가 0으로 유지되는 한 괜찮습니다. InnoDB는 사용 가능한 페이지가 필요하지만 만약에 없으면 `innodb.buffer_pool_wait_free`를 증가시키고 기다립니다. 이를 **프리 페이지 대기**$_{free\ page\ wait}$라고 하며 버퍼 풀이 데이터로 가득 찰 때에도 매우 드물게 발생합니다(InnoDB가 프리 페이지 대상을 능동적으로 유지하기 때문에). 그러나 작업량이 너무 많으면 원하는 시간 안에 플러시하여 페이지를 비우지 못할 수도 있습니다. 간단히 말해서 InnoDB는 오래된 데이터를 플러시할 수 있는 것보다 더 빠르게 새 데이터를 읽습니다. 워크로드가 이미 최적화되었다고 가정하면 프리 페이지 대기에 대한 3가지 솔루션이 있습니다.

- **프리 페이지 대상 늘리기**: 스토리지가 더 많은 IOPS를 제공할 수 있는 경우(또는 클라우드에서 더 많은 IOPS를 프로비저닝할 수 있는 경우) `var.innodb_lru_scan_depth`를 늘리면 InnoDB가 더 많은 페이지를 플러시하고 해제하므로 더 많은 IOPS가 필요합니다.
- **더 나은 스토리지 시스템**: 스토리지가 더 많은 IOPS를 제공할 수 없을 때 더 나은 스토리지로 업그레이드한 다음 프리 페이지 대상을 늘리세요.
- **더 많은 메모리**: 메모리가 많을수록 버퍼 풀이 커지고 새 페이지를 불러오기 위해 오래된 페이지를 플러시하고 제거할 필요 없이 더 많은 페이지가 메모리에 들어갈 수 있습니다. 나중에 LRU 플러싱을 설명할 때 프리 페이지 대기에 대한 세부 정보가 하나 더 있습니다.

:: 참고하세요

버퍼 풀 효율성에서 'read'는 SELECT를 의미하지 않는다고 했습니다. InnoDB는 INSERT, UPDATE, DELETE, SELECT와 같은 모든 쿼리에 대해 버퍼 풀에서 새 데이터를 읽습니다. 데이터에 접근했지만 버퍼 풀(메모리 내)에 없을 때 InnoDB는 디스크에서 데이터를 읽습니다.

프리 페이지가 지속해서 프리 페이지 대상보다 훨씬 높거나 줄어들지 않으면 버퍼 풀이 너무 큰 것입니다. 예를 들어, 50GB의 데이터는 128GB 램의 39%만 채웁니다. MySQL은 필요한 메모리만 사용하도록 최적화되어 있으므로 과도한 메모리를 제공해도 성능이 향상되지 않습니다. MySQL은 단순히 초과 메모리를 사용하지 않습니다. 메모리를 낭비하지 마세요.

전체 페이지에서 더티 페이지의 백분율은 기본적으로 10~90% 사이입니다. 더티 페이지에는 디스크로 플러시되지 않은 수정된 데이터가 포함되어 있지만, 데이터 변경 사항은 트랜잭션 로그의 디스크로 플러시되었습니다. 이는 이어지는 두 단락에서 자세히 설명합니다. 90%의 더티 페이지가 있을 때에도 모든 데이터 변경 사항은 지속성이 보장되어 디스크에 지속됩니다. 더티 페이지의 비율이 높은 것은 완전히 정상입니다. 실제로 워크로드가 유난히 읽기 작업량이 많고 데이터를 자주 수정하지 않는 한 이러한 작업은 예상됩니다. (이때는 다른 데이터 스토리지가 워크로드에 더 적합한지 고려합니다.)

더티 페이지의 비율이 높을 것으로 예상되므로 이 메트릭은 페이지 플러시, 트랜잭션 로그, 디스크

I/O와 관련된 다른 메트릭을 확인하는 데 사용됩니다. 예를 들어, 데이터 쓰기는 더티 페이지가 발생하므로 더티 페이지의 급증은 IOPS와 트랜잭션 로그 메트릭의 급증을 뒷받침합니다. 쓰기로는 더티 페이지 급증 없는 IOPS 급증은 일어나지 않습니다. 이는 또 다른 문제로, 아마 엔지니어가 직접 임시 쿼리ad hoc query를 이용하여 오랫동안 사용하지 않던 대량의 데이터를 조회하려 할 때 엄청난 IOPS를 이용하여 InnoDB가 디스크에서 해당 데이터를 읽는 상황일 수 있습니다. 결국 더티 페이지는 페이지 플러싱에 따라 늘었다 줄었다를 반복합니다.

페이지 플러싱 — 페이지 플러싱은 데이터 수정 사항을 디스크에 기록하여 더티 페이지를 정리합니다. 페이지 플러싱은 지속성, 체크포인트, 페이지 제거라는 3가지가 밀접하게 관련된 목적을 수행합니다. 여기서는 페이지 제거와 관련된 페이지 플러싱에 중점을 둡니다. 다음 단락인 "트랜잭션 로그"에서는 페이지 플러싱이 지속성과 체크포인트를 제공하는 방법을 설명합니다.

버퍼 풀 효율성에서 페이지 플러싱이 버퍼 풀에 적재될 새 데이터를 위한 공간을 만든다는 것을 알고 있습니다. 더 구체적으로 페이지 플러싱은 더티 페이지를 정리하고 버퍼 풀에서 제거해 클린 페이지로 만듭니다. 따라서 페이지의 생명 주기가 완성됩니다.

- 프리 페이지는 데이터가 적재되면 클린(데이터) 페이지가 됩니다.
- 클린 페이지는 데이터가 수정되면 더티 페이지가 됩니다.
- 더티 페이지는 데이터 수정 사항이 플러시되면 다시 클린 페이지가 됩니다.
- 클린 페이지는 버퍼 풀에서 제거되면 다시 프리 페이지가 됩니다.

페이지 플러싱의 구현은 복잡하고 배포판(오라클 MySQL, Percona 서버, MariaDB 서버)에 따라 다르므로 다음 정보를 다시 읽어야 복잡한 세부 정보를 완전히 이해할 수 있습니다. 그림 6-6은 트랜잭션 로그의 트랜잭션 커밋(상단)에서 버퍼 풀의 페이지 플러싱과 제거(하단)까지 InnoDB 페이지 플러싱의 상위 수준 구성 요소와 흐름을 보여 줍니다.

InnoDB 페이지 플러싱은 그림 6-6처럼 위에서 아래로 작동하지만 아래에서 위로 설명하겠습니다. 버퍼 풀에서 더티 페이지는 어둡고, 클린(데이터) 페이지는 흰색이며 사용 가능한 페이지는 점선 테두리로 표시했습니다.

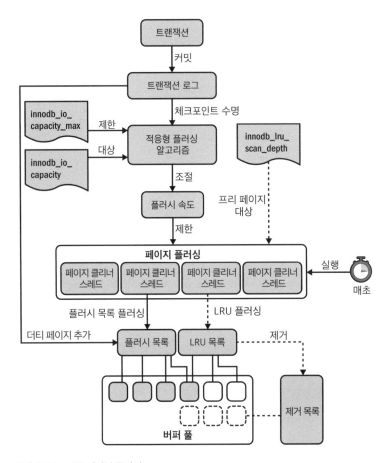

그림 6-6 InnoDB 페이지 플러시

더티 페이지는 2개의 내부 목록에 기록됩니다(각 버퍼 풀 인스턴스에 대해).

- 플러시 목록: 트랜잭션 로그에 커밋된 쓰기의 더티 페이지
- LUR 목록: 데이터 수명별로 정렬된 버퍼 풀의 클린 페이지와 더티 페이지

엄밀히 말하면 LRU 목록은 데이터가 있는 모든 페이지를 추적하며, 더티 페이지를 포함합니다. 플러시 목록은 더티 페이지만 명시적으로 추적합니다. 어느 쪽이든 MySQL은 플러시할 더티 페이지를 찾기 위해 두 목록을 모두 사용합니다. (그림 6-6에서 LRU 목록에 연결된 더티 페이지는 단 하나뿐이지만, 이는 복잡한 선을 피하려고 단순화한 것입니다.)

1초마다 더티 페이지는 페이지 클리너 스레드라는 적절한 이름의 백그라운드 스레드에 의해 두 목록

에서 플러시됩니다. 기본적으로 InnoDB는 **var.innodb_page_cleaners**(oreil.ly/ELUoy)에 의해 구성된 4개의 페이지 클리너 스레드를 사용합니다. 각 페이지 클리너는 두 목록을 모두 플러시하지만 그림 6-6에서는 하나의 목록을 플러시하는 하나의 페이지 클리너를 보여 줍니다.

2개의 플러싱 알고리즘은 각각 플러시 목록과 LRU 목록 플러싱을 담당합니다.

적응형 플러싱adaptive flushing은 페이지 클리너가 플러시 목록에서 더티 페이지를 플러시하는 속도를 결정합니다.* 이 알고리즘은 트랜잭션 로그 쓰기 속도에 따라 페이지 플러시 속도를 변경하므로 적응형adaptive입니다. 더 빨리 쓰고, 더 빨리 페이지 플러싱을 합니다. 이 알고리즘은 쓰기 부하에 응답하지만 다양한 쓰기 부하에서 안정적인 페이지 플러싱 속도를 생성하도록 미세하게 조정됩니다.

페이지 클리너가 수행하는 페이지 플러싱은 백그라운드 작업이므로 플러시 속도는 "IOPS" 단락에서 설명했듯이 구성된 InnoDB I/O 용량, 특히 **var.innodb_io_capacity**와 **var.innodb_io_capacity_max**에 의해 제한됩니다. 적응형 플러싱은 이 두 값 사이의 플러시 속도(IOPS 측면에서)를 유지하는 훌륭한 작업을 수행합니다.

적응형 플러싱의 목적은 체크포인트로 트랜잭션 로그의 공간을 회수하는 것입니다. (실제로 이것은 플러시 대상 목록을 플러싱하기 위한 목적이며 알고리즘은 이를 달성하는 다른 방법일 뿐입니다.) 플러싱은 클린 페이지와 제거 후보를 만들지만 적응형 플러싱이 목적은 아닙니다.

적응형 플러싱 알고리즘의 복잡한 세부 사항은 이 책의 범위를 벗어납니다. 중요한 점은 적응형 플러싱이 트랜잭션 로그 쓰기에 대한 응답으로 플러시 목록에서 더티 페이지를 플러시한다는 것입니다.

LRU 플러싱 ─ LRU 플러싱은 가장 오래된 페이지를 포함하는 LRU 목록 끝에서 더티 페이지를 플러시합니다. 간단히 말해서 LRU 플러싱은 버퍼 풀에서 오래된 페이지를 플러시하고 제거합니다.

LRU 플러싱은 백그라운드와 포그라운드에서 발생합니다. 포그라운드 LRU 플러싱은 사용자 스레드(쿼리를 실행하는 스레드)에 프리 페이지가 필요한데 없을 때 발생합니다. 이때 대기가 발생하므로 쿼리 응답 시간이 늘어나 성능에 좋지 않습니다. 대기가 발생하면 MySQL은 **innodb.buffer_pool_wait_free**를 증가시키는데 이는 앞에서 언급한 프리 페이지 대기에 대한 추가 세부 정보입니다.

페이지 클리너는 백그라운드 LRU 플러싱을 처리합니다(페이지 클리너는 백그라운드 스레드이기 때문에). 페이지 클리너가 LRU 목록에서 더티 페이지를 플러시할 때 사용 가능 목록에 페이지를 추가하여 확보합니다. 이것이 InnoDB가 프리 페이지 대상을 유지하고 프리 페이지 대기를 피하는 주된 방법입니다.

---

* MySQL 적응형 플러싱 알고리즘은 유명한 MySQL 전문가 야스후미 키노시타(Yasufumi Kinoshita)가 Percona에서 근무하던 2008년에 만들었습니다. 그의 블로그 글 '적응적 체크포인트'(oreil.ly/8QG6X)을 참고하세요.

백그라운드 LRU 플러싱은 백그라운드 작업이지만 구성된 InnoDB I/O 용량(`var.innodb_io_capacity`와 `var.innodb_io_capacity_max`)*에 의해 제한되지 않고, 버퍼 풀 인스턴트별로 `var.innodb_lru_scan_depth`(oreil.ly/fGGjJ)에 의해 효과적으로 제한됩니다. 이 책의 범위를 벗어나는 여러 가지 이유로 이것은 과도한 백그라운드 스토리지 I/O 측면에서 문제가 되지 않습니다.

LRU 플러싱의 목적은 가장 오래된 페이지를 플러시하고 제거하는 것입니다. 4장 4절의 "데이터 수명"에서 자세하게 설명한 것처럼 'Old'는 최근 가장 사용하지 않은 페이지, 즉 LRU를 의미합니다. LRU 플러싱, LRU 목록, 버퍼 풀과의 관계에 대한 복잡한 세부 사항은 이 책의 범위를 벗어나지만 궁금하다면 MySQL 매뉴얼의 "버퍼 풀(oreil.ly/OyBeI)"을 읽어 보세요. 중요한 점은 LRU 플러싱이 프리 페이지를 만들고, 최대 속도는 구성된 InnoDB I/O 용량이 아니라 프리 페이지 대상(초당)이라는 것입니다.

유휴 플러싱과 레거시 플러싱

적응형과 LRU 플러싱 외에도 유휴 플러싱과 레거시 플러싱이라는 알고리즘도 있습니다. 유휴 플러싱(idle flushing)은 InnoDB가 쓰기를 처리하지 않을 때 발생합니다(트랜잭션 로그가 기록되지 않음). 이 드문 상황에서 InnoDB는 구성된 I/O 용량("IOPS" 단락 참고)으로 플러시 목록에서 더티 페이지를 플러시합니다. 유휴 플러싱은 또한 변경 버퍼(oreil.ly/uKb08)를 플러시하고 MySQL이 종료될 때 플러싱을 처리합니다.

레거시 플러싱(legacy flushing)은 InnoDB가 적응형 플러싱이 표준이 되기전에 사용했던 간단한 알고리즘을 가리킬 때 제가 사용하는 저만의 용어입니다.** InnoDB는 더티 페이지의 백분율이 `var.innodb_max_dirty_pages_pct_lwm`(oreil.ly/OSqCZ)과 `var.innodb_max_dirty_pages_pct`(oreil.ly/zsCWL) 사이에 있을 때 더티 페이지를 플러시합니다. 이 알고리즘은 MySQL 8.0에서 여전히 활성화되어 있지만 근본적으로 사용되지 않으므로 무시해도 됩니다.

InnoDB 플러싱에 대한 충돌 과정을 통해 이제 다음 4가지 메트릭을 이해할 수 있습니다.

- `innodb.buffer_flush_background_total_pages`

4가지 메트릭은 모두 속도로 변환할 때 각 알고리즘에 대한 페이지 플러시 속도를 나타내는 카운터

---

* 증명과 자세한 내용은 저의 블로그 게시물 "MySQL LRU 플러싱과 I/O 용량(oreil.ly/YHEcj)"를 참고하세요.

** 레거시 플러싱은 더티 페이지 백분율 플러싱이라고도 하지만 더 간단하고 정확하게 틀을 짜기 때문에 제가 쓰는 용어를 선호합니다. 레거시는 더 이상 최신이 아니라는 것을 의미하며 이는 사실입니다.

입니다. `innodb.buffer_flush_batch_total_pages`는 모든 알고리즘에 대한 총 페이지 플러시 속도입니다. 이것은 InnoDB의 KPI로 사용될 수 있는 고수준의 속도로 총 페이지 플러시 속도는 정상이고 안정적이어야 합니다. 그렇지 않으면 메트릭 중 하나는 InnoDB의 어느 부분이 정상으로 플러싱되지 않는지를 나타냅니다.

`innodb.buffer_flush_adaptive_total_pages`는 적응형 플러싱에 의해 플러시된 페이지 수입니다. `innodb.buffer_LRU_batch_flush_total_pages`는 백그라운드 LRU 플러싱에 의해 플러시된 페이지 수입니다. 이러한 플러싱 알고리즘에 관한 설명을 보면 각각 트랜잭션 로그와 사용 가능한 페이지 등 InnoDB의 어떤 부분을 반영하는지 알 수 있습니다.

`innodb.buffer_flush_background_total_pages`는 완전함을 위해 포함되었습니다. 이는 "유휴 플러싱과 레거시 플러싱" 상자에서 설명한 다른 알고리즘에 의해 플러시된 페이지 수입니다. 백그라운드 페이지 플러싱 속도에 문제가 발생하는 것은 있어서는 안 되는 일이므로 MySQL 전문가에게 문의해야 합니다.

플러싱 알고리즘마다 속도가 다르지만 플러싱에는 IOPS가 소요되므로 스토리지 시스템이 모든 알고리즘의 기반이 됩니다. 예를 들어, 회전 디스크에서 MySQL을 실행하는 경우 스토리지 시스템(스토리지 버스와 스토리지 장치 모두)은 단순히 많은 IOPS를 제공하지 않습니다. 최상급 스토리지에서 MySQL을 실행하는 경우 IOPS가 근본적인 문제가 될 수 없습니다. 클라우드에서 MySQL을 실행하는 경우 필요한 만큼의 IOPS를 프로비저닝할 수 있지만, 클라우드는 속도가 느린 네트워크 연결 스토리지를 사용합니다. 또한 IOPS에는 특히 클라우드에서 마이크로초에서 밀리초 범위의 대기 시간이 있음을 기억해야 합니다. 이것은 전문가 수준의 깊은 지식이지만 배울 가치가 있으므로 계속 진행해 보겠습니다.

트랜잭션 로그

마지막이자 아마도 가장 중요한 스펙트럼은 리두 로그$_{redo\ log}$라고도 하는 트랜잭션 로그입니다. 문맥이 명확하고 모호하지 않을 때는 간략하게 '로그'라고도 합니다.

트랜잭션 로그는 지속성을 보장합니다. 트랜잭션이 커밋되면 모든 데이터 변경 사항이 트랜잭션 로그에 기록되고 디스크에 플러시되므로 데이터 변경 사항이 지속 가능해지며 해당 더티 페이지는 메모리에 남게 됩니다. (MySQL이 더티 페이지와 충돌하는 경우 트랜잭션 로그에서 디스크로 이미 플러시되었기 때문에 데이터 변경 사항이 손실되지 않습니다.) 트랜잭션 로그 플러싱은 페이지 플러싱이 아닙니다. 두 프로세스는 분리되어 있지만 서로 뗄 수 없는 관계입니다.

InnoDB 트랜잭션 로그는 그림 6-7과 같이 디스크의 고정 크기 링 버퍼$_{ring\ buffer}$입니다. 기본으로 2개의 물리적 로그 파일로 구성됩니다. 각각의 크기는 `var.innodb_log_file_size`(oreil.ly/ItAxz)로 설정합니다. 또는 MySQL 8.0.3부터 `var.innodb_dedicated_server`(oreil.ly/gv38o)를 활성화하면 로그 파일 크기와 기타 관련 시스템 변수를 자동으로 설정합니다.

트랜잭션 로그에는 페이지가 아닌 데이터 변경 사항(기술적으로 리두 로그)이 포함되지만, 데이터 변경 사항은 버퍼 풀의 더티 페이지에 연결됩니다. 트랜잭션이 커밋되면 데이터 변경 사항이 트랜잭션 로그의 헤드에 기록되고 디스크에 플러시(동기화)되어 헤드가 시계 방향으로 진행됩니다. 그리고 해당 더티 페이지가 그림 6-6의 앞부분에 표시된 플러시 목록에 추가됩니다. (그림 6-7에서 헤드와 테일은 시계 방향으로 움직이지만 이는 예시일 뿐입니다. 회전하는 디스크가 없으면 트랜잭션 로그는 말 그대로 움직이지 않습니다.) 새로 작성된 데이터 변경 사항은 해당 페이지가 플러시된 이전 데이터 변경 사항을 덮어씁니다.

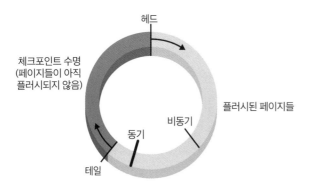

그림 6-7 InnoDB 트랜잭션 로그

:: 참고하세요

InnoDB 트랜잭션 로그의 단순화된 그림과 설명은 직렬화된 것처럼 보입니다. 그러나 이는 복잡한 프로세스를 단순화한 것에 불과합니다. 실제 로우 레벨의 구현은 매우 큰 동시성을 지닙니다. 많은 사용자 스레드가 트랜잭션 로그에 대한 변경 사항을 병렬로 커밋합니다.

체크포인트 수명$_{checkpoint\ age}$은 헤드와 테일 사이의 트랜잭션 로그 길이(바이트)입니다. 체크포인트는 버퍼 풀에서 더티 페이지 플러싱으로 트랜잭션 로그의 공간을 회수하여 테일이 진행될 수 있도록 합니다. 더티 페이지가 플러시되면 트랜잭션 로그의 해당 데이터 변경 사항을 새 데이터 변경 사항으로 덮어쓸 수 있습니다. 적응형 플러싱은 InnoDB에서 체크포인트를 구현하며, 이는 체크포인트 수명이 그림 6-6에 표시된 적응형 플러싱 알고리즘에 대한 입력값인 이유입니다.

체크포인트 수명은 너무 오래되지 않도록 테일을 전진시킵니다(이는 바이트 단위로 측정되기 때문에 실제로는 너무 크다는 것을 의미하지만 너무 오래되었다는 것이 더 일반적인 표현입니다). 하지만 체크포인트 수명이 너무 오래되어 헤드가 테일을 만나면 어떻게 될까요? 트랜잭션 로그는 고정된 크기의 링 버퍼이므로 쓰기 속도가 계속해서 플러시 속도를 초과하면 헤드가 한 바퀴 돌아서 테일을 만날 수 있습니다. InnoDB는 이런 일이 일어나지 않도록 할 것입니다. 그림 6-7과 같이 비동기와 동기라는 2가지 안전 지점이 있습니다. 비동기$_{assync}$는 InnoDB가 비동기 플러싱을 시작하는 지점입니다. 쓰기는 허용되지만 페이지 플러싱 속도는 거의 최대치까지 증가합니다. 쓰기가 허용되었음에도 플러싱은 InnoDB I/O 용량을 너무 많이 사용하므로 전체 서버 성능이 눈에 띄게 떨어질 수 있습니다(그리고 그래야 합니다). 동기화$_{sync}$는 InnoDB가 동기식 플러싱을 시작하는 지점입니다. 모든 쓰기가 중지되고 페이지 플러싱이 이어집니다. 말할 필요도 없이 성능 면에서 끔찍합니다.

InnoDB는 체크포인트 수명과 비동기 플러시 지점에 대한 다음의 메트릭을 표시합니다.

- innodb.log_lsn_checkpoint_age
- innodb.log_max_modified_age_async

innodb.log_lsn_checkpoint_age는 바이트 단위로 측정된 게이지 메트릭이지만 원싯값은 의미가 없습니다(범위는 0에서 로그 파일 크기까지임). 우리에게 의미 있고 모니터링해야 하는 중요한 지표는 체크포인트 수명이 **트랜잭션 로그 사용률**$_{transaction\ log\ utilization}$과 비동기 플러시 지점에 얼마나 가까운가입니다.

(innodb.log_lsn_checkpoint_age / innodb.log_max_modified_age_async) × 100

트랜잭션 로그 사용률은 비동기 플러시 지점이 로그 파일 크기의 6/8(75%)이기 때문에 보수적입니다. 따라서 트랜잭션 로그 사용률이 100%일 때 로그의 25%는 새 쓰기를 기록할 수 있지만, 서버 성능은 비동기 플러시 지점에서 눈에 띄게 떨어진다는 점을 기억해야 합니다. 이 지점에 도달했을 때를 모니터링하고 아는 것이 중요합니다. 위험 사항을 사전에 알고자 한다면 InnoDB는 비동기 플러시

포인트 메트릭을 대체할 수 있는(또는 둘 다 모니터링할 수 있는) 동기화 플러시 포인트(로그 파일 크기의 7/8[87.5%])에 대한 메트릭 `innodb.log_max_modified_age_sync`를 표시합니다.

쿼리 로그 데이터가 트랜잭션 로그에 어떻게 변경되는지에 대한 중요한 세부 정보가 하나 있습니다. 데이터 변경 사항은 먼저 메모리 내 로그 버퍼에 기록됩니다(실제 온디스크 트랜잭션 로그를 참조하는 로그 파일과 혼동하지 말 것). 그러면 로그 버퍼가 로그 파일에 기록되고 로그 파일이 동기화됩니다. 여기서 자세한 내용은 설명하지 않지만, 요점은 메모리 안에 로그 버퍼가 있다는 것입니다. 로그 버퍼가 너무 작고 쿼리가 여유 공간을 기다려야 하는 경우 InnoDB는 다음의 메트릭을 증가시킵니다.

- `innodb.log_waits`

`innodb.log_waits`는 0이어야 합니다. 그렇지 않으면 로그 버퍼 크기는 `var.innodb_log_buffer_size`(oreil.ly/2I1cq)에 의해 구성됩니다. 일반적으로 기본 16MB이면 충분합니다.

트랜잭션 로그는 디스크에 있는 2개의 물리적 파일(2개의 파일이지만 하나의 논리 로그)로 구성되므로 데이터 변경 사항을 디스크에 기록하고 동기화하는 것이 가장 기본 작업입니다. 다음 2개의 게이지 메트릭은 얼마나 많은 작업이 대기 중$_{pending}$(완료 대기 중)인지 보고합니다.

- `innodb.os_log_pending_writes`
- `innodb.os_log_pending_fsyncs`

쓰기와 동기화는 매우 빠르게 발생해야 하므로(거의 모든 쓰기 성능이 여기에 달렸음) 이러한 메트릭은 항상 0이어야 합니다. 그렇지 않으면 InnoDB나 스토리지 시스템에 로-레벨의 문제가 있음을 나타냅니다. 다른 메트릭이 정상이거나 대기 중인 쓰기와 동기화 전에 정상이었다고 가정합니다. 이 깊이에서는 문제를 예상하지 말고 모니터링해 보세요.

마지막으로 트랜잭션 로그에 기록된 바이트 수를 계산하는 간단하지만 중요한 메트릭은 다음과 같습니다.

- `innodb.os_log_bytes_written`

로그 파일 크기를 결정하기 위한 기준으로 시간당 기록된 총 로그 바이트를 모니터링하는 것이 가장 좋습니다. 로그 파일 크기는 시스템 변수 `var.inno db_log_file_size`(oreil.ly/sinUV)와 `var.innodb_log_files_in_group`(oreil.ly/0hYp1)의 곱입니다. 또는 MySQL 8.0.14부터 `var.innodb_dedicated_server`(oreil.ly/f2UqB)를 활성화하면 두 시스템 변수가 모두 자동으로 구성됩니다. 기본 로그 파일 크기는 96MB(각각 48MB인 2개의 로그 파일)입니다. DBA가 아닌 MySQL을 사용하는 엔지니어로서 MySQL을 관리하는 사람이 이러한 시스템 변수를 올바르게 구성했다고 가정하지만 검증하는 것이 현명합니다.

지금까지 InnoDB 메트릭을 살펴봤습니다. InnoDB 메트릭의 스펙트럼은 여기서 살펴본 것보다 훨씬 넓고 깊으며 MySQL 성능을 분석하는 데 가장 중요한 것은 InnoDB뿐입니다. 또한 MySQL 5.7에서 8.0으로 업그레이드되면서 InnoDB가 크게 변경되었습니다. 예를 들어, 트랜잭션 로그의 내부 구현은 MySQL 8.0.11을 기준으로 다시 작성되고 개선되었습니다. 이중 쓰기 버퍼_{double-write buffer}, 변경 버퍼_{change buffer}, 적응형 해시 인덱스_{adaptive hash index} 등 InnoDB의 다른 부분은 여기에서 다루지 않지만 흥미로운 스토리지 엔진인 InnoDB에 대해 자세히 알아보기를 권장합니다. MySQL 매뉴얼의 "InnoDB 스토리지 엔진(oreil.ly/s0PZk)"에서 이러한 여정을 시작할 수 있습니다.

6-6 모니터링과 경보

MySQL 메트릭은 MySQL 성능의 스펙트럼을 보여 주며 한밤중에 엔지니어를 깨우는 데도 유용합니다. 바로 모니터링_{monitoring}과 경보_{alerting} 이야기입니다. 모니터링과 경보는 MySQL 외부에 있으므로 성능에 영향을 미칠 수 없지만, 다음 4가지 주제는 메트릭과 관련이 있고 MySQL의 성공에 중요하므로 다루지 않을 수 없습니다.

레졸루션

레졸루션_{resolution}은 메트릭이 수집되고 보고되는 빈도(1초, 10초, 30초, 5분 등)를 의미합니다. 레졸루션이 높을수록 빈도가 높아지며 1초는 30초보다 높습니다. 해상도가 높을수록 더 자세히 볼 수 있는 텔레비전과 같습니다. 백문이 불여일견이므로 30초 동안 같은 데이터의 차트 3개를 봅시다. 첫 번째 차트인 그림 6-8은 최대 레졸루션(1초)에서의 QPS 값을 보여 줍니다.

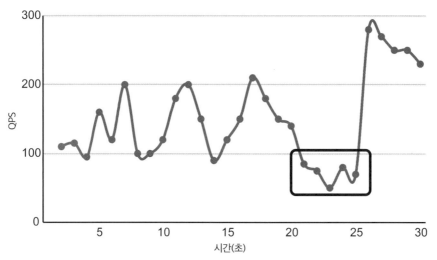

그림 6-8 1초 레졸루션에서 QPS

처음 20초 동안 QPS는 정상이고 안정적이며 100~200QPS 사이에서 오르락내리락합니다. 20~25초 사이에 5초의 지연이 있습니다(상자에서 100QPS 이하에 5개 데이터 포인트). 마지막 5초 동안 QPS가 비정상으로 높은 값으로 급증하는데, 이는 지연 후 흔히 볼 수 있는 현상입니다.* 이 차트는 극적이지는 않지만 현실적이고 다음 두 차트로 요점을 설명해 보겠습니다.

두 번째 차트인 그림 6-9는 같은 데이터지만 5초 레졸루션입니다.

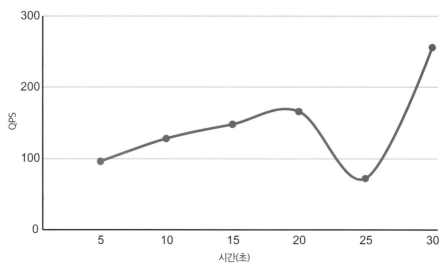

그림 6-9 5초 레졸루션에서 QPS

---

*   역주: 지연이 풀리면서 트랜잭션이나 작업이 한꺼번에 처리되기 때문입니다. 이것은 일반적인 상황에 따라 다릅니다.

272 MYSQL을 더 빠르게, 성능 최적화 선택과 집중

5초 레졸루션에서는 일부 미세한 세부 사항이 손실되지만 중요한 세부 사항은 그대로 유지됩니다. 처음 20초 동안 정상이고 안정적인 QPS입니다. 약 20~25초 사이에서 지연됩니다. 그리고 지연 후 급증합니다. 이 차트는 일일 모니터링에 적합합니다. 특히 1초 레졸루션은 메트릭 수집, 저장하고 차트화 하기가 너무 어려워서 좀처럼 하지 않는다는 점을 고려하면 더욱 그렇습니다.

세 번째 차트인 그림 6-10은 같은 데이터지만 10초 레졸루션입니다.

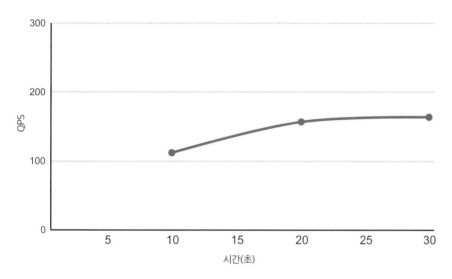

그림 6-10 10초 레졸루션에서 QPS

10초 레졸루션에서는 거의 모든 세부 사항이 손실됩니다. 차트에 따르면 QPS는 정상이고 안정적이지만 이는 사실을 왜곡합니다. QPS가 불안정하고 10초 동안 정상이 아니었습니다(5초 동안 지연과 5초 동안 급증).

최소한 5초 이상의 레졸루션으로 KPI를 수집해야 합니다. 될 수 있으면 다음 예외를 제외하고는 6장 5절 「스펙트라」에서 살펴본 대부분의 메트릭을 5초 레졸루션으로 수집하세요.

예외로 Admin(관리 명령어나 모니터링용 쿼리), **SHOW**, 잘못된 **SELECT** 메트릭은 느리게(10, 20 또는 30초) 수집하고, 데이터 크기는 매우 느리게(5, 10 또는 20분) 수집합니다.

로깅되는 쿼리 메트릭과 달리, MySQL 메트릭은 수집되거나 또는 영구히 사라지므로 될 수 있는 한 가장 높은 레졸루션으로 맞추기 위해 노력해야 합니다.

헛된 노력(임곗값)

임곗값threshold이란 대기 중인 관리자를 호출하곤 하는 모니터링 경보 발동의 기준이 되는 값입니다. 임계값은 합리적이고 좋은 생각인 듯하지만, 실제로는 그렇지 않습니다. 무척 그럴 듯한 주장이지만, 임곗값 자체가 작동한다는 주장보다 나을 뿐입니다.

문제는 임곗값에도 지속 시간duration(경보가 발생할 때까지 메트릭값이 임곗값을 지나서 유지되어야 하는 시간)이 필요하다는 것입니다. 앞서 그림 6-8에 있는 차트(1초 레졸루션에서 QPS)를 생각해 보세요. 지속 시간이 없으면 QPS에서 100 미만의 임곗값은 30초에 7번 실행됩니다(그림 6-8에서 5초 지연, 3번째와 13번째 데이터 포인트). 모니터링과 경보치고는 너무 잦으므로 50 미만(50을 포함하는 '50 이하'가 아님에 주의)의 QPS 임곗값은 어떨까요? QPS 기준이 100에서 50으로 50% 줄었으므로 분명히 사람에게 알릴 가치가 있는 문제입니다. 그러나 안타깝게도 경보가 전혀 실행되지 않습니다. 50QPS는 가장 낮은 데이터 포인트지만 50QPS 미만은 아니니까요.

이 예는 인위적인 것처럼 보이지만 그렇지 않으며 실제로는 더 심각합니다. 경보에 5초 지속 시간을 추가하고 임곗값을 100 미만의 QPS로 재설정한다고 가정해 봅시다. 이제 경보는 5초 지연 후에만 발생합니다. 하지만 지연이 평소에 알던 그 지연이 아니라면 어떨까요? 5초 동안 패킷 손실을 유발하는 일시적인 네트워크 블립network blip(일시적인 문제)처럼 MySQL이나 애플리케이션 문제가 아닐 때는 어떻게 될까요? 안타깝게도 그때 경보를 들은 당직 직원만 헛수고를 할 겁니다.

제가 요점에 맞게 예를 든 것처럼 보인다는 것을 알지만, 모든 농담은 제쳐 두고서라도 임곗값은 완벽하기 어려운 것으로 악명이 높습니다. 여기서 완벽함이란 진짜 문제가 될 만한 것에만 경고하고 잘못 판단하지 않는 것을 의미합니다.

사용자 경험과 객관적 한계에 대한 경고

임곗값 대신 작동하는 2가지 검증된 솔루션이 있습니다.

- 사용자 경험에 대한 경고
- 객관적 한계에 대한 경고

사용자가 경험하는 MySQL 메트릭은 응답 시간과 오류 2가지뿐입니다. 이는 사용자가 경험하기 때문만이 아니라 잘못 측정false-positive할 수 없으므로 신뢰할 수 있는 신호입니다. QPS의 변화는 사용자 트래픽으로 인한 정당한 변화일 수 있습니다. 그러나 응답 시간의 변화는 응답 시간의 변화로만 설명할 수 있습니다. 오류도 마찬가지입니다.

:: 참고하세요

마이크로서비스에서는 사용자가 또 다른 애플리케이션일 수 있습니다. 이때 정상적인 응답 시간은 매우 짧을 수 있지만(수십 밀리초) 모니터링과 경보 원칙은 같습니다.

사용자는 임곗값을 넘어서는 비정상인 상태를 상상할 수 있기 때문에 응답 시간과 오류에 대한 임곗값과 지속 시간 역시 간단하게 만들 수 있습니다. 예를 들어, 애플리케이션의 정상적인 P99 응답 시간이 200ms이고, 정상적인 오류율이 초당 0.5라고 가정해 봅시다. P99 응답 시간이 1분 동안 1초(또는 그 이상)로 증가하면 사용자 경험이 나빠지나요? 그렇다면 이를 임곗값과 지속 시간으로 만드세요. 전체 20초 동안 오류가 초당 10개로 증가하면 사용자 경험이 나빠지나요? 그렇다면 이를 임곗값과 지속 시간으로 만드세요.

좀 더 구체적인 예를 들어 설명해 보겠습니다. 정상인 P99 응답 시간이 200ms일 때 5초마다 응답 시간을 측정하고 보고합니다. 마지막 12개 값이 1초보다 클 때 발생하는 메트릭에 대한 반복적인 1분 경보를 생성합니다. (메트릭은 5초마다 보고되므로 60/5초 = 12개/분) 기술적인 관점에서 볼 때 쿼리 응답 시간이 5배씩 지속해서 증가하는 것은 조사할 가치가 있습니다. 이는 아마도 더 큰 문제가 발생하고 있으며 무시할 경우 애플리케이션이 중단될 수 있다는 경고일 수 있습니다. 그러나 경고의 의도는 기술적인 것보다 실용적입니다. 사용자가 애플리케이션의 1초 미만 응답에 익숙하다면 1초 응답은 현저히 느리게 느껴집니다.

객관적인 한계는 MySQL이 통과할 수 없는 최소 또는 최댓값입니다. 다음은 MySQL 외부의 일반적인 객관적 한계입니다.

- 사용 가능한 디스크 공간 없음
- 사용 가능한 메모리 없음
- 100% CPU 사용률
- 100% 스토리지 IOPS 사용률
- 100% 네트워크 사용률

MySQL에는 최대 시스템 변수가 많지만 애플리케이션에 영향을 미치는 가장 일반적인 변수는 다음과 같습니다.

- **max_connections**(oreil.ly/OODxA)
- **max_prepared_stmt_count**(oreil.ly/jqNuk)
- **max_allowed_packet**(oreil.ly/qM3R5)

엔지니어들을 놀라게 한 객관적 제한이 하나 더 있습니다. 최대 **AUTO_INCREMENT**(oreil.ly/tkXWP)값입니다. MySQL에는 **AUTO_INCREMENT** 열이 최댓값에 근접하고 있는지 확인하는 기본 메트릭이나 방법이 없습니다. 대신 일반적인 MySQL 모니터링 솔루션은 유명한 MySQL 전문가인 슬로미 노치 Shlomi Noach가 "쿼리를 사용하여 AUTO_INCREMENT 사용량 확인해보기(oreil.ly/LJ64E)"에서 작성한 예제 6-7과 유사한 SQL 문을 실행하여 메트릭을 생성합니다.

예제 6-7 최대 AUTO_INCREMENT를 확인하는 SQL 문

```
SELECT
  TABLE_SCHEMA,
  TABLE_NAME,
  COLUMN_NAME,
  DATA_TYPE,
  COLUMN_TYPE,
  IF(
    LOCATE('unsigned', COLUMN_TYPE) > 0,
    1,
    0
  ) AS IS_UNSIGNED,
  (
    CASE DATA_TYPE
      WHEN 'tinyint' THEN 255
      WHEN 'smallint' THEN 65535
      WHEN 'mediumint' THEN 16777215
      WHEN 'int' THEN 4294967295
      WHEN 'bigint' THEN 18446744073709551615
    END >> IF(LOCATE('unsigned', COLUMN_TYPE) > 0, 0, 1)
```

```
  ) AS MAX_VALUE,
    AUTO_INCREMENT,
    AUTO_INCREMENT / (
      CASE DATA_TYPE
        WHEN 'tinyint' THEN 255
        WHEN 'smallint' THEN 65535
        WHEN 'mediumint' THEN 16777215
        WHEN 'int' THEN 4294967295
        WHEN 'bigint' THEN 18446744073709551615
      END >> IF(LOCATE('unsigned', COLUMN_TYPE) > 0, 0, 1)
    ) AS AUTO_INCREMENT_RATIO
  FROM
    INFORMATION_SCHEMA.COLUMNS
    INNER JOIN INFORMATION_SCHEMA.TABLES USING (TABLE_SCHEMA, TABLE_NAME)
  WHERE
    TABLE_SCHEMA NOT IN ('mysql', 'INFORMATION_SCHEMA', 'performance_schema')
    AND EXTRA='auto_increment'
  ;
```

다른 2가지 핵심 성능 지표인 QPS와 실행 중인 스레드는 어떻습니까? QPS와 실행 중인 스레드를 모니터링하는 것이 가장 좋은 방법이지만 이에 대한 경보는 그렇지 않습니다. 이러한 메트릭은 응답 시간이나 오류로 표시되는 정당한 문제를 조사할 때는 중심이 되지만, 신뢰할 수 있는 신호가 되기에는 너무 많이 변동됩니다.

이러한 접근 방식이 급진적으로 보인다면 다음을 기억하세요. 경고는 DBA가 아닌 MySQL을 사용하는 엔지니어를 위한 알림입니다.

원인과 결과

저의 경험으로 보건대, MySQL 응답 속도가 느리다면 애플리케이션이 원인일 때가 대부분(약 80%)입니다. 애플리케이션이 MySQL을 구동하기 때문입니다. 애플리케이션이 없다면 MySQL은 유휴 상태입니다. 애플리케이션이 원인이 아니라면 MySQL 성능 저하의 몇 가지 다른 일반적인 원인이 있습니다. 9장 6절에서 논의하는 것처럼 아마 10% 정도는 다른 애플리케이션이 범인일 가능성이 있습니다. 네트워크를 포함하는 하드웨어는 매우 안정적이기 때문에 문제가 발생할 가능성이 단지 5%에 불과합니다. (특히 엔터프라이즈급 하드웨어는 일반 하드웨어보다 더 오래 지속되고 더 많은 비용이 소요됩니다.) 마지막으로 MySQL 자체 속도 저하가 근본 원인일 확률은 1%에 불과합니다.

일단 원인이 파악되면 이전에 보이지 않았던 원인의 부작용이 아니라 근본 원인으로 생각할 수 있습니다. 예를 들어, 실제 운영 환경에 배포하자 마자 MySQL에서 문제를 일으키는 잘못 작성된 쿼리와 같은 애플리케이션 문제를 들 수 있습니다. 또는 스토리지 시스템의 성능 저하 같은 하드웨어 원인을 MySQL이 느리게 응답하는 것으로 생각할 수 있습니다. 이러한 추정이 틀리면(확인된 원인이 근본 원인이 아닌 경우) 치명적인 상황이 발생합니다. 다음과 같은 이벤트 순서를 고려해 보세요.

1. 20초 동안 지속되는 네트워크 문제로 인해 심각한 패킷 손실 또는 로-레벨의 네트워크 재시도가 발생합니다.
2. 네트워크 문제로 인해 쿼리 오류 또는 시간 초과(패킷 손실 또는 재시도로 인해)가 발생합니다.
3. 애플리케이션과 MySQL 모두 로그 오류(쿼리 오류와 클라이언트 오류)가 나타납니다.
4. 애플리케이션이 쿼리를 재시도합니다.
5. 이전 쿼리를 재시도하는 동안 애플리케이션은 계속해서 새 쿼리를 실행합니다.
6. 신규와 기존 쿼리 실행으로 인해 QPS가 증가합니다.
7. QPS 증가로 인해 사용률이 증가합니다.
8. 사용률 증가로 인해 대기 시간이 늘어납니다.
9. 대기 시간 증가로 인해 시간 초과가 증가합니다.
10. 애플리케이션이 쿼리를 다시 시도하여 쿼리 결과를 반복해서 생성합니다.

이런 상황에 발을 들일 때 즈음이면 문제는 분명해 보이지만 근본 원인은 알 수 없습니다. 문제가 발생하기 전에는 모든 것이 정상이고 안정적이었습니다. 애플리케이션 변경이나 배포가 없었으며 MySQL 핵심 성능 지표는 정상이고 안정적이었고, DBA는 자신들의 작업이 수행되지 않았음을 확인했습니다. 이것이 바로 상황을 위험하게 만드는 원인입니다. 여러분이 말할 수 있는 한 이런 일이 일어나서는 안 되지만, 사실임을 부인할 수는 없습니다.

기술적으로 말하자면, 컴퓨터는 유한하고 별개이므로 모든 원인을 알 수 있습니다. 그러나 실제로는 원인은 모니터링과 로깅이 허용하는 만큼만 알 수 있습니다. 이 예에서 네트워크 모니터링과 애플리케이션 로깅(그리고 MySQL 오류 로그에 대한 접근)이 매우 양호하면 20초 네트워크 문제와 같은 근본 원인을 파악할 수 있습니다. 하지만 애플리케이션이 다운되고, 고객에게 전화가 오고, 금요일 퇴근 30분 전인 상황에서는 말처럼 쉽지 않습니다. 엔지니어는 문제의 근본 원인을 밝히는 것이 아니라 문제를 해결하는 데 집중합니다. 문제를 해결하는 데 초점을 맞추면 MySQL을 수정해야 하는 원인으로 쉽게 생각할 수 있습니다. MySQL을 더 빠르게 실행하면 애플리케이션이 정상으로 작동합니다. 그러나 같은 의미에서 MySQL을 고칠 수 있는 방법은 없습니다. 4장 1절 「MySQL은 아무것도 하지 않는다」를 기억하세요. 문제가 발생하기 전에는 모든 것이 정상이었기 때문에 MySQL을 구동하는 애플리케이션부터 정상으로 돌아가는 것이 목표입니다. 올바른 솔루션은 애플리케이션에 따라 다르지만 일반적인 전술은 애플리케이션 재시작 또는 인입되는 요청 조절과 기능 비활성화입니다.

저는 MySQL을 편들지 않습니다. 단순한 사실은 MySQL이 현장에서 20년 이상 축적된 성숙한 데이터베이스라는 것입니다. 게다가 오픈 소스 데이터베이스로서 전 세계의 엔지니어들이 면밀히 조사했습니다. MySQL의 역사적인 삶에서 이 시점에 고유한 느림은 약점이 아닙니다. MySQL이 느린 이유를 묻는 것보다 근본 원인이나 즉각적인 해결책으로 이어지는 더 강력하고 효과적인 질문은 "MySQL이 느리게 실행되는 원인은 무엇입니까?"입니다.

요점 정리

이 장에서는 MySQL 성능을 설명하는 워크로드의 특성을 이해하는 데 가장 중요한 MySQL 메트릭의 스펙트라를 분석했습니다. 요점은 다음과 같습니다.

- MySQL 성능에는 쿼리 성능과 서버 성능이라는 두 가지 측면이 있습니다.
- 쿼리 성능이 입력되고 서버 성능이 출력됩니다.
- 정상과 안정은 모든 것이 제대로 작동하는 일반적인 날 애플리케이션에 대해 MySQL이 나타내는 모든 성능입니다.
- 안정성은 성능을 제한하지 않으며 어떤 수준에서든 성능이 지속 가능하도록 보장합니다.
- MySQL KPI는 응답 시간, 오류, QPS, 실행 중인 스레드입니다.
- 메트릭 필드는 응답 시간, 속도, 사용률, 대기, 오류, 접근 패턴(내부 메트릭까지 포함하면 7개)의 6가지 메트릭 분류로 구성됩니다.
- 메트릭 클래스는 서로 관련되어 있습니다. 속도는 사용율을 높이고, 사용율은 다시 속도를 감소시키며 높은(최

대) 사용률은 대기를 발생시키고, 대기 시간이 초과되면 오류가 발생합니다.

- MySQL 메트릭의 스펙트럼은 방대합니다. 6장 5절 「스펙트라」를 참고하세요.

- 레졸루션은 메트릭을 수집하고 보고하는 빈도를 의미합니다.

- 높은 레졸루션 메트릭(5초 이하)은 낮은 레졸루션 메트릭에서 손실되는 중요한 성능 세부 정보를 나타냅니다.

- 사용자가 경험하는 것(예: 응답 시간)과 객관적 한계에 대한 경보로 임곗값 문제를 해결합니다.

- 애플리케이션 문제(애플리케이션 또는 다른 애플리케이션)는 MySQL 성능 저하의 가장 큰 원인입니다.

- MySQL 서버 성능은 MySQL을 통한 워크로드의 굴절인 메트릭 스펙트럼을 통해 드러납니다.

다음 장에서는 복제 지연을 알아봅니다.

연습: 핵심 성능 지표 검토

이 연습의 목표는 6장 3절 「핵심 성능 지표」에 설명된 대로 MySQL에 대한 4가지 KPI의 정상적이고 안정적인 값을 파악하는 것입니다. 이 연습을 흥미롭게 만들려면 먼저 KPI값이 애플리케이션에 대해 무엇이라고 생각하는지 적어 보세요. QPS에 대한 좋은 아이디어가 있을 것입니다. 응답 시간(P99 또는 P999), 오류와 실행 중인 스레드는 어떻습니까?

아직 핵심 성능 지표를 수집하지 않았다면 시작하세요. 방법은 MySQL 메트릭을 수집하는 데 사용하는 소프트웨어(또는 서비스)에 따라 다릅니다. 괜찮은 MySQL 모니터라면 4개를 모두 수집해야 합니다. 현재 솔루션이 그렇지 않다면 더 나은 MySQL 모니터를 진지하게 고려해 보세요. 핵심 성능 지표를 수집하지 않으면 6장 5절에서 자세하게 설명한 메트릭들을 수집할 가능성이 낮습니다.

KPI 메트릭을 하루 이상 검토합니다. 실제 값이 생각한 값에 가깝나요? 응답 시간이 생각보다 길면 어디서부터 시작해야 할지 알 수 있습니다. 바로 1장 4절의 "쿼리 프로파일"입니다. 오류 비율이 생각보다 높으면 테이블에서 `performance_schema.events_errors_summary_global_by_error`를 질의하여 발생하는 오류 번호를 확인합니다. 오류 코드를 찾으려면 "MySQL 에러 메세지 참고(oreil. ly/F9z9W)"를 사용하세요. 실행 중인 스레드가 생각보다 많으면 단일 스레드가 다른 쿼리를 실행하기 때문에 진단이 까다롭습니다(애플리케이션이 연결 풀을 사용한다고 가정). 쿼리 프로파일에서 가장 느린 쿼리부터 시작합니다. 쿼리 메트릭 도구에서 쿼리 부하를 보고하는 경우 부하가 가장 높은 쿼리에 집중하고 그렇지 않으면 총 쿼리 시간이 가장 높은 쿼리에 집중하세요. 필요하면 성능 스키마 스레드 테이블_{Performance Schema threads table}(oreil.ly/ZgtGW)을 사용해서 조사합니다.

하루 종일 다양한 기간의 KPI를 검토합니다. 값이 하루 종일 안정적인가요? 아니면 한밤중에 감소하나요? 값이 비정상인 기간이 있나요? 전반적으로 애플리케이션의 정상적이고 안정적인 KPI값은 무엇인가요?

연습: 경보와 임곗값 검토

이 연습의 목표는 밤에 잠을 잘 수 있도록 돕는 것입니다. MySQL 메트릭에 대한 차트가 앞쪽 가운데에 있는 반면, 경보와 경보의 구성은 일반적으로 숨겨져 있습니다. 결과적으로 엔지니어, 특히 새로 고용된 엔지니어는 어둠 속에 어떤 경보가 숨어 있는지 알지 못하고 잠자는 동안 호출되기를 기다립니다. 아침이나 오후에 모든 경보와 경보가 구성되는 방식(해당되는 경우 임곗값)을 확인하세요. 그동안 경보를 문서화하거나 현재 문서를 업데이트하세요. 6장 6절의 "헛된 노력(임곗값)"과 "사용자 경험과 객관적 한계에 대한 주의"를 검토하고 불필요한 경보를 조정하거나 제거합니다.

경보의 목표는 간단합니다. 모든 페이지가 정당하고 실행 가능한 것입니다. 정당$_{legitimate}$하다는 것은 어떤 것이 이미 망가졌거나 곧 망가질 것이 확실하고 지금 바로 고쳐야 한다는 것을 의미합니다. 실행 가능$_{actionable}$이란 엔지니어(호출된)가 문제를 해결할 수 있는 지식, 기술, 접근 권한을 가지고 있음을 의미합니다. 이것은 MySQL에서 가능합니다. 헛된 노력은 거절하고 숙면을 취하세요.

7장 복제 지연

복제 지연replication lag은 원본 MySQL 인스턴스에서 쓰기가 발생하는 시간과 해당 쓰기가 복제 MySQL 인스턴스에 적용되는 시간 사이의 지연입니다. 복제는 네트워크를 통하므로 네트워크 지연 시간이 발생합니다. 따라서 모든 데이터베이스에서 복제 지연은 당연한 현상입니다.

MySQL을 사용하는 엔지니어로서 다행으로 생각하는 점은 MySQL 복제가 복잡해져서 복제 토폴로지를 설정, 구성, 유지·보수할 필요가 없어졌다는 사실입니다. 대신 이 장에서는 복제 지연이 무엇인지, 왜 발생하는지, 어떤 위험이 있는지 그리고 무엇을 할 수 있는지 등 성능과 관련하여 복제 지연을 조사합니다.

단순 복제가 인터넷 사용을 넓히는 데 기여하다

단순 복제는 MySQL이 세계에서 가장 인기 있는 오픈소스 관계형 데이터베이스 서버가 된 이유 중 하나입니다. 2000년대 초, 인터넷은 90년대의 닷컴 거품에서 다시 등장했고 온라인 기업은 빠르게 성장했습니다. 복제는 고가용성을 위해 필요하고 확장 읽기에도 사용되므로 MySQL 초기 버전 (v3.23~v5.5)의 단순 복제는 무분별한 인터넷 환경에서 성공하는 데 도움이 되었습니다. MySQL의 초기 버전은 단일 스레드의 명령문 기반 복제(statement-based replication, SBR)를 사용했습니다. 원본 MySQL 인스턴스는 실행한 SQL 문(실제 SQL 문)을 기록하고 복제본 인스턴스는 단순히 해당 SQL 문을 다시 실행합니다. 이보다 더 간단한 복제는 없습니다. 그것은 잘 작동되었지만 문제도 있었습니다. 그러나 때로는 가장 간단한 솔루션이 실제로 최선입니다. 20년이 지난 지금 MySQL 복제는 복잡하지만 여전히 명령문 기반 복제를 지원합니다.

복제는 성능을 떨어뜨리는 것이 맞지만, 복제 없이 MySQL을 실행하고 싶지는 않습니다. 복제가 비즈니스 실패를 방지한다고 말하는 것은 과장이 아닙니다. 데이터 손실이 너무 커서 복제가 이를 방지하지 않으면 회사가 도산할 수도 있습니다. MySQL은 병원에서 은행에 이르기까지 모든 곳에서 실행되며 복제는 피할 수 없는 장애에도 불구하고 귀중한 데이터를 안전하게 유지합니다. 복제로 인해 성능이 떨어지고 지연이 위험할 수 있지만, 이러한 비용은 복제의 압도적인 이점으로 상쇄됩니다.

이 장에는 복제 지연을 조사하는 6개의 주요 절이 있습니다.

1. MySQL 복제의 기본 용어를 소개하고 복제 지연이 발생하는 기술적 기원, 즉, 빠른 데이터베이스와 네트워크에도 불구하고 복제 지연이 일어나는 이유를 추적합니다.
2. 복제 지연의 주요 원인을 설명합니다.
3. 복제 지연의 위험인 데이터 손실을 설명합니다.
4. 다중 스레드 복제를 사용할 수 있는 보수적인 구성을 제공하여 지연 시간을 크게 줄입니다.
5. 높은 정밀도로 복제 지연을 모니터링하는 방법을 설명합니다.
6. 복제 지연의 복구 속도가 느린 이유를 설명합니다.

7-1 MySQL의 복제 유형

MySQL에는 2가지 유형의 복제가 있습니다.

원본에서 복제본으로

원본에서 복제본으로_{source to replica}의 복제는 MySQL이 20년 이상 사용해 온 기본 복제 유형입니다. MySQL 복제(oreil.ly/A8fTn)는 원본에서 복제본으로의 복제를 의미합니다. MySQL 복제는 오래되었지만 빠르고 안정적이며 오늘날에도 여전히 널리 사용되고 있습니다.

그룹 복제

그룹 복제_{group replicaion}(oreil.ly/TASM9)는 MySQL이 5.7.17(2016년 12월 12일 배포) 버전부터 지원하는 새로운 복제 유형입니다. 그룹 복제는 그룹 합의 프로토콜_{group consensus protocol}을 사용하여 데이터 변경 사항을 동기화(복제)하고 그룹 구성원을 관리하는 기본과 보조 인스턴스의 MySQL 클러스터를 생성합니다. 이는 그룹 복제가 MySQL 클러스터링이며, MySQL 복제와 고가용성의 미래라고 말하는 것과 같습니다.

이 장에서는 전통적인 MySQL 복제(원본에서 복제본으로)만 다룹니다. 이 글을 쓰는 시점에 저와 주변의 DBA 모두 그룹 복제를 대규모로 운영해 본 경험이 많지 않으므로 적용을 나중으로 미루고 있습니다. 또한 그룹 복제보다 뛰어난 또 다른 혁신이 표준이 되고 있습니다. 바로 InnoDB 클러스터(oreil.ly/BFqu9)입니다.

또한 Percona XtraDB 클러스터(oreil.ly/fWNfb)와 MariaDB Galera 클러스터(oreil.ly/LMhEC)는 MySQL 그룹 복제와 목적은 비슷하지만 구현 방식이 다른 데이터베이스 클러스터 솔루션입니다. 저는 이러한 솔루션도 적용을 미루겠지만, MySQL의 Percona나 MariaDB 배포판을 실행 중이고 데이터베이스 클러스터 솔루션을 찾고 있다면 이를 염두에 두세요.

MySQL 원본에서 복제본으로의 복제는 아주 흔한 것입니다. 복제의 내부 작동 원리는 이 책의 범위를 벗어나지만 기초를 이해하면 복제 지연의 원인, 이로 인한 위험과 이 두 가지 모두를 줄이는 방법을 알 수 있습니다.

:: 참고하세요

복제 관련 용어는 각각 2020년과 2021년에 배포된 MySQL 8.0.22와 8.0.26부터 변경되었습니다. 변경 사항에 대한 요약은 "MySQL 용어 업데이트(oreil.ly/wrzfU)"를 참고하세요. 저는 이 책에서 최신 용어, 메트릭, 변수, 명령어를 사용합니다.

원본에서 복제본으로

그림 7-1은 MySQL 원본에서 복제본으로의 복제에 대한 기초를 보여 줍니다.

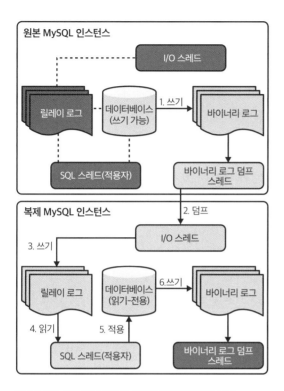

그림 7-1 MySQL 원본에서 복제본으로의 복제 대한 기초

원본 MySQL 인스턴스_{source MySQL instance}(또는 줄여서 원본)는 클라이언트(애플리케이션)가 데이터를 쓰는 MySQL 서버입니다. MySQL 복제는 쓰기 가능한 여러 원본을 지원하지만 쓰기 충돌 처리의 어려움으로 인해 잘 사용되지 않습니다. 결과적으로 쓰기 가능한 단일 원본이 일반적입니다.

복제본 MySQL 인스턴스_{replica MySQL instance}(또는 줄여서 복제본)는 원본에서 데이터 변경 사항을 복제하는 모든 MySQL 서버입니다. 데이터 변경은 행, 인덱스, 스키마 등에 대한 수정입니다. 복제본은 스플릿 브레인_{split-brain}을 방지하기 위해 항상 읽기 전용이어야 합니다(9장 1절의 "스플릿 브레인이 가장 큰 위험이다" 참고). 일반적으로 복제본은 단일 원본에서 복제되지만 다중 원본 복제_{multisource replication}(oreil.ly/GeaVQ)는 선택 사항입니다.

그림 7-1의 화살표는 원본에서 복제본으로의 데이터 변경 흐름을 나타냅니다.

1. 트랜잭션 커밋 중에 데이터 변경 사항은 원본의 바이너리 로그에 기록됩니다. 바이너리 로그 이벤트의 데이터 변경 사항을 기록하는 디스크에 있는 파일입니다(다음 단락인 "바이너리 로그 이벤트" 참고).

2. 복제본의 I/O 스레드는 원본 바이너리 로그에서 바이너리 로그 이벤트를 덤프(읽기)합니다. (원본의 바이너리 로그

덤프 스레드는 슬레이브에서 이벤트 요청 시 해당 이벤트를 전송하는 목적 전용으로 사용됩니다.)

3. 복제본의 I/O 스레드는 복제본의 릴레이 로그(relay logs)에 바이너리 로그 이벤트를 기록합니다. 릴레이 로그는 원본 바이너리 로그 이벤트들을 복제본 로컬에 복사한 디스크 파일입니다.

4. SQL 스레드(또는 applier thread)는 릴레이 로그에서 바이너리 로그 이벤트를 읽습니다.

5. SQL 스레드는 바이너리 로그 이벤트를 복제본 데이터에 적용합니다.

6. 복제본은 데이터 변경 사항(SQL 스레드에 의해 적용됨)을 바이너리 로그에 기록합니다.

MySQL 복제는 비동기식asynchronous이 기본입니다. 원본에서 트랜잭션은 1단계 후에 완료되고 나머지 단계는 비동기식으로 발생합니다. MySQL은 반동기식semisynchronous 복제를 지원합니다. 원본에서 트랜잭션은 3단계 후에 완료됩니다. MySQL 반동기식 복제는 3단계 후에 커밋되고 4단계나 5단계를 기다리지 않습니다. 반동기식 복제는 이 장의 3절에서 자세히 설명합니다.

복제본은 바이너리 로그를 작성하는 데 필요하지 않지만(6단계) 복제본이 원본이 될 수 있으므로 고가용성을 위한 표준 관행입니다. 이것이 데이터베이스 **장애 조치**failover가 작동하는 방식입니다. 원본이 죽거나 유지 관리를 위해 중단되면 복제본이 승격되어 새 원본이 됩니다. 인스턴스를 이전 원본과 새 원본이라고 합시다. 결국 DBA는 이전 원본을 복원(또는 새 인스턴스를 복제하여 교체)하고 새 원본에서 복제하도록 합니다. 이전 원본에서 이전에 유휴 상태였던 I/O 스레드, 릴레이 로그, SQL 스레드가 작동하기 시작합니다. (이전 원본의 I/O 스레드는 이전 유휴 바이너리 로그 덤프 스레드를 활성화하여 새 원본에 연결됩니다.) 새 원본 바이너리 로그에서 이전 원본은 오프라인 상태에서 놓친 쓰기를 복제합니다. 이 과정에서 이전 원본은 복제 지연을 보고하지만 이는 다음 절의 "장애 후 재구축"에서 다루는 특수한 경우입니다. 간단히 말해 장애 조치지만, 실제로는 물론 더 복잡합니다.

바이너리 로그 이벤트

바이너리 로그 이벤트는 앞으로도 접할 일이 없을 낮은 수준의 세부 사항이지만(심지어 DBA 조차도 바이너리 로그를 함부로 건드리지 않습니다.) 애플리케이션이 실행한 트랜잭션의 직접적인 결과입니다. 따라서 애플리케이션이 복제 파이프라인을 통해 무엇을 플러시하려고 하는지 이해하는 것이 중요합니다.

:: 참고하세요

다음은 MySQL 5.7.7부터 기본 `binlog_format`(oreil.ly/rtKm0)인 행 기반 복제(row-based replication, RBR)를 가정합니다.

복제는 쓰기가 이미 완료된 트랜잭션 커밋 중에 데이터 변경 사항이 바이너리 로그에 커밋되므로 개별 쓰기가 아닌 트랜잭션과 바이너리 로그 이벤트에 중점을 둡니다. 높은 수준에서는 애플리케이션에 중요한 트랜잭션에 초점을 맞춥니다. 낮은 수준에서는 복제에 의미가 있으므로 바이너리 로그 이벤트에 초점을 맞춥니다. 트랜잭션은 바이너리 로그에 논리적으로 표시되고 이벤트로 설명됩니다. 이는 다중 스레드 복제본이 트랜잭션을 병렬로 적용할 수 있는 방법입니다. 자세한 내용은 이 장의 4절을 참고하세요. 예를 들어, 간단한 트랜잭션을 사용해 보겠습니다.

```
BEGIN;
UPDATE t1 SET c='val' WHERE id=1 LIMIT 1;
DELETE FROM t2 LIMIT 3;
COMMIT;
```

테이블 스키마와 데이터는 중요하지 않습니다. 중요한 것은 **UPDATE**가 테이블 **t1**에서 1개 행을 변경하고 **DELETE**는 테이블 **t2**에서 3개 행을 삭제한다는 것입니다. 그림 7-2는 트랜잭션이 바이너리 로그에 커밋되는 방식을 보여 줍니다.

4개의 연속 이벤트가 트랜잭션을 구성합니다.

- BEGIN을 위한 이벤트
- 1개의 행 이미지가 있는 UPDATE 문에 대한 이벤트
- 3개의 행 이미지가 있는 DELETE 문에 대한 이벤트
- COMMIT을 위한 이벤트

로-레벨에서는 SQL 문이 기본적으로 사라지고 복제는 이벤트와 **행 이미지**$_{row\ image}$(행을 수정하는 이벤트의 경우)의 스트림입니다. 행 이미지는 수정 전·후 행의 바이너리 스냅숏입니다. 단일 SQL 문은 수많은 행 이미지를 생성할 수 있으며, 복제하는 동안 지연을 일으키는 큰 트랜잭션을 생성할 수 있으므로 중요한 세부 정보입니다.

그림 7-2 트랜잭션에 대한 바이너리 로그 이벤트

이 책에서 해야 할 것보다 좀 더 깊게 들어왔으므로 MySQL 내부에 관한 이야기는 여기서 멈추겠습니다. 간략하지만 바이너리 로그 이벤트에 관해 알아보았으므로 다음 절을 더 쉽게 이해할 수 있습니다. 이제 복제 파이프라인을 통해 무엇이 흘러가고 있으며 트랜잭션과 바이너리 로그 이벤트에 초점을 맞춰야 하는 이유를 알게 되었기 때문입니다.

복제 지연

다시 그림 7-1을 참고하면 복제 지연은 복제본에 변경 사항을 적용하는 것(5단계)이 원본에 변경 사항을 커밋하는 것(1단계)보다 느릴 때 발생합니다. MySQL 바이너리 로그, MySQL 네트워크 프로토콜과 일반적인 네트워크는 매우 빠르고 효율적이어서 그 사이의 단계는 거의 문제가 되지 않습니다(네트워크가 제대로 작동하는 경우).

복제본의 I/O 스레드는 네트워크에서 읽고 디스크에 차례대로 쓰는 비교적 쉬운 과정이므로 바이너리 로그 이벤트를 릴레이 로그에 빠른 속도로 쓸 수 있습니다.

그러나 SQL 스레드에는 변경 사항을 적용하는 훨씬 더 어렵고 시간이 많이 걸리는 과정이 있습니다. 결과적으로 I/O 스레드는 SQL 스레드를 능가하고 복제 지연은 그림 7-3과 같습니다.

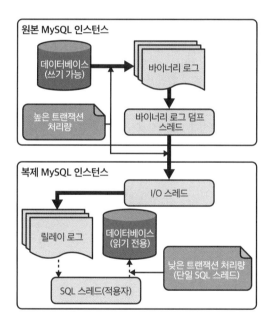

그림 7-3 MySQL 복제 지연

엄밀히 말하면 단일 SQL 스레드는 복제 지연을 유발하지 않으며 제한 요소일 뿐입니다. 이때 원인은 원본의 트랜잭션 처리량이 높아서이며, 이는 애플리케이션이 사용 중일 때는 좋은 문제지만 그럼에도 불구하고 문제입니다. 다음 절에서 그 원인을 자세히 알아봅니다. 해결책은 더 많은 SQL 스레드가 필요한 것인데 이에 관해서는 7장 4절 「지연 감소: 다중 스레드 복제」에서 다룹니다.

반동기식_semisynchronous 복제는 복제 지연을 해결하거나 예방하지 않습니다. 반동기식 복제를 사용하면 각 트랜잭션에 대해 MySQL은 복제본이 트랜잭션에 대한 바이너리 로그 이벤트를 릴레이 로그에 기록했음을 확인할 때까지 기다립니다(그림 7-1의 3단계). 로컬 네트워크에서는 그림 7-3과 같은 복제 지연이 계속 발생할 수 있습니다. 반동기식이 복제 지연을 줄인다면 이는 원본에서 트랜잭션 처리량을 제한하는 네트워크 대기 시간의 부작용일 뿐입니다. 7장 3절의 "반동기 복제"에서 더 자세히 설명합니다.

복제에는 지연이 따르기 마련이지만, MySQL 복제는 매우 빠르므로 이를 잘못 이해해서는 안 됩니다. 단일 SQL 스레드는 초당 수천 건의 트랜잭션을 쉽게 처리할 수 있습니다. 첫 번째 이유는 간단합니다. 복제본은 원본이 실행하는 전체 워크로드를 실행하지 않습니다. 특히 복제본은 읽기를 실행하지 않습니다(복제본이 읽기를 제공하는 데 사용되지 않는다고 가정). 두 번째 이유는 설명이 좀 필요합니다. 앞의 "바이너리 로그 이벤트"에서 설명한 것처럼 이 장에서는 행 기반 복제$_{row-based\ replication,\ RBR}$를 가정합니다. 따라서 복제본은 SQL 문을 실행하지 않고 바이너리 로그 이벤트를 적용합니다. 이렇게 하면 복제본에 최종 결과(데이터 변경 사항)가 제공되고 이를 적용할 위치를 알려주기 때문에 복제본에 많은 시간이 절약됩니다. 업데이트할 일치하는 행을 찾는 것보다 훨씬 빠를 수 있는데 이는 원본이 수행해야 했던 작업입니다. 이러한 2가지 이유 때문에 복제본은 원본이 매우 바쁜 동안에도 거의 유휴 상태일 수 있습니다. 그럼에도 다음 절에서 설명할 3가지 이유 때문에 복제 지연이 발생할 수 있습니다.

7-2 복제 지연의 3가지 원인

복제 지연에는 트랜잭션 처리량, 장애 후$_{post-failure}$ 재구축, 네트워크 문제라는 3가지 주요 원인이 있으며, 이 절에서는 각각을 살펴봅니다.

트랜잭션 처리량

트랜잭션 처리량$_{transaction\ throughput}$은 원본의 속도가 복제본의 SQL(적용자) 스레드가 변경 사항을 적용할 수 있는 속도보다 빠를 때 복제 지연을 유발합니다. 애플리케이션이 정상으로 바쁘게 움직인 탓에 이런 문제가 발생했다고 해서 원본 쪽의 속도를 줄일 수는 없습니다. 대신 해결책은 더 많은 SQL(적용자) 스레드를 실행하여 복제본의 속도를 높이는 것입니다. 7장 4절에서 설명한 대로 다중 스레드 복제를 조정하여 복제본 성능을 개선하는 데 중점을 둡니다.

과도하게 많은 행을 수정하는 대규모 트랜잭션은 원본보다 복제본에 더 큰 영향을 미칩니다. 예를 들어 원본에서 실행하는 데 2초가 걸리는 큰 트랜잭션은 병렬로 실행(그리고 커밋)되므로 다른 트랜잭션을 차단하지 않을 가능성이 큽니다. 그러나 단일 스레드 복제본에서 이 큰 트랜잭션은 다른 모든 트랜잭션을 2초 동안 차단합니다(또는 복제본에서 실행하는 데 걸리는 시간은 경합이 적어서 더 적을 수 있음). 다중 스레드 복제본에서 다른 트랜잭션은 계속 실행되지만 큰 트랜잭션은 여전히 2초 동안 하나의 스레드를 차단합니다. 해결책은 더 작은 트랜잭션입니다. 이에 대한 자세한 내용은 8장 4절의 "대규모 트랜잭션(트랜잭션 크기)"에서 확인하세요.

트랜잭션 처리량이 항상 애플리케이션에 의해 결정되는 것은 아닙니다. 데이터 백필링backfilling, 삭제, 보관은 배치 크기(3장 3절의 "배치 크기" 참고)를 제어하지 않으면 큰 복제 지연을 유발할 수 있는 일반적인 작업입니다. 배치 크기가 적절할 때 이러한 작업은 복제 지연을 모니터링하고 복제가 지연되기 시작하면 속도를 줄여야 합니다. 복제본을 1초 지연하는 것보다 작업에 하루가 걸리는 것이 더 낫습니다. 7장 3절 「위험: 데이터 손실」에서 그 이유를 설명하겠습니다.

어느 시점에서 트랜잭션 처리량은 단일 MySQL 인스턴스(원본 또는 복제본)의 용량을 초과합니다. 트랜잭션 처리량을 늘리려면 데이터베이스를 샤딩하여 확장해야 합니다(5장 참고).

장애 후 재구축

MySQL이나 하드웨어에 장애가 발생하면 인스턴스가 수리되어 다시 복제 토폴로지로 돌아갑니다. 또는 새 인스턴스가 기존 인스턴스에서 복제되어 실패한 인스턴스를 대신합니다. 어느 쪽이든 고가용성을 회복하기 위해 복제 토폴로지가 재구축됩니다.

> **:: 참고하세요**
> 복제본은 여러 목적으로 사용되지만 이 장에서는 고가용성을 위해 사용되는 복제본에 대해서만 설명합니다.

수리된(또는 새로운) 인스턴스는 오프라인 상태에서 놓친 모든 바이너리 로그 이벤트를 복제하고 따라잡는 데 몇 분, 몇 시간 또는 며칠이 걸립니다. 엄밀히 말하면 이것은 복제 지연이지만 실제로는 수리된 인스턴스가 따라잡을 때까지 무시할 수 있습니다. 일단 따라잡으면 어떤 지연도 정당화됩니다. 장애는 불가피하고 따라잡는 데 시간이 걸리므로 유일한 해결책은 복제 지연이 장애 후 재구축과 대기로 인한 것임을 인식하는 것입니다.

네트워크 문제

네트워크 문제network issues로 인해 원본에서 복제본으로 바이너리 로그 이벤트 전송이 지연되면 복제 지연이 발생합니다(그림 7-1의 2단계). 엄밀히 따지면 복제가 아닌 네트워크가 지연되는 것이지만, 아무리 따지더라도 지연이라는 최종 결과가 바뀌지는 않습니다. 복제본은 원본 뒤에 있습니다. 이때 네트워크 엔지니어를 불러 근본 원인인 네트워크를 고쳐야 합니다.

네트워크 문제로 인한 위험은 커뮤니케이션과 팀워크를 통해 완화됩니다. 네트워크 엔지니어와 대화하여 네트워크 문제가 있을 때 데이터베이스에 어떤 문제가 발생할 수 있는지 파악하도록 합니다. 그들은 MySQL을 사용하는 DBA나 엔지니어가 아니므로 데이터베이스가 무엇인지 모를 가능성이 큽니다.

7-3 위험: 데이터 손실

복제 지연은 **데이터 손실**data loss입니다. MySQL은 비동기 복제가 기본이므로 이 사실이 적용됩니다. 다행스럽게도 반동기식 복제는 커밋된 트랜잭션을 잃지 않는 옵션입니다. 먼저 비동기식 복제의 위험을 알아보면 반동기식 복제가 그 위험을 완화하는 방법이라는 것이 명확해집니다.

> **∷ 참고하세요**
>
> 앞서 7장 1절 "MySQL 복제 유형"에서 언급한 것처럼 그룹 복제는 나중으로 미룹니다. 게다가 그룹 복제의 동시성은 자세한 설명이 필요합니다. 저명한 MySQL 전문가인 프레데릭 드캠프(Frédéric Descamps)가 그룹 복제의 동시성을 설명한 블로그 게시물을 참고해 보세요(oreil.ly/Gv6GR).

비동기식 복제

그림 7-4는 원본이 충돌한 시점을 보여 줍니다.

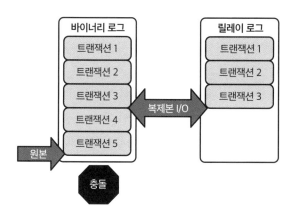

그림 7-4 비동기 복제로 MySQL 원본 충돌

충돌이 발생하기 전에 원본은 바이너리 로그에 5개의 트랜잭션을 커밋했습니다. 그러나 충돌이 발생했을 때 복제 I/O 스레드는 처음 3개의 트랜잭션만 가져왔습니다. 마지막 두 트랜잭션이 손실되었는지는 '충돌 원인'과 'DBA의 장애 조치 여부'라는 2가지 요인에 따라 달라집니다.

충돌 원인이 MySQL이라면(대부분 버그 때문일 가능성이 높음) 자동으로 다시 시작하고 충돌 복구를 수행한 다음 정상 작동을 재개합니다. (기본으로 복제본은 자동으로 다시 연결되고 복제도 재개됩니다.) MySQL은 올바르게 구성되었을 때 정확한 지속성이 있으므로 커밋된 트랜잭션 4와 5는 손실되지 않습니다. 단, 충돌 복구를 완료하는 데 몇 분 또는 몇 시간이 걸릴 수 있다는 문제가 있습니다. 그것은 이 책의 범위를 벗어난 여러 요인에 따라 달라집니다. 기다릴 수 있다면 커밋된 트랜잭션이 손실되지 않으므로 **충돌 복구**_{crash recovery}*가 이상적인 솔루션입니다.

하드웨어나 운영체제가 충돌의 원인이거나 어떤 이유로든 손상된 MySQL 인스턴스를 신속하게 복구할 수 없다면 DBA가 장애 조치(원본을 복제본으로 대체)하고 트랜잭션 4와 5는 잃게 됩니다. 이것은 이상적인 해결책이 아니지만 대안이 더 나빠서 표준이 된 관행입니다. 즉, 손상된 MySQL 인스턴스를 복구하는 동안 장시간 운영 중단(downtime)이 발생하는데, 이에는 몇 시간 또는 며칠이 걸릴 수 있는 정확한 데이터 포렌식이 필요합니다.

:: 참고하세요

DBA가 유지·보수(운영)를 위해 장애 조치를 할 때는 데이터가 손실되지 않습니다. 그리고 실패한 것이 없으므로 일부 DBA는 이것을 '성공_{successover}'이라고 부릅니다.

---

* 역주: redo 로그와 undo 로그, 트랜잭션 롤백 그리고 기타 내부 복구를 통해 MySQL을 장애 이전 상태로 돌리는 복구 방법입니다.

이 예는 '복제 지연이 데이터 손실'이라는 점을 증명하기 위해 고안한 것이 아닙니다. MySQL을 포함하여 모든 하드웨어와 소프트웨어에는 장애가 발생하므로 비동기식 복제를 사용할 때 데이터 손실은 불가피합니다.

유일한 완화 방법은 복제 지연 최소화를 엄격히 준수하는 것입니다. 예를 들어, 10초의 복제를 그리 늦지 않았다고 무시하는 대신 "최근 10초 동안의 고객 데이터가 손실될 위험이 있다"고 생각합니다. 복제본이 지연되는 최악의 순간에도 MySQL이나 하드웨어에 장애가 발생하지 않을 확률이 높지만 하드웨어 장애에 대한 경고 사례를 소개하겠습니다.

제가 당직 중이던 어느 날 오전 9시쯤에 경고 알람을 받았습니다. 저는 이미 첫 번째 커피를 마셨고 너무 이른 시간은 아니었습니다. 하나의 경고 알람이 순식간에 수천 개로 바뀌었습니다. 지리적으로 분산된 여러 데이터 센터의 모든 데이터베이스 서버에서 장애가 발생했습니다. 이 문제는 하드웨어나 MySQL이 아니라는 것을 바로 알 수 있을 정도로 심각했습니다. 이유는 관련이 없는 많은 장애가 동시에 발생할 가능성은 매우 낮기 때문입니다. 회사에서 가장 경험이 많은 엔지니어 중 한 명은 그날 아침 커피를 마시지 않았습니다. 그는 맞춤 스크립트를 작성하고 실행했는데 이 스크립트는 완전히 잘못된 것이었습니다. 스크립트는 단순히 서버를 임의로 재부팅하는 것이 아니라 서버를 껐습니다. 데이터 센터에서 서버 전원은 지능형 플랫폼 관리 인터페이스_{intelligent platform management interface}라는 백플레인_{backplane}을 통해 프로그래밍 방식으로 제어됩니다. 즉, 전원을 끄는 것은 하드웨어 장애와 유사합니다.

이 이야기는 장애는 사람의 실수로 인해 발생할 수 있다는 점을 알려줍니다.

비동기식 복제는 모범 사례가 아닙니다. 데이터 손실을 최소화하지 못하는 것은 영구적인 데이터 스토리지의 목적과는 상반되기 때문입니다. 전 세계의 수많은 회사가 20년 이상 비동기식 복제에 성공했지만, '공통 사례'가 반드시 '모범 사례'를 의미하지는 않습니다. 비동기식 복제를 실행할 때 다음 3가지 조건이 충족된다면 MySQL DBA와 전문가는 즉시 알맞은 조치를 취해야 합니다.

- 하트비트(heartbeat)로 복제 지연을 모니터링합니다(7장 5절 「모니터링」 참고).
- 복제 지연 시간이 너무 길면 언제든지(업무 시간뿐만 아니라) 경고 알람을 받습니다.
- 복제 지연을 데이터 손실로 간주하고 즉시 수정합니다.

많은 기업이 비동기식 MySQL 복제를 사용하지만 더 높은 표준인 반동기식 복제를 사용할 수 있도록 노력해야 합니다.

반동기식 복제

반동기식_{semisynchronous} 복제를 사용하면 원본은 적어도 하나의 복제본이 각 트랜잭션을 승인할 때까지 기다립니다. 확인 응답*은 복제본이 트랜잭션에 대한 바이너리 로그 이벤트를 릴레이 로그에 기록했음을 의미합니다. 따라서 트랜잭션은 복제본의 디스크에 안전하게 있지만 복제본은 아직 적용하지 않았습니다. (7장 1절의 "복제 지연"에서 언급한 것처럼 반동기 복제에서는 여전히 복제 지연이 발생합니다.) 확인 응답은 적용할 때가 아니라 수신했을 때 보내므로 완전 동기가 아니라 반_{semi}동기라고 합니다.

이전 단락(비동기 복제)에서 살펴본 원본 충돌을 재현하려 하지만 지금은 반동기 복제를 사용합니다. 그림 7-5는 원본이 충돌한 시점을 보여 줍니다.

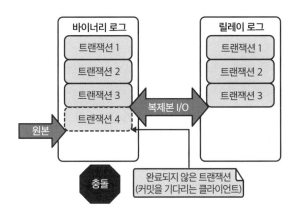

그림 7-5 반동기 복제를 사용하는 MySQL 원본에서 충돌 발생

반동기 복제를 사용하면 커밋된 모든 트랜잭션이 적어도 하나의 복제본에 복제되었음을 보장합니다. 이 문맥에서 **커밋된 트랜잭션**_{committed transaction}은 클라이언트가 실행한 `COMMIT` 문을 반환했음을 의미합니다. 트랜잭션은 클라이언트의 관점에서 완료됩니다. 이는 커밋된 트랜잭션에 대한 일반적이고 높은 수준의 이해지만, 복제 파이프라인에서는 기술적인 세부 사항이 다릅니다. 다음 네 단계는 바이너리 로깅과 반동기 복제를 사용할 때 트랜잭션이 커밋되는 방식을 매우 단순화한 것입니다.

1. 트랜잭션 커밋 준비
2. 데이터 변경 사항을 바이너리 로그로 플러시

---

* 　역주: 확인 응답(acknowledge)은 메시지가 정상으로 수신되었는지를 받는 쪽에서 보내는 쪽으로 응답하는 것입니다. 약자로 'ACK'라고 표현합니다.

3. 하나 이상의 복제본에서 응답 대기

4. 트랜잭션 커밋

InnoDB 트랜잭션 커밋은 2단계 커밋입니다. 두 단계(1, 2단계)사이에서 데이터 변경 사항이 기록되고 바이너리 로그에 플러시되며, MySQL은 적어도 하나의 복제본이 트랜잭션에 대해 응답할 때까지 기다립니다.*

그림 7-5에서 4번째 트랜잭션의 점선 윤곽선은 적어도 하나의 복제본이 해당 트랜잭션에 응답하지 않았음을 나타냅니다. 2단계 이후 원본이 충돌하여 트랜잭션이 바이너리 로그에 있지만 커밋이 완료되지 않았습니다. 클라이언트의 **COMMIT** 문은 오류를 반환할 것입니다. (MySQL이 충돌했기 때문이 아니라 어쩌면 네트워크 오류를 수신할 수 있습니다).

네 번째 트랜잭션이 손실되는지는 이전(비동기 복제)과 똑같이 2가지 요소, 즉 충돌 원인과 DBA의 장애 조치 여부에 따라 달라집니다. 중요한 차이점은 반동기 복제를 사용하는 경우 연결당 커밋되지 않은 트랜잭션이 하나만 손실될 수 있다는 것입니다. 트랜잭션이 완료되지 않았고 클라이언트가 오류를 수신했으므로 커밋되지 않은 트랜잭션의 잠재적 손실은 걱정이 덜합니다. 핵심은 '덜하다'는 것입니다. 손실된 트랜잭션을 단순히 무시할 수 없음을 의미하는 극단적인 사례가 있습니다. 예를 들어, 복제본이 트랜잭션에 응답했지만 이를 받기 전에 원본이 충돌할 때는 어떻게 해야 할까요? 그 해답은 우리가 필요한 것보다 복제 파이프라인으로 더 내려갈 것입니다. 요점은 반동기식 복제는 커밋된 모든 트랜잭션이 적어도 하나의 복제본으로 복제되도록 보장하며, 실패하면 연결당 커밋되지 않은 트랜잭션 하나만 손실될 수 있다는 것입니다.

영구 데이터 스토리지의 근본적인 목적은 데이터를 잃지 않고 유지하는 것입니다. 그렇다면 반동기가 MySQL의 기본값이 아닌 이유는 무엇일까요? 이는 복잡합니다.

반동기식 복제를 사용하여 대규모로 MySQL을 운영하는 성공적인 회사가 있습니다. 주목할 만한 회사 중 하나는 깃허브GitHub입니다. 깃허브에서 일했던 MySQL 전문가 슬로미 노치Shlomi Noach가 작성한 블로그 게시물 '깃허브에 있는 MySQL 고가용성'(oreil.ly/6mLug)을 참고하세요.

반동기식 복제는 가용성을 떨어뜨립니다. 반동기식 복제는 트랜잭션을 보호하지만 이 보호는 모든 연결에 대한 현재 트랜잭션이 지연, 시간 초과, 또는 **COMMIT**에서 실패할 수 있음을 의미합니다. 반면에 비동기식 복제를 사용하는 **COMMIT**은 본질적으로 즉시 수행되며 원본의 스토리지가 작동하는 한 보장됩니다.

---

* sync_binlog = 1(oreil.ly/lbfwm)이라고 가정합니다.

기본적으로 반동기식 복제는 복제본이 충분하지 않거나 원본이 응답 대기 시간을 초과하면 비동기식으로 되돌아갑니다. 이 기능을 사용하지 않도록 설정할 수 있지만 가장 좋은 방법은 허용하는 것입니다. 완전한 중단(애플리케이션이 원본에 쓸 수 없음)이라는 대안이 더 나쁠 수 있기 때문입니다.

네트워크 지연 시간이 원본의 트랜잭션 처리량을 암시적으로 제한하므로 반동기식 복제의 성능을 위해서는 원본과 복제본이 빠른 로컬 네트워크에 있어야 합니다. 이것이 문제인지는 MySQL을 실행하는 로컬 네트워크에 따라 다릅니다. 로컬 네트워크는 지연 시간이 1ms 미만이어야 하지만 이를 확인하고 모니터링해야 합니다. 그렇지 않으면 트랜잭션 처리량이 네트워크 지연 시간으로 인해 어려움을 겪게 됩니다.

비동기식 복제는 특별한 구성 없이 작동하지만, 반동기식 복제는 특정 구성과 튜닝이 필요합니다. 둘 다 DBA에게 부담스러운 일은 아니지만 그들에게는 신중을 요구하는 작업입니다.

:: 기억하세요

데이터 손실은 절대 허용되지 않으므로 반동기식 복제가 가장 좋은 방법이라고 생각합니다. 반동기식 복제에 관해 자세히 알아보고 네트워크에서 테스트와 검증하면서 될 수 있으면 사용할 것을 권장합니다. MySQL 매뉴얼의 '반동기 복제'(oreil.ly/JnxUJ)를 읽어보세요. 또는 진정으로 미래에 대비하고 싶다면 매뉴얼의 그룹 복제(oreil.ly/5ZWHQ) 부분과 InnoDB 클러스터(oreil.ly/JrrYd) 부분에서 MySQL 복제의 미래와 고가용성을 살펴보세요. 반동기식 복제와 그룹 복제는 MySQL 전문가 사이에서 논쟁을 불러일으키지만, 데이터 손실을 방지하는 것이 선이라는 점에는 모두 동의합니다.

7-4 지연 감소: 다중 스레드 복제

MySQL 복제는 비동기식이고 단일 스레드입니다. 복제본에 하나의 SQL 스레드가 있습니다. 반동기식 복제도 단일 스레드입니다. 단일 SQL 스레드는 복제 지연(7장 2절 「복제 지연의 3가지 원인」)을 일으키지 않지만 제한 요소입니다. 해결책은 다중 스레드 복제$_{multithreaded\ replication}$(또는 병렬 복제$_{parallel\ replication}$)로, 다중 SQL 스레드는 트랜잭션을 병렬로 적용합니다. 다중 스레드 복제본에서 SQL 스레드를 **적용자 스레드**$_{applier\ threads}$라고 합니다.* 원한다면 SQL 스레드라고 부를 수 있지만(동의어임)

---

* MySQL 매뉴얼에서 전체 용어는 '적용 작업자 스레드(applier worker thread)'이지만, 모든 스레드가 어떤 유형의 작업자이므로 '작업자(worker)'가 중복된다고 생각합니다.

MySQL 매뉴얼에서는 다중 스레드 복제 문맥에서 '적용자$_{applier}$'라고 사용합니다.

다중 스레드 복제는 MySQL을 사용하는 엔지니어에게는 간단하지만, MySQL로서는 간단하지 않은 해결책입니다. 트랜잭션은 무작위 순서로 적용될 수 없습니다. 트랜잭션 간에 종속성이 있을 수 있습니다. 예를 들어, 한 트랜잭션이 새로운 행을 삽입하고 두 번째 트랜잭션이 해당 행을 갱신할 때, 두 번째 트랜잭션은 분명히 첫 번째 트랜잭션 다음에 실행되어야 합니다. 트랜잭션 종속성$_{transaction}$ $_{dependency}$ 추적은 직렬화된 레코드(바이너리 로그)에서 병렬로 적용될 수 있는 트랜잭션을 결정하는 예술이자 과학(그리고 마법)입니다. 흥미롭고 인상적인 주제이지만 이 책의 범위 밖이므로 MySQL 전문가 장 프랑수아 가녜$_{Jean-François\ Gagné}$의 'LOGICAL_CLOCK을 이용한 MySQL 병렬 복제 – MySQL 5.7의 모든 버전(그리고 8.0의 일부분) – 에 대한 상세한 설명(oreil.ly/Q8aJv)' 동영상을 참고하세요.

엄밀히 말하면 하나의 시스템 변수로 다중 스레드 복제가 가능하지만 실제로는 더 복잡합니다. MySQL 복제 구성은 이 책의 범위를 벗어나지만 다중 스레드 복제는 매우 중요하므로 보수적으로나마 출발점을 제공하려고 합니다. 여기서 보수적인 출발점이란, 이 책에서 제시하는 구성이 다중 스레드 복제의 전체 성능을 발휘하지 않을 수 있음을 의미합니다. 따라서 여러분(또는 DBA)은 2장 1절의 "MySQL 튜닝"에서와 같이 다중 스레드 복제를 튜닝하여 잠재력을 극대화하는 동시에 병렬 복제의 다양한 결과를 고려해야 합니다.

:: **주의하세요**

이 절의 나머지 부분은 고성능, 고가용성 환경에서 MySQL을 구성한 경험이 있는 엔지니어만 수행해야 하는 중요한 MySQL 구성입니다. 표 7-1의 시스템 변수는 데이터 무결성이나 지속성에는 영향을 미치지 않지만, 원본과 복제본 인스턴스의 성능에는 영향을 미칩니다. 다음 사항을 유의하세요.

- 복제는 고가용성에 영향을 미칩니다.
- 전역 트랜잭션 식별자(oreil.ly/xYtq3)와 log-replica-updates(oreil.ly/wAOMO)를 활성화해야 합니다.
- MySQL을 구성하려면 높은 MySQL 권한이 필요합니다.
- 시스템 변수는 MySQL 버전과 배포판 사이에 변경됩니다.
- MariaDB는 다른 시스템 변수를 사용합니다: MariaDB 문서의 '병렬 복제'(oreil.ly/F5n6J) 부분을 참고하세요.

MySQL을 구성할 때는 매우 주의하고 MySQL의 버전과 배포판에 대한 매뉴얼에서 관련 내용을 철저히 읽으세요.

표 7-1에는 다중 스레드 복제를 사용하고 구성하기 위한 보수적인 시작점으로 3가지 시스템 변수가 있습니다. 변수 이름은 MySQL 8.0.26부터 변경되었으므로 표에는 이전과 새 변수 이름, 권장하는

값을 함께 실었습니다. 8.0의 특정 복제 기능이 이 버전으로 백포트_{backport}*되었기 때문에 5.7.22 이전의 MySQL에서는 다중 스레드 복제를 사용하지 않는 것이 좋습니다.

표 7-1 다중 스레드 복제를 활성화하는 시스템 변수

MySQL 5.7.22~8.0.25	MySQL 8.0.26 이상	값
slave_parallel_workers (oreil.ly/82SBV)	replica_parallel_workers (oreil.ly/kFqAz)	4
slave_parallel_type (oreil.ly/s5NOE)	replica_parallel_type (oreil.ly/mIft5)	LOGICAL_CLOCK
slave_preserve_commit_order (oreil.ly/oKRSy)	replica_preserve_commit_order (oreil.ly/QGBB1)	1

복제 토폴로지의 모든 MySQL 인스턴스에서 고가용성(원본으로 승격 가능)에 사용되는 3가지 변수를 모두 설정합니다.

0보다 큰 `replica_parallel_workers` 변수는 다중 스레드 복제를 사용하는 설정의 하나입니다. 시작할 때는 4개의 적용자 스레드가 좋습니다. 워크로드와 하드웨어에 최적화된 적용자 스레드 수를 찾으려면 튜닝해야 합니다. 그러나 다중 스레드 복제의 전체 성능을 활용하려면 `replica_parallel_type`을 사용해야 합니다. MySQL 8.0.26 이후에도 `replica_parallel_type`의 기본값은 **DATABASE**이며, 이는 서로 다른 데이터베이스에 대해서만 트랜잭션을 병렬로 적용합니다. 사실상 데이터베이스당 하나의 적용자 스레드만 적용됩니다. 이는 병렬화의 첫 번째 유형으로 오랫동안 사용되었습니다. 그러나 오늘날에는 `replica_parallel_type = LOGICAL_CLOCK`이 최선입니다. 그 이유는 `replica_preserve_commit_order`를 사용할 때 단점이 없고 데이터베이스에 관계없이 트랜잭션을 병렬로 적용하므로 병렬화 기능이 향상되기 때문입니다.

`replica_preserve_commit_order`는 기본으로 비활성화되어 있지만 다중 스레드 복제본이 **순서에 맞지 않게 커밋**_{commit out of order}할 수 있어서 최선이라고 생각하지 않습니다. 즉, 원본에서 커밋된 것과 다른 순서로 트랜잭션을 커밋합니다. 예를 들어, 원본에서 해당 순서로 커밋된 트랜잭션 1, 2, 3은 복제본에서 3, 1, 2 순으로 커밋될 수 있습니다. 다중 스레드 복제는 안전할 때(트랜잭션 사이에 순서 종속성이 없을 때)만 순서에 상관없이 커밋하므로 테이블 데이터도 같지만, 여러분, 특히 MySQL을 관리하는 DBA는 순서에 상관없는 커밋을 이해하고 처리해야 합니다. MySQL 매뉴얼 '복제와 트랜잭션의 불일치성'(oreil.ly/Bf04z) 부분을 참고하세요. `replica_preserve_commit_order`를 사용하면 트랜잭

---

* 역주: 현재 버전에서 제공하는 수정 사항이나 새로운 기능을 이전 버전의 소프트웨어에 소급하여 제공하는 것을 의미합니다.

션은 여전히 병렬로 적용되지만, 일부 트랜잭션은 이전 트랜잭션이 먼저 커밋될 때까지 기다릴 수 있습니다. 이렇게 커밋 순서가 유지됩니다. `replica_preserve_commit_order`는 병렬화의 효율성을 떨어뜨리지만 여러분과 DBA가 그 결과를 수용할 수 있는지 확인하고 처리하기 전까지는 최선의 방법입니다.

:: 참고하세요

다중 스레드 복제는 그룹 복제에서도 똑같이 작동합니다.

표 7-1은 다중 스레드 복제를 사용하기 위한 보수적인 츨발점이므로 최신 트랜잭션 종속성 추적인 **WRITESET**을 활성화하지 않습니다. MySQL 트랜잭션 종속성 추적은 시스템 변수 `binlog_transaction_dependency_tracking`(oreil.ly/5SMUG)에 따라 결정됩니다. 기본값은 **COMMIT_ORDER**이지만 최신 값은 **WRITESET**입니다. 벤치마크에서는 **WRITESET**이 **COMMIT_ORDER**보다 더 큰 병렬화를 달성합니다. **WRITESET**은 2018년 4월 19일에 GA가 된 MySQL 8.0에서 소개되었습니다. **WRITESET**은 기술적인 측면에서 다중 스레드 복제본에서 더 나은 성능을 달성하므로 사용해야 합니다. 그러나 정책 문제로 기능이 프로덕션에서 사용할 수 있을 만큼 충분히 성숙된 시점을 결정하는 것은 여러분(또는 여러분의 DBA)에 달렸습니다. MySQL 5.7에서 **WRITESET**을 사용하려면 시스템 변수 `transaction_write_set_extraction`(oreil.ly/3lKGX)을 사용해야 합니다. MySQL 8.0에서 이 시스템 변수는 기본으로 활성화되어 있지만, MySQL 8.0.26부터는 더 이상 사용하지 않습니다.

:: 기억하세요

다중 스레드 복제본을 테스트하고 튜닝하려면 새 복제본을 생성하세요. 새 복제본은 애플리케이션 또는 고가용성을 제공하지 않으므로 거의 위험이 없습니다.

실험해야 할 시스템 변수가 하나 더 있습니다. 바로 `binlog_group_commit_sync_delay` (oreil.ly/YMXoI)입니다. 이 변수는 이름에서 알 수 있듯이 그룹 커밋에 인위적인 지연을 추가하므로 기본으로 비활성화(0)되어 있습니다. 지연은 일반적으로 성능에 좋지 않지만, 그룹 커밋 지연은 드문 예외입니다. 원본에서 트랜잭션은 그룹의 바이너리 로그에 커밋됩니다. 이는 그룹 커밋_{group commit}이라는 적절한 이름의 내부 최적화입니다. 그룹 커밋에 지연을 추가하면 더 큰 그룹, 즉 그룹당 더 많은 트랜잭션이 커밋됩니다. 다중 스레드 복제는 그룹 커밋에 의존하지 않지만, 더 큰 그룹 커밋의 이점을 얻을 수 있습니다. 이유는 한 번에 더 많은 트랜잭션을 수행하면 트랜잭션 종속성 추적이 더 많은 병렬화 기회를 찾을 수 있기 때문입니다. `binlog_group_commit_sync_delay`를 실험하려면 값을 10000(10ms)부터 시작합니다. 이렇게 하면 원본에서 트랜잭션 커밋 응답 시간이 10ms 증가하지만, 복제본에서 트랜잭션 처리량도 증가합니다. 다중 스레드 복제 적용자의 트랜잭션 처리량과 관련하여 그룹 커밋 크기를 튜닝하는 것은 MySQL 메트릭이 부족하기 때문에 쉽지 않습니다. 이를 사용할 때는 MySQL 전문가인 장 프랑수아 가녜Jean-François Gagné의 'MySQL 5.7에서 병렬복제 튜닝을 위한 모니터링 메트릭 확인 방법'(oreil.ly/QG4E1)을 읽어보세요.

다중 스레드 복제는 최상의 방법이지만 성능을 극대화하려면 상당한 MySQL 설정과 때로는 튜닝이 필요하기도 합니다. 벤치마크와 실제 결과는 서로 다르기는 하지만 다중 스레드 복제는 복제본에서 트랜잭션 처리량을 2배 이상 늘릴 수 있습니다. 이 정도 성능 향상이라면 노력할 가치가 충분합니다. 가장 중요한 점은 다중 스레드 복제가 비동기 복제를 사용할 때 복제 지연 시간을 크게 줄인다는 것입니다.

7-5 모니터링

복제 지연을 모니터링하는 가장 좋은 방법은 전용 도구를 사용하는 것입니다. 하지만 먼저 **SHOW REPLICA STATUS** 명령문으로 확인할 수 있는 악명 높은 복제 지연 메트릭인 `Seconds_Behind_Source`를 살펴보겠습니다.

:: 참고하세요

MySQL 8.0.22 이전에는 복제 지연 메트릭과 명령문이 각각 Seconds_Behind_Master와 SHOW SLAVE STATUS였습니다. MySQL 8.0.22부터 메트릭과 명령문은 Seconds_Behind_Source와 SHOW REPLICA STATUS로 바뀌었습니다. 이 책에서는 현재 메트릭과 명령어를 사용합니다

`Seconds_Behind_Source`는 복제본의 현재 시각에서 SQL 스레드가 실행 중인 바이너리 로그 이벤트의 타임스탬프를 뺀 것과 같습니다. 복제본의 현재 시각이 `T = 100`이고 SQL 스레드가 타임스탬프 `T = 80`인 바이너리 로그 이벤트를 실행 중이라면, `Seconds_Behind_Source`는 20입니다. 모든 것이 작동할 때(복제 지연에도 불구하고) `Seconds_Behind_Source`는 비교적 정확하지만 3가지 문

제로 악명이 높습니다.*

첫 번째 문제는 모든 것이 작동하지 않을 때 발생합니다. `Seconds_Behind_Source`는 바이너리 로그 이벤트 타임스탬프에만 의존하므로 바이너리 로그 이벤트가 도착하기 전에 어떠한 문제도 상징적으로 보거나 신경 쓰지 않습니다. 원본이나 네트워크에 바이너리 로그 이벤트가 도착하지 않거나 느리게 도착하는 문제가 있을 때 SQL 스레드는 모든 바이너리 로그 이벤트를 적용하고 `Seconds_Behind_Source`는 지연을 0으로 보고합니다. 왜냐하면 SQL 스레드 관점에서는 이벤트 0, 지연 0이 맞기 때문입니다. 하지만 우리는 이것이 틀렸음을 알고 있습니다. 복제 지연이 있을 뿐만 아니라 복제 이전에도 문제가 있습니다.

두 번째 문제는 `Seconds_Behind_Source`가 0과 0이 아닌 값 사이를 반복한다는 것입니다. 예를 들어, `Seconds_Behind_Source`는 한 순간에 500초의 지연을 보고하고, 다음 순간에는 0 지연을 보고하고, 잠시 후 다시 500초의 지연을 보고합니다. 이 문제는 첫 번째 문제와 관련이 있습니다. 복제본 이전의 문제로 인해 이벤트가 릴레이 로그로 조금씩 유입되면 SQL 스레드는 작업(최신 이벤트 적용)과 대기(다음 이벤트) 사이에서 눈에 띄게 출렁거립니다. 그러면 `Seconds_Behind_Source`가 지연 값(SQL 스레드가 작동 중임)과 0(SQL 스레드가 대기 중) 사이를 오가게 됩니다.

세 번째 문제는 `Seconds_Behind_Source`가 엔지니어들이 정말로 알고 싶어하는 질문인 "복제본이 언제 따라잡을 수 있나요?"에 정확하게 답하지 못한다는 것입니다. 원본의 최신 트랜잭션을 적용하므로 복제 지연이 실제로 0이 되는 시점은 언제일까요? 모든 것이 작동한다고 가정할 때(복제 지연에도 불구하고) `Seconds_Behind_Source`의 값은 적용 중인 현재 이벤트가 원본에서 실행된 지 얼마나 지났는지만 나타냅니다. 복제본이 원본를 따라잡을 때까지 걸리는 시간을 정확하게 나타내지는 않습니다. 그 이유는 복제본이 원본과 다른 속도로 트랜잭션을 적용하기 때문입니다.

예를 들어, 10개의 트랜잭션이 원본에서 동시에 실행되고, 각 트랜잭션에 1초가 걸린다고 가정합시다. 트랜잭션이 원본에서 동시에 실행되므로 총 실행 시간은 1초이고 속도는 10TPS입니다. 각 트랜잭션을 차례로 적용하는 단일 스레드 복제본에서 최악의 총 실행 시간과 속도는 각각 10초와 1TPS가 될 수 있습니다. 복제본이 10개의 모든 트랜잭션을 훨씬 빠르게 적용할 수도 있어서 이를 강조하고 싶습니다. 복제본이 전체 워크로드를 부담하지 않고 SQL 문을 실행하지 않기(바이너리 로그 이벤트를 적용함) 때문입니다. 나쁜 **WHERE** 절 때문에 1초의 트랜잭션 실행 시간 동안 백만 개의 원본 행에 접근했지만 단 1행만 일치하고 이를 업데이트했다면 이런 문제가 발생할 수 있습니다. 운 좋게도 복제본은

---

* 엄밀히 말하면 이벤트 타임스탬프와 실행 시간을 합한 것입니다. 또한 `SHOW REPLICA STATUS`로 확인한 값은 `Seconds_Behind_Source`에서 원본과 복제본 사이의 클럭 오차를 뺀 것입니다.

해당 행을 거의 즉시 업데이트합니다. 다중 스레드 복제본(7장 4절 「지연 감소: 다중 스레드 복제」 참고)에서 총 실행 시간과 속도는 적어도 2가지 요인, 즉 적용자 스레드 수와 트랜잭션을 병렬로 적용할 수 있는지에 따라 달라집니다. 어느 쪽이든 요점은 복제본이 원본과 다른 속도로 트랜잭션을 적용하며 그 차이를 알 수 없으므로 `Seconds_Behind_Source`는 복제본이 언제 따라잡을지 정확하게 표시할 수 없습니다(표시하지도 않습니다).

이러한 문제에도 불구하고 `Seconds_Behind_Source`는 복제본이 원본을 따라잡는 데 걸리는 시간 (초, 분, 시간, 일)에 대한 대략적인 추정치를 제공합니다. 다음 절에서 복구 시간을 자세히 알아봅니다. MySQL 8.0은 복제 지연을 포함하여 MySQL 복제에 대한 훨씬 더 나은 가시성$_{visibility}$을 도입했습니다. 딱 한 가지 확인해야 할 점은 `Seconds_Behind_Source`처럼 바로 사용할 수 있는 메트릭이 아닌 원시$_{primitives}$ 메트릭을 제공한다는 것입니다. MySQL 8.0을 사용한다면 MySQL 복제와 관련된 새롭고 다양한 정보를 제공하는 성능 스키마 복제 테이블(oreil.ly/xDKOd)에 관하여 DBA와 상의하세요. 그렇지 않다면 복제 지연을 모니터링하는 최상의 방법은 전용 도구를 사용하는 것입니다. 도구는 바이너리 로그 이벤트 타임스탬프에 의존하는 대신 자체 타임스탬프를 사용합니다. 도구는 일정한 간격으로 타임스탬프를 테이블에 기록한 다음 복제본의 현재 시각에서 테이블의 최신 타임스탬프를 뺀 값으로 복제 지연을 보고합니다. 기본적으로 이 접근 방식은 MySQL이 `Seconds_Behind_Source`를 계산하는 방법과 유사하지만, 도구를 사용할 때 3가지 중요한 차이점이 있습니다.

- 도구는 일정한 간격으로 타임스탬프를 작성하므로 Seconds_Behind_Source의 첫 번째 문제에 취약하지 않습니다. 바이너리 로그 이벤트가 도착하기 전에 문제가 있으면 타임스탬프(테이블에 기록됨)가 증가하지 않으므로 도구의 복제 지연이 즉시 증가하기 시작합니다.
- 도구는 Seconds_Behind_Source의 두 번째 문제인 복제 지연의 변동 폭이 사라집니다. 타임스탬프가 현재 시각과 같을 때에만 0이 될 수 있습니다.
- 도구는 1초 미만의 간격(예를 들어, 200ms마다)으로 복제 지연과 쓰기 타임스탬프를 측정할 수 있습니다. 1초의 복제 지연은 고성능 애플리케이션이나 비동기식 복제를 사용하는 모든 애플리케이션에 너무 깁니다.

:: 기억하세요

MySQL 복제 모니터링을 위한 사실상의 도구는 pt-heartbeat(oreil.ly/sTvro)입니다. (복제 지연 모니터링 도구로 작성된 타임스탬프를 heartbeats라 부릅니다.) 이 유서 깊은 도구는 간단하고 효과적이기 때문에 10년 이상 사용되었고 성공했습니다. 이를 사용하여 복제 지연 모니터링을 시작하거나 자체 도구 작성 방법을 학습하는 데 사용하세요.

7-6 복구 시간

복제본에 상당한 지연 시간이 발생할 때 가장 시급한 질문은 "언제 복구될 것인가?"입니다. 복제본은 언제 원본을 따라잡아 최신 트랜잭션을 실행(적용)할까요? 정확한 답은 없습니다. 그러나 복제 지연은 원인이 해결되면 항상 복구됩니다. 이 절의 끝에서 다시 이 개념으로 돌아가 봅시다. 그때까지 이해해야 할 복제 지연의 특성이 하나 더 있습니다.

복제 지연의 또 다른 일반적이고 중요한 특성은 지연 증가와 복제본 복구 시작(지연 감소) 사이의 변곡점입니다. 그림 7-6에서 변곡점은 시간 축 75의 점선입니다.

복제 지연이 시작되면 지연이 증가함에 따라 상황이 점점 더 심각해 보입니다. 그러나 이것은 정상입니다. 복제본이 손상되지 않았다고 가정하면 SQL 스레드가 열심히 동작하지만 원인은 아직 해결되지 않았으므로 바이너리 로그 이벤트의 백로그가 계속해서 증가합니다. 원인이 지속되는 한 복제 지연은 증가합니다. 그러나 다시 말하지만 이것은 정상입니다. 원인이 해결된 직후에는 그래프의 흐름이 바뀌어 그림 7-6의 시간 축 75처럼 복제 지연 그래프에 변곡점이 생깁니다. 복제본은 여전히 지연되지만 I/O 스레드가 릴레이 로그에 덤프하는 것보다 더 빠르게 바이너리 로그 이벤트를 적용합니다. 변곡점 이후에 복제 지연은 일반적으로 만족할 만큼 빠르게 감소합니다.

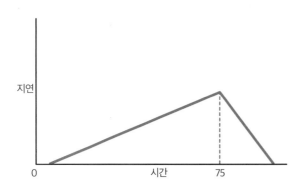

그림 7-6 복제 지연 그래프의 변곡점

원인이 수정되지 않으면 복제본이 복구되지 않으므로 이론적으로 변곡점 이전의 복구 시간은 그다지 의미가 없습니다. 복제 지연이 꾸준히 증가하고 있을 때(변곡점 이전) 값에 구애받지 말고 원인을 해결하는 데 집중해야 합니다. 원인이 해결될 때까지 지연은 증가합니다.

복구 시간은 변곡점 이후에 더 의미가 있으며 일반적으로 `Seconds_Behind_Source` 메트릭이나 도구에서 보고된 값보다 빠릅니다. 앞 절 「모니터링」에서 설명한 것처럼 복제 지연에도 불구하고 복제본이 원본을 둘러싼 전체 워크로드를 실행할 필요가 없으므로 단일 SQL 스레드는 매우 빠릅니다. 결과적으로 복제본은 종종 원본보다 빠르게 트랜잭션을 적용하며, 이것이 결국 복제본이 따라잡는 방법입니다.

저의 경험에 따르면, 복제 지연이 일 단위로 측정되면 대부분 몇 시간 내(변곡점 후)에 복구됩니다. 많은 시간이 필요할 수도 있지만 그래도 몇 시간이면 될 것입니다. 마찬가지로 시간 단위 지연은 대부분 몇 시간 안에 회복되고, 분 단위 지연은 커피 한 잔을 다 마시기 전에 회복될 때가 많습니다.

정답은 없고 지연이 항상 복구된다는 개념으로 돌아가서, 결론은 정확한 복구 시간은 처음 생각했던 것만큼 유용하거나 의미가 없다는 것입니다. 복제본이 복구되는 정확한 시간을 알 수 있더라도 기다리는 수밖에 없습니다. MySQL 복제는 매우 끈질기게 진행됩니다. 복제본이 망가지지 않는 한 MySQL은 항상 복구됩니다. 될 수 있는 한 빨리 원인을 수정하고 변곡점을 기다리면 복제 지연은 최악의 경우인 복구 시간을 나타내지만, MySQL은 SQL 스레드가 빨라서 일반적으로 더 빨리 복구됩니다.

요점 정리

이 장에서는 MySQL 복제 지연을 살펴봤습니다. 복제는 MySQL 고가용성의 기초이며 복제 지연은 데이터 손실입니다. 요점은 다음과 같습니다.

- MySQL에는 비동기식, 반동기식 그리고 그룹 복제의 3가지 복제 유형이 있습니다.
- 비동기식(async) 복제가 기본값입니다.
- 비동기식 복제는 실패 시 수많은 트랜잭션을 잃을 수 있습니다.
- 반동기식(semisync) 복제는 실패 시 커밋된 트랜잭션을 잃지 않으며 클라이언트 연결당 커밋되지 않은 트랜잭션 하나만 손실합니다.
- 그룹 복제는 MySQL 복제와 고가용성의 미래입니다(그러나 이 장이나 책에서는 다루지 않음). 이것은 MySQL 인스턴스를 클러스터로 전환합니다.
- MySQL 비동기와 반동기 복제의 기본은 바이너리 로그 이벤트로 인코딩된 트랜잭션을 원본에서 복제본으로 보내는 것입니다.
- 반동기식 복제는 적어도 하나의 복제본이 트랜잭션 수신과 저장(적용 아님)을 확인 응답할 때까지 원본에서 트랜잭션을 커밋합니다.
- 복제본에는 원본에서 바이너리 로그 이벤트를 가져와 로컬 릴레이 로그에 저장하는 I/O 스레드가 있습니다.

- 복제본에는 로컬 릴레이 로그에서 바이너리 로그 이벤트를 실행하는 하나의 SQL 스레드가 기본으로 있습니다.
- 다중 SQL 스레드(적용자 스레드)를 실행하기 위해 다중 스레드 복제를 활성화할 수 있습니다.
- 복제 지연에는 3가지 주요 원인이 있습니다. 원본의 (높은) 트랜잭션 처리량, 장애 후 재구축, 네트워크 문제입니다.
- SQL(적용자) 스레드는 복제 지연의 제한 요소입니다. SQL 스레드가 많을수록 트랜잭션을 병렬로 적용하면 지연이 줄어듭니다.
- 반동기식 복제로 인해 복제 지연이 발생할 수 있습니다.
- 복제 지연은 특히 비동기식 복제에서 데이터 손실입니다.
- 다중 스레드 복제를 활성화하는 것이 복제 지연을 줄이는 가장 좋은 방법입니다.
- 복제 지연에 대한 MySQL 메트릭인 Seconds_Behind_Source는 오해의 소지가 있으므로 그것에 의존하지 마세요.
- 전용 도구를 사용하여 초 단위로 MySQL 복제 지연을 측정하고 보고합니다.
- 복제 지연으로 인한 복구 시간은 부정확하고 계산하기 어렵습니다.
- MySQL은 항상 원인이 해결되면 결국 복구됩니다.

다음 장에서는 MySQL 트랜잭션을 살펴봅니다.

연습: 1초 미만 지연 모니터링

이 연습의 목표는 1초 미만의 복제 지연을 모니터링하고 다음을 결정하는 것입니다. 복제본이 Seconds_Behind_Source가 보고할 수 있는 1초 레졸루션을 초과합니까? 예를 들어, 복제본이 네트워크 대기 시간보다 훨씬 긴 800ms만큼 지연되고 있습니까? 1초 미만의 지연을 모니터링하려면 pt-heartbeat(oreil.ly/sTvro) 도구를 이용합니다.

이 연습을 완료하려면 다음 사항이 필요합니다.

- 원본과 복제본에 연결할 수 있는 pt-heartbeat를 실행하기 위한 컴퓨팅 인스턴스
- 사용자 생성을 위한 MySQL SUPER 또는 GRANT OPTION 권한, 또는 DBA에게 사용자 생성 요청
- 데이터베이스를 생성하기 위한 MySQL CREATE 권한, 또는 DBA에게 데이터베이스 생성 요청

모든 MySQL 구성과 환경은 다르므로 필요에 따라 다음 예를 적용하세요.

1단계 pt-heartbeat를 사용하기 위한 데이터베이스를 생성합니다.

```
CREATE DATABASE IF NOT EXISTS `percona`;
```

데이터베이스 이름으로 **percona**를 선택했지만 다른 이름을 사용할 수 있습니다. 데이터베이스 이름
을 바꾸었다면 이하 명령에서 반드시 수정하세요.

2단계 pt-heartbeat용 MySQL 사용자를 만들고 필요한 권한을 부여합니다.

```
CREATE USER 'pt-heartbeat'@'%' IDENTIFIED BY 'percona';
GRANT CREATE, INSERT, UPDATE, DELETE, SELECT ON `percona`.`heartbeat`
  TO 'pt-heartbeat'@'%';
GRANT REPLICATION CLIENT ON *.* TO 'pt-heartbeat'@'%';
```

MySQL 사용자 이름과 암호를 각각 **pt-heartbeat**와 **percona**로 선택했지만, 다르게 설정할 수 있
습니다. 프로덕션 환경에서 실행할 때는 반드시 비밀번호를 변경해야 합니다. (비밀번호는 **IDENTIFIED
BY** 절로 설정합니다.)

3단계 업데이트 모드에서 pt-heartbeat를 실행하여 percona 데이터베이스의 테이블에
시간스탬프heatbeat를 씁니다.

```
pt-heartbeat           \
  --create-table       \
  --database percona   \
  --interval 0.2       \
  --update             \
  h=SOURCE_ADDR,u=pt-heartbeat,p=percona
```

이러한 명령 줄 인수의 세부 내역은 다음과 같습니다.

--create-table

지정된 데이터베이스에 `heartbeat` 테이블을 자동으로 생성합니다. 첫 번째 `GRANT` 문은 pt-heartbeat 사용자가 테이블을 `CREATE`할 수 있도록 허용합니다. 이 옵션을 사용하지 않으면 pt-heartbeat 설명서를 읽고 `heartbeat` 테이블을 수동으로 생성하는 방법을 알아보세요.

--database

사용할 데이터베이스를 지정합니다. pt-heartbeat에는 이 옵션이 필요합니다.

--interval

200ms마다 타임스탬프를 씁니다. 이 옵션은 감지할 수 있는 최소 지연 시간인 pt-heartbeat의 최대 레졸루션을 결정합니다. 기본값은 1.0초로 1초 미만이 아닙니다. 최대 레졸루션은 0.01초(10ms)입니다. 따라서 0.2초는 약간 보수적이므로 더 낮은 값(높은 레졸루션)으로 실험해 보세요.

--update

`--interval` 초마다 `--database`의 하트비트 테이블에 타임스탬프를 씁니다.

h=SOURCE_ADDR,u=pt-heartbeat,p=percona

MySQL에 연결할 데이터 원본 이름(DSN)입니다. `h`는 호스트 이름을 지정합니다. `SOURCE_ADDR`을 원본 인스턴스의 호스트 이름으로 변경합니다. `u`는 사용자 이름을 지정합니다. `p`는 암호를 지정합니다. 명령 줄 옵션과 DSN에 대한 자세한 내용은 pt-heartbeat 설명서(oreil.ly/sTvro)를 참고하세요. 명령을 실행해서 성공하면 아무것도 출력하지 않고 자동으로 실행됩니다. 그렇지 않으면 오류를 출력하고 종료합니다.

4단계 pt-heartbeat를 다시 실행하지만 모니터 모드에서 복제 지연을 출력합니다.

```
pt-heartbeat              \
  --database percona   \
  --interval 0.5       \
  --monitor            \
  h=REPLICA_ADDR,u=pt-heartbeat,p=percona
```

DSN의 **REPLICA_ADDR**을 복제본 인스턴스의 호스트 이름으로 변경합니다.

모니터 모드에서 **--interval**은 복제 지연을 확인하고 출력하는 빈도입니다. pt-heartbeat의 업데이트 모드 인스턴스는 0.2초(200ms)마다 타임스탬프를 기록하지만, pt-heartbeat의 모니터 모드 인스턴스는 쉽게 읽을 수 있도록 조금 더 느리게(0.5초마다) 복제 지연을 확인하고 출력합니다.
4단계의 명령을 실행했을 때 성공이라면 다음과 같은 결과를 출력합니다.

```
0.00s [  0.00s,  0.00s,  0.00s ]
0.20s [  0.00s,  0.00s,  0.00s ]
0.70s [  0.01s,  0.00s,  0.00s ]
0.00s [  0.01s,  0.00s,  0.00s ]
```

첫 번째 필드는 현재의 복제 지연입니다. 대괄호 사이의 세 필드는 마지막 1분, 5분 그리고 15분의 복제 지연에 대한 이동 평균입니다.

이 예에서 첫 번째 줄은 지연이 없음을 보여 줍니다. 그런 다음 의도적으로 복제본을 1.1초 동안 지연시켰습니다. 결과적으로 두 번째 줄에는 pt-heartbeat의 업데이트 모드 인스턴스가 **--interval 0.2**로 실행되므로 최대 레졸루션인 200ms의 복제 지연이 표시됩니다. 0.5초 후(**--interval 0.5**로 실행되는 pt-heartbeat의 모니터 모드 인스턴스로 인해) 도구는 세 번째 줄에 0.7초(700ms)의 복제 지연을 보고합니다. 그러나 가짜 1.1초의 지연이 종료되므로 마지막(네 번째) 줄은 지연이 없음을 올바르게 보고합니다.

이 예는 인위적이긴 하지만 pt-heartbeat가 1초 미만의 복제 지연을 모니터링하고 보고하는 방법을 보여 줍니다. 이 도구는 안전하므로 네트워크에서도 사용해 보세요.

8장 트랜잭션

EFFICIENT MYSQL
PERFORMANCE

MySQL에는 MyISAM과 같은 비트랜잭션 스토리지 엔진이 있지만 InnoDB가 기본값이고 사실상 표준입니다. 따라서 사실상 모든 MySQL 쿼리는 단일 **SELECT** 문이라도 기본적으로 트랜잭션에서 실행됩니다.

:: 참고하세요

이 장은 Aria 또는 MyRocks와 같은 다른 스토리지 엔진을 사용할 때는 적용되지 않습니다. 하지만 아마도 InnoDB를 사용하고 있을 것이므로 모든 MySQL 쿼리는 트랜잭션입니다.

엔지니어 관점에서 트랜잭션은 **BEGIN**, 쿼리 실행, **COMMIT**과 같이 개념적인 것으로 보입니다. 그리고 원자성, 일관성, 격리성, 지속성과 같은 ACID 속성을 유지하므로 MySQL(그리고 InnoDB)을 신뢰합니다. 애플리케이션 워크로드(쿼리, 인덱스, 데이터 그리고 접근 패턴)가 잘 최적화되면 트랜잭션은 성능과 관련된 문제가 없습니다. (대부분의 데이터베이스 주제는 워크로드가 잘 최적화되었을 때 문제가 없습니다.) 그러나 성능을 유지하면서 ACID 속성을 유지하기는 쉽지 않으므로 트랜잭션은 새로운 고려 사항을 불러옵니다. 다행히 MySQL은 트랜잭션 실행에 우수합니다.

이전 장의 복제 지연과 마찬가지로 트랜잭션의 내부 동작은 이 책의 범위를 벗어나지만, 몇 가지 기본 개념을 이해해 두면 일반적인 문제를 피할 수 있습니다. 조금만 이해하면 많은 문제를 피할 수 있습니다.

이 장에서는 일반적인 문제를 피하기 위해 MySQL 트랜잭션을 검토합니다. 5개의 주요 절이 있습니다.

1. 트랜잭션 격리 수준과 관련된 로우 락입니다.

2. ACID 속성(MVCC와 언두 로그)을 보장하면서 InnoDB가 동시 데이터 접근을 관리하는 방법을 검토합니다.

3. 변경 내역 목록 길이와 문제가 있는 트랜잭션을 나타내는 방법을 설명합니다.

4. 피해야 할 트랜잭션의 일반적인 문제를 열거합니다.

5. MySQL에서 트랜잭션 세부 정보를 보고하는 방법입니다.

8-1 로우 락

읽기는 행을 잠그지 않지만(**SELECT...FOR SHARE**와 **SELECT...FOR UPDATE** 제외), 쓰기는 항상 행을 잠급니다. 이는 쉽게 예상할 수 있지만 어려운 질문을 해보면 "어떤 행을 잠가야 할까요?" 물론 작성 중인 행은 잠겨 있어야 합니다. 그러나 **REPEATABLE READ** 트랜잭션에서 InnoDB는 쓰는 행 말고도 훨씬 더 많은 행을 잠글 수 있습니다. 이 절에서는 그 이유를 보여 주고 설명합니다. 그러나 먼저 용어를 'InnoDB 데이터 잠금'으로 바꿔야 합니다.

테이블은 인덱스이므로(2장 2절의 "InnoDB 테이블은 인덱스다" 참고), 행은 인덱스 레코드$_{record}$입니다. InnoDB 로우 락은 인덱스 레코드 갭$_{gap}$ 때문에 로우 락이 아니라 레코드 락$_{locking record}$ 관점에서 논의됩니다. 갭은 그림 8-1에 표시된 것처럼 두 인덱스 레코드 사이의 값 범위입니다. 2개의 프라이머리 키 레코드, 2개의 의사 레코드$_{pseudo-records}$(하한과 상한), 3개의 공백입니다.

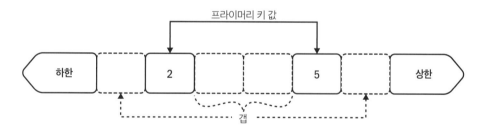

그림 8-1 인덱스 레코드 갭

레코드는 이 예에서 내부에 인덱스값이 2와 5인 실선 상자로 표시됩니다. 의사 레코드는 인덱스의 양쪽 끝, 하한$_{infimum}$과 상한$_{supremum}$에 실선 화살표로 표시됩니다. InnoDB의 모든 B-트리 인덱스에는 다음과 같은 2개의 의사 레코드가 있습니다.

- 하한: 최소 레코드(이 예에서는 2)보다 작은 모든 인덱스값을 나타냅니다.
- 상한: 최대 레코드(이 예에서는 5)보다 큰 모든 인덱스값을 나타냅니다.

인덱스 레코드는 2에서 시작하거나 5에서 끝나지 않으며, 엄밀히 말하면 하한과 상한에서 시작하고 끝납니다. 이 절의 예는 이 세부 사항의 중요성을 보여 줍니다. 갭은 인덱스값이 없는 점선 상자로 표시됩니다. 프라이머리 키가 단일 `Unsigned` 4byte 정수일 때 3개의 갭은 다음과 같습니다(간격 표기법).

- [0, 2)
- (2, 5)
- (5, 4294967295]

로우 락을 설명할 때 레코드에 갭이 있어서 행 대신 레코드라는 용어를 사용하지만, 행에 갭이 있다고 말하는 것은 오해의 소지가 있습니다. 예를 들어, 애플리케이션에 값이 2와 5인 두 개의 행이 있을 때 값 3과 4로 구성된 행은 애플리케이션에 유효한 값이 아닐 수 있으므로 갭이 없습니다. 그러나 인덱스와 관련하여 레코드값 2와 5 사이의 3과 4는 유효한 레코드 갭을 구성합니다(정수 열로 가정). 간단히 말해, 애플리케이션은 행 단위로 처리하고 InnoDB 로우 락은 레코드 단위로 처리합니다. 이 절의 예는 갭 락이 상당히 광범위하고 개별 레코드 락보다 더 중요하다는 것을 보여 줍니다.

'데이터 잠금$_{data\ locks}$'이라는 용어는 모든 유형의 잠금을 나타냅니다. 많은 유형의 데이터 잠금이 있지만, 표 8-1에는 기본적인 InnoDB 데이터 잠금이 나열되어 있습니다.

표 8-1 기본 InnoDB 데이터 잠금

잠금 유형	축약형	공백 잠금	잠금
Record lock	REC_NOT_GAP		단일 레코드 락
Gap lock	GAP	✓	레코드 이전(보다 작음) 갭을 락
Next-key lock		✓	단일 레코드와 그 이전 갭을 락
Insert intention lock	INSERT_INTENTION		간격에 INSERT 허용

InnoDB 데이터 잠금을 이해하는 가장 좋은 방법은 실제 트랜잭션과 잠금, 그리고 예시를 나타낸 그림을 보는 것입니다.

예제 8-1과 같이 테스트되고 검증된 **elem** 테이블을 재사용하지만 단순화해 보겠습니다.

예제 8-1 단순화한 elem 테이블

```
CREATE TABLE `elem` (
  `id` int unsigned NOT NULL,
  `a`  char(2) NOT NULL,
  `b`  char(2) NOT NULL,
  `c`  char(2) NOT NULL,
  PRIMARY KEY (`id`),
  KEY `idx_a` (`a`)
) ENGINE=InnoDB;
```

```
+----+-----+----+----+
| id | a   | b  | c  |
+----+-----+----+----+
|  2 | Au  | Be | Co |
|  5 | Ar  | Br | C  |
+----+-----+----+----+
```

elem 테이블은 이전과 거의 같지만 이제 고유하지 않은 인덱스 **idx_a**는 a 열만 포함하고 행은 2개 뿐이며, 앞의 그림 8-1처럼 2개의 프라이머리 키값을 생성합니다. 로우 락은 실제로는 인덱스 레코드 락이고 b와 c 열에는 인덱스가 없으므로 이 두 열은 무시해도 됩니다(로우 락이 단지 로우 락에 불과했던 2장을 떠올리고 모양새를 갖추고자 표시했습니다).

autocommit(oreil.ly/86J7d)이 기본으로 활성화되어 있으므로 잠시 후 살펴볼 예는 BEGIN으로 시작하여 명시적인 트랜잭션을 시작합니다. 트랜잭션이 종료되면 잠금이 해제되므로 BEGIN 다음의 SQL문이 획득한(또는 획득 대기 중인) 데이터 잠금을 검사하기 위해 COMMIT이나 ROLLBACK 없이 활성 상태로 유지됩니다. 각 예의 끝에서 performance_schema.data_locks 테이블을 조회하여 데이터 잠금을 출력합니다.

레코드와 넥스트-키 락

프라이머리 키를 사용하여 행을 일치시키는 elem 테이블에 대한 UPDATE는 기본 트랜잭션 격리 수준인 REPEATABLE READ에서 4개의 데이터 잠금을 획득합니다.

레코드와 다음 키 잠금

```
BEGIN;
UPDATE elem SET c='' WHERE id BETWEEN 2 AND 5;


SELECT index_name, lock_type, lock_mode, lock_status, lock_data
FROM   performance_schema.data_locks
WHERE  object_name = 'elem';
```

```
+------------+-----------+---------------+-------------+----------------------+
| index_name | lock_type | lock_mode     | lock_status | lock_data            |
+------------+-----------+---------------+-------------+----------------------+
| NULL       | TABLE     | IX            | GRANTED     | NULL                 |
| PRIMARY    | RECORD    | X,REC_NOT_GAP | GRANTED.    | 2                    |
| PRIMARY    | RECORD.   | X             | GRANTED.    | supremum pseudo-record|
| PRIMARY    | RECORD.   | X             | GRANTED     | 5                    |
+------------+-----------+---------------+-------------+----------------------+
```

이러한 데이터 잠금을 명확히 하기 전에 각 행의 의미를 간략하게 설명하겠습니다.

첫 번째 행은 `lock_type` 열에 표시된 대로 테이블 락입니다. InnoDB는 로우 레벨 락_row-level lock_의 스토리지 엔진이지만 MySQL에는 테이블 락도 필요합니다. 1장 4절의 "잠금 시간"을 참고하세요. 트랜잭션에서 쿼리가 참조하는 모든 테이블에 테이블 락이 있습니다. 완전성을 위해 테이블 락을 포함하지만 레코드 락에 초점을 맞추고 있으므로 무시합니다.

두 번째 행은 모든 열에 표시된 대로 프라이머리 키값 2에 대한 레코드 락입니다. 암호화 열은 `lock_mode`입니다. X는 배타적_exclusive_ 잠금을 의미하고(S[표시되지 않음]는 공유 잠금을 의미함) `REC_NOT_GAP`는 레코드 락을 의미합니다.

세 번째 행은 의사 레코드의 **넥스트-키**_next-key_ 락입니다. `lock_mode` 열에서 단독 X 또는 S는 각각 배타적 또는 공유된 넥스트-키 락을 의미합니다. X,NEXT_KEY라고 생각하세요.

네 번째 행은 프라이머리 키값 5에 대한 넥스트-키 락입니다. 다시, `lock_mode` 열의 단독 X는 배타적 넥스트-키 락을 의미합니다. X,NEXT_KEY라고 생각하세요.

그림 8-2는 이러한 데이터 잠금의 영향을 보여 줍니다.

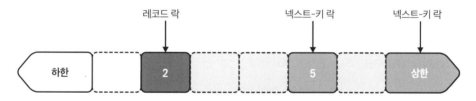

그림 8-2 프라이머리 키에 대한 기록과 넥스트-키 락, REPEATABLE READ 트랜잭션

잠긴 레코드는 음영으로 표시했고 잠금 해제된 레코드는 흰색입니다. 프라이머리 키값 2의 레코드 락은 어두운 음영으로 표시했습니다. 이 레코드는 해당 행이 테이블 조건 `id BETWEEN 2 AND 5`와 일치하므로 잠겨 있습니다.

프라이머리 키값 5의 넥스트-키 락은 조금 밝게 음영 처리했고 그 앞의 갭은 옅게 음영 처리했습니다. 이 레코드는 해당 행도 테이블 조건과 일치하므로 잠겨 있습니다. 이 레코드 앞의 갭은 넥스트-키 락이므로 잠겨 있습니다.

갭은 존재하지 않는 프라이머리 키값 3과 4(해당 행이 없음)로 구성됩니다.

마찬가지로 상한-의사 레코드의 넥스트-키 락은 조금 밝게 음영 처리했고 그 앞의 갭은 옅게 음영 처리했습니다. 갭은 5보다 큰 모든 프라이머리 키값으로 구성됩니다. 흥미로운 질문은 "테이블 조건에서 5보다 큰 프라이머리 키값을 제외_exclude_할 때, 5보다 큰 모든 프라이머리 키값을 포함_inlcude_하는 상한-의사 레코드를 잠그는 이유는 무엇일까요?"입니다. 이에 대한 대답도 흥미롭지만 다음 단락인

"갭 락"에서 살펴보겠습니다.

autocommit이 활성화된 다른 트랜잭션을 사용하여 행 삽입을 시도할 때 갭이 잠겨 있는지 확인합니다.

행 삽입

```
mysql> INSERT INTO elem VALUES (3, 'Au', 'B', 'C');
ERROR 1205 (HY000): Lock wait timeout exceeded; try restarting transaction
```

```
+------------+-----------+----------------------+-------------+-----------+
| index_name | lock_type | lock_mode            | lock_status | lock_data |
+------------+-----------+----------------------+-------------+-----------+
| PRIMARY.   | RECORD    | X,GAP,INSERT_INTENTION | WAITING   | 5         |
....
```

행 삽입

```
mysql> INSERT INTO elem VALUES (6, 'Au', 'B', 'C');
ERROR 1205 (HY000): Lock wait timeout exceeded; try restarting transaction
```

```
+------------+-----------+--------------------+-------------+---------------- ----+
| index_name | lock_type | lock_mode          | lock_status | lock_data          |
+------------+-----------+--------------------+-------------+--------------------+
| PRIMARY    | RECORD    | X,INSERT_INTENTION | WAITING     | supremum pseudo... |
...
```

새로운 값(3)을 삽입할 2와 5 사이의 갭에서 **삽입 의도 잠금**_{insert intention lock}을 획득하려고 시도하는 첫 번째 **INSERT**는 시간 초과가 발생합니다. `lock_data` 열에 값 5가 나열되지만 레코드나 넥스트-키 락이 아니므로 이 레코드는 잠기지 않습니다. 이것은 특별한 유형의 갭 락(**INSERT**용)인 삽입 의도 잠금이므로 값 5 이전의 갭을 잠급니다. 삽입 의도 잠금은 이번 절의 마지막 주제로 다루겠습니다.

두 번째 **INSERT**는 새 값 6이 현재 최댓값 5보다 크기 때문에 상한-의사 레코드에서 넥스트-키 락을 획득하려고 시도할 때 시간이 초과되어 최대 레코드와 상한 의사 레코드 사이에 삽입됩니다.

이러한 **INSERT** 문은 그림 8-2가 올바르다는 것을 보여 줍니다. 2보다 작은 값을 제외하고 거의 모든 인덱스가 잠겨 있습니다. InnoDB가 레코드 락 대신 갭을 잠그는 넥스트-키 락을 사용하는 이유는 무엇일까요? 트랜잭션 격리 수준이 **REPEATABLE READ**인 것은 답변의 일부분일 뿐입니다. 완전한 대답은 간단하지 않으므로 잠시만 기다려 주세요.

영향을 받는 레코드 앞의 갭을 잠그면 넥스트-키 락은 쿼리가 접근하는 레코드의 전체 범위를 격리합니다. 이는 ACID 속성 가운데 I(격리성)를 나타냅니다. 이는 트랜잭션이 이전에 읽지 않은 행을 나중에 읽을 때 **팬텀 행**phantom rows(또는 팬텀 읽기)*이라는 현상을 방지합니다. 새로운 행은 유령처럼 불가사의하게 나타나서 팬텀이라는 이름이 붙었습니다(팬텀은 ANSI SQL-92 표준의 실제 용어입니다). 팬텀 행(oreil.ly/DYs9L)은 격리 원칙을 위반하므로 특정 트랜잭션 격리 수준에서 금지됩니다.

이상한 부분은 ANSI SQL-92 표준은 **REPEATABLE READ**에서 팬텀 행을 허용하지만, InnoDB는 넥스트-키 락으로 이를 방지한다는 점입니다. 그러나 InnoDB가 **REPEATABLE READ**에서 팬텀 행을 방지하는 이유를 알려고 너무 고민하지 마세요. 그 이유를 알아도 진실은 바뀌지 않으며 데이터베이스 서버가 표준과 다르게 트랜잭션 격리 수준을 구현하는 것은 드문 일이 아닙니다.**

ANSI SQL-92 표준은 가장 높은 트랜잭션 격리 수준인 **SERIALIZABLE**에서만 팬텀 행을 금지합니다. InnoDB는 **SERIALIZABLE**을 지원하지만 일반적으로 사용되지 않으므로 이 장에서는 다루지 않습니다. **REPEATABLE READ**는 MySQL의 기본값이며 InnoDB는 넥스트-키 락을 사용하여 **REPEATABLE READ**에서 팬텀 행을 방지합니다.

트랜잭션 격리 수준인 **READ COMMITTED**는 넥스트-키 락을 포함하는 갭 락을 비활성화합니다. 이를 증명하려면 트랜잭션 격리 수준을 **READ COMMITTED**로 변경합니다.

트랜잭션 격리 수준을 READ COMMITTED로 변경

```
SET TRANSACTION ISOLATION LEVEL READ COMMITTED;
BEGIN;
UPDATE elem SET c='' WHERE id BETWEEN 2 AND 5;


SELECT index_name, lock_type, lock_mode, lock_status, lock_data
FROM   performance_schema.data_locks
```

---

* 역주: 같은 트랜잭션에서 쿼리를 조회할 때마다 데이터가 달라지는 현상을 의미합니다.

** ANSI SQL-92 격리 수준에 관한 고전인 "ANSI SQL 격리 수준 비판(oreil.ly/WF6NT)"을 읽어보세요.

```
WHERE  object_name = 'elem';
```

```
+------------+-----------+----------------+-------------+-----------+
| index_name | lock_type | lock_mode      | lock_status | lock_data |
+------------+-----------+----------------+-------------+-----------+
| NULL       | TABLE     | IX             | GRANTED     | NULL      |
| PRIMARY    | RECORD    | X,REC_NOT_GAP  | GRANTED     | 2         |
| PRIMARY    | RECORD    | X,REC_NOT_GAP  | GRANTED     | 5         |
+------------+-----------+----------------+-------------+-----------+
```

:: 참고하세요

SET TRANSACTION은 다음 트랜잭션에 한 번만 적용됩니다. 다음 트랜잭션 이후 후속 트랜잭션은 기본 트랜잭션 격리 수준을 사용합니다. 자세한 내용은 매뉴얼의 'SET TRANSACTION'(oreil.ly/46zcp) 부분을 참고하세요.

READ COMMITTED 트랜잭션의 동일한 UPDATE 문은 그림 8-3처럼 일치하는 행에서만 레코드 락을 획득합니다.

그림 8-3 프라이머리 키에 대한 레코드 락, READ COMMITTED 트랜잭션

READ COMMITTED를 사용하지 않는 이유는 무엇일까요? 이 질문은 완전히 특정 애플리케이션, 심지어 특정 쿼리로 만드는 접근 패턴 특성(4장 4절의 "트랜잭션 격리")과 관련이 있습니다. 트랜잭션에서 READ COMMITTED에는 2가지 중요한 부작용이 있습니다.

- 동일한 읽기 문을 다시 실행하면 다른 행을 반환할 수 있습니다.
- 동일한 쓰기 문을 다시 실행하면 다른 행에 영향을 미칠 수 있습니다.

이러한 부작용은 InnoDB가 읽기에 일관된 스냅숏을 사용하거나 쓰기에 대한 갭을 잠글 필요가 없는 이유를 설명합니다. **READ COMMITTED**는 트랜잭션이 다른 시간에 다른 레코드(커밋된 변경 사항에 대해)를 읽거나 쓸 수 있도록 합니다. (다음 절 「MVCC와 언두 로그」에서는 일관된 스냅숏을 정의합니다.) 애플리케이션과 관련하여 이러한 부작용을 신중하게 고려해야 합니다. 트랜잭션이 잘못된 데이터를 읽거나 쓰거나 반환하지 않을 것으로 확신한다면 **READ COMMITTED**는 락과 언두$_{undo}$ 로그를 줄여서 성능을 향상하는 데 도움이 될 것입니다.

갭 락

갭 락$_{gap\ locks}$은 순수하게 다른 트랜잭션이 갭에 행을 삽입하는 것을 금지하고 방지합니다. 이것이 갭 락의 전부입니다.

모든 갭 락은 다른 갭 락과 호환되므로 다중 트랜잭션이 같은 갭을 잠글 수 있습니다. 그러나 갭 락은 다른 트랜잭션이 갭에 행을 삽입하는 것을 방지하므로, 갭을 잠그는 유일한 트랜잭션일 때는 하나의 트랜잭션만 갭에 행을 삽입할 수 있습니다. 같은 갭에 대한 둘 이상의 잠금은 모든 트랜잭션이 갭에 행을 삽입하는 것을 방지합니다.

갭 락의 목적은 좁습니다. 다른 트랜잭션이 갭에 행을 삽입하지 못하도록 방지하는 것입니다. 그러나 갭에 접근하는 모든 쿼리가 갭 락을 만드므로 생성은 광범위합니다. 아무것도 읽지 않으면 행 삽입을 차단하는 갭 락이 생성될 수 있습니다.

갭 락 예제

```
BEGIN;
SELECT * FROM elem WHERE id = 3 FOR SHARE;


SELECT index_name, lock_type, lock_mode, lock_status, lock_data
FROM   performance_schema.data_locks
WHERE  object_name = 'elem';
```

```
+------------+-----------+-----------+-------------+-----------+
| index_name | lock_type | lock_mode | lock_status | lock_data |
+------------+-----------+-----------+-------------+-----------+
```

```
|  NULL       |  TABLE     |  IS       |  GRANTED     |  NULL     |        |
|  PRIMARY    |  RECORD    |  S,GAP    |  GRANTED     |  5        |        |
+-----------+----------+----------+------------+----------+
```

이 예제에서 SELECT문은 문제가 없어 보입니다. REPEATABLE READ의 SELECT는 일관된 스냅숏을 사용하고, FOR SHARE는 공유 잠금만 생성하므로 다른 읽기를 차단하지 않습니다. 더 중요한 것은 SELECT가 어떤 행과도 일치하지 않는다는 것입니다. elem 테이블의 프라이머리 키값은 3이 아니라 2와 5입니다. 행도 없고 잠금도 없을까요? 그렇지 않습니다. READ REPEATABLE과 SELECT...FOR SHARE로 갭에 접근하면 그림 8-4처럼 단독 갭 락을 호출합니다.

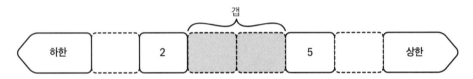

그림 8-4 단독 갭 락

제가 '단독$_{lone}$ 갭 락'이라고 부르는 이유는 넥스트-키 락이나 삽입 의도 잠금을 수반하지 않기 때문입니다. 공유$_{share}$ 또는 배타적인$_{exclusive}$ 모든 갭 락은 다른 트랜잭션이 갭에 행을 삽입하는 것을 방지합니다. 무해한 SELECT 문은 실제로는 교활한 INSERT 차단기입니다. 갭이 클수록 차단이 커지며 다음 단락인 "세컨더리 인덱스"에서 설명합니다.

갭에 접근하여 갭 락을 쉽게 생성하는 것은 앞 단락에서 "레코드와 넥스트-키 락"에 있는 흥미로운 질문에 대한 답변의 일부입니다. 테이블 조건에서 5보다 큰 프라이머리 키값을 제외할 때 5보다 큰 모든 프라이머리 키값을 포함하는 상위 의사 레코드를 잠그는 이유는 무엇일까요? 원래 쿼리와 해당 데이터 잠금은 다음과 같습니다.

쿼리와 데이터 잠금

```
BEGIN;
UPDATE elem SET c='' WHERE id BETWEEN 2 AND 5;
```

```
+-----------+----------+---------------+------------+-----------------------+
|  index_name |  lock_type |  lock_mode     |  lock_status |  lock_data              |
```

```
+-----------+----------+--------------+------------+-----------------------+
| NULL      | TABLE    | IX           | GRANTED    | NULL                  |
| PRIMARY   | RECORD   | X,REC_NOT_GAP| GRANTED.   | 2                     |
| PRIMARY   | RECORD   | X            | GRANTED    | supremum pseudo-record|
| PRIMARY   | RECORD   | X            | GRANTED    | 5                     |
+-----------+----------+--------------+------------+-----------------------+
```

다음은 같은 쿼리지만 **BETWEEN** 절 대신 **IN** 절을 사용한 예입니다.

쿼리와 데이터 잠금

```
BEGIN;
UPDATE elem SET c='' WHERE id IN (2, 5);
```

```
+-----------+----------+--------------+------------+-----------+
| index_name| lock_type| lock_mode    | lock_status| lock_data |
+-----------+----------+--------------+------------+-----------+
| NULL      | TABLE    | IX           | GRANTED    | NULL      |
| PRIMARY   | RECORD   | X,REC_NOT_GAP| GRANTED    | 2         |
| PRIMARY   | RECORD   | X,REC_NOT_GAP| GRANTED    | 5         |
+-----------+----------+--------------+------------+-----------+
```

두 트랜잭션 모두 **REPEATABLE READ**이고 두 쿼리 모두 정확히 같은 EXPLAIN 계획(프라이머리 키에 대한 범위 접근)을 가집니다. 그러나 새 쿼리는 일치하는 행에서만 레코드 락을 획득합니다. 어떻게 된 일일까요? 그림 8-5는 각 쿼리에 대해 수행되는 작업을 보여 줍니다.

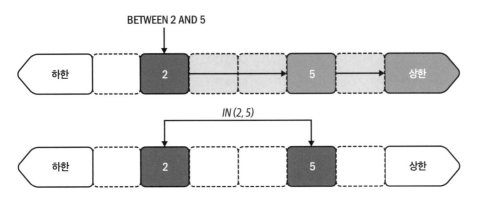

그림 8-5 BETWEEN 대 IN, REPEATABLE READ 트랜잭션에 대한 범위 접근

BETWEEN의 행 접근은 예상대로 2~5까지 그리고 그 사이의 모든 것에서 발생합니다. 간단히 말해서 BETWEEN의 행 접근 순서는 다음과 같습니다.

1. 인덱스값 2에서 행 읽기
2. 행 일치: 레코드 락
3. 다음 인덱스값: 5
4. 2~5까지 갭을 이동
5. 인덱스값 5에서 행 읽기
6. 행 일치: 넥스트-키 락
7. 다음 인덱스값: 상한(supremum)
8. 5에서 상한의 갭을 이동
9. 인덱스의 끝: 넥스트-키 락

그러나 IN의 행 접근 순서는 훨씬 간단합니다.

1. 인덱스값 2에서 행 읽기
2. 행 일치: 레코드 락
3. 인덱스값 5에서 행 읽기
4. 행 일치: 레코드 락

똑같은 EXPLAIN 계획이 있고 행이 일치하더라도 쿼리는 행에 다르게 접근합니다. BETWEEN은 갭에 접근하므로 넥스트-키 락을 사용하여 갭을 잠급니다. IN은 갭에 접근하지 않으므로 레코드 락을 사용합니다. 그러나 **IN** 절은 갭 락을 배제하지 않는다는 점을 주의하세요. 새 쿼리 테이블 조건이 **IN(2, 3, 5)**이면 값 2~5 사이의 공백에 접근하고 갭 락(넥스트-키 락이 아님)이 발생합니다.

갭 락을 배제하지 않는 IN 절 예

```
BEGIN;
UPDATE elem SET c='' WHERE id IN (2, 3, 5);
```

```
+------------+-----------+---------------+-------------+-----------+
| index_name | lock_type | lock_mode     | lock_status | lock_data |
+------------+-----------+---------------+-------------+-----------+
| NULL       | TABLE     | IX            | GRANTED     | NULL.     |
| PRIMARY    | RECORD    | X,REC_NOT_GAP | GRANTED     | 2         |
| PRIMARY    | RECORD    | X,REC_NOT_GAP | GRANTED     | 5         |
| PRIMARY    | RECORD    | X,GAP         | GRANTED     | 5         |
+------------+-----------+---------------+-------------+-----------+
```

X,GAP이라는 단독 갭 락이 있습니다. 그러나 **IN(2, 3, 5)**이 해당 갭에 접근하지 않으므로 상위 의사-레코드에는 넥스트-키 락이 없습니다. 이렇듯 갭을 조심해야 합니다.

갭 락은 **READ COMMITTED**를 사용하여 쉽게 비활성화할 수 있습니다. **READ COMMITTED** 트랜잭션에는 갭의 레코드가 변경될 수 있고, 각 쿼리가 실행될 때 최신 변경 사항(커밋된 행)에 접근하므로 갭 락(또는 넥스트-키 락)이 필요하지 않습니다. **SELECT * FROM elem WHERE id = 3 FOR SHARE** 쿼리로 호출된 단독 갭 락도 **READ COMMITTED**에 의해 소멸합니다.

세컨더리 인덱스

세컨더리 인덱스는 로우 락, 특히 고유하지 않은 인덱스와 관련하여 잠재적으로 광범위한 결과를 초래합니다. 간소화된 **elem**(예제 8-1) 테이블에는 **a** 열에 대한 고유하지 않은 세컨더리 인덱스가 있음을 기억하세요. 이를 염두에 두고 **REPEATABLE READ** 트랜잭션의 **UPDATE**가 세컨더리 인덱스와 프라이머리 키의 레코드를 잠그는 방법을 살펴보겠습니다.

세컨더리 인덱스와 프라이머리 키 잠그기

```
BEGIN;
UPDATE elem SET c='' WHERE a BETWEEN 'Ar' AND 'Au';


SELECT index_name, lock_type, lock_mode, lock_status, lock_data
FROM performance_schema.data_locks
WHERE object_name = 'elem'
ORDER BY index_name;
```

index_name	lock_type	lock_mode	lock_status	lock_data
NULL	TABLE	IX	GRANTED	NULL
a	RECORD	X	GRANTED	supremum pseudo-record
a	RECORD	X	GRANTED	'Au', 2
a	RECORD	X	GRANTED	'Ar', 5
PRIMARY	RECORD.	X,REC_NOT_GAP	GRANTED	2
PRIMARY	RECORD	X,REC_NOT_GAP	GRANTED	5

그림 8-6은 6개의 레코드 락(세컨더리 인덱스에 4개, 프라이머리 키에 2개)을 보여 줍니다.

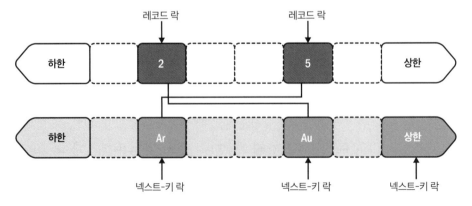

그림 8-6 세컨더리 인덱스에 대한 넥스트-키 락, REPEATABLE READ 트랜잭션

UPDATE는 두 행만 일치하지만 전체 세컨더리 인덱스를 잠가 값을 삽입하지 못하게 합니다. 세컨더리 인덱스의 잠금은 그림 8-2와 유사합니다. 그러나 이제 세컨더리 인덱스 레코드의 첫 번째 레코드인 ('Ar', 5) 튜플의 넥스트-키 락이 있습니다. 여기서 5는 해당 프라이머리 키 값입니다. 이 넥스트-키 락은 새로운 중복 값 "Ar"로부터 범위를 격리합니다. 예를 들어, ('Ar', 5)보다 먼저 정렬되는 ('Ar', 1) 튜플의 삽입을 방지합니다.

일반적으로 InnoDB는 전체 세컨더리 인덱스를 잠그지 않습니다. 여기에는 오직 2개의 인덱스 레코드(프라이머리 키와 고유하지 않은 세컨더리 인덱스 모두)만 있으므로 이러한 예에서만 발생합니다. 그러나 2장 4절에서 살펴본 '최고의 선택도'를 기억해 보세요. 선택도가 낮을수록 갭이 커집니다. 극단적인 예로, 고유하지 않은 인덱스 100,000행에 고르게 분포된 5개의 고윳값이 있다면 행당 20,000개의 레코드(100,000행당 5개의 카디널리티) 또는 갭당 20,000개의 레코드가 있습니다.

:: 기억하세요

인덱스 선택도가 낮을수록 레코드 갭이 커집니다.

READ COMMITTED는 일치하는 행만 레코드 락으로 잠그므로 고유하지 않은 세컨더리 인덱스에 대해서도 갭 락을 방지합니다. 하지만 너무 쉽게 생각하면 안 됩니다. 서로 다른 종류의 데이터 변경에서 고유하지 않은 세컨더리 인덱스에 대한 InnoDB 데이터 락을 계속 살펴보겠습니다.

앞 단락에서 BETWEEN 절을 IN 절로 변경하여 갭 락을 방지했지만, 고유하지 않은 인덱스에서는 작동하지 않습니다. 이때에 InnoDB는 갭 락을 추가합니다.

고유하지 않은 인덱스에서 갭 락을 추가하는 IN 절

```
BEGIN;
UPDATE elem SET c='' WHERE a IN ('Ar', 'Au');


SELECT index_name, lock_type, lock_mode, lock_status, lock_data
FROM performance_schema.data_locks
WHERE object_name = 'elem'
ORDER BY index_name;
```

```
+------------+-----------+--------------+-------------+-----------------------+
| index_name | lock_type | lock_mode    | lock_status | lock_data             |
+------------+-----------+--------------+-------------+-----------------------+
| a          | RECORD    | X,GAP        | GRANTED     | 'Au', 2               |
...
```

('Au', 2) 튜플에서 새 갭 락을 강조하기 위해 출력에서 원래 데이터 잠금을 제거했습니다(동일함). 엄밀히 말하면, 이 갭 락은 같은 튜플의 next-key 잠금과 중복되지만 잘못된 잠금이나 데이터 접근을 초래하지는 않습니다.

InnoDB는 데이터 잠금을 검사하는 것이 중요합니다. 예를 들어, "Au"를 "Go"로 변경하면 InnoDB 가 요구하는 데이터 잠금은 무엇일까요? 해당 변경의 데이터 잠금을 살펴보겠습니다.

'Au'를 'Go'로 변경하기

```
BEGIN;
UPDATE elem SET a = 'Go' WHERE a = 'Au';
```

```
+------------+-----------+---------------+-------------+-----------------------+
| index_name | lock_type | lock_mode     | lock_status | lock_data             |
+------------+-----------+---------------+-------------+-----------------------+
| NULL       | TABLE     | IX            | GRANTED     | NULL                  |
| a          | RECORD    | X             | GRANTED     | supremum pseudo-record|
| a          | RECORD    | X             | GRANTED     | 'Au', 2               |
| a          | RECORD    | X,GAP         | GRANTED     | 'Go', 2               |
| PRIMARY    | RECORD    | X,REC_NOT_GAP | GRANTED     | 2                     |
+------------+-----------+---------------+-------------+-----------------------+
```

그림 8-7은 이러한 4가지 데이터 잠금을 시각화합니다.

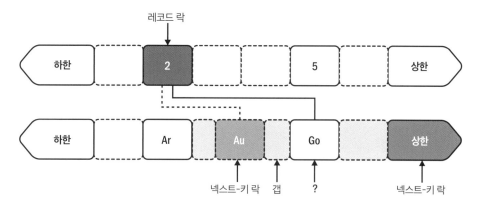

그림 8-7 고유하지 않은 세컨더리 인덱스값 업데이트, REPEATABLE READ 트랜잭션

"Au" 값은 사라졌지만("Go"로 변경됨) InnoDB는 여전히 튜플에 넥스트-키 락(**'Au', 2**)을 유지합니다. 새로운 "Go"에는 레코드 락이나 넥스트-키 락이 없으며 (**'Go', 2**) 앞에 갭 락만 있습니다. 그렇다면 무엇이 "Go" 레코드를 잠그고 있을까요? 일종의 `REPEATABLE READ` 부작용일까요? 트랜잭션 격리 수준을 변경하고 데이터 잠금을 다시 검사해 보겠습니다.

격리 수준을 바꿔 데이터 잠금 검사

```
SET TRANSACTION ISOLATION LEVEL READ COMMITTED;
BEGIN;
UPDATE elem SET a = 'Go' WHERE a = 'Au';
```

index_name	lock_type	lock_mode	lock_status	lock_data
NULL	TABLE	IX	GRANTED	NULL
a	RECORD	X,REC_NOT_GAP	GRANTED	'Au', 2
PRIMARY	RECORD	X,REC_NOT_GAP	GRANTED	2

`READ COMMITTED`로 전환하면 예상대로 갭 락이 비활성화되지만, 새 "Go" 값에 대한 잠금(어떤 잠금이든)은 어디에 있을까요? 쓰기는 항상 행을 잠근다고 했고 8장의 1절 「로우 락」을 시작할 때도 언급

했습니다. InnoDB는 이 쓰기에 대해 잠금이 없다고 보고합니다. InnoDB는 잠금 없이 잠글 수 있도록 최적화되어 있다고 말해야 할까요? 데이터 잠금의 다음 유형인 삽입 의도를 사용하여 InnoDB 잠금을 깊이 살펴보고 이 미스터리를 해결해 봅시다.

삽입 의도 잠금

삽입 의도 잠금insert intention locks은 갭이 다른 트랜잭션에 의해 잠기지 않을 때 트랜잭션이 갭에 행을 삽입함을 의미하는 특별한 유형의 갭 락입니다. 갭 락만 삽입 의도 잠금을 차단합니다. (레코드 락과 갭락의 조합인 넥스트-키 락은 갭 락에 포함됩니다.) 삽입 의도 잠금은 다른 삽입 의도 잠금과 호환됩니다(차단하지 않음). 이는 다중 트랜잭션이 동시에 같은 갭에 서로 다른 행을 삽입할 수 있어서 INSERT 성능에 중요합니다. InnoDB는 중복 키를 어떻게 처리할까요? 답변을 더 명확하게 하는 삽입 의도 잠금의 다른 측면을 보인 후 이 질문으로 돌아갑니다.

:: 기억하세요

갭 락은 INSERT를 '방지'합니다. 삽입 의도 잠금은 INSERT를 '허용'합니다.

삽입 의도 잠금은 3가지 이유로 특별합니다.

- 삽입 의도 잠금은 미래의 작업을 나타내므로 갭을 잠그지 않습니다. 다른 트랜잭션이 보유한 갭 락이 없을 때 행을 삽입하는 것입니다.
- 삽입 의도 잠금은 다른 트랜잭션이 보유한 갭 락과 충돌할 때만 생성되고 보고됩니다. 그렇지 않으면 행을 삽입하는 트랜잭션에서 삽입 의도 잠금이 생성되거나 보고되지 않습니다.
- 삽입 의도 잠금이 생성되면 한 번 사용하고 한 번 허용되면 즉시 해제됩니다. 그러나 InnoDB는 트랜잭션이 완료될 때까지 계속 보고합니다.

어떤 의미에서 삽입 의도 잠금은 접근을 차단하지 않기 때문에 잠금이 아닙니다. InnoDB에 트랜잭션이 INSERT로 진행될 수 있을 때 신호를 보내기 위해 사용하는 대기 조건과 비슷합니다. 삽입 의도 잠금을 허용하는 것이 신호입니다. 그러나 충돌되는 갭 락이 없으므로 트랜잭션이 기다릴 필요가 없다면 기다리지 않으며, 삽입 의도 잠금이 생성되지 않아 표시되지 않습니다.

삽입 의도 잠금이 작동하는 것을 살펴보겠습니다. 프라이머리 키값 2와 5 사이의 갭을 잠그는 것으로 시작합니다. 그런 다음 두 번째 트랜잭션에서 프라이머리 키값이 3인 행을 삽입하려고 합니다.

삽입 의도 잠금 작동 확인

```
-- 첫 번째 트랜잭션
BEGIN;
UPDATE elem SET c='' WHERE id BETWEEN 2 AND 5;


-- 두 번째 트랜잭션
BEGIN;
INSERT INTO elem VALUES (3, 'As', 'B', 'C');
```

```
+-----------+-----------+----------------------+-------------+-----------+
¦ index_name ¦ lock_type ¦ lock_mode            ¦ lock_status ¦ lock_data ¦
+-----------+-----------+----------------------+-------------+-----------+
¦ PRIMARY   ¦ RECORD    ¦ X,GAP,INSERT_INTENTION ¦ WAITING    ¦ 5         ¦
... (생략) ...
```

lock_mode 열의 **X,GAP,INSERT_INTENTION**은 삽입 의도 잠금입니다. 또한 최대 레코드값과 상한 의사-레코드 사이의 갭을 잠그고 삽입할 때 **X,INSERT_INTENTION**(표시되지 않음)으로 나열됩니다. 첫 번째 트랜잭션은 프라이머리 키값 5 이전의 갭을 잠급니다. 해당 갭 락은 두 번째 트랜잭션이 갭에 삽입되는 것을 차단하므로, 삽입 의도 잠금을 생성하고 대기합니다. 첫 번째 트랜잭션이 커밋(또는 롤백)되면 갭이 잠금 해제되고 삽입 의도 잠금이 허용되며 두 번째 트랜잭션이 행을 삽입합니다.

삽입 의도 잠금의 트랜잭션 처리 방법

```
-- 첫 번재 트랜잭션
COMMIT;


-- 두 번째 트랜잭션
-- INSERT 실행
```

```
+------------+-----------+-----------------------+-------------+-----------+
| index_name | lock_type | lock_mode             | lock_status | lock_data |
+------------+-----------+-----------------------+-------------+-----------+
| NULL       | TABLE     | IX                    | GRANTED     | NULL      |
| PRIMARY    | RECORD    | X,GAP,INSERT_INTENTION | GRANTED     | 5         |
+------------+-----------+-----------------------+-------------+-----------+
```

앞서 언급한 바와 같이 InnoDB는 삽입 의도 잠금이 허용되면, 한 번 사용하고 즉시 해제하더라도 계속해서 삽입 의도 잠금을 보고합니다. 결과적으로 갭이 잠겨 있는 것처럼 보이지만, 프라이머리 키값 4의 갭에 다른 행을 삽입하여 차단되지 않는 것을 보면 착각임을 알 수 있습니다. 그렇다면 InnoDB 가 실제로 존재하지 않는 삽입 의도 잠금을 계속 보고하는 이유는 무엇일까요? 이를 알고 있는 사람은 거의 없으며 중요하지 않습니다. 과거에는 갭에 행을 삽입하기 전에 트랜잭션이 차단되었습니다. 완전성과 InnoDB 잠금의 더 깊은 측면, 특히 삽입 의도 잠금과 관련하여 다음은 INSERT가 갭 락을 차단하지 않을 때 표시되는 내용입니다

INSERT가 갭 락을 차단하지 않는 예

```
BEGIN;
INSERT INTO elem VALUES (9, 'As', 'B', 'C');   <-- 차단하지 않음
```

```
+------------+-----------+-----------+-------------+-----------+
| index_name | lock_type | lock_mode | lock_status | lock_data |
+------------+-----------+-----------+-------------+-----------+
| NULL       | TABLE     | IX        | GRANTED     | NULL      |
+------------+-----------+-----------+-------------+-----------+
```

실행 결과를 보면 레코드 락이 전혀 없습니다. 이것이 삽입 의도 잠금이 표면에서 작동하는 방식이지만, InnoDB 잠금을 깊이 살펴보기 위해 여기까지 왔으므로 우리를 여기로 이끈 질문을 통해 더 깊이 들어가 보겠습니다. 새로 삽입된 행에 레코드(또는 넥스트-키) 락이 없는 이유는 무엇일까요? 이것은 이전 단락에서 새로운 "Go" 값에 대한 잠금이 없었던 미스터리와 같습니다.

InnoDB에는 명시적 잠금과 암시적 잠금이 있으며 명시적 잠금만 보고한다는 것은 알려지지 않은

비밀입니다.* 명시적 잠금은 메모리에 잠금 구조로 존재하므로 InnoDB는 이를 보고할 수 있습니다. 그러나 암시적 잠금은 존재하지 않습니다. 잠금 구조가 없으므로 InnoDB는 보고할 것이 없습니다. 앞의 예에서 `INSERT INTO elem VALUES(9, 'As', 'B', 'C')` 쿼리는 새 행에 대한 인덱스 레코드가 존재하지만 행이 커밋되지 않습니다(트랜잭션이 커밋되지 않았기 때문). 다른 트랜잭션이 행을 잠그려고 하면 다음 3가지 조건을 감지합니다.

- 행이 커밋되지 않았습니다.
- 행이 다른 트랜잭션에 속해 있습니다.
- 행이 명시적으로 잠겨 있지 않습니다.

그런 다음 마법이 발생합니다. 요청 트랜잭션(레코드를 잠그려고 시도하는 트랜잭션)은 소유 트랜잭션(레코드를 생성한 트랜잭션)을 대신하여 암시적 잠금을 명시적 잠금으로 변환합니다. 이는 하나의 트랜잭션이 다른 트랜잭션에 대한 잠금을 생성한다는 것을 의미하지만 혼란스러운 부분은 아닙니다. 요청하는 트랜잭션이 획득하려는 잠금을 생성하므로 언뜻 보기에 InnoDB는 트랜잭션이 자신이 보유한 잠금을 기다리고 있다고 보고하는 것처럼 보입니다. 즉, 트랜잭션이 자체적으로 차단됩니다. 이 착각을 꿰뚫어 볼 수 있는 방법이 있긴 하지만, 이미 너무 많은 내용을 살펴보았습니다.

MySQL을 사용하는 엔지니어로서 MySQL로 놀라운 성능을 달성하기 위해 InnoDB 잠금까지 깊이 이해할 필요가 없길 바랍니다. 그러나 저는 2가지 이유로 여러분을 여기로 인도했습니다. 첫째, 환상임에도 불구하고 트랜잭션 격리 수준과 관련된 InnoDB 로우 락의 기본 사항은 다루기 쉽고 적용 가능합니다. 이제 모든 일반적인 InnoDB 로우 락 문제 등을 처리할 수 있는 완벽한 준비가 되었습니다. 둘째, InnoDB는 제가 오랫동안 너무 깊이 연구한 분야이기도 합니다. 그리고 모든 것을 어느 정도 이해하게 되었을 때 빠져나오기에는 너무 늦었다는 것을 깨달았습니다. "테이블 조건 범위를 넘어서는 상한 의사 레코드를 잠그는 이유는?", "중복 갭 락이 있는 이유는?", "암시적 잠금을 변환하는 이유는?" 질문은 계속 이어집니다. 부디 자신을 지키세요.

---

* 이 비밀을 가르쳐 준 야쿱 르오푸잔스키(Jakub Łopuszański)에게 고맙습니다.

8-2 MVCC와 언두 로그

InnoDB는 **다중 버전 동시성 제어**_{multiversion concurrency control} (이하 MVCC)와 언두_{undo} 로그를 사용하여 ACID의 A, C, I 속성을 수행합니다. (D를 달성하기 위해 InnoDB는 트랜잭션 로그를 사용합니다. 6장 5절의 "트랜잭션 로그"를 참고하세요.) MVCC는 행에 대한 변경 사항이 행의 새 버전을 생성함을 의미합니다. MVCC는 InnoDB에 고유하지 않으며 많은 데이터 스토리지에서 사용하는 일반적인 방법입니다. 행이 처음 생성될 때 버전은 1입니다. 처음 업데이트될 때 버전은 2가 됩니다. MVCC의 기본은 이처럼 간단하지만 금세 복잡하고 흥미로워집니다.

:: 참고하세요

'언두 로그'라는 용어를 사용하는 것은 언두 로깅의 전체 구조가 복잡해서 의도적으로 단순화한 것입니다. 언두 로그라는 용어는 그것이 수행하는 작업과 성능에 미치는 영향을 파악할 수 있을 정도로 충분히 정확합니다.

언두 로그는 변경 사항을 이전 행 버전으로 롤백하는 방법을 기록합니다. 그림 8-8은 MySQL이 변경 사항을 이전 행 버전으로 롤백할 수 있도록 하는 5개 버전과 5개 언두 로그가 있는 단일 행을 보여 줍니다. 이 행은 2장 2절의 "InnoDB 테이블은 인덱스다"에서 프라이머리 키 리프 노드_{primary key leaf node}로 묘사된 elem 테이블의 프라이머리 키값이 2인 행입니다. 간결하게 하기 위해 프라이머리 키값(2), 행 버전(v1~v5) 그리고 a열의 값(v5의 경우 "Au")만 포함하고 다른 두 열 b와 c는 표시하지 않았습니다.

버전 5(그림 8-8의 오른쪽 아래)는 모든 새 트랜잭션이 읽을 현재 행이지만 처음부터 시작하겠습니다.

행은 왼쪽 위 모서리에 철("Fe")을 생성합니다. 버전 1입니다. INSERT가 행의 첫 번째 버전을 생성하므로 버전 1에 대한 언두 로그가 있습니다. 그런 다음 a 열을 수정(UPDATE)하여 철을 티타늄("Ti")으로 변경합니다. 버전 2입니다. 버전 2를 생성할 때 MySQL은 버전 2 변경 사항을 롤백하는 방법을 기록하는 언두 로그를 생성하여 버전 1을 복원합니다. (다음 단락에서 버전 1에는 실선[그리고 카메라 아이콘]이 있지만, 버전 2에는 점선이 있는 이유를 설명합니다.) 그런 다음 a 열을 수정하여 티타늄을 은("Ag")으로 변경합니다. 버전 3입니다. MySQL은 버전 3 변경 사항을 롤백하는 방법을 기록하는 언두 로그를 생성하고, 이 언두 로그는 이전 로그에 연결되어 필요할 때 MySQL이 버전 2를 롤백하고 복원할 수 있습니다. 버전 4는 은에서 캘리포늄("Cf")으로, 버전 5는 캘리포늄에서 금("Au")으로 행 업데이트가 2번 더 발생합니다.

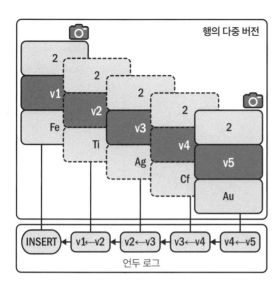

그림 8-8 5개 버전과 5개 언두 로그가 있는

∷ 참고하세요

두 세트의 언두 로그가 있습니다. INSERT에 대한 삽입 언두 로그와 UPDATE, DELETE에 대한 업데이트 언두 로그입니다. 간단히 하고자 두 세트로 구성된 언두 로그만 참조합니다.

버전 1에는 활성 트랜잭션(표시되지 않음)이 데이터베이스 변경 내역에서 이 시점의 일관된 스냅숏을 보유하기 때문에 실선과 카메라 아이콘이 있습니다. 이 문장을 알기 쉽게 풀어보겠습니다. InnoDB 는 4가지 트랜잭션 격리 수준(oreil.ly/xH5Gs)을 지원하지만, 일반적으로 **REPEATABLE READ**(기본값)과 **READ COMMITTED** 2가지만 사용됩니다.

REPEATABLE READ 트랜잭션에서 첫 번째 읽기는 **SELECT**가 실행되는 순간 데이터베이스(모든 테이블)의 가상 보기인 '일관된 스냅숏$_{consistent\ snapshot}$'(또는 줄여서 '스냅숏')을 설정합니다. 이때 설정된 스냅숏은 해당 트랜잭션이 끝날 때까지 유지되며, 이후의 모든 읽기는 데이터베이스의 변경 내역에서 오직 이 시점(첫 번째 **SELECT** 문 수행 시점)의 행 접근에만 사용됩니다. 이 시점 이후에 다른 트랜잭션에 의해 변경된 사항은 원본 트랜잭션 내에서 볼 수 없습니다. 다른 트랜잭션이 데이터베이스를 수정한다고 가정하면, 원본 트랜잭션의 스냅숏은 트랜잭션이 활성 상태를 유지하는 동안 점점 더 오래된 데이터베이스 보기가 됩니다(**COMMIT** 또는 **ROLLBACK**을 수행하지 않는 한).

버전 5가 현재 행이므로 새 트랜잭션은 데이터베이스 변경 내역의 해당 지점에서 스냅숏을 설정하므로 실선과 카메라 아이콘이 있는 이유입니다. 중요한 질문은 데이터베이스 변경 내역의 각 지점에서 스냅숏을 보유하는 트랜잭션이 없는데, 버전 2, 3, 4가 여전히 존재하는 이유는 무엇일까요? MySQL 은 언두 로그를 사용하여 이전 행 버전을 재구성하기 때문에 버전 1의 스냅숏을 유지하기 위해 존재합니다.

:: 기억하세요

MySQL은 언두 로그를 사용하여 스냅숏의 이전 행 버전을 재구성합니다.

그림 8-8을 재구성하는 것은 쉽습니다. 먼저 그림 8-8에서 행을 삽입한 직후 트랜잭션을 시작하고 `SELECT` 문을 실행하여 행의 버전 1에 대한 스냅숏을 설정합니다.

행 조회

```
BEGIN;
SELECT a FROM elem WHERE id = 2;    <-- 행 버전 1의 'Fe'을 반환
```

`COMMIT`이 없으므로 해당 트랜잭션은 여전히 활성 상태이며 전체 데이터베이스에서 해당 스냅숏을 보유하고 있습니다. 이 예에서는 단순히 행 버전 1입니다. 이것을 원본 트랜잭션$_{original\ transaction}$이라고 부르겠습니다.

그런 다음 행을 4번 업데이트하여 버전 5를 만듭니다.

행 업데이트

```
--> autocommit 비활성
UPDATE elem SET a = 'Ti' WHERE id = 2;
UPDATE elem SET a = 'Ag' WHERE id = 2;
UPDATE elem SET a = 'Cf' WHERE id = 2;
UPDATE elem SET a = 'Au' WHERE id = 2;
```

`autocommit`(oreil.ly/nG8wa)은 MySQL에서 기본으로 활성화되어 있으므로 첫 번째(활성) 트랜잭션에는 명시적인 `BEGIN`이 필요하지만, 4개의 `UPDATE` 문에는 필요하지 않습니다. 이제 MySQL은 그림

8-8에 표시된 상태입니다.

원본 트랜잭션이 `SELECT a FROM elem WHERE id = 2`를 다시 실행하면 버전 5(오타가 아님)를 읽지만, 해당 버전이 스냅숏으로 인해 설정된 데이터베이스 변경 내역의 지점보다 더 최신임을 알 수 있습니다. 결과적으로 MySQL은 언두 로그를 사용하여 행을 롤백하고 버전 1을 재구성합니다. 이는 첫 번째 `SELECT` 문에 의해 설정된 스냅숏과 일치합니다. 원본 트랜잭션이 커밋되고 다른 활성 트랜잭션이 이전 스냅숏을 보유하고 있지 않다고 가정하면, 새 트랜잭션이 항상 현재 행 버전으로 시작하기 때문에 MySQL은 관련된 모든 언두 로그를 제거할 수 있습니다. 트랜잭션이 잘 작동하면 전체 프로세스가 성능에 중요하지 않습니다. 그러나 이미 알다시피, 문제가 있는 트랜잭션은 전체 프로세스의 성능에 부정적인 영향을 미칠 수 있습니다. 8장 4절 「일반적인 문제들」에서는 방법과 이유를 살펴봅니다. 하지만 그때까지 MVCC과 언두 로그에 관해 알아야 할 자세한 내용이 있습니다.

`READ COMMITTED` 트랜잭션에서 각 읽기는 새 스냅숏을 설정합니다. 결과적으로 각 읽기는 커밋된 최신 행 버전에 접근하므로 `READ COMMITTED`입니다. 스냅숏이 사용되기 때문에 언두 로그가 계속 생성되지만, 각 스냅숏은 읽기 기간 동안만 유지됩니다. 따라서 `READ COMMITTED`에서는 거의 문제가 되지 않습니다. 읽기에 매우 오랜 시간이 걸리고 데이터베이스의 쓰기 처리량이 많을 때는 변경 내역 목록 길이가 증가함에 따라 리두$_{redo}$ 로그가 발생할 수 있습니다. 그 외에는 `READ COMMITTED`는 실제로 언두 로깅이 없습니다.

스냅숏은 읽기(`SELECT`)에만 영향을 미치며 쓰기에는 사용되지 않습니다. 쓰기는 트랜잭션이 `SELECT`로 현재 행을 볼 수 없더라도 항상 비밀리에 현재 행을 읽습니다. 이 두 가지 관점의 `SELECT`는 혼란을 방지합니다. 예를 들어, 다른 트랜잭션이 프라이머리 키값이 11인 새 행을 삽입한다고 가정합니다. 원본 트랜잭션이 프라이머리 키값이 같은 행을 삽입하려고 하면 트랜잭션이 `SELECT`로 다른 트랜잭션이 입력한 프라이머리 키값을 볼 수 없어도 존재는 하므로 MySQL은 중복 키값을 반환합니다. 또한 스냅숏은 매우 일관성이 있습니다. 트랜잭션에서는 데이터베이스 변경 내역의 새로운 지점으로 스냅숏을 진행할 방법이 없습니다. 트랜잭션을 실행하는 애플리케이션에 최신 스냅숏이 필요할 때, 트랜잭션을 커밋하고 새로운 트랜잭션을 시작한 후 새 스냅숏을 설정해야 합니다.

쓰기는 트랜잭션 격리 수준에 관계없이 트랜잭션이 끝날 때까지 유지되는 언두 로그를 생성합니다. 지금까지는 스냅숏에 대한 이전 행 버전 재구성과 관련하여 언두 로그에 중점을 두었지만, 언두 로그는 쓰기로 인해 변경된 내용을 되돌리기 위해 `ROLLBACK`에서도 사용됩니다.

MVCC에 관해 알아야 할 마지막 사항은 언두 로그가 InnoDB 버퍼 풀에 저장된다는 것입니다. 6장 5절의 "페이지 플러싱"에서 "기타 페이지에는 이 책에서 다루지 않는 기타 내부 데이터가 포함되어 있습니다."라는 내용이 기억날 것입니다. 기타 페이지에는 언두 로그(그리고 더 많은 내부 데이터 구조)가 포함됩니다. 언두 로그는 버퍼 풀 페이지에 있으므로 메모리를 사용하고 주기적으로 디스크로 플러시됩니다.

언두 로그와 관련된 몇 가지 시스템 변수와 메트릭이 있지만, MySQL을 사용하는 엔지니어는 HLL 메트릭만 알고 모니터링하면 됩니다. (HLL은 6장 5절의 "변경 내역 목록 길이(HLL)"에서 처음 소개했고 다음 절에서 자세히 설명합니다.) 그렇지 않으면 애플리케이션이 8장 4절「일반적인 문제들」을 피하는 한 MVCC와 언두 로그가 완벽하게 작동합니다. 이러한 문제 중 하나는 버려진 트랜잭션이므로 원본 트랜잭션을 커밋하여 이를 방지합니다.

```
COMMIT;
```

8-3 변경 내역 목록 길이

변경 내역 목록 길이$_{history\ list\ length}$(이하 HLL)는 제거 또는 플러시되지 않은 이전 행 버전의 양을 측정합니다. 역사적으로 언두 로깅의 전체 구조가 복잡했기 때문에 HLL을 정의하기 어려웠습니다.

```
롤백 세그먼트
    └── 언두 슬롯
        └── 언두 로그 세그먼트
            └── 언두 로그
                └── 언두 로그 기록
```

이러한 복잡성은 측정 단위를 포함하여 언두 로깅과 HLL 간의 간단한 관계를 모호하게 합니다. 기술적으로 정확하지는 않지만, HLL의 가장 간단한 기능 단위는 (기술적으로 정확하지는 않지만) 변경입니다. HLL값이 10,000이면 10,000개의 변경으로 읽을 수 있습니다. 앞 절인「MVCC와 언두 로그」를 이해했다면 이전 행 버전을 재구성하기 위해 변경 사항이 메모리(플러시되지 않음)에 유지(제거되지 않음)된다는 것을 알고 있습니다. 따라서 HLL이 제거 또는 플러시되지 않은 이전 행 버전의 양을 측정한다고 해도 과언이 아닙니다.

100,000보다 큰 HLL은 문제이므로 무시하면 안 됩니다. HLL의 진정한 기술적인 특성은 MySQL 전문가도 파악하기 어렵지만 그 유용성은 분명하고 부인할 수 없습니다. HLL은 트랜잭션 관련 문제의 전조입니다. 항상 HLL을 모니터링하여(8장 3절의「변경 내역 목록 길이(HLL)」참고) 너무 높으면

(100,000보다 큰) 의심할 여지없이 다음 단락에서 살펴볼 일반적인 문제 중 하나이므로 경고를 발생시키고 문제를 해결해야 합니다.

:: 기억하세요

HLL이 100,000보다 크면 경고가 필요합니다.

HLL은 이론적으로는 최댓값을 가지지만 MySQL의 성능은 그 값보다 훨씬 이전에 떨어질 것이 분명합니다.* 예를 들어, 이 글을 쓰는 몇 주 전에 클라우드의 MySQL 인스턴스가 HLL 200,000에서 장애를 일으켰습니다. 이 때문에 MySQL에 장애가 발생하여 2시간 동안 중단되었고 중단되기 전까지 오래 실행된 트랜잭션을 수집하는 데 4시간이나 걸렸습니다.

언두 로깅은 매우 효율적이어서 MySQL 성능이 떨어지거나 최악의 경우 장애가 발생하는 HLL 값과 관련하여 HLL에는 큰 여유가 있습니다. MySQL이 200,000에서 충돌하는 것을 보았지만 200,000을 훨씬 넘겨 잘 실행되는 것도 보았습니다. 한 가지 확실한 것은 HLL이 확인되지 않고 증가하면 성능이 눈에 띄게 느려지거나 MySQL이 충돌하는 문제가 발생한다는 점입니다.

저는 여러분이 MySQL을 사용하면서 역사상 처음으로 HLL 문제를 겪지 않는 엔지니어가 되기를 바랍니다. 그 목적을 달성하기 위해 MySQL 인스턴스에 **UPDATE** 문을 의도적으로 플러딩$_{flooding}$(부하 유발)하여 HLL을 높였습니다. 그리고 수천 개의 이전 행 버전을 수집했습니다. 표 8-2는 활성 **REPEATABLE READ** 트랜잭션에서 단일 행을 조회하도록 만든 쿼리 **SELECT * FROM elem WHERE id=5**에 대하여 응답 시간에 따른 HLL의 영향을 보여 줍니다.

표 8-2 쿼리 응답 시간에 대한 HLL의 영향

HLL	응답 시간(ms)	증가율(%)
0	0.200 ms	
495	0.612 ms	206%
1,089	1.012 ms	406%
2,079	1.841 ms	821%
5,056	3.673 ms	1,737%
11,546	8.527 ms	4,164%

---

* MySQL 8.0 소스 코드 storage/innobase/trx/trx0purge.cc에서는 HLL이 2,000,000보다 클 때 디버그 블록이 경고를 기록합니다.

이 예는 HLL이 쿼리 응답 시간을 높인다는 것을 의미하는 것이 아니라, HLL이 쿼리 응답 시간을 높일 수 있는 가능성을 증명할 뿐입니다. 8장 2절 「MVCC와 언두 로그」와 이 절에서 그 이유를 알 수 있듯이, 활성 REPEATABLE READ 트랜잭션의 SELECT는 행 5(id=5)에 일관된 스냅숏을 가지지만, 해당 행의 UPDATE 문은 새로운 행 버전을 생성합니다. SELECT가 실행될 때마다 언두 로그를 통해 나온 버전은 일관된 스냅숏에 의해 원래 행 버전으로 재구성하고, 재구성된 버전은 쿼리 응답 시간을 늘립니다.

쿼리 응답 시간이 올라가는 것으로도 충분한 증거지만, 우리는 전문가이므로 반박할 수 없이 증명해 보겠습니다. 앞 절 끝 부분에서 언두 로그가 InnoDB 버퍼 풀에 페이지로 저장된다고 언급했습니다. 결과적으로 SELECT는 과도한 수의 페이지에 접근해야 합니다. 이를 증명하기 위해 Percona 서버(oreil.ly/OWUYR)를 사용합니다. 향상된 느린 쿼리 로그는 log_slow_verbosity = innodb로 구성할 때 접근되는 개별 페이지 수를 출력하기 때문입니다.

```
# Query_time: 0.008527
# InnoDB_pages_distinct: 366
```

일반적으로 이 예에서 SELECT는 단일 페이지에 접근하여 프라이머리 키로 하나의 행을 조회합니다. 그러나 SELECT에 대한 일관된 스냅숏이 오래된 경우(그리고 HLL이 큰 경우) InnoDB는 수백 개의 언두 로그 페이지를 통해 이전 행을 재구성합니다.

MVCC, 언두 로그 그리고 HLL은 모두 정상이고 좋은 절충안입니다. 즉, 많은 동시성을 위한 약간의 성능 저하입니다. HLL이 지나치게 큰 경우(100,000보다 큰 경우)에만 원인을 해결하기 위한 조치를 취해야 합니다. 이는 거의 보편적으로 다음과 같은 일반적인 문제 중 하나입니다.

8-4 일반적인 문제

트랜잭션 문제는 트랜잭션을 구성하는 쿼리, 애플리케이션이 해당 쿼리를 얼마나 빨리 실행하는지, 애플리케이션이 트랜잭션을 얼마나 빨리 커밋하는지에 따라 발생합니다. autocommit(oreil.ly/oQtD2)이 활성화된 단일 쿼리는 기술적으로 다음과 같은 문제를 일으킬 수 있는 트랜잭션이지만(이 절 마지막 단락인 "버려진 트랜잭션" 제외), 요점은 BEGIN(또는 START TRANSACTION)으로 시작하여 여러 쿼리를 실행하고 COMMIT(또는 ROLLBACK)으로 끝나는 다중 명령문 트랜잭션입니다. 트랜잭션이 커밋(또는 롤백)될 때까지 잠금과 언두 로그가 유지되기 때문에 다중 명령문 트랜잭션의 성능 영향은 해당 부분(트랜잭션을 구성하는 쿼리)의 합계보다 클 수 있습니다. 애플리케이션이 트랜잭션을 커밋하지 않으면 MySQL은 해당 활성 트랜잭션의 결과가 종료될 때까지 기다립니다.

다행히 이러한 문제 중 어느 것도 감지하거나 수정하기 어렵지 않습니다. HLL은 대부분 트랜잭션 문제의 전조이므로 항상 모니터링해야 합니다. 6장 5절의 "변경 내역 목록 길이(HLL)"와 8장 3절 「변경 내역 목록 길이」를 참고하세요. 8장 5절 「보고」에서는 문제가 있는 트랜잭션을 찾고 보고하는 방법을 설명합니다.

대규모 트랜잭션(트랜잭션 크기)

대규모 트랜잭션은 과도한$_{inordinate}$ 수의 행을 수정합니다. 얼마나 많은 행이 과도한 것일까요? 그것은 상대적이지만 엔지니어는 그것을 볼 때 항상 알고 있습니다. 예를 들어, 전체 데이터베이스에 500,000개의 행이 있고 하나의 트랜잭션이 250,000개의 행을 수정한다면 이는 과도한 것입니다. (또는 최소한 의심스러운 접근 패턴입니다. 4장 4절의 "결과 세트"를 참고하세요.)

> **:: 참고하세요**
> 일반적으로 트랜잭션 크기는 수정된 행 수를 나타냅니다. 수정된 행이 많을수록 트랜잭션이 커집니다. MySQL 그룹 복제(oreil.ly/wH10S)에서 트랜잭션 크기는 약간 다른 의미를 가집니다. MySQL 매뉴얼의 '그룹 복제 제한'(oreil.ly/cJhWF) 부분을 참고하세요.

트랜잭션이 기본 격리 수준인 REPEATABLE READ에서 실행 중이라면 8장 1절 「로우 락」에서 자세히 설명한 대로 갭 락으로 인해 수정된 행보다 더 많은 수의 레코드를 잠근 것으로 가정해야 안전합니다. 트랜잭션이 READ COMMITTED 격리 수준에서 실행 중이라면 수정된 각 행에 대한 레코드 락만 획득합니다. 어느 쪽이든 큰 트랜잭션은 쓰기 처리량과 응답 시간을 심각하게 떨어뜨릴 수 있는 잠금 경합의 큰 원인이 됩니다.

복제를 잊지 마세요(7장 참고). 대규모 트랜잭션은 복제 지연의 주요 원인이며(7장 2절의 "트랜잭션 처리량" 참고) 다중 스레드 복제의 효율성을 떨어뜨립니다(7장 4절의 「지연 감소: 다중 스레드 복제」 참고).

대규모 트랜잭션은 8장 2절 「MVCC와 언두 로그」, 7장 1절의 "바이너리 로그 이벤트" 그리고 그림 6-7에서 다룬 것처럼 커밋(또는 롤백) 속도가 눈에 띄게 느릴 수 있습니다. 데이터 변경이 메모리에서 발생하므로 행을 빠르고 쉽게 수정할 수 있지만, 커밋은 MySQL이 데이터 변경을 유지하고 복제하기 위해 중요한 작업을 수행할 때 계산됩니다.

트랜잭션은 작을수록 더 좋습니다. 얼마나 작아야 할까요? 이것 역시 조정하기가 상대적이고 복잡합니다. 방금 언급했듯이 트랜잭션은 커밋할 때 계산을 유발하므로 여러 하위 시스템을 조정해야 합니다. (IOPS와 같은 작은 세부 사항을 제한하고 조정하는 경향이 있는 클라우드를 고려할 때 훨씬 더 복잡합니다.)

배치 크기 조정이 필요한 대량 작업(3장 3절의 "배치 크기" 참고)을 제외하고 트랜잭션 크기를 조정하는 것은 일반적으로 필요하지 않습니다. 문제가 공통적이지만 일반적으로 일회성이기 때문입니다. 일회성 문제는 대부분 발견되고 수정되며 다시 발생하지 않습니다(최소한 잠시 동안). 다음 절인 「보고」에서는 대규모 트랜잭션을 찾는 방법을 보여 줍니다.

해결 방법은 트랜잭션에서 너무 많은 행을 수정하는 쿼리(또는 쿼리들)를 찾아 더 적은 수로 행을 수정하도록 변경하는 것입니다. 그러나 이는 전적으로 쿼리, 애플리케이션에서의 목적, 그리고 너무 많은 행을 수정하려는 이유에 따라 다릅니다. 이유가 무엇이든 1~4장은 쿼리를 이해하고 수정하는 데 도움이 됩니다.

마지막으로 최소 데이터 원칙(3장 2절의 「최소 데이터 원칙」 참고)을 면밀히 준수한다면 트랜잭션 크기는 결코 문제가 되지 않을 수 있습니다.

오래 실행되는 트랜잭션

오래 실행되는 트랜잭션은 완료(커밋 또는 롤백)하는 데 너무 오래 걸립니다. 얼마나 걸려야 오래 걸리는 것인지는 조건에 따라서 다릅니다.

- 애플리케이션 또는 사용자에게 허용되는 것보다 더 깁니다.
- 다른 트랜잭션과 문제(경합 가능성)를 일으킬 만큼 충분히 깁니다.
- 변경 내역 목록 길이 경고를 발생시킬 만큼 충분히 깁니다.

성능 문제를 사전에 해결하지 않는 한, 두 번째와 세 번째 지점이 오래 실행되는 트랜잭션의 원인일 가능성이 큽니다.

애플리케이션이 쿼리 사이에 대기하지 않는다고 가정하면(다음 문제인 "지연된 트랜잭션") 오래 실행되는 트랜잭션에는 2가지 원인이 있습니다.

- 트랜잭션을 구성하는 쿼리가 너무 느립니다.
- 애플리케이션이 트랜잭션에서 너무 많은 쿼리를 실행합니다.

첫 번째 원인은 1~5장에서 살펴본 기법으로 해결합니다. 트랜잭션의 모든 쿼리에 대한 언두 로그와 로우 락은 트랜잭션이 커밋될 때까지 유지됩니다. 반대로 이것은 오래 실행되는 트랜잭션을 수정하기 위해 느린 쿼리를 최적화하면 부수적인 이점이 있음을 의미합니다. 즉, 개별 쿼리가 빨라지므로 결국 전체 트랜잭션이 더 빨라져 트랜잭션 처리량이 증가할 수 있습니다. 단점은 오래 실행되는 트랜잭션이 애플리케이션에는 충분히 빠르지만, 다른 트랜잭션에는 너무 길 수 있다는 것입니다. 예를 들어, 트랜잭션을 실행하는 데 1초가 걸린다고 가정해 보겠습니다. 이는 애플리케이션에 적합하지만 1초 동안 로우 락을 보유함으로써 더 빠른, 다른 트랜잭션에서 해당 행을 사용하지 못하고 대기할 수도 있습니다. 이는 빠른 트랜잭션이 프로덕션에서는 느리게 실행될 수 있지만, 테스트나 개발 시 분석할 때는 격리 상태에서 빠르게 실행될 수 있기 때문에 디버깅하기 까다로운 문제를 만듭니다. 물론 테스트에서는 프로덕션 트랜잭션의 동시성과 경합이 거의 또는 전혀 없다는 차이가 있습니다. 이때 데이터 잠금 경합을 디버깅해야 하는데 여러 가지 이유로 쉽지 않으며 적어도 데이터 잠금은 순간이라는 점입니다. 표 8-1 다음의 참고 사항을 보고 DBA 또는 MySQL 전문가와 상의하세요.

두 번째 원인은 트랜잭션에서 실행되는 쿼리 수를 줄이도록 애플리케이션을 수정하여 해결할 수 있습니다. 이 문제는 애플리케이션이 쿼리 수를 제한하지 않고 대량 작업을 시도하거나 트랜잭션 내에서 프로그래밍 방식으로 쿼리를 생성할 때 발생합니다. 어느 쪽이든 해결 방법은 트랜잭션의 쿼리 수를 줄이거나 제한하는 것입니다. 트랜잭션이 오래 실행되지 않을 때에도 이는 실수로 오래 실행되지 않도록 하는 것이 최선입니다. 예를 들어, 애플리케이션이 새로 출시되면 트랜잭션당 5개의 행만 삽입되지만, 몇 년 후 애플리케이션에 수백만 명의 사용자가 생기면 처음부터 제한이 설정되지 않았기 때문에 트랜잭션당 500개의 행을 삽입합니다.

다음 절인 「보고」에서는 오래 실행되는 트랜잭션을 찾는 방법을 보여 줍니다.

지연된 트랜잭션

지연된 트랜잭션이 `BEGIN` 이후, 쿼리 사이 또는 `COMMIT` 이전에 너무 오래 대기하고 있습니다. 지연된 트랜잭션은 오래 실행되는 트랜잭션일 가능성이 크지만 원인은 다릅니다. 쿼리 대기 시간(오래 실행)이 아니라 쿼리 간 대기 시간(지연)입니다.

사실 쿼리 사이에는 약간의 대기 시간이 항상 있지만(적어도 쿼리를 보내고 결과 세트를 받는 데 필요한 네 트워크 지연 시간으로 인해) 이전의 2가지 문제에서와 같이 지연된 트랜잭션을 보면 알 수 있습니다. 비 유적으로 말하면 전체는 부분의 합보다 훨씬 큽니다. 기술적으로 말하면 BEGIN에서 COMMIT까지의 트랜잭션 응답 시간은 쿼리 응답 시간의 합보다 훨씬 큽니다.

지연된 트랜잭션이 쿼리 사이(BEGIN 이후와 COMMIT 이전 포함)를 대기 중이므로 MySQL은 책임이 없 습니다. 대기는 애플리케이션에 의해 발생하며 그 이유는 무한합니다. 일반적인 이유는 트랜잭션 전 후가 아니라 트랜잭션이 활성 상태인 동안 시간을 소모하는 애플리케이션 로직을 수행하기 때문입니 다. 그러나 때로는 이러한 시간 소모 로직을 피할 수 없습니다. 다음 예를 고려해 보세요.

```
BEGIN;
SELECT <row>
--
-- 행을 기반으로 하는 시간 소모 애플리케이션
--
UPDATE <row>
COMMIT;
```

이럴 때 해결책은 애플리케이션 로직에 따라 다릅니다. 가장 근본적인 질문부터 시작하겠습니다. 이 러한 쿼리가 트랜잭션이어야 할까요? 읽기 후와 업데이트하기 전에 행을 변경할 수 있나요? 행이 변 경되면 로직이 깨지나요? 아니면 READ COMMITTED 격리 수준으로 갭 락을 비활성화할 수 있나요? 엔지니어는 영리해서 이러한 사례를 해결하는 방법을 찾습니다. 첫 번째 단계는 사례를 찾는 것인데 8장 5절 「보고」에서 다룹니다.

버려진 트랜잭션

버려진 트랜잭션은 활성 클라이언트 연결이 없는 활성 트랜잭션입니다. 버려진 트랜잭션의 2가지 주요 원인은 다음과 같습니다.

- 애플리케이션 연결 누수
- 반쯤 닫힌 연결

애플리케이션 버그는 데이터베이스 연결이 누수leaks될 수 있습니다(메모리나 스레드 누수처럼): 즉, 코드 수준 연결 개체가 범위를 벗어나므로 더 이상 사용되지 않지만 여전히 다른 코드에서 참조하므로 닫히거나 해제되지 않습니다(아마도 약간의 메모리가 누수될 수 있습니다). 이 버그를 직접 확인하기 위한 애플리케이션 수준의 프로파일링, 디버깅 또는 누수 감지 외에도 애플리케이션을 다시 시작하면 버려진 트랜잭션이 해결(종료)되는지 간접적으로 확인할 수 있습니다. MySQL에서는 버려진 트랜잭션(8장 5절 「보고」 참고)일 가능성이 있는 항목을 볼 수 있지만, MySQL은 연결이 버려졌음을 알지 못하므로 이 버그를 확인할 수 없습니다.

MySQL이나 운영체제에서 감지할 수 있는 어떤 이유로든 클라이언트 연결이 닫힐 때 MySQL이 트랜잭션을 롤백하기 때문에 일반적인 상황에서는 반쯤 닫힌half-closed 연결이 발생하지 않습니다. 그러나 MySQL과 운영체제 외부의 문제로 인해 MySQL 측을 닫지 않고 클라이언트 측 연결을 닫을 수 있습니다. 이것이 반쯤 닫힌 연결이라고 하는 이유입니다. MySQL은 네트워크 프로토콜이 거의 전적으로 명령과 응답이기 때문에 특히 반쯤 닫힌 연결이 발생하기 쉽습니다. 클라이언트는 명령을 보내고 MySQL은 응답을 보냅니다. (궁금하면 클라이언트에서 COM_QUERY(oreil.ly/I4RjE) 패킷을 사용하여 MySQL로 쿼리를 보냅니다.) 명령과 응답 사이에 클라이언트와 MySQL은 단 하나의 바이트도 전송되지 않는 완전한 침묵을 관찰합니다. 이는 기본값 28,800(8시간)인 wait_timeout(oreil.ly/zP2bf, 기본값: 28,800[8시간])초가 경과할 때까지 반쯤 닫힌 연결이 인식되지 않는다는 의미입니다.

연결 누수를 일으키는 애플리케이션 버그나 네트워크 침묵으로 오인된 반쯤 닫힌 연결이든 트랜잭션이 활성 상태(커밋되지 않음)일 때 발생하면 최종 결과는 같습니다. 트랜잭션은 활성 상태를 유지합니다. MySQL은 트랜잭션이 버려졌음을 알지 못하기 때문에 일관된 스냅숏이나 데이터 잠금도 활성 상태로 유지됩니다.

사실 MySQL은 저처럼 침묵을 좋아합니다. 하지만 프로라면 4가지 트랜잭션 문제를 모두 찾아서 보고하는 방법을 알아야 합니다.

8-5 보고

MySQL 성능 스키마(oreil.ly/fgU04)는 트랜잭션을 자세하게 보고할 수 있지만, 이 글을 쓰는 시점에는 이를 쉽게 하는 도구는 없습니다. 기존 오픈소스 도구를 사용하라고 말하고 싶어도 그런 도구는 없습니다. 지금부터 살펴볼 SQL 문은 최신 기술입니다. 새로운 기술이 개발되면 'MySQL Transaction Reporting'(hackmysql.com/trx)에 신도록 하겠습니다. 그때까지는 흔히 사용하는 방식인 복사와 붙여넣기로 작업을 수행해 봅시다.

활성 트랜잭션: 최신

예제 8-2의 SQL 문은 1초보다 오래 활성화된 모든 트랜잭션에 대한 최신 쿼리를 보고합니다. 이 보고서는 어떤 트랜잭션이 오래 실행 중이며 지금 무엇을 하고 있는지에 답합니다.

예제 8-2 1초보다 길게 활성화된 트랜잭션에 대한 최신 쿼리 보고

```
SELECT
  ROUND(trx.timer_wait/1000000000000,3) AS trx_runtime,
  trx.thread_id AS thread_id,
  trx.event_id AS trx_event_id,
  trx.isolation_level,
  trx.autocommit,
  stm.current_schema AS db,
  stm.sql_text AS query,
  stm.rows_examined AS rows_examined,
  stm.rows_affected AS rows_affected,
  stm.rows_sent AS rows_sent,
  IF(stm.end_event_id IS NULL, 'running', 'done') AS exec_state,
  ROUND(stm.timer_wait/1000000000000,3) AS exec_time
FROM
      performance_schema.events_transactions_current trx
  JOIN performance_schema.events_statements_current    stm USING (thread_id)
WHERE
```

```
            trx.state = 'ACTIVE'
  AND trx.timer_wait > 1000000000000 * 1\G
```

시간을 늘리려면 **\G** 앞의 1을 변경하세요 성능 스키마 타이머는 피코초$_{picoseconds}$를 사용하므로 **1000000000000 * 1**은 1초입니다.

예제 8-2의 출력은 다음과 유사합니다.

```
*********************** 1. row ***************************
     trx_runtime: 20729.094
       thread_id: 60
    trx_event_id: 1137
 isolation_level: REPEATABLE READ
      autocommit: NO
              db: test
           query: SELECT * FROM elem
   rows_examined: 10
   rows_affected: 0
       rows_sent: 10
      exec_state: done
       exec_time: 0.038
```

다음은 예제 8-2의 필드(열)에 대한 추가 정보입니다.

trx_runtime

트랜잭션이 밀리초 정밀도로 실행(활성)된 시간(초)입니다. (이 트랜잭션을 잊어버려서 예제에서 거의 6시간 동안 활성 상태였습니다.)

thread_id

트랜잭션을 실행 중인 클라이언트 연결의 스레드 아이디입니다. 이는 잠시 후 "활성 트랜잭션: 쿼리 수행 내역"에서 사용합니다. 성능 스키마 이벤트는 스레드 아이디와 이벤트 아이디를 사용하여 클라이언트 연결과 이벤트에 각각 데이터를 연결합니다. 스레드 아이디는 MySQL의 다른 부분에 공통인

프로세스 아이디와 다릅니다.

trx_event_id

트랜잭션 이벤트 아이디입니다. 이것도 "활성 트랜잭션: 쿼리 수행 내역"에서 사용합니다.

isolation_level

트랜잭션 격리 수준인 `READ REPEATABLE` 또는 `READ COMMITTED`입니다. 다른 격리 수준인 `SERIALIZABLE`과 `READ UNCOMMITTED`는 거의 사용되지 않으며 이러한 격리 수준이 보인다면 애플리케이션 버그일 수 있습니다. 트랜잭션 격리 수준은 로우 락과 `SELECT`가 일관된 스냅숏을 사용하는지에 영향을 미칩니다.

autocommit

`YES`면 자동 커밋이 활성화되고 단일 명령문 트랜잭션입니다. `NO`이면 트랜잭션이 `BEGIN`(또는 `START TRANSACTION`)으로 시작되었으며 다중 명령문 트랜잭션일 가능성이 큽니다.

db

쿼리의 현재 데이터베이스입니다. 현재 데이터베이스는 `USE db`를 의미합니다. 쿼리는 `db.table`처럼 `DB이름.테이블명`으로 다른 데이터베이스에 접근할 수 있습니다.

query

트랜잭션에서 실행되었거나 실행된 최신 쿼리입니다. `exec_state = running`이면 `query`가 현재 트랜잭션에서 실행 중입니다. `exec_state = done`이면 `query`는 트랜잭션이 실행한 마지막 쿼리입니다. 두 경우 모두 트랜잭션이 활성 상태(커밋되지 않음)이지만 후자는 쿼리 실행과 관련하여 유휴 상태입니다.

rows_examined

`query`로 검사한 전체 행의 개수입니다. 여기에는 트랜잭션에서 실행된 과거 쿼리는 포함되지 않습니다.

rows_affected

`query`로 수정된 전체 행의 개수입니다. 여기에는 트랜잭션에서 실행된 과거 쿼리는 포함되지 않습니다.

rows_sent

query에서 보낸 전체 행의 개수(결과 세트)입니다. 여기에는 트랜잭션에서 실행된 과거 쿼리는 포함되지 않습니다.

exec_state

done이면 쿼리 실행과 관련하여 트랜잭션이 유휴 상태이고 query는 실행된 마지막 쿼리입니다. running이면 트랜잭션이 현재 쿼리를 실행 중입니다. 두 경우 모두 트랜잭션이 활성 상태입니다(커밋되지 않음).

exec_time

초 단위 쿼리 실행 시간입니다(밀리초 정밀도).

성능 스키마 테이블인 events_transactions_current와 events_statements_current에는 더 많은 필드가 포함되어 있지만 이 보고서는 필수 필드만 선택합니다. 이 보고서는 앞 절의 4가지 "일반적인 문제"를 모두 밝힐 수 있기 때문에 진정한 일꾼입니다.

- **대규모 트랜잭션**: rows_affected(수정된 행)와 rows_sent를 보고 트랜잭션 크기(행 기준)를 확인합니다. trx. rows_affected > 1000과 같은 조건을 추가하여 실험합니다.
- **오래 실행되는 트랜잭션**: 장기 실행 쿼리를 필터링하려면 trx.timer_wait > 1000000000000 * 1 조건 끝에서 1을 조정합니다.
- **지연된 트랜잭션**: exec_state = done이고 잠시 동안 그 상태를 유지하면 트랜잭션이 지연됩니다. 이 보고서는 활성 트랜잭션의 최신 쿼리만 나열하므로 쿼리는 빠르게 변경되어야 합니다. exec_state = done은 순간적이어야 합니다.
- **버려진 트랜잭션**: exec_state = done이 오랫동안 남아 있으면 커밋 후 보고되지 않기 때문에 트랜잭션이 버려졌을 수 있습니다.

활성 트랜잭션은 일시적이어야 하므로 이 보고서의 출력은 순간적이어야 합니다. 여러 번 볼 수 있을 만큼 충분히 긴 트랜잭션을 보고하는 경우 트랜잭션이 앞 절 「일반적인 문제들」 중 하나를 나타내는 것일 수 있습니다. 이때는 다음 단락 '활성 트랜잭션: 쿼리 수행 내역'처럼 해당 thread_id와 statement_event_id를 사용하여 트랜잭션이 문제인 이유를 밝히는 데 도움이 되는 쿼리 실행 내역(과거 쿼리)을 보고합니다.

정보 스키마 INNODB_TRX

MySQL 성능 스키마를 사용하는 것이 최선의 방법이자 미래지향적인 MySQL 성능 보고입니다. 그러나 MySQL 정보 스키마(oreil.ly/2AOhC)가 여전히 널리 사용되므로 `information_schema.innodb_trx` 테이블을 조회하면 오래 실행되는 트랜잭션을 확인할 수 있습니다.

```
SELECT
  trx_mysql_thread_id AS process_id,
  trx_isolation_level,
  TIMEDIFF(NOW(), trx_started) AS trx_runtime,
  trx_state,
  trx_rows_locked,
  trx_rows_modified,
  trx_query AS query
FROM
  information_schema.innodb_trx
WHERE
  trx_started < CURRENT_TIME - INTERVAL 1 SECOND\G
```

```
*************************** 1. row ***************************
         process_id: 13
 trx_isolation_level: REPEATABLE READ
        trx_runtime: 06:43:33
          trx_state: RUNNING
    trx_rows_locked: 4
  trx_rows_modified: 1
              query: NULL
```

이 예에서 트랜잭션이 쿼리를 실행하지 않기 때문에 query는 NULL입니다. 만약 트랜잭션이 쿼리를 수행하고 있었다면 query 필드에 쿼리가 포함됩니다.

성능 스키마를 사용하는 것이 좋습니다. MySQL 내부에서 일어나는 일에 대해 알아야 할 훨씬 더 자세한 정보가 포함되어 있기 때문입니다. 이 책의 모든 예는 될 수 있으면 성능 스키마를 사용합니다. 드물게 일부 정보는 여전히 정보 스키마에서만 사용할 수 있습니다. `information_schema.innodb_trx` 테이블에 대한 자세한 내용은 MySQL 매뉴얼 The INFORMATION_SCHEMA INNODB_TRX Table'(oreil.ly/jqVNx)' 부분을 참고하세요.

활성 트랜잭션: 요약

예제 8-3의 SQL 문은 1초 이상 활성 상태인 모든 트랜잭션에 대해 실행한 쿼리 요약을 보고합니다. 이 보고서는 어떤 트랜잭션이 오래 실행되고 있으며 얼마나 많은 작업을 수행했는지 등의 질문에 답합니다.

예제 8-3 트랜잭션 요약 보고

```
SELECT
  trx.thread_id AS thread_id,
  MAX(trx.event_id) AS trx_event_id,
  MAX(ROUND(trx.timer_wait/1000000000000,3)) AS trx_runtime,
  SUM(ROUND(stm.timer_wait/1000000000000,3)) AS exec_time,
  SUM(stm.rows_examined) AS rows_examined,
  SUM(stm.rows_affected) AS rows_affected,
  SUM(stm.rows_sent) AS rows_sent
FROM
      performance_schema.events_transactions_current trx
  JOIN performance_schema.events_statements_history   stm
    ON stm.thread_id = trx.thread_id AND stm.nesting_event_id = trx.event_id
WHERE
      stm.event_name LIKE 'statement/sql/%'
  AND trx.state = 'ACTIVE'
  AND trx.timer_wait > 1000000000000 * 1

GROUP BY trx.thread_id\G
```

시간을 늘리려면 \G 앞의 1을 변경하세요. 필드는 앞 단락인 "활성 트랜잭션: 최신"에서와 같지만 이 보고서는 각 트랜잭션에 대한 과거 쿼리를 집계합니다. 이 보고서에 따르면 지연된 트랜잭션(현재 쿼리를 실행하지 않음)은 과거에 많은 작업을 수행했을 수 있습니다.

> **:: 참고하세요**
>
> 쿼리 실행이 완료되면 performance_schema.events_statements_history 테이블에 기록되지만 performance_schema.events_statements_current 테이블에도 남아 있습니다. 따라서 보고서에는 완료된 쿼리만 포함되고 활성 쿼리가 필터링되지 않는 한 후자의 테이블과 조인해서는 안 됩니다.

이 보고서는 과거 쿼리를 포함하므로 8장 4절에서 살펴본 대규모 트랜잭션(트랜잭션 크기)을 찾는 데 더 좋습니다.

활성 트랜잭션: 쿼리 수행 내역

예제 8-4의 SQL 문은 단일 트랜잭션으로 실행된 쿼리 내역을 보고합니다. 이 보고서는 각 쿼리 트랜잭션이 얼마나 많은 작업을 수행했는지를 알려 줍니다. 예제 8-4에서 stm.thread_id 값과 stm.nesting_event_id의 값인 0을 예제 8-2의 보고서에서 나온 thread_id와 trx_event_id 값으로 바꿔야 합니다.

- stm.thread_id = 0에서 0을 thread_id로 바꿉니다.
- stm.nesting_event_id = 0에서 0을 trx_event_id로 바꿉니다.

예제 8-4 트랜잭션 변경 내역 보고

```
SELECT
  stm.rows_examined AS rows_examined,
  stm.rows_affected AS rows_affected,
  stm.rows_sent AS rows_sent,
  ROUND(stm.timer_wait/1000000000000,3) AS exec_time,
  stm.sql_text AS query
FROM
  performance_schema.events_statements_history stm
```

```
WHERE
        stm.thread_id = 0
  AND   stm.nesting_event_id = 0
ORDER BY stm.event_id;
```

```
+---------------+---------------+------------+-----------+--------------------+
¦ rows_examined ¦ rows_affected ¦ rows_sent  ¦ exec_time ¦ query              ¦
+---------------+---------------+------------+-----------+--------------------+
¦ 10            ¦ 0             ¦ 10         ¦ 0.000     ¦ SELECT * FROM elem  ¦
¦ 2             ¦ 1             ¦ 0          ¦ 0.003     ¦ UPDATE elem SET ... ¦
¦ 0             ¦ 0             ¦ 0          ¦ 0.002     ¦ COMMIT              ¦
+---------------+---------------+------------+-----------+--------------------+
```

이 트랜잭션은 시작된 **BEGIN** 외에도 2개의 쿼리를 실행한 다음 **COMMIT**을 실행했습니다. 첫 번째 **SELECT**이고 두 번째는 **UPDATE** 쿼리입니다. 흥미로운 예는 아니지만 트랜잭션의 쿼리 실행 내역과 함께 기본 쿼리 메트릭을 보여 줍니다. 수행 내역은 문제가 있는 트랜잭션을 디버깅할 때 매우 유용합니다. 어떤 쿼리가 느리거나(**exec_time** 큰지(행 측면에서), 애플리케이션이 지연되는 지점(트랜잭션이 더 많은 쿼리를 실행할 것임을 알고 있을 때)을 확인할 수 있습니다.

커밋된 트랜잭션: 요약

이전 세 보고서는 활성 트랜잭션에 대한 것이지만 커밋된 트랜잭션도 나타납니다. 예제 8-5의 SQL 문은 커밋된(완료된) 트랜잭션에 대한 기본 메트릭을 보고합니다. 트랜잭션에 대한 느린 쿼리 로그와 같습니다.

예제 8-5 커밋된 트랜잭션에 대한 기본 메트릭 보고

```
SELECT
  ROUND(MAX(trx.timer_wait)/1000000000,3) AS trx_time,
  ROUND(SUM(stm.timer_end-stm.timer_start)/1000000000,3) AS query_time,
  ROUND((MAX(trx.timer_wait)-SUM(stm.timer_end-stm.timer_start))/1000000000, 3)
```

```
    AS idle_time,
  COUNT(stm.event_id)-1 AS query_count,
  SUM(stm.rows_examined) AS rows_examined,
  SUM(stm.rows_affected) AS rows_affected,
  SUM(stm.rows_sent) AS rows_sent
FROM
      performance_schema.events_transactions_history trx
  JOIN performance_schema.events_statements_history    stm
    ON stm.nesting_event_id = trx.event_id
WHERE
      trx.state = 'COMMITTED'
  AND trx.nesting_event_id IS NOT NULL
GROUP BY
  trx.thread_id, trx.event_id;
```

예제 8-5의 필드는 다음과 같습니다.

trx_time

총 트랜잭션 시간입니다. 마이크로초(μs) 정밀도의 밀리초(ms) 단위입니다.

query_time

총 쿼리 실행 시간입니다. 마이크로초 정밀도의 밀리초 단위입니다.

idle_time

트랜잭션 시간에서 쿼리 시간을 뺀 값(마이크로초 정밀도의 밀리초 단위)입니다. 유휴 시간은 트랜잭션에서 쿼리를 실행하는 동안 애플리케이션이 지연된 시간을 나타냅니다.

query_count

트랜잭션에서 실행된 쿼리 수입니다.

rows_*

트랜잭션에서 실행된 모든 쿼리에 의해 검사된$_{examined}$, 영향받은$_{affected}$, 전송된$_{affected}$ 행 수입니다.

예제 8-5의 출력은 다음과 같습니다.

```
+----------+----------+-----------+---------+-----------+-----------+-----------+
| trx_time | qry_time | idle_time | qry_cnt | rows_exam | rows_affe | rows_sent |
+----------+----------+-----------+---------+-----------+-----------+-----------+
| 5647.892 | 1.922    | 5645.970  | 2       | 10        | 0         | 10        |
| 0.585    | 0.403    | 0.182     | 2       | 10        | 0         | 10        |
+----------+----------+-----------+---------+-----------+-----------+-----------+
```

이 예제에서는 같은 트랜잭션을 두 번 실행했습니다. 먼저 수동으로 실행한 다음 복사하여 붙여 넣었습니다. 수동 실행은 5.6초(5647.892)가 소요되었으며 대부분 타이핑으로 인한 유휴 시간이었습니다. 그러나 프로그래밍 방식으로 실행되는 트랜잭션은 두 번째 행에 표시된 것처럼 대부분 쿼리 실행 시간이어야 합니다. 실행 시간은 403μs이고 유휴 시간은 182μs에 불과합니다.

요점 정리

이 장에서는 일반적인 문제를 피하는 것과 관련하여 MySQL 트랜잭션을 살펴봤습니다. 요점은 다음과 같습니다.

- 트랜잭션 격리 수준은 로우 락(데이터 잠금)에 영향을 미칩니다.
- 기본 InnoDB 데이터 잠금은 다음과 같습니다. 레코드 락(단일 인덱스 레코드 락), 넥스트-키 락(단일 인덱스 레코드와 그 앞의 레코드 간격 잠금), 갭 락(두 레코드 사이의 범위[갭] 잠금) 그리고 삽입 의도 잠금(갭에 INSERT를 허용. 잠금보다 대기 조건에 더 가까움).
- 기본 트랜잭션 격리 수준인 REPEATABLE READ는 접근되는 행 범위를 격리하기 위해 갭 락을 사용합니다.
- READ COMMITTED 트랜잭션 격리 수준은 갭 락을 비활성화합니다.
- InnoDB는 REPEATABLE READ 트랜잭션에서 일관된 스냅숏을 사용하여 다른 트랜잭션에 의한 행 변경에도 불구하고 읽기(SELECT)가 동일한 행을 반환하도록 합니다.
- 일관된 스냅숏을 위해서는 InnoDB가 언두 로그에 행 변경 사항을 저장하여 이전 행 버전을 재구성해야 합니다.
- 변경 내역 목록 길이(HLL)는 제거 또는 플러시되지 않은 이전 행 버전의 양을 측정합니다.

- HLL은 파멸의 전조입니다. HLL이 100,000보다 크면 항상 모니터링하고 경고합니다.
- 데이터 잠금과 언두 로그는 COMMIT 또는 ROLLBACK과 함께 트랜잭션이 종료될 때 해제됩니다.
- 트랜잭션을 둘러싼 4가지 일반적인 문제: 대규모 트랜잭션(너무 많은 행 수정), 오래 실행되는 트랜잭션(BEGIN에서 COMMIT까지 느린 응답 시간), 지연된 트랜잭션(쿼리 사이에 불필요한 대기) 그리고 버려진 트랜잭션(활성 트랜잭션 동안 클라이언트 연결이 사라짐).
- MySQL 성능 스키마를 이용하면 자세한 트랜잭션을 확인할 수 있습니다.
- 트랜잭션 성능은 쿼리 성능만큼 중요합니다.

다음 장에서는 일반적인 MySQL 문제와 이를 완화하는 방법을 안내합니다.

연습: 변경 내역 목록 길이(HLL) 경고

이 연습의 목표는 100,000보다 큰 HLL에 대해 경고하는 것입니다(8장 3절 「변경 내역 목록 길이」 참고). 이것은 모니터링(메트릭 수집)과 경고 시스템에 따라 다르지만 기본적으로 다른 메트릭에 대한 경고와 다르지 않습니다. 따라서 필요한 작업은 2가지입니다.

- HLL값을 수집하고 보고합니다.
- 100,000보다 큰 HLL에 대한 경고를 만듭니다.

모든 MySQL 모니터는 HLL을 수집하고 보고할 수 있어야 합니다. 현재 모니터링이 불가능하다면 HLL이 기본 메트릭이므로 더 나은 모니터링을 진지하게 고려해 보세요. HLL을 수집하고 보고하는 방법을 알아보려면 모니터링 설명서를 읽어보세요. HLL은 빠르게 변경될 수 있지만 높은 HLL로 인해 MySQL이 위험에 처하기 전에는 여유가 있습니다. 따라서 HLL을 매분 단위로 천천히 보고할 수 있습니다.

모니터가 HLL을 수집하고 보고하면 20분 동안 100,000보다 큰 HLL에 대한 경고를 설정합니다. 그러나 6장 6절의 "헛된 노력(임곗값)"를 기억하세요. 20분 임곗값을 조정해야 할 수도 있지만 20분 이상 계속 HLL이 100,000보다 큰 것은 매우 비정상적입니다.

다음 예는 HLL값을 수동으로 질의해야 하는 경우입니다.

```
SELECT name, count
```

```
FROM    information_schema.innodb_metrics
WHERE   name = 'trx_rseg_history_len';
```

역사적으로 HLL은 `SHOW ENGINE INNODB STATUS`출력 결과에서 확인할 수 있습니다. MySQL에서 TRANSACTIONS 항목의 History list length를 찾아보세요. 여러분이 HLL에 대한 경고를 받지 않기를 바라지만 경고를 받는 것이 최선의 방법이며, 이를 통해 많은 애플리케이션이 운영 중단을 방지할 수 있었습니다. HLL 경고에 친숙해지세요.

연습: 로우 락 검사

이 연습의 목표는 애플리케이션의 실제 쿼리에 대한 로우 락을 검사하고 가능하면 쿼리가 각 잠금을 획득하는 이유를 이해하는 것입니다. InnoDB 로우 락은 이해하기 어려울 수 있어서 '가능하면'이라고 제시했습니다.

MySQL의 개발이나 스테이징 인스턴스를 사용하고 프로덕션은 사용하지 마세요. 또한 8장 1절 「로우 락」에서 설명한 대로 성능 스키마 테이블 `data_locks`를 사용하여 최상의 데이터 잠금 보고를 제공하므로 MySQL 8.0.16 이상을 사용하세요. MySQL 5.7만 사용할 수 있다면 `SHOW ENGINE INNODB STATUS`를 사용하여 데이터 잠금을 검사해야 합니다. MySQL 5.7에서 8.0으로 데이터 잠금 출력을 매핑하는 방법은 'MySQL 8.0에서 5.7로 데이터 락을 맵핑하는 방법'(oreil.ly/f9uqy) 글을 참고하세요.

실제 테이블 정의와 가능한 한 많은 실제 데이터(행)를 사용하세요. 될 수 있으면 프로덕션에서 데이터를 덤프하고 개발 또는 스테이징 MySQL 인스턴스에 로드합니다.

궁금한 특정 쿼리나 트랜잭션이 있을 때 데이터 잠금을 검사하는 것부터 시작하세요. 그렇지 않으면 느린 쿼리로 시작합니다. 1장 3절의 "쿼리 프로파일" 부분을 떠올리세요.

트랜잭션이 완료되면 잠금이 해제되므로 8장 1절 「로우 락」에 표시된 대로 명시적 트랜잭션을 사용해야 합니다.

```
BEGIN;
--
-- 하나 이상의 쿼리 실행
--
SELECT index_name, lock_type, lock_mode, lock_status, lock_data
FROM    performance_schema.data_locks
WHERE   object_name = 'elem';
```

elem을 원하는 테이블 이름으로 바꾸고 잠금을 해제하려면 COMMIT이나 ROLLBACK을 실행합니다. 다음 트랜잭션을 위해 격리 수준을 변경하려면 BEGIN 전에 SET TRANSACTION ISOLATION LEVEL READ COMMITTED를 실행합니다.

이것은 전문가 수준의 연습이므로 노력과 이해만으로도 성과입니다. 축하합니다.

9장 다른 문제들

EFFICIENT MYSQL
PERFORMANCE

이 장에서는 일반적인 MySQL 문제와 이를 완화하는 방법을 간략하게 소개합니다. 이러한 문제는 대부분 성능과 직접적인 관련이 없어서 다른 장에 맞지 않지만 과소 평가하면 안 됩니다. 예를 들어, 다음 절부터 시작하는 처음 2가지 문제는 데이터베이스를 망칠 수 있습니다. 게다가 이는 특별한 상황에서만 발상하는 것이 아니며 여러분의 업무를 망칠지도 모르는 일반적인 문제입니다. 언제, 어디서 만날지 모르므로 완벽하게 준비해 두세요.

9-1 스플릿-브레인이 가장 큰 위험이다

스플릿-브레인이 똑같은 복제 토폴로지에서 동시에 발생하려면 2가지 조건을 만족해야 합니다.

- 둘 이상의 MySQL 인스턴스에서 쓰기가 가능합니다(read_only=0).
- 둘 이상의 MySQL 인스턴스에서 쓰기가 발생합니다.

둘 다 일어나서는 안 되고 특히 동시에 발생해서는 안 되지만, 버그나 사고를 영원히 피할 수는 없습니다. 이런 일이 발생할 때 이를 **스플릿-브레인**split-brain이라고 합니다. 모든 MySQL 인스턴스가 같은 데이터를 가지는 대신, 데이터가 모든 인스턴스에서 더 이상 일관되지 않기 때문에 실질적인 분할입니다. 일관되지 않은 데이터는 근본적으로 잘못되었을 뿐만 아니라 복제에 문제가 생기거나 심지어는 이 때문에 더 많은 데이터가 일관되지 않게 되어 다음 문제인 데이터 드리프트data drift가 발생할 수 있습니다.

스플릿-브레인이 발생하면 반드시 감지하고 즉시 중지해야 합니다. 이유는 단일 쓰기가 여러 행에 영향을 미칠 수 있기 때문입니다. 단 몇 초의 스플릿-브레인으로 인해 일관되지 않은 데이터가 쏟아져 나올 수 있으며, 그 결과 몇 주 동안 데이터 포렌식(데이터 복구)과 조정이 이루어질 수 있습니다.

스플릿-브레인을 중지하려면 모든 인스턴스에서 쓰기를 비활성화합니다(`SET GLOBAL read_only=1`). 하나의 인스턴스만 쓰기 가능 상태로 두지 마세요. 그러면 문제가 더 나빠집니다. 쓰기를 비활성화할 수 없으면 MySQL이나 서버 종료를 심각하게 고려해야 합니다. 데이터 무결성은 데이터 가용성보다 더 중요합니다.

이상적으로는 일치하지 않는 모든 데이터를 찾아 조정할 때까지 전체 데이터베이스를 오프라인으로 전환해야 합니다. 그러나 현실적으로 장기간의 데이터베이스를 중지하면 비즈니스를 망치므로 잠재적으로 잘못된 데이터를 읽어도 더 이상의 손상이 발생하지 않는다고 확신한다면 `super_read_only`(oreil.ly/JrqIs) 모드를 사용하여 데이터를 수정하는 동안 MySQL을 읽기 전용 모드(`read_only=1`)로 실행할 수 있습니다.

일치하지 않는 행을 찾는 방법은 `pt-table-sync`(oreil.ly/Dr1OP)를 실행하거나 수동으로 확인하는 두 가지뿐입니다. 애플리케이션과 데이터, 그리고 스플릿-브레인 동안에 일어날 수 있는 변경 사항을 잘 이해하고 있다면 행을 비교하고 확인하기 위해 할 수 있는 모든 작업을 수동으로 수행합니다. `pt-table-sync`는 두 MySQL 인스턴스 간의 데이터 차이점을 찾고, 출력하고, 동기화할 수 있는 오픈소스 도구이지만, 데이터를 변경하는 도구는 본질적으로 위험하므로 주의해서 사용해야 합니다.

행 조정은 어려운 부분이므로 MySQL 전문가와 협력하여 올바르게 수행되었는지 확인해야 합니다. 운이 좋아서 하나의 인스턴스가 신뢰할 만하다면(모든 행에 올바른 데이터가 있음) 확인하고 조정하는 대신 재구성할 수 있습니다. 신뢰할 만한 인스턴스로부터 모든 복제본을 재구성합니다. 운이 좋지 않다면 MySQL 전문가와 협력하여 다른 선택지를 찾아야 합니다.

9-2 데이터 드리프트는 실제지만 보이지 않는다

데이터 드리프트date drift는 일관성 없는 데이터를 의미합니다. 하나 이상의 행이 같은 복제 토폴로지의 서로 다른 MySQL 인스턴스에서 서로 다른 값을 가집니다. (드리프트는 일관되지 않은 데이터에 대한 변경으로 인해 더 많은 불일치가 발생함에 따라 값이 더 멀어지는 것을 비유적으로 나타냅니다.) 스플릿-브레인 시나리오에서 일관되지 않은 데이터는 예상되지만, 데이터 드리프트에서 일관되지 않은 데이터는 예상치 못한 것입니다. 일관되지 않은 데이터가 있는지 모르거나 의심할 이유가 없습니다. 데이터 드리프트는 문제를 초래하지 않는다는 점에서 눈에 보이지 않지만 애플리케이션이 잘못된 값을 반환할 수 있기 때문에 실제로 문제입니다.

다행히 데이터 드리프트는 **pt-table-checksum**(oreil.ly/mogUa)을 실행하여 쉽게 감지할 수 있습니다. 이 도구는 데이터를 읽고 비교만 하므로 안전합니다. 안타깝게도 데이터 드리프트는 스플릿-브레인으로 인한 일관성 없는 데이터보다 조정하기 쉽지 않습니다. 그러나 데이터 드리프트는 스플릿-브레인과 같은 심각한 오류로 인해 발생하는 것이 아닙니다. 따라서 일관되지 않은 데이터의 쇄도가 아니라 범위가 제한되고 격리되는 경향이 있어 문제가 되지 않을 것입니다.

데이터 드리프트의 매력적인 측면은 제가 아는 한 아무도 실제 프로덕션 데이터베이스에서 데이터 드리프트의 근본 원인을 발견하거나 입증한 적이 없다는 것입니다. 이론적으로는 비결정적 쿼리와 명령문 기반 복제나 복제본에 대한 쓰기로 인해 발생합니다. 테스트에서 이 두 가지로 인해 데이터 드리프트가 발생할 수 있지만 실제 상황에서는 결코 그 원인이 아닌 것 같습니다. 대신 엔지니어와 DBA 모두 데이터 드리프트를 유발하거나 허용하기 위해 수행된 작업이 없다고 확신합니다. 그럼에도 불구하고 데이터 드리프트는 존재합니다.

> **:: 기억하세요**
>
> pt-table-checksum(oreil.ly/mogUa)을 실행하여 몇 달마다(또는 최소한 1년에 한 번) 데이터 드리프트를 확인하세요. 데이터 드리프트가 한 번 발견되더라도 걱정하지 말고 행을 조정한 후 한 달 뒤에 다시 확인하세요. 데이터가 계속 드리프트하면(가능성이 매우 낮음) 근본 원인을 찾아 수정하기 위해 자세히 조사할 가치가 있는 문제입니다.

9-3 ORM을 믿지 않도록 주의한다

객체 관계형 매핑$_{object-relational\ mapping}$(ORM)의 목적은 데이터 접근을 프로그래밍 용어와 객체로 추상화하여 프로그래머를 지원하는 것입니다. ORM은 본질적으로 나쁘거나 비효율적이지는 않지만 성능이 목적이 아니므로 ORM 라이브러리에서 생성된 쿼리를 확인해야 합니다. 예를 들어 ORM은 행을 객체로 취급하기 때문에 ORM 라이브러리는 효율적인 데이터 접근 점검표(표 3-2)에서 본 것과는 반대로 모든 열을 선택할 수 있습니다. 또 다른 예로, 일부 ORM 라이브러리는 실제 애플리케이션 쿼리 전후에 다른 쿼리(예: `SHOW WARNINGS`)를 실행합니다. 최대 성능을 위해 노력할 때 모든 쿼리가 중요하며 다른 쿼리는 용납할 수 없는 낭비입니다.

ORM을 사용하는 고성능 애플리케이션이 있지만 엔지니어는 ORM을 신뢰하지 않도록 주의합니다. 쿼리 프로파일과 쿼리 보고서에서 ORM 생성 쿼리를 확인합니다(1장 3절의 "쿼리 프로파일"과 "쿼리 보고서" 참고). ORM에서 생성된 쿼리가 너무 비효율적이면 ORM 라이브러리 설명서를 읽고 더 효율적인 쿼리를 생성하도록 구성하는 방법을 알아보세요.

9-4 스키마는 항상 변경된다

이 문제를 이미 알고 있을 수도 있지만 관계형 데이터베이스를 처음 사용하는 경우 스키마는 항상 변경됩니다. (좀 더 구체적으로 말하면, 테이블 정의는 항상 변경되지만 테이블은 스키마를 구성합니다.) **온라인 스키마 변경**$_{online\ schema\ change}$(OSC)을 수행하는 것은 도전적입니다. 즉, 사용 중인 스키마를 애플리케이션에 영향을 주지 않고 변경하는 것입니다. 이전 장에서 언급한 것처럼 MySQL을 위한 3가지 훌륭한 솔루션이 있습니다.

- pt-online-schema-change(oreil.ly/brtmM)
- gh-ost(oreil.ly/ZKQAd)
- ALTER TABLE(oreil.ly/GRQuf)

각 솔루션은 매우 다르게 작동하지만 모두 애플리케이션에 영향을 주지 않고 온라인으로 테이블 정의를 변경할 수 있습니다. 각각의 설명서를 읽고 자신에게 가장 적합한 것을 결정하세요.

이 도전들은 스키마 변경을 소프트웨어 개발 프로세스에 통합하는 또 다른 측면이 있습니다. OSC를 수동으로 실행할 수 있지만 엔지니어링팀은 다른 코드 변경과 마찬가지로 스키마 변경도 개발 프로세스의 일부가 되어야 하므로(스테이징에서 검토, 승인, 테스트를 거쳐야 하므로) 그렇게 하지 않습니다. 개발 프로세스는 팀마다 다르므로 팀에서 자체 솔루션을 만들어야 합니다. 그러나 현재 하나의 오픈 소스 솔루션인 Skeema(www.skeema.io)가 있습니다. 저명한 MySQL 전문가인 슬로미 노치~Shlomi Noach~가 깃허브에서 어떻게 이 문제를 해결했는지 자세히 알아보려면 그의 블로그 글 'GitHub Actions 등을 사용하여 MySQL 스키마 마이그레이션 자동화'(oreil.ly/9cEJi)를 읽어보세요.

9-5 MySQL 표준 SQL 확장

MySQL만 사용할 때는 이 문제를 건너뛸 수 있습니다. 그러나 다른 관계형 데이터베이스에서 온 경우(또는 가는 경우) MySQL 매뉴얼의 '표준 SQL에 대한 MySQL 확장'(oreil.ly/gLN1l) 부분에 열거한 표준 SQL에 대한 많은 확장이 있다는 점에 유의하세요. 그리고 MySQL은 전체 외부 조인~full outer join~과 같은 일부 표준 SQL 기능을 지원하지 않습니다. 'MySQL 제한 사항 및 한계'(oreil.ly/x3xro)라는 요약 글에서 다른 제한 사항과 한계 사항이 목록으로 나와 있으며, MySQL 매뉴얼 전체에서 언급된 다른 내용과 독특한 점을 찾을 수 있습니다.

MySQL처럼 유서 깊은 모든 데이터베이스는 모두 여러 방면에 걸칩니다. MySQL의 독특한 점이 무엇인지는 전문가들이 너무나 자연스럽게 알고 신뢰하게 되어 거의 언급되지 않습니다. MySQL 매뉴얼(oreil.ly/IXARN)은 포괄적이고 권위가 있습니다. 소프트웨어 문서는 부족하거나 오래되었거나 존재하지 않을 수 있지만, MySQL 매뉴얼은 그렇지 않습니다. MySQL에 대한 어려운 몇몇 정보는 매뉴얼에도 없지만, 이를 제외하면 MySQL 전문가는 매뉴얼에 많이 의존하고 있으며 여러분도 그래야 합니다.

9-6 시끄러운 이웃들

물리적 서버에서 이른바 '시끄러운 이웃noisy neighbor'은 지나치게 많은 시스템 리소스를 사용하여 다른 프로그램의 성능을 떨어뜨리는 프로그램입니다. 예를 들어, 서버가 20개의 개별 MySQL 인스턴스를 실행 중이지만, 그중 하나가 모든 CPU와 디스크 I/O를 사용하는 경우 이는 시끄러운 이웃입니다. 단일 물리적 서버에서 여러 가상화 환경을 실행하는 공유 서버shared server나 다중 테넌시multitenancy가 일반적이기 때문에 이는 공통적인 문제입니다. (반대로, 전용 서버dedicated server 또는 단일 테넌시single-tenancy는 클라우드에서 드물고 비용이 많이 듭니다.) 시끄러운 이웃은 여러분의 잘못은 아니지만 성능에 미치는 영향은 여러분의 문제입니다.

회사에서 자체 하드웨어를 실행하는 경우 문제를 다루기 쉽습니다. 시끄러운 이웃이 의심되는 공유 서버에서 각 프로그램이나 가상 환경의 리소스 사용량을 측정합니다. 시끄러운 이웃은 시끄럽기 때문에 쉽게 발견할 수 있습니다. 그런 다음 시끄러운 이웃(또는 데이터베이스)을 더 조용한 다른 서버로 이동합니다. 만약 이것이 불가능하다면 시끄러운 이웃에게 이 책을 선물하여 MySQL의 성능을 최적화하는 방법을 배울 수 있도록 합니다.

클라우드에서는 시끄러운 이웃의 존재를 보거나 증명할 수 없습니다. 보안을 위해 클라우드 공급자는 공유 서버에서 테넌트tenants(귀하와 같은 고객)를 엄격하게 분리합니다. 그리고 그들은 비용에 포함되어야 하는 서버 부하의 균형을 맞추지 못하고 있음을 의미하기 때문에 시끄러운 이웃의 존재를 인정하지 않을 것입니다. 따라서 시끄러운 이웃이 의심될 때는 클라우드 데이터베이스를 다시 프로비저닝하는 것이 일반적입니다. 일부 회사는 클라우드 리소스를 사용하기 전에 벤치마크하고 성능이 기준치를 충족할 때에만 유지합니다. 그렇지 않으면 리소스가 제거되고 다른 리소스가 프로비저닝되며 우연히 리소스가 조용한 서버에 프로비저닝될 때까지 이 과정을 반복합니다.

9-7 애플리케이션은 우아하게 실패하지 않는다

넷플릭스Netflix는 카오스 엔지니어링chaos engineering을 만들었습니다. 의도적으로 문제와 장애를 시스템에 도입하여 복원력을 테스트하고 엔지니어가 그 장애에 대비하여 설계합니다. 이 철학과 실천은 애플리케이션의 실력을 진정으로 테스트하기 때문에 대담합니다. 주변의 모든 것이 올바르게 작동할 때 올바르게 작동하는 소프트웨어를 작성하는 것은 너무도 기본적이고 명백한 기대이므로 아무런 소용이 없습니다. 문제는 주변의 모든 것이 실패하는 경우에도 어느 정도 작동하는 소프트웨어를 작성하는 것입니다. 엔지니어로서 우리는 종종 소프트웨어의 오류를 설명했다고 생각하지만 실제로 오류가 발생할 때까지 어떻게 알 수 있습니까? 또한, 모든 장애가 작동하거나 작동하지 않는 이진법인 것은 아닙니다. 가장 교활한 문제는 완전한 실패가 아니라 극단적인 경우와 이상한 점이 발생했을 때입니다. "하드 드라이브가 죽었다"와 같은 단순한 실패담이 아니라 설명할 이야기가 필요한 종류의 장애입니다.

MySQL과 관련된 애플리케이션도 마찬가지입니다. 그러나 카오스 엔지니어링은 MySQL 업계에서 표준 관행이 아닙니다. 데이터베이스에서 발생하는 사소한 문제라도 위험할 수 있으며 이를 적용할 만큼 대담한 엔지니어는 거의 없기 때문입니다. 그러나 운은 대담함을 선호하기에, 여기에 애플리케이션의 성능을 테스트할 수 있는 12가지 데이터베이스 카오스 시나리오가 있습니다.

- MySQL이 오프라인 상태입니다.
- MySQL은 응답 속도가 매우 느립니다.
- MySQL은 읽기 전용입니다.
- MySQL이 방금 시작(콜드 버퍼 풀)했습니다.
- 읽기 전용 복제본이 오프라인이거나 매우 느립니다.
- 같은 지역에서 장애 조치(failover)가 되었습니다.
- 다른 지역으로 장애 조치가 되었습니다.
- 데이터베이스 백업이 실행 중입니다.
- DNS 주소 해석이 매우 느립니다.
- 네트워크가 느리거나(긴 대기 시간) 꽉 찼습니다.
- RAID 배열에 있는 하나의 하드 드라이브가 성능이 저하되었습니다.
- SSD의 여유 디스크 공간이 5% 미만입니다.

이러한 12가지 데이터베이스 카오스 시나리오 중 일부는 인프라에 적용되지 않을 수 있지만 대부분은 표준이며, 애플리케이션에 따라 흥미로운 결과를 가져오기도 합니다. 카오스를 설계한 적이 없다면 카오스는 여러분이 준비될 때까지 기다리지 않기 때문에 시작하는 것이 좋습니다.

9-8 고성능 MySQL은 어렵다

이 책에 있는 모든 모범 사례와 기술을 성실히 적용한다면 MySQL로 놀라운 성과를 거둘 수 있을 것으로 확신합니다. 그러나 그것이 빠르거나 쉽다는 것을 의미하지는 않습니다. 고성능 MySQL은 책, 블로그, 비디오, 컨퍼런스 등의 학습 자료들이 실제와 다른 이론을 가르치기 때문에 연습이 필요합니다. 결과적으로 이 책에서 배운 내용을 애플리케이션에 적용하기 시작하면 다음 2가지 문제에 직면할 수 있습니다.

첫 번째 문제는 실제 애플리케이션 쿼리가 이 책에 있는 간단한 예보다 일반적으로 더 복잡합니다. 여기에 쿼리 메트릭, 인덱스와 인덱싱, EXPLAIN 출력, 쿼리 최적화, 테이블 정의 등 많은 지식을 한 번에 기억하고 적용하는 과제가 추가됩니다. 처음에는 부담스러울 수 있지만 한 번에 하나의 쿼리를 가져오고 1장 2절 「북극성(길잡이)」과 2장 3절 「인덱싱: MySQL처럼 생각하는 방법」을 기억하세요. 전문가조차도 쿼리의 전체 내용을 풀고 이해하는 데 시간이 필요합니다.

두 번째 문제는 실제 애플리케이션 성능이 워크로드의 한쪽 측면에 거의 의존하지 않는다는 것입니다. 느린 쿼리를 수정하면 의심할 여지 없이 도움이 되지만 충분하지 않을 수 있습니다. MySQL에서 더 많은 성능이 필요할수록 전체 워크로드(각 쿼리, 모든 데이터와 모든 접근 패턴)를 더 많이 최적화해야 합니다. 결국 이 책의 모든 장에서 얻은 지식을 적용해야 합니다 (클라우드에서 MySQL을 사용하지 않는 경우 10장 제외). 조금씩 시작하되(1~4장) 이 책의 모든 내용이 필요하므로 배우고 적용하는 데 전념하세요.

MySQL 성능에는 이 책에서 제시하는 것보다 더 많은 것이 있지만 장담하건대 이 장에서 제공하는 지식은 포괄적이고 효과적입니다. 또한 놀라운 MySQL 성능을 발휘하는 전문가에게만 알려진 비밀은 없습니다. 저는 제 경험과 세계 최고의 많은 MySQL 전문가와 함께 일한 경험을 통해 그것을 알고 있습니다. 또한 오픈소스 소프트웨어는 비밀을 유지하기가 어렵습니다.

연습: 스플릿-브레인을 방지하는 가드레일 식별하기

이 연습의 목표는 스플릿-브레인을 방지하는 가드레일을 식별하는 것입니다. 여기에 2가지 부분이 있습니다. 모든 엔지니어가 가드레일이 무엇인지, 어디에 있는지(아마도 도구에서), 어떻게 작동하는지 이해할 수 있도록 자세히 설명하고, MySQL 인스턴스를 관리하거나 변경하는 도구, 특히 장애 조치 failover 도구를 주의 깊게 검토합니다.

MySQL을 관리하지 않는 경우 MySQL을 관리하는 엔지니어와 시간을 정하여 작업, 특히 장애 조치 중에 스플릿-브레인을 방지하는 방법을 자세히 설명하도록 합니다. 스플릿-브레인을 방지하는 것이 MySQL 관리의 기본이기 때문에 이것은 쉬운 요청이어야 합니다.

클라우드에서 MySQL을 사용하는 경우 세부 사항이 다양합니다. 클라우드 제공자는 MySQL의 내부 설정과 관리에 따라 스플릿-브레인을 방지하는 미공개 방법이 있습니다. 예를 들어, 멀티-AZ이지만 MySQL의 여러 인스턴스가 동시에 실행되지 않기 때문에 MySQL용 아마존 RDS의 표준 멀티-AZ 인스턴스에서는 스플릿-브레인이 이론적으로 불가능합니다. (하나의 가용 영역_{availability zone}(AZ)에서 MySQL의 단일 실행 인스턴스입니다. 해당 인스턴스가 장애로 판단되면 다른 AZ에서 다른 인스턴스가 시작됩니다.) 그러나 읽기 전용 복제본을 추가하면 동일한 복제 토폴로지에서 실행 중인 MySQL 인스턴스가 여러 개 있고, 아마존은 읽기 전용 복제본과 관련하여 스플릿-브레인에 대해 어떠한 보장도 하지 않습니다. 클라우드에서는 스플릿-브레인을 방지하는 가드레일에 대한 책임이 있지만, 클라우드 공급자가 스플릿-브레인을 방지하는 경우와 방지하지 않는 경우도 알고 있다고 가정합니다.

자체 하드웨어에서 MySQL을 관리한다면 스플릿-브레인을 방지하는 가드레일을 식별하는 데 도움을 받을 수 있도록 MySQL 전문가와 계약하는 것이 좋습니다. (시간이 오래 걸리지 않아야 하므로 짧고 저렴한 계약이어야 합니다.) 구현해야 하는 기본 가드레일이 하나 있습니다. 읽기 전용 모드에서 시작하도록 my.cnf 파일을 `read_only=1`로 구성합니다. 항상 읽기 전용 모드에서 MySQL을 시작하세요. 이 토대에서 다른 가드레일은 읽기 전용 모드가 한 번에 하나의 인스턴스에서만 꺼지도록(MySQL은 쓰기 가능) 보장하는 토글_{toggle} 방법을 자세히 설명합니다.

:: 기억하세요

항상 읽기 전용 모드(`read_only=1`)에서 MySQL을 시작하세요.

엔지니어가 가드레일을 이해하고 나면 두 번째 부분은 MySQL 인스턴스를 관리하거나 변경하는 도구, 특히 장애 조치 도구를 신중하게 검토하여 가드레일이 예상대로 구현되고 작동하는지 확인하는 것입니다. 물론 모든 코드는 단위 테스트를 거쳐야 하지만 스플릿-브레인을 방지하는 것이 매우 중요하므로 수동 코드 검토도 필요합니다. 경쟁 조건, 재시도, 오류 처리와 같이 가드레일을 식별할 때 드러나지 않을 수 있는 코드의 문제가 있습니다. 마지막 오류 처리는 특히 중요합니다. 도구가 오류가 발생할 때 변경 사항을 롤백할 수 있습니까? 데이터 무결성은 데이터 가용성보다 더 중요함을 기억하세요. MySQL을 읽기 전용으로 전환할 때 도구는 부작용을 주의해야 합니다. 만약 어떤 작업이 스플릿-브레인을 초래할 가능성이 있다면, 그 작업을 수행하지 마세요. MySQL을 읽기 전용 모드로 두고 장애가 발생할 때 사람이 알아낼 수 있어야 합니다.

결론: 스플릿-브레인을 방지하는 가드레일을 100% 명확히 해야 합니다.

연습: 데이터 드리프트 확인하기

이 연습의 목표는 **pt-table-checksum**(oreil.ly/mogUa)을 사용하여 데이터 드리프트를 확인하는 것입니다. 이 도구는 쉽게 사용할 목적으로 만들어졌습니다. 도구를 내려받고 실행하기만 하면 나머지는 대부분 자동화됩니다. 자동화되지 않는 부분은 매뉴얼을 읽으면 질문에 대한 답변을 얻을 수 있습니다.

:: **참고하세요**

대부분의 MySQL 도구는 클라우드에서 MySQL과 함께 작동하려면 특별한 구성이 필요합니다.

pt-table-checksum은 데이터 드리프트를 확인하고 보고하는 한 가지 작업만 수행합니다. 데이터 크기와 접근 부하에 따라 몇 시간 또는 며칠 동안 실행될 수 있습니다. 기본적으로 프로덕션 접근 간섭을 피하기 때문에 느립니다. 그러므로 **screen**이나 **tmux** 세션에서 실행해야 합니다.

pt-table-checksum이 테이블 검사를 마치면 테이블에 대한 한 줄 결과를 출력합니다. 출력은 다음과 같습니다.

TS	ERRORS	DIFFS	ROWS	DIFF_ROWS	CHUNKS	SKIPPED	TIME	TABLE
10-21T08:36:55	0	0	200	0	1	0	0.005	db1.tbl1
10-21T08:37:00	0	0	603	0	7	0	0.035	db1.tbl2
10-21T08:37:10	0	2	1600	3	21	0	1.003	db2.tbl3

출력의 마지막 줄에는 **DIFFS** 열의 값이 0이 아니므로 데이터 드리프트가 있는 테이블이 표시됩니다. 테이블에 데이터 드리프트가 있으면 **--replicate-check-only** 옵션으로 다시 실행하여 원본과 다른 복제본과 청크$_{chunk}$를 출력합니다. (청크는 인덱스의 상한과 하한 값으로 구분되는 행 범위입니다. **pt-table-checksum**은 개별 행을 확인하는 것이 너무 느리고 비효율적이기 때문에 청크의 행을 확인합니다.) 일치하지 않는 행을 분리하고 조정할 계획을 세워야 합니다. 매우 드물게는 수동으로 격리하고 조정할

수 있습니다. 그렇지 않다면 MySQL 전문가와 협력하여 올바르게 완료되었는지 확인하는 것이 좋습니다.

연습: 카오스

이 연습의 목표는 애플리케이션의 기량을 테스트하는 것입니다. 카오스 엔지니어링은 심약한 사람을 위한 것이 아니므로 스테이징 데이터베이스로 시작하세요.

:: **주의하세요**

이 연습은 시스템 중단을 초래합니다.

다음과 같은 카오스의 경우, MySQL과 애플리케이션이 약간의 부하와 함께 정상으로 실행되어야 하며 응답 방식을 기록하고 분석할 수 있는 좋은 메트릭과 관찰할 수 있는 능력이 있어야 합니다. 다음과 같은 카오스를 제안하지만 위험 수준에 따라 고르세요.

MySQL 재시작

MySQL을 다시 시작하면 MySQL이 오프라인일 때 애플리케이션이 응답하는 방법과 MySQL 버퍼가 콜드(특히 InnoDB 버퍼 풀)일 때 애플리케이션이 어떻게 응답하는지 테스트합니다. 콜드 버퍼는 데이터를 메모리로 읽기 위해 디스크 I/O가 필요하므로 일반적인 응답 시간보다 느려집니다. 또한 MySQL을 종료하는 데 걸리는 시간, MySQL을 시작하는 데 걸리는 시간, 버퍼를 준비하는 데 걸리는 시간의 3가지 사항을 알려 줍니다.

읽기 전용(read-only) 모드 활성화

원본 인스턴스에서 `SET GLOBAL read_only=1`을 사용하여 읽기 전용 모드를 활성화하고 데이터를 읽을 수 있지만 쓸 수 없을 때 애플리케이션이 어떻게 반응하는지 테스트합니다. 엔지니어는 종종 애플리케이션이 읽기는 계속 작동하고 쓰기는 정상으로 작동하지 않을 것으로 생각하지만 카오스는 놀라움으로 가득 차 있습니다. 이것은 또한 절대 발생해서는 안 되는 장애 조치 실패를 효과적으로 시뮬레이션하지만(고가용성 장애를 의미하기 때문에) "절대 발생해서는 안 됨"은 카오스의 범위 내에 있습니다.

1시간 동안 MySQL 중지

대부분의 애플리케이션은 몇 초 또는 몇 분(어쩌면 수십 분) 동안 폭풍우를 견뎌낼 수 있습니다. 그러나 어느 시점에 대기열이 가득 차고, 재시도 횟수가 소진되고, 백오프가 기하급수로 매우 길어지고, 속도 제한이 재설정되고, 사용자가 포기하고 경쟁 업체로 옮깁니다. MySQL은 적절하게 관리된다면 몇 초 이상 오프라인 상태가 되어서는 안 됩니다. 다시 말하지만 카오스입니다.

2004년 데이터 센터에서 근무할 때 오후 2시부터 자정까지의 교대 근무를 시작하기 전 한 엔지니어가 실수로 데이터 센터의 비상 전원 차단 버튼을 누르고 말았습니다. 이러한 혼동 상황에서는 침착만이 유일한 답이므로 먼저 커피 한 잔부터 마시고 자리에 앉아 데이터 센터 리부팅 작업을 도왔습니다.

10_장 클라우드 MySQL

EFFICIENT MYSQL
PERFORMANCE

클라우드 MySQL은 기본적으로 사용자가 알고 사용하는 MySQL과 동일합니다. 클라우드에서는 공급자가 매 바이트와 밀리초 단위의 작업에 요금을 부과하므로 이전 9개 장에서 자세히 설명한 모범 사례와 기술 역시 똑같이 적용됩니다. 클라우드에서는 성능이 곧 돈입니다. 이전 9개 장을 요약하면 다음과 같습니다.

- 성능은 쿼리 응답 시간입니다(1장).
- 인덱스는 성능의 핵심입니다(2장).
- 데이터가 적을수록 저장과 접근 모두에 좋습니다(3장).
- 접근 패턴은 성능을 허용하거나 억제합니다(4장).
- 샤딩은 쓰기와 스토리지를 확장하는 데 필요합니다(5장).
- 서버 메트릭은 워크로드가 MySQL에 미치는 영향을 보여 줍니다(6장).
- 복제 지연은 데이터 손실이므로 피해야 합니다(7장).
- 트랜잭션은 로우 락과 언두 로깅에 영향을 미칩니다(8장).
- 다른 문제는 클라우드에서도 있습니다(9장).

이러한 모든 세부 사항을 수용하고 적용하면 MySQL은 클라우드, 온-프레미스_{on premise} 또는 어디에서나 위치와 관계없이 놀라운 성능으로 애플리케이션 워크로드를 실행할 것입니다.

워크로드를 최적화하면 완료될 수 있는 간단한 작업이면 좋겠지만 클라우드의 MySQL은 고유한 고려 사항을 제시합니다. 목표는 클라우드가 아닌 MySQL에 집중할 수 있도록 이러한 클라우드 고려 사항을 알고 완화하는 것입니다. 결국 클라우드는 특별한 것이 아닙니다. 이른바 커튼 뒤에는

MySQL과 같은 프로그램을 실행하는 데이터 센터의 물리적인 서버가 있습니다.

이 장에서는 주로 클라우드에서 MySQL을 사용할 때 알아야 할 사항을 다룹니다. 여기에 4개의 주요 절이 있습니다.

1. MySQL이 MySQL이 아닌 경우, 즉 호환성입니다.

2. 클라우드에서 다양한 수준의 MySQL 관리에 대한 간단한 논의입니다.

3. 네트워크 지연 시간과 스토리지 I/O와의 관계에 대해 설명합니다.

4. 성능과 돈에 관한 것입니다.

10-1 호환성

클라우드의 MySQL은 MySQL이 아닐 수도 있고 고도로 수정된(그리고 독점적인) MySQL 버전일 수도 있습니다. 클라우드 MySQL의 호환성에는 코드 호환성과 기능 호환성이라는 두 가지 측면이 있습니다.

:: 참고하세요

'MySQL'이란 오라클에서 게시한 MySQL을 의미합니다. 공식적으로 오픈소스 MySQL 소스 코드입니다. 또한 Percona에서 게시한 'Percona 서버'와 MariaDB 파운데이션에서 게시한 'MariaDB 서버'를 의미합니다. 둘 다 널리 사용되고 안전하고 안정적이며 일반적으로 MySQL로 간주됩니다.

코드 호환성 Code compatibility은 MySQL이 오라클, Percona, MariaDB에서 게시한 동일한 오픈소스 코드인지 여부입니다. 다음 9개의 단어와 문구는 MySQL이 코드 호환성이 없지만, 약간(또는 상당히) 다르다는 사실을 암시하기 위해 제품 설명과 문서에서 일반적으로 사용됩니다.

- 내장(Bulit on)

- 모방(Emulates)

- 호환성(Compatible)

- 클라이언트 호환성(Client compatible)

- 프로토콜 호환성(Protocol compatible)

- 유선 호환성(Wire compatible)

- 대체(Replacement)
- 순간 교체(Drop-in replacement)
- 기존 작업(Works with existing)

MySQL은 복잡하고 미묘하기 때문에 코드 호환성이 중요하며 귀중한 데이터를 저장하도록 위임합니다. 이 책에서는 MySQL 복잡성의 범위를 좁히기 위해 논의에 집중하지만 6장 5절의 "페이지 플러싱"과 8장 1절 「로우 락」과 같은 내용은 관련 내용이 얼마나 이해하기 어려운지를 암시합니다. MySQL 소스 코드를 변경하면 데이터 손실, 성능 저하, 버그, 비호환성 등 4가지 위험이 있습니다. 변화가 클수록 위험도 커집니다. 저는 클라우드에서 후자의 3가지(성능 저하, 버그, 비호환성)를 본 적이 있지만 다행히 클라우드 공급자가 데이터를 손실하는 것은 본 적이 없습니다.

:: 기억하세요

클라우드의 MySQL이 코드와 호환되는지 확실하지 않을 때는 클라우드 공급자에게 "오라클에서 게시한 것과 똑같은 오픈소스 MySQL입니까?"라고 문의해 보세요.

부정적인 요소(위험)뿐만 아니라 모든 문제를 바라보고자 클라우드 공급자는 MySQL을 변경하여 성능 개선, 버그 수정, 고객이 요구하는 기능 등을 추가로 제공합니다. 일부는 가치가 있으며 위험을 감수할 만합니다. 그러나 코드가 호환되지 않는 클라우드에서 MySQL을 사용할 때는 변경 범위를 이해해야 합니다. 이것은 클라우드에서 MySQL을 사용하는 전문 엔지니어를 위한 기본적인 배려입니다.

"보는 눈이 많아지면 모든 버그가 잘 보입니다."

— 에릭 S. 레이몬드(Eric S. Raymond)

기능 호환성feature compatibility은 MySQL이 클라우드 공급자나 MySQL 배포판 외부에서 사용할 수 없는 기능을 포함하는지 여부입니다. 예를 들어, 오라클은 MySQL 커뮤니티 서버와 MySQL 엔터프라이즈 에디션이라는 2가지 배포판을 게시합니다. 전자는 오픈소스이고 후자는 독점적인 기능을 포함합니다. OCIOracle cloud infrastructure(www.oracle.com/cloud)는 후자를 사용하는데 이는 클라우드 비용 대비 더 많은 가치를 제공한다는 장점이 있습니다. 그러나 MySQL 엔터프라이즈 에디션 고유의 기능에 의존하면 다른 클라우드 공급자나 MySQL 배포판으로 직접 마이그레이션할 수 없음을 의미하기도 합니다. Percona 서버와 MariaDB 서버도 마찬가지입니다. 이러한 MySQL 배포판에는 고유한 기능이 있어서 좋지만 다른 클라우드 공급자나 MySQL 배포판으로 마이그레이션하기가 복잡해집니다.

기능 호환성은 오픈소스 소프트웨어가 중요한 이유인 '변경의 자유$_{freedom\ to\ change}$'처럼 중요합니다. 소프트웨어(MySQL 포함)는 엔지니어와 사용자에게 권한을 부여해야 하며 특정 클라우드 제공 업체나 공급 업체에 얽매이지 않아야 합니다. 그 추론은 기술적인 것보다 더 철학적인 것입니다. 이것이 제가 모든 문제를 다시 바라보는 이유입니다. 일부 기능은 가치가 있고 유지하기 위해 변경하지 않아도 됩니다. 하지만 클라우드 공급자나 MySQL 배포판 이외에는 사용할 수 없는 기능을 사용하기로 선택했을 때는 그 이유를 문서화해야 합니다. 이렇게 하면 향후 엔지니어가 다른 클라우드 공급자를 사용할 때 문제가 무엇인지(그리고 교체가 필요한지) 이해할 수 있습니다. 이것 역시 클라우드에서 MySQL을 사용하는 전문 엔지니어의 기본적인 배려입니다.

10-2 관리(DBA)

지금까지 MySQL 관리(DBA 작업)는 그리 다루지 않았고 지금도 그럴 생각이지만, 클라우드 MySQL은 여러분이 알고 다루어야 할 문제를 제기합니다. 즉, MySQL 관리 책임자는 누구일까요? 표면적으로는 클라우드 공급자가 MySQL을 관리하지만 여기에는 많은 작업이 수반되기 때문에 그렇게 간단하지 않습니다. 여기서는 지금까지의 방향과는 달리 DBA 작업을 알아봅니다.

표 10-1은 DBA 작업과 이를 관리하는 사용자(귀하 또는 클라우드)의 일부 목록입니다.

표 10-1 DBA 작업

작업	여러분	클라우드
프로비저닝: 자원 할당		✓
설정		✓
MySQL 사용자	✓	
서버 메트릭	✓	
쿼리 메트릭	✓	
온라인 스키마 변경(OSC)	✓	
실패 복구		✓
재해 복구(DR)	✓	
고가용성(HA)	✓	†*

업그레이드		✓
백업 그리고 복구		✓
변경 데이터 캡처(CDC)	✓	
보안	✓	
도움	✓	
비용	✓	

표 10-1의 15개 작업을 간략하게 살펴보겠습니다. 조망하는 것으로, 인식해 두는 것으로, 대처하지 않으면 문제가 되는 MySQL 관리의 공백을 피하는 데 도움이 되기 때문입니다. CYA~cover your administration~(관리에 대한 처리와 해결)라고도 합니다.

물론 MySQL 프로비저닝은 클라우드 공급자가 제공해야 하는 것으로, 컴퓨터에서 MySQL을 실행하는 가장 낮은 수준의 작업입니다. 클라우드 공급자는 적절한 MySQL 구성을 사용하지만 기본 구성이 모든 고객에게 적합할 수 없으므로 다시 확인해야 합니다. 클라우드 공급자는 MySQL 서버의 초기 제어 권한을 부여하는 데 필요한 루트~root~ 사용자 외에 MySQL 사용자를 관리하지 않습니다. 서버와 쿼리 메트릭도 수집하고 보고할 책임이 있습니다. 물론 일부 클라우드 공급자는 기본 서버 메트릭을 공개하지만, 6장에 자세히 설명한 메트릭의 전체 스펙트라에 근접한 클라우드 공급자는 없습니다. 워크로드에 영향을 주지 않고 **ALTER** 문을 실행하는 OSC는 전적으로 여러분의 책임이며, 이 책의 범위를 벗어나는 다양한 기술적인 이유로 클라우드에서는 조금 더 어려운 경향이 있습니다.

클라우드 공급자는 장애 조치~failover~를 처리합니다. 하드웨어나 MySQL이 중단되면 클라우드 공급자는 장애 조치를 수행하여 가용성을 복원합니다. 그러나 클라우드 공급자는 전체 지역에 장애가 발생하고 다른 지리적 위치에서 MySQL을 실행하여 가용성을 복원해야 할 때 재해 복구~disaster recovery~를 처리하지 않습니다. 이전 두 작업을 고려할 때 고가용성~high availability~(HA)에는 관리가 혼합되어 있습니다(따라서 표 10-1에서 클라우드 열에 † 표시가 있습니다). 클라우드에서의 MySQL 고가용성에 대한 전체 논의는 여기에서 다루기에는 너무 미묘합니다. 클라우드가 어느 정도의 고가용성을 제공한다고 가정해 보겠습니다. 클라우드 공급자는 MySQL을 업그레이드하는데, 이 작업은 규모에 따라 시간이 걸리기 때문에 다른 일을 할 시간을 확보하기에는 정말 좋습니다.

클라우드 공급자는 MySQL을 백업하고 장기 백업 보존을 제공하며 백업을 복원하는 방법을 제공합니다. 이 모든 것은 매우 중요합니다. 여러분이 책임져야 할 변경 데이터 캡처~change data capture~(CDC)는

---

*   일부 관리를 나타냅니다.

MySQL에서 다른 데이터 스토리지(종종 빅데이터나 데이터 레이크)로 바이너리 로그를 덤프(또는 스트림)하기 위해 복제본처럼 작동하는 다른 도구나 서비스를 포함합니다.

클라우드에서 MySQL의 보안은 여러분의 책임입니다. 클라우드는 본질적으로 안전하지 않습니다. 클라우드 공급자는 일반적으로 실행 중인 MySQL에 도움을 주지만, 회사에서 해당 수준의 지원 비용을 지급하지 않는 한 MySQL 성능에 많은(또는 전혀) 도움을 기대하지 않는 것이 좋습니다. 마지막으로 비용을 관리해야 합니다. 클라우드는 엔지니어가 예상하는 것보다 비용이 많이 드는 것으로 악명 높습니다.

:: **주의하세요**

3대 주요 클라우드 공급자인 아마존, 구글, 마이크로소프트는 MySQL(관리형 서비스)에 대해 99.95%나 99.99%의 가용성 SLA(서비스 수준 협약서)를 제공하지만, 법적 세부 정보는 자세히 읽어보세요. 예를 들어 유지 관리 기간은 일반적으로 SLA에 포함되지 않습니다. 또는 사용자가 MySQL을 제대로 구성하지 않은 경우 SLA가 무효화될 수 있습니다. 클라우드 공급자의 고가용성과 SLA에는 항상 세부 정보와 주의 사항이 있습니다.

표 10-1은 서로 다른 클라우드 공급자와 제3의 회사들이 클라우드에서 서로 다른 수준의 MySQL 관리를 제공하기 때문에 규범적$_{prescriptive}$이지 않고 서술적$_{descriptive}$입니다. 예를 들어 일부 회사는 클라우드(또는 온-프레미스)에서 MySQL을 완전히 관리합니다. MySQL을 사용하는 엔지니어로서 관리하는 것이 아니라 작업에 방해가 되지 않도록 모든 작업이 관리(모든 체크박스가 선택)되고 있다는 것만 알면 됩니다. 일단 알고 나면 이 절에서 읽은 모든 내용을 잊어버리세요. 클라우드 공급자가 MySQL의 인프라 작업을 자동으로 관리해 주므로 본질적인 업무에 집중할 수 있습니다.

10-3 네트워크와 스토리지…지연 시간

온-프레미스(회사가 임대한 데이터 센터 공간)에서 MySQL을 실행할 때, 로컬 네트워크는 유능한 전문 네트워크 엔지니어가 설계하고 연결했다고 가정하므로 결코 고려할 사항이나 관심사가 되어서는 안 됩니다. 로컬 네트워크는 밀리초 미만의 대기 시간으로 매우 빠르고 안정적입니다. 로컬 네트워크는 데이터베이스보다 더 지루해야 합니다(6장 2절 「정상과 안정」에서 최고의 데이터베이스는 지루한 데이터베이스라는 사실을 기억하세요).

그러나 클라우드는 전 세계적이며 광역 네트워크는 지연 시간이 길고 안정성이 낮습니다(대기 시간과 처리량의 변동이 더 큼). 예를 들어, 샌프란시스코와 뉴욕 사이의 네트워크 왕복 시간은 약 60±10ms입니다. 샌프란시스코(또는 미국 서부 해안)에서 MySQL을 실행하고 애플리케이션이 뉴욕(또는 미국 동부 연안)에 있다면 최소 쿼리 응답 시간은 약 60ms입니다. 이는 로컬 네트워크보다 60배 느립니다. 속도가 느리다는 것을 알 수 있지만 지연이 MySQL 외부에서 발생하기 때문에 쿼리 응답 시간에 표시되지 않습니다. 예를 들어 쿼리 프로파일(1장 3절 참고)은 쿼리를 실행하는 데 800μs가 걸린다고 표시하지만, 애플리케이션 성능 모니터링_{application performance monitoring}(APM)은 쿼리를 실행하는 데 60.8ms가 걸린다고 표시합니다. MySQL의 경우 800μs, 바다를 통해 목적지까지 네트워크 지연 시간은 60ms입니다.*

장거리 네트워크 지연 시간은 빛의 속도에 따라 물리적으로 제한되고 중간 라우팅에 의해 악화됩니다. 따라서 이 지연 시간을 극복할 수 없으니 근처 주변에서만 일해야 합니다. 예를 들어, 4장 5절의 "쓰기 대기열에 넣기"를 참조해 적용해 보면, 로컬에서 대기열에 넣기, 원격_{remotely}으로 쓰기가 됩니다. 여기서 원격은 높은 네트워크 지연 시간을 유발하는 모든 프로세스입니다.

로컬 네트워크로 다시 전환하면 클라우드 공급자는 일반적으로 네트워크 연결 스토리지_{network-attached storage}(로컬 네트워크를 통해 서버에 연결된 하드 드라이브)에 MySQL 데이터를 저장하기 때문에 매우 빠르고 안정적이라는 것은 좋은 일입니다. 반대로 로컬로 연결된 스토리지_{locally-attached storage}(또는 로컬 스토리지)는 서버에 직접 연결된 하드 드라이브입니다. 클라우드 공급자는 이 책의 범위를 벗어나는 다양한 이유로 네트워크 연결 스토리지를 사용합니다. 알아야 할 중요한 점은 네트워크 연결 스토리지가 로컬 스토리지보다 훨씬 느리고 덜 안정적이라는 것입니다. 아마존, 구글, 마이크로소프트의 3대 주요 클라우드 공급자는 모두 네트워크 연결 스토리지(SSD 사용)**에 대해 '한 자릿수 밀리초 지연 시간'을 게시합니다. 단 한 가지 예외는 아마존 io2 블록 익스프레스의 지연 시간이 1ms 미만이라는 것입니다. 결론은 클라우드에서 MySQL을 사용할 때 스토리지의 지연 시간은 HDD와 같은 한 자릿수 밀리초가 예상됩니다.

네트워크 연결 스토리지는 로컬 스토리지(HDD가 아닌 SSD 사용)보다 훨씬 느리지만 이것을 여러분이 해결해야 할까요? 고성능 로컬 스토리지가 있는 베어-메탈_{bare metal} 하드웨어에서 클라우드로 MySQL을 마이그레이션하고, 애플리케이션이 로컬 스토리지 IOPS(6장 5절의 "IOPS" 항목 참고)를 지속적으로 많이 사용하는 경우 네트워크 연결 스토리지의 지연 시간 증가로 인해 성능 저하의 파급

---

*   엄밀히 말해 모든 네트워크는 빛의 속도처럼 빠릅니다. 문제는 물리적 거리와 장거리에 걸친 중간 라우팅입니다.

**   아마존 EBS 기능(oreil.ly/NIly1), 구글의 블록 스토리지 성능(oreil.ly/7Zxaj), 마이크로소프트 Azure의 프리미엄 스토리지(oreil.ly/LMg03)를 참고하세요.

효과가 발생하지 않는지 확인합니다(IOPS로 인해 대기 시간이 발생하기 때문). (부하가 높고 일관된 IOPS 활용은 쓰기 전용 워크로드의 특징입니다. 4장 4절의 "읽기/쓰기" 참고) 그러나 이미 클라우드에 있거나 클라우드에서 새 애플리케이션을 시작하는 경우 클라우드의 스토리지 대기 시간에 대해 걱정하거나 생각하지 마십시오. 대신 2~4장에서 각각 다룬 것처럼 고도로 최적화된 쿼리(인덱스), 데이터와 접근 패턴의 기반을 마련하면 클라우드의 스토리지 대기 시간이 결코 문제가 되지 않을 수 있습니다.

클라우드의 스토리지 대기 시간이 문제라면 워크로드를 추가로 최적화하거나 샤드(5장) 또는 더 나은 클라우드 스토리지를 구입해야 합니다. 기억하세요. 넷플릭스는 매우 크고 성공적인 다른 회사와 마찬가지로 클라우드에서 운영됩니다. 클라우드에서 MySQL의 성능 잠재력은 사실상 무제한입니다. 문제는 여러분이 그것을 감당할 수 있는지입니다.

10-4 성능은 곧 돈이다

적절하게도 이 책의 시작(1장 1절 「잘못된 성능의 실제 이야기」)은 끝을 반영합니다. 그러나 클라우드에서 고객은 MySQL 성능을 고정$_{fix}$하거나 향상시키기 위해 더 많은 램을 구입합니다. 3대 클라우드 제공업체 중 한 곳의 엔지니어는 대부분의 MySQL 인스턴스가 과도하게 프로비저닝되어 있다고 말합니다. 고객은 애플리케이션이 요구하거나 활용하는 것보다 더 많은 용량에 대해 비용을 지불합니다.*

산업은 이제 클라우드 확장성의 편리함으로 인해 완전히 돌아온 것인가요? 그렇다면 성능은 단순히 더 큰 인스턴스에 불과할까요? 아니요, 물론 아닙니다. 성능은 쿼리 응답 시간입니다. 클라우드에서는 매 바이트와 밀리초 단위의 성능이 시간당 청구되므로 이 책의 모든 모범 사례와 기술이 그 어느 때보다 중요합니다.

클라우드에서 서비스를 사용해 본 적이 있다면 다음 정보는 별로 놀랍지 않을 것입니다. 그러나 클라우드를 처음 사용한다면 가격은 복잡하고 거의 다루기 힘들며 종종 과소평가됩니다(예산 초과를 의미함). 엔지니어가 클라우드 비용을 예측하고 제어하기 위해 공동의 노력을 기울이는 것은 사실입니다. 그렇지 않다면 100,000달러가 넘는 막대한 비용이 들기도 합니다. 다음은 클라우드에서 MySQL을 사용할 때 예상치 못한 요금 청구를 피하기 위해 알아야 할 가장 3가지 중요한 사항입니다.

가장 먼저 알아야 할 것은 기본 컴퓨팅(MySQL을 실행하는 가상 서버)의 각 레벨에 대해 가격이 2배가 된다는 것입니다. 각 레벨의 리소스(vCPU 수와 메모리 크기)가 2배가 되기 때문입니다. 예를 들어, 컴퓨

---

* 비공개 계약으로 인해 출처는 밝힐 수 없습니다.

팅의 최소 레벨이 vCPU 2개와 RAM 8GB일 때 다음 레벨은 vCPU 4개와 RAM 16GB이며 가격도 2배가 됩니다. 몇 가지 예외가 있지만 2배로 증가할 것으로 예상됩니다. 따라서 비용을 점진적으로 늘릴 수 없으며 확장하는 컴퓨팅 레벨마다 비용이 2배가 됩니다. 엔지니어링 관점에서 vCPU를 2개에서 8개로 확장하는 것은 매우 작은 컴퓨팅이지만 가격은 4배가 됩니다. 이를 이해하기 위해 한 달주택 담보 대출금이나 임대료가 2배가 되거나 자동차 대금이 2배가 되거나 학자금 대출금이 2배가된다고 상상해 보세요. 여러분은 아마 화가 날 것이고 그것은 당연합니다.

두 번째로 알아야 할 것은 클라우드의 모든 것은 비용이 든다는 것입니다. 컴퓨팅 비용은 시작에 불과합니다. 다음 목록에는 컴퓨팅 비용 외에 클라우드의 MySQL에 대한 일반적인 요금이 포함되어 있습니다.

- 스토리지 유형(IOPS)
- 데이터 스토리지(크기)
- 백업(크기와 보존 기간)
- 로그(크기와 보존 기간)
- 고가용성(복제본)
- 리전 간 데이터 전송(크기)
- 암호화 키(데이터 암호화용)
- 비밀(비밀번호 저장용)

게다가 이러한 요금은 인스턴스별로 부과됩니다. 예를 들어, 5개의 읽기 전용 복제본을 만드는 경우 데이터 스토리지, 백업 등에 복제본당 요금이 청구됩니다. 더 간단했으면 좋겠지만 클라우드에서 MySQL을 사용할 때 모든 비용을 조사하고 이해하고 추정해야 하는 것이 현실입니다.

:: 주의하세요
클라우드에 있는 일부 독점 MySQL 버전(10장 1절 「호환성」 참고)에는 추가 비용이 있거나 완전히 다른 가격 모델이 있습니다.

세 번째이자 마지막으로 알아야 할 사항은 클라우드 공급자가 할인을 제공한다는 것입니다. 제값을 치르지 마세요. 최소한 월 단위로 지급하는 대신 1년이나 3년 약정으로 비용을 크게 줄일 수 있습니다. 다른 할인은 클라우드 공급자에 따라 다릅니다. 예약 인스턴스, 약정 사용량과 볼륨 할인을 찾아보세요(또는 문의하세요). 회사가 클라우드에 의존하는 경우 클라우드 공급자와 계약을 협상했을 가능성이 큽니다. 이 상황에 해당하는지, 그리고 계약 가격 세부 정보가 클라우드의 MySQL 비용에 영향을 미치는지 알아보세요. 운이 좋다면 계약을 통해 비용을 줄이고 단순화할 수 있으므로 MySQL 사용의 재미있는 세부 사항에 집중할 수 있습니다.

요점 정리

이 장에서는 클라우드에서 MySQL을 사용할 때 알아야 할 사항을 강조했습니다. 실질적인 요점은 다음과 같습니다.

- MySQL의 코드와 기능 호환성은 클라우드에 따라 다릅니다.
- 주의할 점은 오픈소스 MySQL과 비교하여 코드 또는 기능 비호환성을 파악하는 것입니다.
- MySQL은 클라우드 공급자나 타사에 따라 부분적으로 또는 완전히 관리될 수 있습니다.
- 광역 네트워크를 통한 네트워크 지연 시간으로 인해 쿼리 응답 시간이 수십 또는 수백 밀리초 증가합니다.
- 클라우드의 MySQL용 데이터는 일반적으로 네트워크 연결 스토리지에 저장됩니다.
- 네트워크 연결 스토리지의 지연 시간은 HDD와 같은 한 자릿수 밀리초입니다.
- 클라우드는 모든 것에 대해 비용을 청구하고 비용은 종종 예산을 초과할 수 있습니다.
- 클라우드 공급자는 할인을 제공합니다. 전체 가격을 지불하지 마십시오.
- 성능은 클라우드에서의 쿼리 응답 시간입니다.

이것은 마지막 장이지만 아직 \q(MySQL 종료 명령어)를 입력하지 마세요. 연습이 하나 더 있습니다.

연습: 클라우드 MySQL 사용

이 연습의 목표는 클라우드 MySQL을 사용해 보는 것입니다. DBA 작업 없이 작동 방식을 확인하는 것입니다. 저는 다음 5개 클라우드 공급자 중 어느 곳도 무료 마케팅을 하고 싶지 않습니다. 이 책은 엄밀히 말하면 기술적인 책입니다. 하지만 다른 한편으로는 클라우드 MySQL을 사용하는 것이 점점 보편화되고 있으므로 준비하고 성공하기를 바랍니다. 또한 클라우드 MySQL은 무료로 평가해 볼 수 있습니다. 다음 5개 클라우드 공급자는 프리티어 또는 초기 계정 크레딧을 제공합니다. 아직 비용을 지급하지 마세요. 클라우드 공급자는 여러분에게 서비스의 가치를 입증함으로써 비즈니스와 돈을 벌어야 합니다.

다음 클라우드 공급자 중 한 곳 또는 여러 곳에서 MySQL을 생성하고 사용해 보세요.

- 오라클의 MySQL 데이터베이스 서비스(oreil.ly/Z7ZA8)
- MariaDB의 SkySQL(oreil.ly/tn1KY)
- 아마존의 관계형 데이터베이스 서비스(oreil.ly/yNPfc)
- 마이크로소프트의 Azure Database for MySQL(oreil.ly/Tj3Y1)
- 구글의 Cloud SQL(oreil.ly/pnsVt)

사용하기 쉽고 잠재적으로 가치가 있다고 판단되면 가격 책정 모델과 추가 비용을 조사해 보세요. 앞서 「성능은 곧 돈이다」에서 언급했듯이 클라우드 가격은 복잡하고 거의 다루기 힘들며 자주 과소평가(예산 초과를 의미)하기 때문입니다.

> :: 참고하세요
> 무료 평가판이 종료되거나 초기 계정의 크레딧이 0이 되기 전에 클라우드에서 MySQL 인스턴스를 삭제하는 것을 잊지 마세요.

이것이 이 책의 마지막 연습이지만 MySQL이 계속 발전하고 있으므로 클라우드도 계속해서 배우고 연습할 것을 권합니다. 이러한 이유로 MySQL 전문가도 계속 배우고 연습해야 합니다. 이에 책을 마무리하며 선 불교의 한마디를 떠올리고자 합니다. 깨달음을 얻기 위해서도, 깨달음을 얻은 후에도 기본에 충실해야 한다는 의미입니다.

"장작을 패고 물을 길어라"

:: 찾아보기

MYSQL을 더 빠르게, 성능 최적화 선택과 집중

초판 1쇄   2023년 10월 25일

지은이 대니얼 니히터
옮 김 이정해
발행인 최홍석

발행처 (주)프리렉
출판신고 2000년 3월 7일 제 13-634호
주소 경기도 부천시 길주로 77번길 19 세진프라자 201호
전화 032-326-7282(代) **팩스** 032-326-5866
URL www.freelec.co.kr

편 집 이인호, 고대광
디자인 황인옥

ISBN 978-89-6540-372-2

이 책에 대한 의견이나 오탈자, 잘못된 내용의 수정 정보 등은 프리렉 홈페이지(freelec.co.kr)
또는 이메일(help@freelec.co.kr)로 연락 바랍니다.